庆祝改革开放四十周年
暨检察机关恢复重建四十周年丛书

最高人民检察院
新闻发布会精选
（2016—2017）

1978—2018

中国检察出版社

图书在版编目（CIP）数据

最高人民检察院新闻发布会精选．2016-2017 / 最高人民检察院编．
—北京：中国检察出版社，2018.12
（庆祝改革开放四十周年暨检察机关恢复重建四十周年丛书）

ISBN 978-7-5102-2191-0

Ⅰ.①最… Ⅱ.①最… Ⅲ.①中华人民共和国最高人民检察院－新闻公报－汇编－2016-2017 Ⅳ.①D926.31

中国版本图书馆 CIP 数据核字（2018）第 223866 号

最高人民检察院新闻发布会精选
（2016—2017）

出版发行： 中国检察出版社
社　　址： 北京市石景山区香山南路 109 号（100144）
网　　址： 中国检察出版社（www.zgjccbs.com）
编辑电话：（010）86423703
发行电话：（010）86423726　86423727　86423728
（010）86423730　68650016
经　　销： 新华书店
印　　刷： 北京京师印务有限公司
开　　本： 710 mm × 960 mm　16开
印　　张： 33.5　插页4
字　　数： 480 千字
版　　次： 2018 年 12 月第一版　2018 年 12 月第一次印刷
书　　号： ISBN 978-7-5102-2191-0
定　　价： 134.00 元

说　明

2018年是我国改革开放40周年，也是检察机关恢复重建40周年。40年来，改革开放这场新的伟大革命，为人民检察事业的发展进步提供了政治前提、社会基础、法治环境和广阔舞台。40年来，人民检察事业始终与改革开放和社会主义现代化建设同向同行，走过了波澜壮阔的发展历程，谱写出与时代同呼吸、共命运的历史篇章。

检察机关新闻发布工作是深化检务公开、加强法治宣传的重要途径。近年来，特别是2014年最高人民检察院新闻办公室成立以来，最高人民检察院新闻发布工作日益规范化制度化。最高人民检察院通过召开新闻发布会等形式，向社会宣传介绍检察机关贯彻落实中央指示精神的重大方针政策、重要工作部署；颁布的重要司法解释及其他规范性文件；重要法律法规和司法解释的实施情况；查办重大案件情况，以及重要改革举措和创新工作经验等，受到人民群众和社会各界的广泛关注。2014年以来，最高人民检察院已召开新闻发布会53场，成为展示新时代检察工作成果和检察形象的重要平台。在检察机关恢复重建40周年之际，最高人民检察院对2014年以来召开的新闻发布会进行了梳理，分2014—2015和2016—2017两册编辑了《最高人民检察院新闻发布会精选》。

2018年11月

说　明

2018年是我国改革开放40周年，[illegible]

[illegible]

[illegible]2015—2015[illegible]2016—201[illegible]

[illegible]

[illegible]2018年[illegible]月

目录 Contents

1. 检察机关提起公益诉讼试点工作取得初步成效 // 001

——最高人民检察院通报检察机关提起公益诉讼试点工作推进情况

主题发布 // 002

现场答问 // 007

发布会文件 // 015

部分新闻链接 // 026

2. 履行民事诉讼监督职责　维护司法公正和权威 // 027

——最高人民检察院通报检察机关加强民事诉讼监督工作情况

主题发布 // 028

现场答问 // 033

部分新闻链接 // 040

3. 贯彻落实行政诉讼法　加强行政诉讼监督工作 // 041
——最高人民检察院通报检察机关加强行政诉讼监督工作情况
主题发布 // 042
现场答问 // 046
发布会文件 // 054
部分新闻链接 // 065

4. 未检 30 年　护佑未成年人健康成长 // 066
——最高人民检察院通报未成年人检察工作 30 年发展历程和成就
主题发布 // 067
现场答问 // 075
典型案例 // 085
部分新闻链接 // 095

5. 充分发挥检察职能　保障促进科技创新 // 096
——最高人民检察院通报检察机关依法保障和促进科技创新工作情况
主题发布 // 097
现场答问 // 102
发布会文件 // 110
典型案例 // 117
部分新闻链接 // 131

6. 全面履行检察职能　推进健康中国建设 // 132
——最高人民检察院通报检察机关推进健康中国建设情况
主题发布 // 133
现场答问 // 139
发布会文件 // 152
典型案例 // 162
部分新闻链接 // 178

7. 加强检察监督　促进依法执行 // 179
——“两高”发布关于民事执行活动法律监督若干问题的规定
主题发布 // 180
现场答问 // 191
发布会文件 // 202
部分新闻链接 // 207

8. 依法履行检察职能　防治中小学生欺凌和暴力 // 208
——最高人民检察院通报检察机关参与防治中小学生欺凌和暴力工作情况
主题发布 // 209
现场答问 // 217
典型案（事）例 // 226
部分新闻链接 // 239

9. 加强办案指导　积极推进检察公益诉讼 // 240
——最高人民检察院发布第八批指导性案例
主题发布 // 241
现场答问 // 247
指导性案例 // 260
部分新闻链接 // 284

10. 充分履行检察职能　加强产权司法保护 // 285
——最高人民检察院通报检察机关加强产权司法保护工作情况
主题发布 // 286
现场答问 // 292
发布会文件 // 306
典型案例 // 315
部分新闻链接 // 325

11. 建设智慧检务　深化司法公开　促进司法公正 // 326
——最高人民检察院通报检察机关加强“智慧检务”建设情况
主题发布 // 327
现场答问 // 335
典型事例 // 345
部分新闻链接 // 352

12. 加强以案释法　弘扬法治精神 // 353
——最高人民检察院发布关于实行检察官以案释法制度的规定
主题发布 // 354
现场答问 // 361
发布会文件 // 370
典型案（事）例 // 377
部分新闻链接 // 388

13. 依法保护国家利益和社会公共利益不受侵犯 // 389
——最高人民检察院举行“全面实施检察机关提起公益诉讼制度”发布会
主题发布 // 390
现场答问 // 405
典型案例 // 413
部分新闻链接 // 449

14. 最高检机关全面运行司法办案新机制 // 450
——最高人民检察院通报深化司法责任制改革情况
主题发布 // 451
现场答问 // 457
部分新闻链接 // 467

15. 惩治网络犯罪　维护信息安全 // 468

——最高人民检察院通报检察机关打击计算机网络犯罪工作情况

主题发布 // 469

现场答问 // 479

部分新闻链接 // 494

16. 依法全面保护未成年人健康成长 // 495

——最高人民检察院通报检察机关加强对未成年人全面综合司法保护工作情况

主题发布 // 496

现场答问 // 504

典型案（事）例 // 514

部分新闻链接 // 525

检察机关提起公益诉讼试点工作取得初步成效

最高人民检察院通报检察机关提起公益诉讼试点工作推进情况

发布时间： 2016年1月6日10:00

发布内容： 发布《人民检察院提起公益诉讼试点工作实施办法》；通报检察机关提起公益诉讼试点工作推进情况

发布地点： 最高人民检察院电视电话会议室

主 持 人： 最高人民检察院新闻发言人　肖玮

出席嘉宾： 最高人民检察院民事行政检察厅厅长　郑新俭①

① 现任最高人民检察院未成年人检察工作办公室主任。

主题发布

肖 玮

各位记者朋友，大家上午好！欢迎参加最高人民检察院新闻发布会。今天新闻发布会的主题是发布《人民检察院提起公益诉讼试点工作实施办法》，通报检察机关提起公益诉讼试点工作的推进情况。出席今天新闻发布会的是最高人民检察院民事行政检察厅郑新俭厅长，我是新闻发言人肖玮，首先由我向大家通报有关情况。

党的十八届四中全会通过的《中共中央关于全面推进依法治国若干重大问题的决定》明确要求："探索建立检察机关提起公益诉讼制度。"2015 年 7 月 1 日，十二届全国人大常委会第十五次会议作出全国人民代表大会常务委员会《关于授权最高人民检察院在部分地区开展公益诉讼试点工作的决定》（以下简称《授权决定》），授权北京等十三个省市检察机关开展提起公益诉讼试点工作。

为贯彻落实党的十八届四中全会改革部署和全国人大常委会授权决定要求，最高人民检察院与相关部门协同配合，统筹谋划，积极稳妥推进公益诉讼试点工作，试点取得初步成效。

一、公益诉讼试点工作部署推进情况

探索建立检察机关提起公益诉讼制度是党的十八届四中全会明确部署的改革任务。高检院党组对此高度重视，曹建明检察长先后在大检察官研讨班和全国检察机关行政检察工作座谈会上对开展好试点工作作了具体部署。全国人大常委会作出授权决定后，高检院印发了《检察机关提起公益诉讼试点方案》（以下简称《试点方案》）。此后，高检院下

发了《关于开展检察机关提起公益诉讼试点工作的通知》，对试点工作作出全面部署；对各试点省份试点工作实施方案作出统一批复。

各试点地区检察机关按照高检院的统一部署，积极开展试点工作。一是各试点省级院及时召开会议，由省院主要领导对试点工作进行专题部署。二是加强向地方党委、人大的汇报，争取党委、人大对试点工作的领导和支持。三是加强与法院之间的联系，对公益诉讼案件起诉、审理等程序问题形成初步共识，湖北、吉林、安徽等省级院就检察机关提起公益诉讼适用法律相关问题与省高级法院会签规范性文件。四是加强与行政机关之间的协调，就加强协作配合、信息共享、技术咨询等方面的问题建立协作机制。五是加强对试点地区试点工作的指导和支持，及时掌握试点工作进展情况。六是开展公益诉讼专题培训，提升公益诉讼实务能力。

根据全国人大常委会授权决定要求，高检院在《试点方案》的基础上研究制定了《人民检察院提起公益诉讼试点工作实施办法》（以下简称《实施办法》），在与中央政法委、全国人大法工委、最高人民法院反复沟通取得共识后，经高检院检察委员会审议通过，于今天发布。《实施办法》共四章 58 条，在《试点方案》的基础上，对《试点方案》规定比较原则的，作了进一步解释；对《试点方案》没有规定而实践需要予以规范的，作出具体规定。《实施办法》对检察机关提起公益诉讼的线索来源、线索移送、立案程序、调查核实、举证责任等内容作了规定，对诉前程序等内容作了进一步强调，确保试点工作在法律框架和授权范围内开展。

二、公益诉讼案件办理情况

（一）案件线索情况

试点工作开展以来，检察机关一直将结合履行法律监督职责收集案件线索作为重中之重。一是通过各种途径突出强调收集线索的重要性，要求各试点检察院从影响群众生产生活、社会反映强烈的方面入手发现适宜提起公益诉讼，尤其是行政公益诉讼的案件线索。二是对重点案件线索及时批转督办，从中发现适宜提起公益诉讼的案件线索。三是加强信息报送工作，及时掌握公益诉讼线索总体情况，对各地好的做法经验及时予以推广。四是加强与侦监、公诉等业务部门的联系，形成检察机关提起公益诉讼的合力。五是上级院加强对线索收集工作的督促和指导，高检院民行厅赴各试点省份，重点听取线索情况汇报。

截至 2015 年 12 月底，试点地区共在履行职责中发现公益诉讼案件线索 501 件。其中，以诉讼类型划分，行政公益诉讼案件线索 383 件，民事公益诉讼案件线索 118 件；以案件范围划分，环境资源领域 313 件，国有土地使用权出让领域 118 件，国有资产保护领域 59 件，食品药品安全领域 11 件。

（二）诉前程序开展情况

诉前程序是检察机关提起公益诉讼的必经程序。设立诉前程序的目的是提高检察监督的效力，发挥行政机关履行职责的能动性，节约司法资源。为确保诉前程序取得实效，各试点地区检察机关按照全国人大常委会授权决定的要求，严格履行诉前程序。

一是做好调查核实，增强诉前程序的准确性。紧紧围绕公益诉讼案件所涉及的事实和法律问题进行调查核实，获取明确的事实根据和法律依据，增强诉前程序的准确性。一方面，对案件事实进行调查核实。如通过调阅行政执法的卷宗材料、联合环保部门到污染现场进行实地查看、询问相关人员等方式，全面掌握案件事实，收集固定证据材料。另一方面，对法律依据进行调查核实。针对相关行政机关所应履行职责的范围，结合法律法规进行准确界定，为向相关部门提出督促履责的建议提供依据。如在青岛市李沧区人民检察院办理的督促安监局依法履行职责一案中，在查实了安监局与环保局之间的职能区分的基础上，对安监局的不作为进行了依法监督，取得了良好效果。

二是找准切入点，增强诉前程序的针对性。诉前程序中，检察机关在对案件的事实和法律问题进行全面分析的基础上，找准解决问题的切入点，增强了检察建议的可操作性和有效性，有利于行政机关充分采纳，客观上促进了依法纠错或履行职责。如在环境保护领域相关行政机关怠于履行职责的案件中，建议行政机关对污染及时进行处置防止损害扩大，建议对污染企业或个人给予行政处罚，建议对污染企业进行跟踪监管并督促落实环保措施，建议对相关案件线索依据《行政主管部门移送适用行政拘留环境违法案件暂行办法》移送公安机关，等等。

三是加强对整改情况的跟进监督，确保诉前程序的实效性。实践中，被监督的行政机关虽在规定时间内对检察建议予以回复，但有的回复内容针对性不强、整改措施不具体，有的即使整改措施很全面，但在具体整改中并没有落到实处。针对上述问题，检察机关对已发出的检察建议的回复及整改情况进行跟进监督，不定期对行政机关的整改情况进行调查，对污染企业进行回访，对污染区域进行复查，确保诉前程序发挥实效。

截至 2015 年 12 月底，试点地区已经通过检察建议等方式办理公益诉讼诉前程序案件 245 件，其中民事 33 件、行政 212 件。经过民事公益诉讼诉前程序的 33 件案件中，相关社会组织提起公益诉讼的有 6 件，回复不起诉的有 9 件，辖区内无符合条件社会组织的有 18 件。经过行政公益诉讼诉前程序的 212 件案件中，相关行政机关纠正违法或履行职责的有 118 件，尚未到 1 个月回复期限的有 64 件，逾期未纠正违法或履行职责的有 30 件。

（三）提起公益诉讼案件情况

《试点方案》规定，经过诉前程序，法律规定的机关和有关组织没有提起民事公益诉讼，或者行政机关拒不纠正违法或不履行法定职责，社会公共利益仍处于受侵害状态的，检察机关可以分别提起民事或行政公益诉讼。目前，针对经过民事公益诉讼诉前程序的案件中无符合条件社会组织或符合条件的社会组织不起诉，经过行政公益诉讼诉前程序的案件中行政机关未纠正违法或履行职责的情形，试点地区检察机关已向人民法院提起公益诉讼 5 件，人民法院均已立案，相关案件正在审理中。

三、下一步工作措施

高检院将进一步加强对试点工作的指导督促，及时汇总解决突出问题，努力推动试点工作取得新的成效。

（一）重点抓好公益诉讼案件办理工作

继续派工作组赴相关试点地区进行督导，对重要案件线索进行重点督办，与当地检察机关一起研究分析案情，认真分析研判提起诉讼的必要性和可行性，重点对事实证据、法律依据、社会效果等问题进行研究论证，对可能出现的问题提前制定预案。

（二）加强对试点工作的指导和规范

按照党的中央和全国人大常委会授权决定，积极开展试点工作。加强对下级院的指导和督促，及时汇总分析问题，提出解决方案。加强沟通协调，积极争取地方党委、人大的领导和支持，帮助排除干扰阻力。

（三）及时总结经验，做好中期报告、提出立法建议等工作

适时召开试点工作推进会，总结交流经验，汇总分析问题，推进试点工作深入开展。做好向全国人大常委会中期报告的相关工作。在试点期限届满前，提出需要修改完善有关法律法规的意见建议。

根据党的十八届四中全会的精神，探索建立检察机关提起公益诉讼制度，维护国家和社会公共利益，这既是检察机关履行法律监督职责的必然要求，也是推进依法治国、促进依法行政的重要举措。试点开展以来，人民群众高度关注，新闻媒体朋友也给予了大力的支持，在此向大家表示衷心的感谢！我们相信在大家的共同努力下，检察机关提起公益诉讼试点工作将取得更多的成效。

现场答问

人民日报记者　彭　波

近日，环保组织对腾格里沙漠污染系列案提起的公益诉讼被地方法院驳回，表明环境公益诉讼还存在很大难度。检察机关对于公益诉讼的严格审查是否提高了公益诉讼的门槛？未来是否会普及并形成惯例？检察机关如何平衡公益诉讼与法律监督的职责？

郑新俭

关于是否会提高公益诉讼的门槛这个问题，检察机关对所提起的公益诉讼履行审批程序，是试点阶段为了规范行使检察权，保证试点工作在法治的轨道上运行而采取的一项措施，并不会提高公益诉讼的门槛。至于以后会如何，我们会根据试点进行的情况来进行总结，然后再来确定。

关于如何平衡公益诉讼和法律监督职能的问题，根据宪法和人民检察院组织法的规定，检察机关是国家法律监督机关，履行法律监督是检察机关的基本职能。提起诉讼与对诉讼活动的监督，是检察机关履行法律监督职责的两种主要形式。就提起诉讼而言，这是对不遵守法律的机关、法人和公民个人进行的法律监督。通过提起诉讼将案件交由法院裁判，通过裁判追究相关机关、法人和公民个人的法律责任，从而维护法律的权威和尊严，保障法律的统一正确实施。而检察机关行使诉讼监督职能，是对人民法院的诉讼活动进行的法律监督。这种监督，通过抗诉和检察建议的方式，监督人民法院诉讼活动依法进行，从而保障公正司法。因此，提起公益诉讼和履行诉讼监督职责，都是检察机关履行法律监督职能的重要方式，如何协调好这两种法律监督，最主要的就是要严格依法履行法律监督职责，至于怎么平衡，我们感觉就是要严格依法履行法律监督职责，既维护法律的权威和尊严，又达到维护国家利益和社会公共利益的目的。

经济日报记者　李万祥

开展公益诉讼的试点检察院都是从影响本地区人们生产生活、反映强烈的问题摸排适宜提起公益诉讼，尤其是行政公益诉讼的案件线索。检察机关对发现的案件线索将作何处理？履行诉前程序纠正违法的情形都是什么情况？没有回应的会受什么惩罚？试点以来，向最高检报审的案件有多少？进入诉讼程序的有多少？

郑新俭

关于检察机关对发现的线索如何处理的问题，检察机关对摸排出的案件线索高度重视，逐件进行严格审查，根据审查核实的情况，进一步确定是否属于试点工作的领域和范围。对于符合试点要求的案件线索，积极进行诉前程序的相关工作，这是两个步骤，第一步以保护国家利益和社会公共利益为立足点，对线索进行认真审查，属于试点范围的我们就开展诉前程序。如果国家利益和社会公共利益仍然遭受侵害，那么检察机关就依据规定适时提起公益诉讼，这是关于线索的处理，这是一个方面，就是符合提起公益诉讼相关的要求。那么对不符合试点要求的，如果属于法律监督职权范围内的线索，我们也将根据情况依法通过其他的方式，比如说发检察建议等方式履行监督职责。

至于履行诉前程序的情况，刚才肖玮主任也做了介绍，我在这里着重介绍一下监督和纠正的情况。通过诉前程序纠正违法或督促履行职责的，在不同领域有不同的表现形式。在环境保护领域相关行政机关怠于履行职责的案件中，行政机关接受检察机关提出的检察建议，其纠正表现为：对污染及时进行处置防止损害扩大，对污染企业或个人给予行政处罚，对污染企业进行跟踪监管并督促落实环保措施，对相关案件线索依据《行政主管部门移送适用行政拘留环境违法案件暂行办法》移送公安机关，等等。在国有土地使用权出让领域行政机关怠于履行职责的案件中，行政机关接受检察机关提出的检察建议，其纠正表现为：追缴国有土地受让方欠缴的出让金，对已经违规办理的土地使用权证按规定注销、收回国有土地，等等。经过诉前程序，法律规定的机关和有关组织没有提起民事公益诉讼，或者行政机关拒不纠正违法或不履行法定职责，社会公共利益仍处于受侵害状态的，检察机关可以分别提起民事或行政公益诉讼。

新华社记者　荣启涵

检察机关如何掌握、获取适宜提起公益诉讼的线索？开展试点工作还面临哪些困难？为使公益诉讼取得更大进展，还需要什么配套机制？

郑新俭

根据全国人大常委会《授权决定》和《试点方案》的要求，公益诉讼案件线索来源是“检察机关在履行职责中发现”，我们也遇到了一些困难，主要是由于公益诉讼是一个新生事物，上次在回答记者提问时我说过两个困难，一个是公益诉讼没有现成的经验，二是公益诉讼制度不完善。如果说困难，也就是这两个方面带来的一些困难。比如说公益诉讼作为一项新任务，一些具体程序问题还有待完善。检察机关提起公益诉讼和法院审理公益诉讼案件的关系还需要进一步的捋顺。另外，检察机关人员队伍还不能完全适应公益诉讼办案新要求，等等。这是公益诉讼在推进过程当中遇到的一些实际困难。

为了推进试点工作的进行，需要不断地探索、完善相关机制。比如，在公益诉讼中损害鉴定评估费用的承担问题，比如，提起民事公益诉讼，其中有请求赔偿损失，那么这个损失怎么确定，需要评估鉴定，现在遇到一个比较大的问题就是需要评估鉴定费用，这个费用谁来承担、怎么出？诸如这样的一些机制、一些制度的完善，当然试点的过程本身就是一个不断完善的过程。在试点中，我们要进行不断的尝试，从而发现问题、探索经验，在这个基础上去完善相关的机制，最终推动法治的完善。谢谢。

上海电视台法治天地频道记者　程文韬

检察机关提起公益诉讼设有诉前程序。试点以来，检察建议的落实情况与过去比有哪些变化？

郑新俭

检察机关提起公益诉讼，《试点方案》里设置了诉前程序，这是在试点工作推进过程中，严格执行全国人大常委会的《授权决定》以及《试点方案》的规定，在发现的线索中，如果说属于试点范围的，我们每一起案件都进行了诉前程序的相关工作。诉前程序相关工作也分两个方面，一方面就是提起民事公益诉讼，这个在《试点方案》当中是支持督促相关的公益诉讼主体提起公益诉讼。这个方面我们进行的还是很不错的。另一方面就是行政公益诉讼，这里的诉前程序就是向行政机关发出检察建议，督促其纠正。检察建议等诉前程序是检察机关提起公益诉讼的必经程序，这一制度设计是为了节约司法资源。我在前面回答时也提出这个，就是督促行政机关在内的组织、公民、个人共同承担维护国家利益社会利益的责任，尤其是行政机关应该自行纠正违法或履行职责，提高检察监督的效力。试点以来，各试点地区检察机关严格履行诉前程序，充分发挥诉前程序的作用，对有关行政机关发出检察建议。从目前的情况看，试点以来，检察建议的落实情况体现出回复更及时、采纳率更高、实际效果更好的新情况、新变化，这些变化的产生与行政机关面临被检察机关起诉而增强纠错或履责的能动性有关，体现出检察机关提起公益诉讼制度的优越性。

民主与法制时报记者　薛应军

民间团体是公益诉讼的主要组成部分，请问检察机关是否考虑加强对民间团体公益诉讼权益的保护？又如何依法推动民间团体在公益诉讼中发挥重要作用？刚才新闻发言人也谈到，我们下一步要及时总结经验做好中期报告，提出立法建议，有没有什么计划？

郑新俭

这是一个问题的两个方面，我综合一下回答。《试点方案》中设置了前置程序，而前置程序的目的就是要充分发挥社会各方面的力量来共同维护国家利益和社会公共利益。民事诉讼法赋予民间团体提起民事公益诉讼这样的资格，所以这个问题应该是集中在民事公益诉讼里面。

在《试点方案》里面，我们在民事公益诉讼的相关规定里，设置了一个民事公益诉讼的诉前程序，这个诉前程序的目的就是要充分发挥社会各个方面，尤其是法律赋予的那些社会团体，发挥它们的作用，来共同维护国家利益和社会公共利益。在民事公益诉讼的诉前程序中，我们尽可能去发挥包括这些民间团体在公益诉讼中的主体作用，依法督促和支持这些主体提起公益诉讼，其中包括建议、支持符合条件的民间公益组织提起民事公益诉讼。比如说广州市天河区人民检察院在履行职责中发现某加工场场主焦某将电镀后的液体未经任何处理直接倾倒至雨水沟，电镀产生的废水重金属镍超标 3 倍以上，严重污染环境。2015 年 11 月 6 日，天河区人民检察院向广东省环境基金会发出建议其起诉的检察建议。11 月 8 日，广东省环境保护基金会书面回复采纳了检察建议，决定近期对焦某污染环境一案提起公益诉讼，并请求天河区人民检察院支持起诉，效果还是不错的。我这里是举个例子，其他地方也有这样的情况。应该说，检察机关在推进公益诉讼制度建立的过程中，是尽可能地考虑调动社会其他方面的积极因素来共同维护国家利益和社会公共利益。

澎湃新闻记者　宋奇波

公益诉讼改革试点工作过程中，收集证据可能是比较有困难的一块。目前，地方检察院在收集证据方面主要有哪些方式？

郑新俭

根据全国人大常委会《授权决定》和《试点方案》的要求，公益诉讼提起的时候是检察机关来收集这些证据。确实，调查核实相关证据是检察机关提起公益诉讼案件办理中的重要一环。在民事公益诉讼案件中，根据“谁主张，谁举证”的证据规则，检察机关对于污染环境、侵害众多消费者合法权益等违法行为、损害后果等方面承担举证责任；在行政公益诉讼中，检察机关也要对行政机关违法行使职权或者不作为的相关证据进行调查核实。

试点工作中，检察机关可以采用多种方式调查、核实相关证据。我们主要采用的方式有：调阅、复制有关行政执法卷宗材料；询问违法行为人、行政机关相关人员、行政相对人、利害关系人、证人等；收集书证、物证、视听资料等证据；咨询专业人员、相关部门或者行业协会等对专门问题的意见；委托鉴定、评估、审计；勘验物证、现场，以及其他必要的调查方式，这些是我们收集证据的类型。在我们提起公益诉讼案件当中，也有材料，我们里面就包括询问相关专家的意见、进行鉴定等，这些方式也都得到采用，还有调查书证、物证等方式。

法制网记者　郑小琼

刚才，郑厅长介绍了公益诉讼的相关问题，我想问一下，相关法律的修改完善进展情况以及下一步的打算。

郑新俭

根据我国立法法的相关规定，被授权机关应当在授权期限届满的6

个月以前，向授权机关报告授权决定实施的情况，并提出是否需要制定有关法律的意见。这是试点和下一步完善制度的立法法的相关规定。

检察机关提起公益诉讼涉及民事诉讼法、行政诉讼法、人民检察院组织法等相关法律的修改完善，试点工作正是为了积累经验，为修订法律提供参考。试点地区检察机关将加强对试点工作的调查研究和经验总结。这项工作我们已经开始做了，因为已经向法院起诉的案件中遇到了一系列的问题，我们需要和法院进行沟通协调，这个也是一个总结经验的过程。那么试点结束后，对经过实践检验的、切实可行的经验做法，最高人民检察院将适时提出立法建议。因为现在试点工作刚开始，应该说很多工作都需要下一步来做。

发布会文件

人民检察院提起公益诉讼试点工作实施办法

（2015年12月16日最高人民检察院第十二届检察委员会第四十五次会议通过）

为了加强对国家和社会公共利益的保护，促进行政机关依法行政、严格执法，根据《全国人民代表大会常务委员会关于授权最高人民检察院在部分地区开展公益诉讼试点工作的决定》和《检察机关提起公益诉讼试点方案》，结合检察工作实际，制定本办法。

第一章　提起民事公益诉讼

第一条　人民检察院履行职责中发现污染环境、食品药品安全领域侵害众多消费者合法权益等损害社会公共利益的行为，在没有适格主体或者适格主体不提起诉讼的情况下，可以向人民法院提起民事公益诉讼。

人民检察院履行职责包括履行职务犯罪侦查、批准或者决定逮捕、审查起诉、控告检察、诉讼监督等职责。

第二条　人民检察院提起民事公益诉讼的案件，一般由侵权行为地、损害结果地或者被告住所地的市（分、州）人民检察院管辖。

有管辖权的人民检察院由于特殊原因，不能行使管辖权的，应当由上级人民检察院指定本区域其他试点地区人民检察院管辖。

上级人民检察院认为确有必要，可以办理下级人民检察院管辖的案件。下级人民检察院认为需要由上级人民检察院办理的，可以报请上级人民检察院办理。

有管辖权的人民检察院认为有必要将本院管辖的民事公益诉讼案件交下级人民检察院办理的，应当报请其上一级人民检察院批准。

第三条 人民检察院提起民事公益诉讼案件的办理，由民事行政检察部门负责。

第四条 人民检察院各业务部门在履行职责中，发现可能属于民事公益诉讼案件范围的案件线索，应当将有关材料移送民事行政检察部门。

第五条 经审查认为污染环境、食品药品安全领域侵害众多消费者合法权益等行为可能损害社会公共利益的，应当报请检察长批准决定立案，并到案件管理部门登记。

人民检察院决定立案的民事公益诉讼案件，应当制作《立案决定书》。

第六条 人民检察院可以采取以下方式调查核实污染环境、侵害众多消费者合法权益等违法行为、损害后果涉及的相关证据及有关情况：

（一）调阅、复制有关行政执法卷宗材料；

（二）询问违法行为人、证人等；

（三）收集书证、物证、视听资料等证据；

（四）咨询专业人员、相关部门或者行业协会等对专门问题的意见；

（五）委托鉴定、评估、审计；

（六）勘验物证、现场；

（七）其他必要的调查方式。

调查核实不得采取限制人身自由以及查封、扣押、冻结财产等强制性措施。

人民检察院调查核实有关情况，行政机关及其他有关单位和个人应当配合。

第七条 民事行政检察部门在办理民事公益诉讼案件过程中，发现国家工作人员涉嫌贪污贿赂、渎职侵权等职务犯罪线索的，应当及时移送职务犯罪侦查部门；发现其他刑事犯罪线索的，应当及时移送侦查监督部门。

第八条 人民检察院提起民事公益诉讼案件审查终结，承办人应当制作审查终结报告。审查终结报告应当全面、客观、公正地叙述案件事实，依据法律规定提出处理建议。

第九条 办理民事公益诉讼案件应当经集体讨论。参加集体讨论的人员应当对案件事实、适用法律、处理建议等发表明确的意见并说明理由。集体讨论意见应当在全面、客观地归纳讨论意见的基础上形成。

集体讨论形成的处理意见，由民事行政检察部门负责人提出审核意见后报检察长批准。检察长认为必要的，可以提请检察委员会讨论决定。

第十条 人民检察院对审查终结的民事公益诉讼案件，应当区分情况作出下列决定：

（一）终结审查；

（二）依法督促或者支持法律规定的机关和有关组织提起民事公益诉讼；

（三）提起民事公益诉讼。

第十一条 人民检察院办理民事公益诉讼案件，拟作出第十条第一项、第二项决定的，应当自决定立案之日起三个月内办理终结；拟作出第十条第三项决定的，应当自决定立案之日起六个月内办理终结。有特殊情况需要延长的，报经检察长批准。

第十二条 有下列情形之一的，人民检察院应当终结审查：

（一）经审查不存在损害社会公共利益需要追究民事法律责任情形的；

（二）损害社会公共利益的情形在依法督促或者支持法律规定的机关和有关组织提起民事公益诉讼之前已经消除且社会公共利益已经获得有效救济的；

（三）其他应当终结审查的情形。

终结审查的，应当制作《终结审查决定书》。

第十三条 人民检察院在提起民事公益诉讼之前，应当履行以下诉前程序：

（一）依法督促法律规定的机关提起民事公益诉讼；

（二）建议辖区内符合法律规定条件的有关组织提起民事公益诉讼。有关组织提出需要人民检察院支持起诉的，可以依照相关法律规定支持其提起民事公益诉讼。

法律规定的机关和有关组织应当在收到督促起诉意见书或者检察建议书后一个月内依法办理，并将办理情况及时书面回复人民检察院。

第十四条 经过诉前程序，法律规定的机关和有关组织没有提起民事公益诉讼，或者没有适格主体提起诉讼，社会公共利益仍处于受侵害状态的，人民检察院可以提起民事公益诉讼。

第十五条 人民检察院以公益诉讼人身份提起民事公益诉讼。民事公益诉讼的被告是实施损害社会公共利益行为的公民、法人或者其他组织。

第十六条 人民检察院可以向人民法院提出要求被告停止侵害、排除妨碍、消除危险、恢复原状、赔偿损失、赔礼道歉等诉讼请求。

第十七条 人民检察院提起民事公益诉讼应当提交下列材料：

（一）民事公益诉讼起诉书；

（二）被告的行为已经损害社会公共利益的初步证明材料。

第十八条 人民检察院提起民事公益诉讼，被告没有反诉权。

第十九条 人民检察院提起民事公益诉讼，对提出的诉讼请求所依据的事实或者反驳对方意见所依据的事实，以及履行诉前程序的事实，应当提供证据加以证明，法律另有规定的除外。

第二十条 对于可能因被告一方的行为或者其他原因，使判决难以执行或者造成与社会公共利益相关的其他损害情形，人民检察院可以向人民法院建议对被告财产进行保全、责令其作出一定行为或者禁止其作出一定行为。

根据人民检察院建议，人民法院采取保全措施的，人民检察院无需提供担保。

第二十一条 人民法院开庭审理人民检察院提起的民事公益诉讼案件，人民检察院应当派员出席法庭。

第二十二条 检察人员出席法庭的任务是：

（一）宣读民事公益诉讼起诉书；

（二）对人民检察院调查核实的证据予以出示和说明，对相关证据进行质证；

（三）参加法庭调查，进行辩论并发表出庭意见；

（四）依法从事其他诉讼活动。

检察人员发现庭审活动违法的，应当待休庭或者庭审结束之后，以人民检察院的名义提出检察建议。

第二十三条 民事公益诉讼案件，人民检察院可以与被告和解，人民法院可以调解。和解协议、调解协议不得损害社会公共利益。

第二十四条 在民事公益诉讼审理过程中，人民检察院诉讼请求全部实现的，可以撤回起诉。

第二十五条 地方各级人民检察院认为同级人民法院未生效的第一审判决、裁定确有错误，应当向上一级人民法院提出抗诉。

第二十六条 地方各级人民检察院对同级人民法院未生效的第一审判决、裁定的抗诉，应当通过原审人民法院提出抗诉书，并且将抗诉书抄送上一级人民检察院。

上级人民检察院认为抗诉不当的，可以向同级人民法院撤回抗诉，并且通知下级人民检察院。

第二十七条 对人民检察院提出抗诉的二审案件或者人民法院决定开庭审理的上诉案件，同级人民检察院应当派员出席第二审法庭。

第二章 提起行政公益诉讼

第二十八条 人民检察院履行职责中发现生态环境和资源保护、国有资产保护、国有土地使用权出让等领域负有监督管理职责的行政机关违法行使职权或者不作为，造成国家和社会公共利益受到侵害，公民、法人和其他社会组织由于没有直接利害关系，没有也无法提起诉讼的，可以向人民法院提起行政公益诉讼。

人民检察院履行职责包括履行职务犯罪侦查、批准或者决定逮捕、审查起诉、控告检察、诉讼监督等职责。

第二十九条 人民检察院提起行政公益诉讼的案件，一般由违法行使职权或者不作为的行政机关所在地的基层人民检察院管辖。

违法行使职权或者不作为的行政机关是县级以上人民政府的案件，由市（分、州）人民检察院管辖。

有管辖权的人民检察院由于特殊原因，不能行使管辖权的，应当由上级人民检察院指定本区域其他试点地区人民检察院管辖。

上级人民检察院认为确有必要，可以办理下级人民检察院管辖的案件。下级人民检察院认为需要由上级人民检察院办理的，可以报请上级人民检察院办理。

第三十条 人民检察院提起行政公益诉讼案件的办理，由民事行政检察部门负责。

第三十一条 人民检察院各业务部门在履行职责中，发现可能属于行政公益诉讼案件范围的案件线索，应当将有关材料移送民事行政检察部门。

第三十二条 经审查认为生态环境和资源保护、国有资产保护、国有土地使用权出让等领域负有监督管理职责的行政机关违法行使职权或者不作为可能损害国家和社会公共利益的，应报请检察长批准决定立案，并到案件管理部门登记。

人民检察院决定立案的行政公益诉讼案件，应当制作《立案决定书》。

第三十三条 人民检察院可以采取以下方式调查核实有关行政机关违法行使职权或者不作为的相关证据及有关情况：

（一）调阅、复制行政执法卷宗材料；

（二）询问行政机关相关人员以及行政相对人、利害关系人、证人等；

（三）收集书证、物证、视听资料等证据；

（四）咨询专业人员、相关部门或者行业协会等对专门问题的意见；

（五）委托鉴定、评估、审计；

（六）勘验物证、现场；

（七）其他必要的调查方式。

调查核实不得采取限制人身自由以及查封、扣押、冻结财产等强制性措施。

人民检察院调查核实有关情况，行政机关及其他有关单位和个人应当配合。

第三十四条 民事行政检察部门在办理行政公益诉讼案件过程中，发现国家工作人员涉嫌贪污贿赂、渎职侵权等职务犯罪线索的，应当及时移送职务犯罪侦查部门；发现其他刑事犯罪线索的，应当及时移送侦查监督部门。

第三十五条 人民检察院提起行政公益诉讼案件审查终结，承办人应当制作审查终结报告。审查终结报告应当全面、客观、公正地叙述案件事实，依据法律规定提出处理建议。

第三十六条 办理行政公益诉讼案件应当经集体讨论。参加集体讨论的人员应当对案件事实、适用法律、处理建议等发表明确的意见并说明理由。集体讨论意见应当在全面、客观地归纳讨论意见的基础上形成。

集体讨论形成的处理意见，由民事行政检察部门负责人提出审核意见后报检察长批准。检察长认为必要的，可以提请检察委员会讨论决定。

第三十七条 人民检察院对审查终结的行政公益诉讼案件，应当区分情况作出下列决定：

（一）终结审查；

（二）提出检察建议；

（三）提起行政公益诉讼。

第三十八条 人民检察院办理行政公益诉讼案件，拟作出第三十七条第一项、第二项决定的，应当自决定立案之日起三个月内办理终结；拟作出第三十七条第三项决定的，应当自决定立案之日起六个月内办理终结。有特殊情况需要延长的，报经检察长批准。

第三十九条 有下列情形之一的，人民检察院应当终结审查：

（一）经审查不存在行政机关违法行使职权或者不作为，造成国家和社会公共利益受到侵害情形的；

（二）行政机关在人民检察院向其提出检察建议前已纠正行政违法行为或依法履行职责的；

（三）其他应当终结审查的情形。

终结审查的，应当制作《终结审查决定书》。

第四十条 在提起行政公益诉讼之前，人民检察院应当先行向相关行政机关提出检察建议，督促其纠正违法行为或者依法履行职责。行政机关应当在收到检察建议书后一个月内依法办理，并将办理情况及时书面回复人民检察院。

第四十一条 经过诉前程序，行政机关拒不纠正违法行为或者不履行法定职责，国家和社会公共利益仍处于受侵害状态的，人民检察院可以提起行政公益诉讼。

第四十二条 人民检察院以公益诉讼人身份提起行政公益诉讼。行政公益诉讼的被告是生态环境和资源保护、国有资产保护、国有土地使用权出让等领域违法行使职权或者不作为的行政机关，以及法律、法规、规章授权的组织。

第四十三条 人民检察院可以向人民法院提出撤销或者部分撤销违法行政行为、在一定期限内履行法定职责、确认行政行为违法或者无效等诉讼请求。

第四十四条 人民检察院提起行政公益诉讼应当提交下列材料：

（一）行政公益诉讼起诉书；

（二）国家和社会公共利益受到侵害的初步证明材料。

第四十五条 人民检察院提起行政公益诉讼，对下列事项承担举证责任：

（一）证明起诉符合法定条件；

（二）人民检察院履行诉前程序提出检察建议且行政机关

拒不纠正违法行为或者不履行法定职责的事实；

（三）其他应当由人民检察院承担举证责任的事项。

第四十六条 人民法院开庭审理人民检察院提起的行政公益诉讼案件，人民检察院应当派员出席法庭。

第四十七条 检察人员出席法庭的任务是：

（一）宣读行政公益诉讼起诉书；

（二）对人民检察院调查核实的证据予以出示和说明，对相关证据进行质证；

（三）参加法庭调查，进行辩论并发表出庭意见；

（四）依法从事其他诉讼活动。

检察人员发现庭审活动违法的，应当待休庭或者庭审结束之后，以人民检察院的名义提出检察建议。

第四十八条 行政公益诉讼案件不适用调解。

第四十九条 在行政公益诉讼审理过程中，被告纠正违法行为或者依法履行职责而使人民检察院的诉讼请求全部实现的，人民检察院可以变更诉讼请求，请求判决确认行政行为违法，或者撤回起诉。

第五十条 地方各级人民检察院认为同级人民法院未生效的第一审判决、裁定确有错误，应当向上一级人民法院提出抗诉。

第五十一条 地方各级人民检察院对同级人民法院未生效的第一审判决、裁定的抗诉，应当通过原审人民法院提出抗诉书，并且将抗诉书抄送上一级人民检察院。

上级人民检察院认为抗诉不当的，可以向同级人民法院撤回抗诉，并且通知下级人民检察院。

第五十二条 对人民检察院提出抗诉的二审案件或者人民法院决定开庭审理的上诉案件，同级人民检察院应当派员出席第二审法庭。

第三章　其他规定

第五十三条　地方各级人民检察院拟决定向人民法院提起公益诉讼的，应当层报最高人民检察院审查批准。

人民检察院审查批准公益诉讼案件，应当自收到案件请示之日起一个月内办理终结。有特殊情况需要延长的，报经检察长批准。

第五十四条　省级人民检察院向最高人民检察院报送审批的材料包括：

（一）公益诉讼案件层报审批表；

（二）省级人民检察院请示；

（三）省级人民检察院民事行政检察部门案件审查终结报告和集体讨论记录；

（四）公益诉讼起诉书；

（五）案件证据目录和主要证据材料。

第五十五条　提起公益诉讼，人民检察院免缴诉讼费。

第五十六条　本办法未规定的，分别适用民事诉讼法、行政诉讼法以及相关司法解释的规定。

第四章　附　则

第五十七条　本办法仅适用于北京、内蒙古、吉林、江苏、安徽、福建、山东、湖北、广东、贵州、云南、陕西、甘肃等省、自治区、直辖市。

第五十八条　本办法自发布之日起施行。本院之前发布的司法解释和规范性文件，与本办法规定不一致的，适用本办法。

部分新闻链接

1. 新华社 2016 年 1 月 6 日报道《最高检：公益诉讼试点检察机关已发现案件线索 501 件》。

2. 中央人民广播电台 2016 年 1 月 6 日报道《检察机关提起公益诉讼试点进展：线索 501 件 已起诉 5 件》。

3. 中央电视台 2016 年 1 月 6 日报道《最高检：提起公益诉讼试点实施办法发布》。

4. 法制日报 2016 年 1 月 6 日报道《行政公益诉讼遇法律适用困惑》。

5. 新华网 2016 年 1 月 6 日报道《最高检：公益诉讼试点检察机关已发现案件线索 501 件》。

6. 光明网 2016 年 1 月 6 日报道《最高检发布〈人民检察院提起公益诉讼试点工作实施办法〉》。

履行民事诉讼监督职责　维护司法公正和权威

最高人民检察院通报检察机关加强民事诉讼监督工作情况

发布时间： 2016 年 2 月 2 日 10:00

发布内容： 通报检察机关加强民事诉讼监督工作情况

发布地点： 最高人民检察院电视电话会议室

主 持 人： 最高人民检察院新闻发言人　肖玮

出席嘉宾： 最高人民检察院民事行政检察厅副厅长　吕洪涛

主题发布

肖 玮

各位记者朋友，大家上午好！欢迎参加最高人民检察院新闻发布会。今天新闻发布会的主题是“检察机关加强民事诉讼监督工作情况”。出席新闻发布会的是最高人民检察院民事行政检察厅吕洪涛副厅长，我是发言人肖玮。

根据《中华人民共和国民事诉讼法》的规定，检察机关有权对民事诉讼实行法律监督。党的十八届四中全会的决定也要求检察机关加强对民事诉讼的法律监督。检察机关通过履行民事诉讼监督职责，监督人民法院依法履行民事审判和执行职能，维护司法公正和司法权威，保障国家法律的统一、正确实施。下面，我将检察机关2015年强化民事诉讼监督职责的情况向大家作一通报，并公布典型案例。

一、着力强化三个环节，努力贯彻执行好修改后民事诉讼法和《民事诉讼监督规则》

为贯彻执行好民事诉讼法和民事诉讼监督规则，2015年，检察机关在建立案件来源机制、强化案件监督质量、实现案件监督效果三个环节上下功夫，强化职责履行，维护司法公正。

（一）着力建立案件来源机制

检察机关创新宣传方式和手段，通过专项宣传活动、新闻发布会、检察开放日、发放宣传册、门户网站、微博微信等多种方式和途径，加大宣传民事检察监督职能的力度，让社会了解民事检察工作的职责和程序，努力提高民事检察监督的社会知晓度。全面贯彻落实民事诉讼监督案件“受审分离”制度和“同级受理”制度，建立案件受理窗口，并充分发挥基层派出检察室等的作用，延伸检察工作触角，保障和便利当事人提出监督申请，确保案件来源渠道的有效和畅通。进一步争取党委领导、人大监督、政府支持、法院配合，强化案件信息和监督机制，优化监督氛围。认真贯彻执行中央政法委《关于建立律师参与化解和代理涉法涉诉信访案件制度的意见（试行）》等规定，加强与律师协会等的沟通联系，推动民事诉讼监督工作。通过强化案件来源机制建设，力争使民事诉讼监督职能家喻户晓，使需要检察监督的案件能进入检察监督程序。

（二）着力提高案件监督质量，提升监督水平

深入推进检务公开，依法保障当事人知情权，及时告知当事人在检察环节的权利义务，告知案件承办人及联系方式，通报案件审查进度，采取听证等方式，认真听取各方当事人意见。认真执行 3 个月办案期限，进一步提高审查效率。严格规范和执行办案程序，通过严格的办案程序，促使每一个监督案件做到以事实为根据，以法律为准绳。努力做到应该监督的案件一个不放过，不该监督的案件一个不放出。

（三）加强监督案件的跟踪问效和不监督案件的服判息诉，努力实现监督案件政治效果、社会效果和法律效果的有机统一

对抗诉等监督案件，绝不“一抗了之”，而是通过派员出席庭审、检察长列席审委会、跟进监督等方式持续地跟踪问效。如广东省梅州市检察院办理的张某继承纠纷案，针对再审维持原判、错误未得到纠正的情况，及时跟进监督，经过省院两次抗诉后，错误裁判得到纠正。检察机关每年度均进行监督案件情况的综合分析，查找监督工作存在的问题，努力提高监督的针对性和监督水平。对于裁判正确、决定不进行监督的案件，认真负责地做好服判息诉工作，化解矛盾，引导当事人尊重和接受法院生效裁判。2015 年，在检察环节服判息诉的案件达 28415 件。

二、加大对民事虚假诉讼的监督力度，维护诉讼诚信和正常民事诉讼秩序

近年来，部分当事人违背诚实信用原则，制造虚假诉讼，利用诉讼

这一合法形式谋取不正当利益。民事虚假诉讼不仅损害国家、集体和他人合法权益，而且违背了诚实信用原则，破坏了正常司法秩序，严重损害了司法权威和司法公信力。检察机关认真履行法律监督职责，加大对民事虚假诉讼的监督力度。

早在2012年至2014年，检察机关就监督虚假诉讼案件6829件，其中向法院提出抗诉和检察建议4972件，移送犯罪线索957件。2015年，最高人民检察院组织开展了民事虚假诉讼专项监督活动，发现当前民事虚假诉讼案件的主要类型是逃避管理、逃避债务、获取其他非法利益等。其中，民间借贷纠纷案件成为虚假诉讼的“重灾区”；国家和地方政府有关房屋、车辆限购政策出台后，“以房抵债”“以车抵债”类虚假诉讼集中出现。

最高人民检察院要求各级检察机关加大对虚假诉讼、恶意诉讼的打击惩治力度，重点打击中介服务机构“居间造假”、涉案人员众多的“规模性造假”以及有关人员为了个人利益主动参与造假等虚假诉讼行为。湖北省检察机关在2015年的专项行动中查实虚假诉讼案件201件，移送犯罪线索41件。武汉某投资公司为规避执行，虚构了6000余万元的债务，转移财产。江西省抚州市检察院监督的一起虚假诉讼案，当事人为逃避执行，通过虚假调解转移资产1.2亿元；上饶市检察院集中监督了一批交通事故纠纷中伪造证据提高残疾等级、将农村户口转为城镇户口从而获取不当利益的案件。

三、采取有力措施，进一步加大民事执行监督的力度

修改后《民事诉讼法》第235条明确赋予检察机关对民事执行活动的法律监督权。检察机关积极转变观念，适应修改后民事诉讼法提出的新任务新要求，充分履行法律监督职责，办理了一批民事执行监督案件，有效纠正了民事执行活动中的违法情形，切实维护当事人合法权益。2015年，检察机关共提出民事执行监督检察建议17972件，法院采纳17223件，采纳率为95%。

江苏无锡亿仁肿瘤医院有限公司因不服最高人民法院执行裁定，向最高人民检察院申请监督，我院审查后认为上述裁定认定事实和适用法

律均存在错误，向最高人民法院提出检察建议。最高人民法院依法启动监督程序，重新作出执行裁定，对借款期限届满后产生的违约金及逾期利息总额按照不超过银行同类贷款利率四倍的标准执行，申请人因此减少支付约 4.9 亿元，有效维护了其合法权益。

云南省检察院发现昆明市中级法院错误将某学院作为被执行人，执行行为不合法，及时提出监督意见，省法院撤销了原执行裁定，维护了 4500 多万元教学资金安全和 4500 余名学生的正常学习秩序。

2015 年，针对法院执行款物管理环节存在的拖延发放、管理混乱、挪用、侵占、贪污执行款物等违法问题，最高人民检察院组织江苏、山东、湖北、四川、宁夏等地检察机关以检察建议等方式督促法院及时纠正，取得较好效果。

四、深入开展规范司法行为专项整治工作，提升民事诉讼监督工作规范化水平

紧密结合“三严三实”专题教育活动，检察机关深化规范司法行为专项整治工作，着力查找和整改民事诉讼监督中存在的不严格、不规范、不公正行为，深入对照检查，认真剖析原因，逐项进行整改。最高人民检察院制定实施以检察专递方式邮寄送达有关检察法律文书和监督案件卷宗归档顺序等有关规定，从细节入手完善民事诉讼监督规则配套制度。

为提高办案质量和监督能力，最高人民检察院组织了第二届“民事检察精品案件”评选活动，从 2013 至 2014 年全国检察机关办理的 20 余万件民事检察案件中，评选出 10 件“精品案件”、100 件“优秀案件”。这些案件或抗诉成功，或检察建议得到采纳，均取得较好的法律效果。新疆自治区检察院组织了全疆民事行政检察部门规范司法行为专项练兵活动。江苏省检察院出台了《依职权监督案件办理暂行办法》，有针对性地探索解决依职权监督不规范的难题；陕西省检察院修订办理民事诉讼监督案件操作指引，细化了规范司法行为的具体标准；黑龙江、河南等地创新内部监督机制，扎实开展案件质量评查，把规范司法行为的成效体现在案件质量上。

五、树立正确的监督理念，切实维护司法公正和司法权威

检察机关树立正确的监督理念，将依法监督、规范监督、事后监督、平等保护、尊重规律等原则和要求贯穿民事诉讼监督工作始终，全面履行民事诉讼监督职责，切实维护司法公正和司法权威。

（一）坚持依法、规范监督

检察机关对确有错误的生效裁判、调解书及审判、执行程序中的违法情形，依照法律规定提出抗诉或检察建议，促使人民法院启动再审程序或纠正违法情形。检察机关内部健全案件受理、审查、抗诉等环节制度规范，实行严格的流程管理、内部分工制约、质量管理和监督，正确把握各类监督方式、手段的适用条件，依法规范开展监督工作。

（二）坚持事后监督

准确把握检察监督的时间节点，在判决、裁定、调解书发生法律效力以及违法情形发生后启动监督程序，避免对人民法院审判权的行使产生不利影响

（三）遵循民事诉讼的规律和诉讼原理

遵循当事人意思自治原则和平等原则，保障当事人诉讼地位和诉讼权利平等，尊重当事人在法律范围内的处分权，注重有效解决民事纠纷。尊重民事诉讼规律，切实调整监督结构，引导当事人走完二审、再审程序，真正把监督重点放在不服再审裁判的监督上。

下一步，检察机关将在认真总结一年来工作成效的基础上，进一步完善相关制度机制，不断加强队伍专业化建设，充分发挥职能作用，努力提高民事诉讼监督水平，为切实维护司法公正，保障公民法人合法权益作出更大贡献！

现场答问

上海电视台法治天地频道记者　程文韬

民事检察的监督重点有哪些？对于民生领域、国有资产流失等这些社会关注的问题，有哪些实施举措？

吕洪涛

检察机关在民事诉讼监督中主要围绕以下几个方面开展工作：一是加强对裁判结果的监督。检察机关综合运用抗诉和再审检察建议两种方式，对确有错误的生效判决、裁定和调解书进行监督。2013–2015 年，共向法院提出民事抗诉 13182 件，提出再审检察建议 17843 件。二是加强对审判人员违法行为和执行活动违法情形的监督。2013–2015 年，检察机关共向法院发出审判监督检察建议 52418 件、执行监督检察建议 85363 件。三是探索开展类案监督。比如，北京市检察院选取较为典型的虚假诉讼、违法执行等七类突出问题，连续五年向北京市高级人民法院发出年度民事诉讼监督情况通报。广东省中山市人民检察院从办理的民事诉讼监督个案中发现人民法院审判工作中的典型问题，分门别类提出监督意见，引起了人民法院的重视。四是注重社会矛盾纠纷化解。检察机关在受理、审查民事案件时高度注重息诉息访工作，切实化解矛盾、增进和谐。比如，广西自治区人民检察院办理的一起标的额680多万元的案件，历经多年，案件也经过自治区政府调解未果，双方当事人互不退让，引发其他矛盾纠纷，检察机关反复多次释法说理，促成双方达成了和解协议并已履行完毕。

检察机关在加大民事诉讼监督的同时，始终把监督重点放在民生领域、国有资产流失等社会关注点上。一是高度重视生态环境保护、食品药品、安全生产等涉及民生的案件，积极履行检察监督职责，维护社会公共利益。二是注重维护弱势群体合法权益。通过支持起诉等方式，维护农民工等合法权益。其中山西省检察机关通过支持起诉专项活动，为农民工追回了拖欠工资3000余万元。三是围绕收取国有土地出让金、国有资产拍卖和变卖过程中侵害国有资产等情形，通过检察建议、督促起诉等方式，保护国有资产不受侵害。

新华社记者　陈　菲

刚才发言人介绍，检察机关办理了一起执行监督案件，也有效纠正了民事监督活动中的违法行为，请具体结合一些数字和一些具体的情形，分析一下到底我们监督工作中发现民事执行活动存在哪些违法行为？请详细地介绍一下。

吕洪涛

人民法院近些年在规范执行程序、创新执行措施、加大执行力度等方面都获得了很大的发展，尤其是在解决执行难、执行乱上取得了不少的成绩，但也存在一些问题。从检察机关监督的案件分析，人民法院执行中存在的问题主要是久拖不执、执行案外人的财产、执行款物的管理不当、执行强制措施运用不当等。

近年来，我们针对人民法院执行款物的管理、分配不当问题进行了重点监督。据不完全统计，2013 年以来检察机关已监督的执行案件中，有 578 件案件涉及人民法院执行款物管理的问题，有 23 个省份已监督案件中存在拖延支付执行款物的问题，有 17 个省份已经监督的案件中存在挪用、截留，甚至贪污、侵占执行款物的情况。下一步，检察机关将加大执行监督的力度，并加强与法院的沟通联系，共同完善相关制度规范，进一步推进执行工作的开展。

人民网记者　杨孟辰

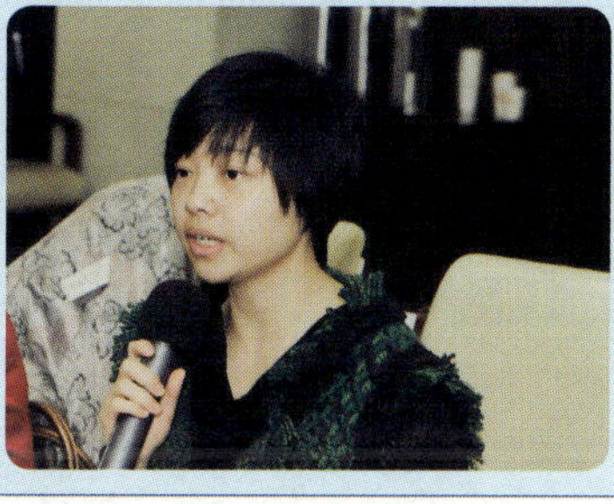

在民事诉讼中，虚假诉讼或恶意串通这种案件时有发生，严重干扰了司法程序，检察机关有哪些监督举措？有哪些具体的程序和方式来监督？

吕洪涛

近些年来，民事诉讼中虚假诉讼高发。检察机关在虚假诉讼监督工作中，我们主要采取以下措施：一是积极拓宽案件来源渠道，有效获取虚假诉讼案件线索。二是部署开展专项监督活动，成功办理了一大批案件，取得良好成效。三是依法进行调查核实，查明虚假诉讼的证据和事实。四是发挥检察监督的整体合力。我们发现虚假诉讼案件不仅涉及民事案件的纠错，多数案件都会涉及刑事犯罪。检察机关注重各业务部门之间的协作配合，强化上下级检察院联动，整体推进虚假诉讼监督工作。五是加强与人民法院、公安、司法行政等部门的沟通协调，共同防范和查处虚假诉讼。

对于虚假诉讼案件，检察机关主要是通过抗诉或再审检察建议方式督促法院依法撤销生效裁判、调解书；发现审判人员存在违法行为或者执行活动存在违法情形的，以检察建议方式督促法院纠正违法情形；发现涉嫌刑事犯罪线索的，区分情况由职务犯罪侦查部门依法查处或检察机关移送公安机关处理。

京华时报记者　杨凤临

我想问一下，除当事人向检察院申请监督，检察院开展民事诉讼监督案件的来源还有哪些？

吕洪涛

按照《人民检察院民事诉讼监督规则（试行）》第 23 条规定，当事人向检察院申请监督，检察院开展民事诉讼监督案件的来源还有以下两种：一是当事人以外的公民、法人和其他组织向检察院控告、举报。二是检察院依职权发现。实践中，检察院在履行监督职责过程中，发现一些损害国家利益、社会公共利益等需要监督的案件线索，可以主动介入，启动监督程序。也就是说除了当事人监督以外，还有两种案件来源。

检察日报记者　贾　阳

请结合监督情况详细介绍一下虚假诉讼目前主要集中在哪些领域？除了案件当事人合谋造假外，是否还有其他人员参与虚假诉讼？

吕洪涛

虚假诉讼涉及的领域主要集中在民间借贷纠纷、房地产权属纠纷、商标侵权纠纷、劳动报酬纠纷、保险纠纷等几类。其中，因民间借贷纠纷案件的法律关系相对比较简单，伪造证据、虚构事实比较容易，当事人通过合意串通达到非法目的不易被发现，致使民间借贷纠纷成为虚假诉讼的“重灾区”。

检察机关在查办民事虚假诉讼监督案件中也发现，房地产中介机构人员、诉讼代理人、审判人员等参与虚假诉讼案件的现象时有发生。其中有的中介机构人员为不符合限购政策或限制买卖过户的房产交易人“支招”，编造虚假的债务关系，通过提起“以房抵债”诉讼，办理房屋产权登记或过户手续。

由于民事虚假诉讼案件往往需要具备一定的法律专业知识和诉讼经验才能完成，有的诉讼代理人为了虚假诉讼就变成了虚假诉讼的“智囊”，为虚假诉讼的顺利进行出谋划策，积极运作。还有极个别的审判人员在收受当事人贿赂后，充当虚假诉讼的“保护伞”，甚至直接牵头制造虚假诉讼案件。

中央人民广播电台记者　孙　莹

近年来，法院加大了民事执行力度，对于执行异议案件，检察机关如何监督？如何保护第三方的利益？第二个问题是虚假诉讼要承担什么样的法律责任？是不是不服才会启动监督程序？

吕洪涛

两个非常专业的问题，大家也都知道，按照民事诉讼法的相关规定，执行异议权是当事人的一项诉讼权利，依法保障当事人行使此项权利，对于人民法院正确行使民事执行权有着重要的意义。也就是说，如果执行案件的被执行人认为，人民法院的执行存在着一些不妥之处，他会到人民法院来提出执行异议。但在实践中，法院存在着违法不受理执行异议或者受理以后逾期不作出裁定和决定等违法的情形。检察机关对上述情形会依据当事人监督申请，或案外人控告和举报来启动监督程序，以检察建议方式督促人民法院认真处理当事人的执行异议。从而，妥善地保护他的诉讼权利。这是第一个问题。

第二个问题，关于虚假诉讼责任的承担，是不是需要有人向检察机关来反映，我们才来启动监督程序。《民事诉讼法》第112条规定："当事人之间恶意串通，企图通过诉讼、调解等方式侵害他人合法权益，人民法院应当驳回其请求，并根据情节轻重予以罚款、拘留；构成犯罪的，依法追究刑事责任。"但由于当时民诉法规定以后，我国刑法未作相应的规定，那么，司法机关在打击虚假诉讼这一方面存在着一些法律上的缺失。

为了弥补立法方面的空白，满足现实中打击虚假诉讼的需要，在

2015 年 8 月 29 日，全国人大常委会通过了《中华人民共和国刑法修正案（九）》，这个修正案决定在刑法第 307 条后增加一条，作为第 307 条之一：“以捏造的事实提起民事诉讼，妨害司法秩序或者严重侵害他人合法权益的，处三年以下有期徒刑、拘役或者管制，并处或者单处罚金；情节严重的，处三年以上七年以下有期徒刑，并处罚金。”同时，该条第 3 款还规定：“有第一款行为，非法占有他人财产或者逃避合法债务，又构成其他犯罪的，依照处罚较重的规定定罪从重处罚。”《刑法修正案（九）》的出台，满足了在司法实践中间打击虚假诉讼的现实需要，使司法机关在打击虚假过程中有了一个利器。

在民事诉讼过程中，人民法院如果发现存在虚假诉讼，会驳回当事人的诉讼请求，并依据情节轻重对虚假诉讼行为人予以罚款、拘留；构成犯罪的，应当移送公安机关依法追究行为人的刑事责任。在民事诉讼监督过程中，检察机关启动监督一般情况下根据当事人申请或者案外人控告举报来启动监督程序，一旦发现虚假诉讼的案件线索，检察机关会直接依职权主动启动程序，坚决监督到底。

部分新闻链接

1. 人民日报 2016 年 2 月 3 日报道《检察机关 3 年监督虚假诉讼 6800 余件》。

2. 新华社 2016 年 2 月 2 日报道《检察机关近 3 年向法院提出民事抗诉 1 万 3 千多件　民事诉讼领域虚假诉讼高发》。

3. 光明日报 2016 年 2 月 3 日报道《最高检：应该监督的案件一个不放过》。

4. 经济日报 2016 年 2 月 3 日报道《最高检开展专项监督发现民间借贷纠纷成虚假诉讼“重灾区”》。

5. 中央电视台 2016 年 2 月 2 日报道《最高检：2015 年提出民事执行监督建议 17972 件》。

6. 中国妇女报 2016 年 2 月 3 日报道《最高检：民事诉讼领域虚假诉讼高发》。

贯彻落实行政诉讼法　加强行政诉讼监督工作

最高人民检察院通报检察机关加强行政诉讼监督工作情况

发布时间： 2016 年 5 月 24 日 10:00

发布内容： 通报检察机关贯彻落实行政诉讼法，加强行政诉讼监督工作情况

发布地点： 最高人民检察院电视电话会议室

主 持 人： 最高人民检察院新闻发言人　肖玮

出席嘉宾： 最高人民检察院民事行政检察厅副厅长　贾小刚

主题发布

肖 玮

各位记者朋友，大家上午好！欢迎参加最高人民检察院新闻发布会，今天新闻发布会的主题是“贯彻落实行政诉讼法，加强行政诉讼监督工作”。出席今天发布会的是最高人民检察院民事行政检察厅贾小刚副厅长。今天发布会有两个议程。一是由我通报相关内容，二是由贾小刚副厅长回答记者提问。

大家知道修改后《中华人民共和国行政诉讼法》自2015年5月1日实施以来，全国检察机关在行政诉讼监督范围、方式等方面积极探索，推动了行政诉讼监督工作的快速发展。前不久，最高人民检察院通过了《人民检察院行政诉讼监督规则（试行）》。下面，我就近年来行政诉讼监督工作情况和《人民检察院行政诉讼监督规则（试行）》主要内容向大家作一通报，并公布典型案例。

一、近年来行政诉讼监督工作情况

（一）不断强化监督，监督规模逐步提升

针对行政诉讼申诉信访比例较高的现象，检察机关畅通受理渠道，加强对行政案件的审查。2015年共受理当事人申请监督案件34599件，同比上升1.6%，立案审查不服生效裁判的案件4033件、审判活动违法监督案件1081件、执行活动监督案件3463件，监督规模和力度不断加大。

（二）不断规范监督，监督质量和效果有效提高

检察机关紧密结合“三严三实”专题教育活动，深入开展“规范司法行为”专项整治工作，通过开展案件评查、规范指引、案例指导等多

种方式，规范办案程序、统一办案标准、狠抓办案质量、确保办案效果。特别是通过制定《人民检察院行政诉讼监督规则（试行）》，全面规范了检察机关的办案活动。2015年抗诉案件的原判改变率为57.8%，检察建议的采纳率接近90%。

（三）不断优化监督，多元化监督格局基本形成

针对行政诉讼“民告官”的特点，检察机关注重多种监督方式的结合和对诉讼全过程的监督，通过抗诉、再审检察建议、检察建议等方式，从以往偏重对生效裁判的一元化监督，有效转变为对结果和过程的全面监督，满足人民群众的司法需求。2015年针对行政诉讼的不同环节提出检察建议4399件，既监督了依法审判和执行，也推动了依法行政。

（四）不断增强服务大局意识，突出监督重点

检察机关在开展工作中，注重服务经济社会发展大局，对发展需求强烈或者社会矛盾突出的重点领域、关键环节，强化监督力度。如北京市检察院紧密围绕“大众创业、万众创新”要求，加大知识产权司法保护力度，建立了知识产权案件专家咨询委员会辅助办案平台，加强与人民法院及知识产权执法部门的沟通联系，近年来成功办理了一批涉及驰名商标和知名企业的商标复审监督案件，社会影响较好。江苏省宜兴市检察院在全市“知识产权立市”的战略布局下，发挥检察职能，在高科技企业聚集度高、自主知识产权数量多的宜兴环保科技园建立了“知识产权司法保护实践基地”，为地方政府培育特色经济强化司法支持。针对行政诉讼法修改前比较突出的“立案难”等问题，检察机关开展立案监督，有效纠正了一批不立案的案件。

（五）不断完善诉讼监督协调机制，有效形成工作合力

检察机关注重加强内外沟通协调，积极向党委、人大报告工作，健全与法院的协作机制，在检察机关内部建立健全线索双向移送、协作办案等机制，有效形成工作合力。同时，借助检察门户网站、官方微博微信、报刊电视等媒体，发挥基层检察院、派驻检察室贴近一线、贴近群众的重要作用，结合人民群众关注的热点焦点问题，广泛开展职能宣传，及时发布监督动态，有效提高行政检察工作的社会影响。

（六）不断推进队伍建设，切实提升诉讼监督能力

检察机关以贯彻落实行政诉讼法为契机，积极推进行政检察队伍建设，建立健全行政检察机构或办案组织，及时遴选、招录、引进人才。

目前全国共有 7 个省级院、20 余个市县院单独设立了行政检察部门，其他检察机关也设立了行政检察办案组织或专职人员，逐步实现行政检察工作与刑事、民事检察工作的整体推进。同时，全国检察机关广泛开展业务培训和岗位练兵，组织业务竞赛，切实提升行政诉讼监督能力水平。

二、《人民检察院行政诉讼监督规则（试行）》主要内容

为保障和规范人民检察院依法履行行政诉讼监督职责，最高人民检察院根据行政诉讼法、民事诉讼法、人民检察院组织法和其他有关规定，结合检察工作实际，制定了《人民检察院行政诉讼监督规则（试行）》，2016 年 3 月 22 日由最高人民检察院第十二届检察委员会第四十九次会议审议通过，并于 2016 年 4 月 15 日公告施行。

《人民检察院行政诉讼监督规则（试行）》的制定坚持了以下指导思想：一是依法监督，切实维护司法公正。《人民检察院行政诉讼监督规则（试行）》是检察机关全面正确执行行政诉讼法的主要规范。二是突出监督重点。《人民检察院行政诉讼监督规则（试行）》立足于行政诉讼规律和检察工作实际，在监督原则、范围、程序的有关规定中注重把握监督重点，整合监督资源，形成监督合力。三是坚持规范监督。对检察机关受理、审查、管理监督案件以及提出监督意见等进行全面规范，强化自身监督。四是促进依法行政，保障当事人合法权益。《人民检察院行政诉讼监督规则（试行）》在监督范围、受理条件、受理程序等具体规定上，坚持权利明确、入口畅通、门槛清晰，努力让人民群众在行政诉讼监督的每个环节中都能感受公平正义。

《人民检察院行政诉讼监督规则（试行）》分为七章，共计 37 条。主要内容包括以下几个方面：一是确立了检察监督四项原则，即以事实为根据，以法律为准绳；公开、公平、公正；合法性审查以及监督与支持人民法院和行政机关依法行使职权等四项原则。二是明确了当事人可

以申请监督的具体情形和时限要求，确保“入口畅通”；同时明确了检察机关“同级为主，上级补充”的受理模式，保障当事人的申请监督权利。三是规定了行政诉讼监督的范围、对象、方式、手段和程序，全面规范了检察机关的行政诉讼监督活动。四是针对违反国家利益、社会公共利益以及审判、执行人员贪污受贿、徇私舞弊、枉法裁判等情形，明确规定检察机关应依职权进行监督，减少“监督死角”。五是规范调查核实，规定必要时可以向相关审判、执行人员了解情况、听取意见，确保掌握案件情况全面客观。六是细化有关监督事由，同时规定了审判、执行违法的具体情形，指导全国检察机关正确适用法律、统一监督标准。七是明确规定再审检察建议和执行监督检察建议应当经检察委员会决定，切实强化自身监督。

下一步，检察机关将在认真总结近年来行政诉讼监督工作成效的基础上，认真贯彻落实行政诉讼法和《人民检察院行政诉讼监督规则（试行）》，进一步完善行政诉讼监督相关制度机制，不断加强队伍专业化建设，充分发挥职能作用，努力提高行政诉讼监督能力水平，为切实维护司法公正、保障国家法律统一正确实施作出更大贡献。

现场答问

经济日报记者　李万祥

在贯彻修改后行政诉讼法、开展行政诉讼监督工作过程中，检察机关如何衡量与把握发展第一要务与司法公平公正之间的关系？

贾小刚

行政诉讼监督工作事关法治建设总体布局，事关人民群众合法利益，事关改革发展稳定大局，只有在依法监督、规范监督的基础上，服务于党和国家工作大局中去部署和推进，才能确保工作的正确方向。

因此，检察机关开展行政诉讼监督工作，必须紧紧围绕中心、服务大局，既要坚持依法忠实履行监督职责，切实维护司法公正和法治权威，又要始终围绕党和国家工作大局，围绕社会经济发展大局，从有利于保障和支持各级政府依法行政、有利于维护社会和谐稳定、有利于支持人民法院依法裁判出发，准确把握经济社会发展要求及变化，切实保障监督工作取得良好的法律效果、政治效果和社会效果，坚决防止监督不当影响社会大局稳定、影响经济社会发展。

中国日报记者　曹　音

检察机关加强行政诉讼监督的重要意义是什么？

贾小刚

行政诉讼监督是检察机关法律监督工作的重要组成部分，党的十八届四中全会决定和修改后的行政诉讼法都明确要求检察机关加强对行政诉讼的法律监督。检察机关加强行政诉讼监督工作，对有效监督人民法院在行政诉讼活动中依法审判和执行，有效促进行政机关依法行使职权，维护司法公正和司法权威，维护国家利益和社会公共利益，保护公民、法人和其他组织的合法权益，保障国家法律的统一正确实施，有重大意义。

中国网记者　胡永平

检察机关对行政诉讼实行法律监督都有哪些方式？具体效果如何？

贾小刚

根据修改后行政诉讼法的相关规定，检察机关主要运用抗诉和检察建议的方式对行政诉讼实行法律监督。抗诉针对的是确有错误的生效判决、裁定和损害国家利益、社会公共利益的调解书，即针对裁判结果的监督。

检察建议包括几种情况：一是再审检察建议，和抗诉一样，也是针对生效判决、裁定和调解书，但区别在于由作出裁判结果的法院的同级检察院提出；二是针对审判人员在审判程序中的违法行为，可以提出检察建议；三是针对执行活动中的违法行为，可以提出检察建议；四是针对人民法院在行政诉讼中同类问题适用法律不一致、在多起案件中适用法律存在同类错误或在多起案件中有相同违法行为等情况，检察机关可以提出改进工作的检察建议。

目前在监督实践中，全国各级检察机关根据行政诉讼案件的实际情况，综合运用抗诉、再审检察建议、检察建议等多种方式，取得了较好的监督效果。刚肖主任已经介绍了相关案件，我就不多说了。

上海电视台法治天地频道记者　程文韬

这次发布的《人民检察院行政诉讼监督规则（试行）》有哪些突出的亮点？

贾小刚

《人民检察院行政诉讼监督规则（试行）》的突出亮点主要在于以

下方面：

一是强化监督工作原则。《人民检察院行政诉讼监督规则（试行）》在行政诉讼监督原则的规定上，既体现与民事诉讼监督的共性要求，包括“以事实为根据，以法律为准绳”“公开、公平、公正”等原则，同时又反映行政诉讼监督的特性特征，规定了“合法性审查”原则，强调检察机关主要针对诉讼活动以及行政行为的合法性问题开展监督；规定了“监督和支持人民法院、行政机关依法行使职权”原则，强调检察权与审判权、行政权既相互制约又良性互动。

二是强化申请监督渠道畅通。《人民检察院行政诉讼监督规则（试行）》依法明确了当事人可以申请检察监督的具体情形、时限要求，确保申请监督门槛清晰；同时明确了检察机关对监督申请“同级为主，上级补充”的受理模式，有利于优化各级检察院办案结构和监督效率，畅通当事人申请监督入口，保障当事人申请监督权利。

三是强化监督工作力度。考虑到行政诉讼司法实践中不依法受理起诉、行政干预、执行阻力等问题多发的实际情况，《人民检察院行政诉讼监督规则（试行）》依法适度扩大了检察机关依职权监督范围，同时明确规定了对行政机关违反法律规定、可能影响人民法院公正审理的行为实施监督的方式，充分体现了对党的十八届四中全会决定关于强化诉讼监督和行政执法监督精神要求的贯彻落实。

四是强化监督工作规范。《人民检察院行政诉讼监督规则（试行）》完善了检察机关调查工作机制，确保检察机关对案件情况的掌握“全面客观”；细化解释了有关再审事由，明确列举了审判违法和执行违法的具体情形，确保监督范围明确、监督标准一致。同时合理区分再审检察建议和提请抗诉的适用范围，确保同级监督工作的规范化。

五是强化自身监督机制。《人民检察院行政诉讼监督规则（试行）》明确规定再审检察建议和执行监督检察建议应当经检察委员会决定，以保障检察建议的质量和效果；明确规定检察机关对人民法院所提书面建议的回复期限和上级监督程序，切实强化自身监督。同时《人民检察院行政诉讼监督规则（试行）》还对检察机关各职能部门之间的线索双向移送机制作出规定，既有利于整合监督资源、形成监督合力，也有利于各职能部门对于监督线索处置工作的相互制约、相互监督。

法制网记者　郑小琼

针对修改后行政诉讼法新的要求，近年来检察机关如何加强和改进行政诉讼监督？

贾小刚

近年来，全国检察机关全面正确把握修改后行政诉讼法的立法精神和具体要求，依法正确履行监督职能，不断提高监督能力水平，切实加强和改进行政诉讼监督工作。

一是注重正确运用法定的监督方式。各级检察机关在加强对生效裁判监督的同时，加强对诉讼程序、审判人员违法以及执行活动的监督，实现各项监督工作均衡发展，努力构建多元化监督格局。

二是努力提高监督质量和效率。各级检察机关牢固树立办案质量是生命线的意识，严格办案程序规范，加强办案工作指导，健全办案质量评查和保障机制，切实提高办案规范化水平和办案质量效果。在确保办案质量的前提下，各级检察机关注重尽量缩短审查时间，尽快作出决定，减少当事人的讼累；同时在依法履行监督职责的前提下，妥善做好矛盾化解工作，引导当事人服判息诉。

三是以专项整治工作为契机，进一步规范监督行为。全国检察机关把贯彻落实修改后行政诉讼法与深入开展“规范司法行为”专项整治工作结合起来，着力查找和整改行政检察工作中不严格、不规范、不公正行为，切实健全制度规范、细化工作流程、明确监督标准。

四是重视发挥基层检察院在行政诉讼监督中的基础作用。全国检察机关通过部署开展“基层民事行政检察工作推进年”专项活动，引导广大基层检察院依法正确运用法律赋予的手段，通过检察建议和提请上级院抗诉等方式，加强对同级法院违法行为监督、一审终审案件审判活动监督和执行监督。同时发挥基层检察院贴近群众的优势，一方面加强行政法律监督职能宣传，扩大公众知晓度，争取人民群众、人民法院和行政机关对行政诉讼监督工作的理解和支持；另一方面加强矛盾化解工作，支持和协助人民法院、行政机关释法说理，共同维护社会和谐稳定。

检察日报记者　徐日丹

修改后行政诉讼法如何进一步丰富了检察机关的监督手段？检察机关在实践中如何具体适用抗诉、检察建议等监督方式？

贾小刚

修改后行政诉讼法关于检察监督制度的规定，全面借鉴和沿用了民事诉讼法的规定，进一步丰富了检察机关的监督手段和方式。人民检察院因履行法律监督职责的需要，可以向当事人或者案外人调查核实有关情况。从过去单一抗诉的方式，发展为抗诉、再审检察建议、检察建议等多种方式。在对裁判结果的监督方面，对于符合抗诉条件的，行政诉讼法一方面规定最高人民检察院对各级人民法院生效裁判，上级检察院对下级法院生效裁判，应当提出抗诉。另一方面也规定了地方各级人民检察院对同级人民法院的生效裁判可以提出再审检察建议和提请上级院抗诉。

为进一步规范、引导地方检察机关对抗诉和检察建议的合理运用，我们在监督规则中对再审检察建议和提请抗诉案件的适用范围进行了合理区分，主要是根据案件是否适宜由原审人民法院纠正，明确规定了再审检察建议的适用范围，同时也对不适宜运用再审检察建议、应当提请上一级人民检察院抗诉的案件类型进行了明确规定。作出这样的规定，目的在于通过合理确定再审检察建议的适用范围，引导地方检察机关在同级监督实践中充分运用再审检察建议这一方式，有效贯彻落实行政诉讼法相关立法精神，同时也有利于有效整合办案资源和监督力量，有效调节上下级检察机关的办案任务。

在实践中，各地检察机关还加强了再审检察建议的跟踪问效，对人民法院不予采纳再审检察建议或者对确有错误的生效裁判不予纠正的，依职权提请上级院抗诉，以确保监督实效。

北京青年报记者　孟亚旭

这次发布的《人民检察院行政诉讼监督规则（试行）》，在制定过程中体现出哪些原则？如何具体贯彻落实到检察工作实际之中？

贾小刚

我们在《人民检察院行政诉讼监督规则（试行）》制定过程中，始终坚持了以下原则：

一是贯穿监督主线。《人民检察院行政诉讼监督规则（试行）》严格贯彻行政诉讼法关于强化法律监督的各项规定，全面落实党的十八届四中全会决定关于强化诉讼监督和行政执法活动监督的具体要求，通篇贯穿了“强化监督”这一主线，既有效强化对人民法院、行政机关的法律监督工作力度，又切实强化检察机关自身监督工作机制。

二是突出监督重点。《人民检察院行政诉讼监督规则（试行）》立足于行政诉讼规律和诉讼监督工作实际，在监督原则、监督范围、监督程序的有关规定中注重突出监督重点，注重引导检察机关把握监督重点、整合监督资源、形成监督合力。

三是注重权利保障。《人民检察院行政诉讼监督规则（试行）》从维护人民群众申请监督权利出发，在监督范围、受理和不予受理条件、受理程序等具体规定上，始终坚持权利明确、入口畅通、门槛清晰，切实注重保障群众诉讼权利、畅通申请监督入口、保护合理合法诉求，努力让人民群众在行政诉讼监督的每个环节中都能感受公平正义。

四是强调操作可行。《人民检察院行政诉讼监督规则（试行）》各项规定条文简单清晰、要求明确具体、务求操作可行，确保监督要求明确、监督程序规范。

全国检察机关将在认真总结近年来行政诉讼监督工作成效的基础上，严格贯彻落实行政诉讼法和《人民检察院行政诉讼监督规则（试行）》的各项具体规定，进一步完善行政诉讼监督相关制度机制，不断加强行政检察队伍专业化建设，充分发挥行政诉讼监督职能作用，努力提高行政诉讼监督能力水平。

发布会文件

人民检察院行政诉讼监督规则（试行）

（2016年3月22日最高人民检察院第十二届检察委员会第四十九次会议通过。2016年4月15日公告施行）

第一章　总　则

第一条　为了保障和规范人民检察院依法履行行政诉讼监督职责，根据《中华人民共和国行政诉讼法》《中华人民共和国民事诉讼法》《中华人民共和国人民检察院组织法》和其他有关规定，结合检察工作实际，制定本规则。

第二条　人民检察院通过办理行政诉讼监督案件，监督人民法院依法审判和执行，促进行政机关依法行使职权，维护司法公正和司法权威，维护国家利益和社会公共利益，保护公民、法人和其他组织的合法权益，保障国家法律的统一正确实施。

第三条　人民检察院通过抗诉、检察建议等方式，对行政诉讼实行法律监督。

第四条　人民检察院对行政诉讼实行监督，应当以事实为根据，以法律为准绳，坚持公开、公平、公正，坚持合法性审查，监督和支持人民法院、行政机关依法行使职权。

第二章　受　理

第五条　有下列情形之一的，当事人可以向人民检察院申请监督：

（一）人民法院对生效判决、裁定、调解书驳回再审申请或者逾期未对再审申请作出裁定的；

（二）认为再审判决、裁定确有错误的；

（三）认为审判程序中审判人员存在违法行为的；

（四）认为人民法院执行活动存在违法情形的。

第六条　当事人依照本规则第五条第一项、第二项规定向人民检察院申请监督，应当在人民法院作出驳回再审申请裁定之日或者再审判决、裁定发生法律效力之日起六个月内提出；对人民法院逾期未对再审申请作出裁定的，应当在再审申请审查期限届满之日起六个月内提出。

当事人以下列理由申请监督，应当在知道或者应当知道之日起六个月内提出：

（一）有新的证据，足以推翻再审判决、裁定的；

（二）再审判决、裁定认定事实的主要证据系伪造的；

（三）据以作出再审判决、裁定的法律文书被撤销或者变更的；

（四）审判人员在审理该案件时有贪污受贿、徇私舞弊、枉法裁判行为的。

当事人依照本规则第五条第三项、第四项向人民检察院申请监督，应当在知道或者应当知道审判人员违法行为或者执行活动违法情形发生之日起六个月内提出。

本条规定的期间为不变期间，不适用中止、中断、延长的规定。

第七条　当事人向人民检察院申请监督，有下列情形之一的，人民检察院不予受理：

（一）当事人对生效判决、裁定、调解书未向人民法院申请再审或者申请再审超过法律规定的期限的；

（二）人民法院正在对再审申请进行审查的，但无正当理由超过三个月未对再审申请作出裁定的除外；

（三）人民法院已经裁定再审且尚未审结的；

（四）人民检察院已经审查终结作出决定的；

（五）判决、裁定、调解书是人民法院根据人民检察院的抗诉或者再审检察建议再审后作出的；

（六）申请监督超过本规则第六条规定的期限的；

（七）当事人提出有关执行的异议、申请复议、申诉或者提起诉讼后，人民法院已经受理并正在审查处理的，但超过法定期间未作出处理的除外；

（八）其他不应当受理的情形。

第八条 当事人对已经发生法律效力的行政判决、裁定、调解书向人民检察院申请监督的，由作出生效判决、裁定、调解书的人民法院所在地同级人民检察院控告检察部门受理。

当事人认为审判程序中审判人员存在违法行为或者执行活动存在违法情形，向人民检察院申请监督的，由审理、执行案件的人民法院所在地同级人民检察院控告检察部门受理。

同级人民检察院不依法受理的，当事人可以向上一级人民检察院申请监督。

第九条 有下列情形之一的行政诉讼案件，人民检察院应当依职权进行监督：

（一）损害国家利益或者社会公共利益的；

（二）审判、执行人员有贪污受贿、徇私舞弊、枉法裁判等违法行为的；

（三）其他确有必要进行监督的。

第三章 审 查

第十条 人民检察院行政检察部门负责对受理后的行政诉讼监督案件进行审查。

第十一条 人民检察院对审查终结的案件，应当区分情况作出下列决定：

（一）再审检察建议；

（二）提请抗诉；

（三）抗诉；

（四）检察建议；

（五）不支持监督申请；

（六）终结审查。

第十二条　人民检察院受理当事人申请监督的案件，应当在三个月内审查终结并作出决定，但调卷、鉴定、评估、审计期间不计入审查期限。有特殊情况需要延长的，由本院检察长批准。

第十三条　人民检察院因履行法律监督职责提出检察建议或者抗诉的需要，有下列情形之一的，可以向当事人或者案外人调查核实有关情况：

（一）判决、裁定、调解书可能存在法律规定需要监督的情形，仅通过阅卷及审查现有材料难以认定的；

（二）审判人员可能存在违法行为的；

（三）人民法院执行活动可能存在违法情形的；

（四）其他需要调查核实的情形。

人民检察院不得为证明行政行为的合法性调取行政机关作出行政行为时未收集的证据。

人民检察院通过阅卷以及调查核实难以认定有关事实的，可以向相关审判、执行人员了解有关情况，听取意见。

第四章　对生效判决、裁定、调解书的监督

第一节　一般规定

第十四条　申请监督人提供的新的证据，能够证明原判决、裁定认定基本事实或者裁判结果错误的，应当认定为《中华人民共和国行政诉讼法》第九十一条第二项规定的情形，但原审

被告无正当理由逾期提供证据的除外。

第十五条 有下列情形之一的，应当认定为《中华人民共和国行政诉讼法》第九十一条第三项规定的“认定事实的主要证据不足”：

（一）认定的事实没有证据支持，或者认定的事实所依据的证据虚假、缺乏证明力的；

（二）认定的事实所依据的证据不合法的；

（三）认定事实的主要证据不足的其他情形。

第十六条 有下列情形之一的，应当认定为《中华人民共和国行政诉讼法》第九十一条第四项规定的“适用法律、法规确有错误”：

（一）适用法律、法规与案件性质明显不符的；

（二）适用的法律、法规已经失效或者尚未施行的；

（三）违反法律适用规则的；

（四）违反法律溯及力规定的；

（五）适用法律、法规明显违背立法本意的；

（六）应当适用的法律、法规未适用的；

（七）适用法律、法规错误的其他情形。

第十七条 有下列情形之一的，应当认定为《中华人民共和国行政诉讼法》第九十一条第五项规定的“违反法律规定的诉讼程序，可能影响公正审判的”：

（一）审判组织的组成不合法的；

（二）依法应当回避的审判人员没有回避的；

（三）未经合法传唤缺席判决的；

（四）无诉讼行为能力人未经法定代理人代为诉讼的；

（五）遗漏应当参加诉讼的当事人的；

（六）违反法律规定，剥夺当事人辩论权、上诉权等重大诉讼权利的；

（七）其他严重违反法定程序的情形。

第二节　再审检察建议和提请抗诉、抗诉

第十八条　地方各级人民检察院发现同级人民法院已经发生法律效力的判决、裁定有下列情形之一的，可以向同级人民法院提出再审检察建议：

（一）不予立案或者驳回起诉确有错误的；

（二）有新的证据，足以推翻原判决、裁定的；

（三）原判决、裁定认定事实的主要证据不足、未经质证或者系伪造的；

（四）违反法律规定的诉讼程序，可能影响公正审判的；

（五）原判决、裁定遗漏诉讼请求的；

（六）据以作出原判决、裁定的法律文书被撤销或者变更的。

第十九条　符合本规则第十八条规定的案件有下列情形之一的，地方各级人民检察院应当提请上一级人民检察院抗诉：

（一）判决、裁定是经同级人民法院再审后作出的；

（二）判决、裁定是经同级人民法院审判委员会讨论作出的；

（三）其他不适宜由同级人民法院再审纠正的。

第二十条　地方各级人民检察院发现同级人民法院已经发生法律效力的判决、裁定具有下列情形之一的，应当提请上一级人民检察院抗诉：

（一）原判决、裁定适用法律、法规确有错误的；

（二）审判人员在审理该案件时有贪污受贿、徇私舞弊、枉法裁判行为的。

第二十一条　地方各级人民检察院发现同级人民法院已经发生法律效力的调解书损害国家利益、社会公共利益的，可以向同级人民法院提出再审检察建议，也可以提请上一级人民检

察院抗诉。

第二十二条 最高人民检察院对各级人民法院已经发生法律效力的判决、裁定、调解书，上级人民检察院对下级人民法院已经发生法律效力的判决、裁定、调解书，发现有《中华人民共和国行政诉讼法》第九十一条、第九十三条规定情形的，应当向同级人民法院提出抗诉。

第二十三条 人民检察院提出再审检察建议，应当制作《再审检察建议书》，在决定之日起十五日内将《再审检察建议书》连同案件卷宗移送同级人民法院，并制作决定提出再审检察建议的《通知书》，发送当事人。人民检察院提出再审检察建议，应当经检察委员会决定，并将《再审检察建议书》报上一级人民检察院备案。

人民检察院依照前款规定提出再审检察建议的，人民法院根据《最高人民法院、最高人民检察院关于对民事审判活动与行政诉讼实行法律监督的若干意见（试行）》等规定审查回复。

第二十四条 人民检察院提请抗诉，应当制作《提请抗诉报告书》，在决定之日起十五日内将《提请抗诉报告书》连同案件卷宗等材料报送上一级人民检察院，并制作决定提请抗诉的《通知书》，发送当事人。

第二十五条 人民检察院提出抗诉，应当制作《抗诉书》，在决定之日起十五日内将《抗诉书》连同案件卷宗移送同级人民法院，并制作决定抗诉的《通知书》，发送当事人。

第二十六条 人民检察院提出抗诉的案件，人民法院再审时，人民检察院应当派员出席法庭。

第二十七条 人民检察院认为当事人的监督申请不符合监督条件，应当制作《不支持监督申请决定书》，在决定之日起十五日内发送当事人。

下级人民检察院提请抗诉的案件，上级人民检察院可以委托提请抗诉的人民检察院将《不支持监督申请决定书》发送当事人。

第五章　对审判程序中审判人员违法行为的监督与对执行活动的监督

第二十八条　人民检察院发现人民法院审判活动有下列情形之一的，应当向同级人民法院提出检察建议：

（一）判决、裁定确有错误，但不适用再审程序纠正的；

（二）调解违反自愿原则或者调解协议内容违反法律的；

（三）当事人依照《中华人民共和国行政诉讼法》第五十二条规定向上一级人民法院起诉，上一级人民法院未按该规定处理的；

（四）审理案件适用审判程序错误的；

（五）保全、先予执行、停止执行或者不停止执行行政行为违反法律规定的；

（六）诉讼中止或者诉讼终结违反法律规定的；

（七）违反法定审理期限的；

（八）对当事人采取罚款、拘留等妨害行政诉讼的强制措施违反法律规定的；

（九）违反法律规定送达的；

（十）审判人员接受当事人及其委托代理人请客送礼或者违反规定会见当事人及其委托代理人的；

（十一）审判人员实施或者指使、支持、授意他人实施妨害行政诉讼行为，尚未构成犯罪的；

（十二）其他违反法律规定的情形。

第二十九条　人民检察院发现人民法院执行裁定、决定等有下列情形之一的，应当向同级人民法院提出检察建议：

（一）提级管辖、指定管辖或者对管辖异议的裁定违反法律规定的；

（二）裁定受理、不予受理、中止执行、终结执行、恢复执行、执行回转等违反法律规定的；

（三）变更、追加执行主体错误的；

（四）裁定采取财产调查、控制、处置等措施违反法律规定的；

（五）审查执行异议、复议以及案外人异议作出的裁定违反法律规定的；

（六）决定罚款、拘留、暂缓执行等事项违反法律规定的；

（七）执行裁定、决定等违反法定程序的；

（八）对行政机关申请强制执行的行政行为作出准予执行或者不准予执行的裁定违反法律规定的；

（九）执行裁定、决定等有其他违法情形的。

第三十条 人民检察院发现人民法院在执行活动中违反规定采取调查、查封、扣押、冻结、评估、拍卖、变卖、保管、发还财产等执行实施措施的，应当向同级人民法院提出检察建议。

第三十一条 人民检察院发现人民法院有下列不履行或者怠于履行执行职责情形之一的，应当向同级人民法院提出检察建议：

（一）对依法应当受理的执行申请不予受理又不依法作出不予受理裁定的；

（二）对已经受理的执行案件不依法作出执行裁定、无正当理由未在法定期限内采取执行措施或者执行结案的；

（三）违法不受理执行异议、复议或者受理后逾期未作出裁定、决定的；

（四）暂缓执行、停止执行、中止执行的原因消失后，不按规定恢复执行的；

（五）依法应当变更或者解除执行措施而不变更、解除的；

（六）有其他不履行或者怠于履行执行职责行为的。

第三十二条　人民检察院根据本规则第二十八条、第二十九条、第三十条、第三十一条提出检察建议，应当制作《检察建议书》，在决定之日起十五日内将《检察建议书》连同案件卷宗移送同级人民法院。当事人申请监督的案件，人民检察院应当制作决定提出检察建议的《通知书》，发送申请人。人民检察院对行政执行活动提出检察建议，应当经检察委员会决定。

人民检察院依照前款规定提出检察建议的，人民法院根据《最高人民法院、最高人民检察院关于对民事审判活动与行政诉讼实行法律监督的若干意见（试行）》等规定审查回复。

第六章　其他规定

第三十三条　人民法院对人民检察院监督行为提出书面建议的，人民检察院应当在一个月内将处理结果书面回复人民法院。人民法院对回复意见有异议，并通过上一级人民法院向上一级人民检察院提出，上一级人民检察院认为建议正确的，应当要求下级人民检察院及时纠正。

第三十四条　人民检察院办理行政诉讼监督案件，发现行政机关有违反法律规定、可能影响人民法院公正审理的行为，可以向行政机关提出检察建议，并将相关情况告知人民法院。

第三十五条　人民检察院行政检察部门在履行职责过程中，发现违法违纪或者涉嫌犯罪线索，应当及时将相关材料移送有关职能部门。

人民检察院相关职能部门在办案工作中发现人民法院行政审判人员、执行人员有贪污受贿、徇私舞弊、枉法裁判等违法行为，可能导致原判决、裁定错误的，应当及时将相关材料移送行政检察部门。

第七章　附　则

第三十六条　人民检察院办理行政诉讼监督案件，本规则没有规定的，适用《人民检察院民事诉讼监督规则（试行）》的相关规定。

第三十七条　本规则自发布之日起施行。本院之前公布的其他有关行政诉讼监督的规定与本规则内容不一致的，以本规则为准。

部分新闻链接

1. 人民日报 2016 年 5 月 25 日报道《“民告官”案全程监督　抗诉改判率达 57.8%》。

2. 新华社 2016 年 5 月 24 日报道《最高检发布“民告官”诉讼监督新规　减少“监督死角”》。

3. 经济日报 2016 年 5 月 25 日报道《“民告官”申诉信访比例较高》。

4. 中央人民广播电台 2016 年 5 月 24 日报道《最高检发布规则规范行政诉讼监督》。

5. 工人日报 2016 年 5 月 28 日报道《最高检规范“民告官”案件监督》。

6. 中新社 2016 年 5 月 24 日报道《最高检：去年受理行政诉讼当事人申请监督案件 3 万余件》。

未检30年　护佑未成年人健康成长

最高人民检察院通报未成年人检察工作30年发展历程和成就

发布时间： 2016年5月27日10:00

发布内容： 通报未成年人检察工作30年有关情况，介绍未成年人检察工作优秀品牌，发布典型案例

发布地点： 最高人民检察院电视电话会议室

主 持 人： 最高人民检察院新闻发言人　王松苗

出席嘉宾： 最高人民检察院未成年人检察工作办公室主任　张志杰[①]
最高人民检察院未成年人检察工作办公室副主任　史卫忠

① 现任最高人民检察院侦查监督厅厅长。

主题发布

王松苗

欢迎参加最高人民检察院的新闻发布会，今天发布会的主题是“未成年人检察工作 30 年”。出席今天新闻发布会的有最高人民检察院未成年人检察工作办公室张志杰主任、史卫忠副主任，我是最高人民检察院办公厅主任、新闻办主任、新闻发言人王松苗。

正如大家所关注的，今天发布会与“六一”有关，我们也可以用六个“一”来概括。今天发布会的特点第一个“一”就是检察机关未成年人司法保护八项措施实施一年来召开的第一个新闻发布会。2015 年 5 月 27 日，高检院举办了推动实现未成年人司法保护全覆盖的新闻发布会。一年过去了，我们再次召开新闻发布会，就是向社会汇报我们的努力，接受社会各界包括媒体的评议与监督。第二个“一”是《刑法修正案(九)》（以下简称“刑九”）实施以来，召开的关于未成年人司法保护工作的第一个新闻发布会。大家知道，“刑九”对备受争议的嫖宿幼女罪、虐童、猥亵男童、收买被拐卖儿童还有校车事故等问题，给予了一定的关注，加大了保护的力度。第三个“一”是我们未检办 2015 年 12 月 23 日成立以来主导的第一次新闻发布会，今天两位主任全部参加。第四个“一”是 2015 年 12 月，少年司法专业委员会在中国刑诉法学研究会成立以来，关于未检工作第一个新闻发布会。第五个“一”是我们纪念未检工作 30 年系列报道活动当中的第一个新闻发布会。第六个“一”是我个人重回新闻战线与大家见面的第一个发布会，谢谢大家关注。

今天的发布会有四项议程，一是由我介绍未成年人检察工作 30 年的有关情况；二是请张志杰主任通报检察机关未成年人检察工作优秀品牌；三是请张志杰主任发布检察机关加强未成年人司法保护典型案例；四是回答记者提问。

首先，我向大家简要介绍一下未成年人检察工作30年的有关情况。从1986年6月上海市长宁区人民检察院成立全国第一个少年起诉组至今，我国未成年人检察工作已经走过了30年发展历程。30年来，未成年人检察工作从无到有、从小到大，日趋专业和规范，初步形成了符合司法规律和未成年人特点的特殊司法理念、工作机制和工作规范，打造出一支政治素质高、业务能力强的未成年人检察队伍，为保护未成年人健康成长作出了积极贡献。

一、未成年人检察工作发展历程

回首尽是不寻常。回顾未成年人检察工作30年发展历程，可以划分为萌芽、探索、发展、深化四个阶段：

1986年至1992年是萌芽阶段。1986年6月，上海市长宁区人民检察院率先在起诉科内成立了少年起诉组，迈出专业化探索的第一步。同一时期，重庆、福建、北京等地的一些检察院也先后在起诉、批捕部门设立了专门办案组。这些专门办案组改变打击惩治为主的做法，开始注重教育、挽救涉罪未成年人，着手探索有别于成年人案件的办案方式方法。1991年8月22日，最高人民检察院下发了《关于认真开展未成年人犯罪案件检察工作的通知》，提出“可捕可不捕的不捕、可诉可不诉的不诉”的思路和区别对待的要求。

1992年至2002年是探索阶段。这一时期，更多地方开展了未成年人刑事检察工作专业化探索。1992年8月，上海市虹口区人民检察院率先建立了全国首家集未成年人刑事案件审查逮捕、审查起诉于一体的未成年人检察科，天津、辽宁、湖北等地检察机关也进行大胆探索。各地先后形成了寓教于审、诉前考察、跟踪回访、亲情会见、法律援助、心理测试等未成年人刑事检察工作制度，逐步摸索出“（批）捕、（起）诉、（犯罪预）防一体化”工作模式。2002年，最高人民检察院总结各地的做法，下发了《人民检察院办理未成年人刑事案件的规定》，通过司法解释的形式首次对未成年人刑事检察工作作出系统规定。

2002 年至 2012 年是未成年人检察工作的发展阶段。在这一阶段，各地检察机关积极开展未成年人检察工作，探索尝试了社会调查、合适成年人、社会观护、附条件不起诉、心理矫正、法律援助、刑事和解、羁押必要性审查等一系列特殊检察制度，最终建立完善了“（批）捕、（起）诉、监（督）、（犯罪预）防一体化”工作模式，推动建立完善政法机关衔接配合机制和未成年人保护社会化工作体系。其中很多制度被 2012 年修订后的刑事诉讼法予以吸收确认。

2012 年至今是未成年人检察工作的深化阶段。自 2012 年 5 月召开全国第一次未成年人刑事检察工作会议以来，最高人民检察院开始在强化未成年人司法保护方面密集“发力”，加强顶层设计和指导力度，陆续下发了《关于进一步加强未成年人刑事检察工作的决定》《人民检察院办理未成年人刑事案件的规定》《检察机关加强未成年人司法保护八项措施》《关于加强未成年人检察工作专业化建设的意见》等一系列司法解释或规范性文件，组织召开专题会议、培训班，对各地的做法进行总结提升，对工作进行部署和推动。全国未成年人检察工作呈现出整体推进、快速发展的良好局面，专门机构和专业化、规范化建设都取得长足进步，迎来了更为广阔的发展前景。2015 年 12 月，最高人民检察院未成年人检察工作办公室成立后，全国基本构建起四级检察机关未成年人检察工作专门机构。这是检察机关加强未成年人司法保护的又一重大举措，对全国未检工作的发展起到了很好的示范和促进作用。

二、未成年人检察工作主要成就

春风化雨总关情。经过 30 年不懈努力，未成年人检察工作取得了显著成就。

一是有力保障未成年人健康成长，护佑千万家庭幸福安康，促进社会和谐稳定。全国检察机关坚持教育、感化、挽救方针和教育为主、惩罚为辅原则，坚持少捕、慎诉、少监禁，努力教育、感化、挽救每一个未成年犯罪嫌疑人。2003 年至 2015 年，全国检察机关经审查批准逮捕未成年犯罪嫌疑人 92 万余人，不批准逮捕 16 万余人，起诉 108 万人，不起诉5万余人；坚持以零容忍的态度，依法严厉惩治了一大批侵害未成年人犯罪，尽力对未成年被害人进行关爱救助。在检察官的帮助下，一大批因实施犯罪或者受到犯罪侵害而陷入困境的孩子得以回归社会，长大成才，千万个受到伤害的家庭找回幸福安宁。

二是初步形成了未成年人检察专门工作体系、工作模式，丰富完善了中国特色社会主义检察制度和司法制度。检察机关努力推动专门化专业化建设，截至2016年3月，全国共设立有编制的未成年人检察专门机构1027个，在公诉部门下设未成年人检察工作办公室、专业办案组1400多个；不断整合、深化未成年人保护职能，逐步形成了“捕、诉、监、防”一体化工作模式，力求对未成年人进行全程、系统地保护。未成年人检察部门由主要办理未成年人犯罪案件，发展到同时办理侵害未成年人犯罪案件，在此基础上又探索开展涉及未成年人的刑罚执行检察、民事行政检察业务，工作内容日趋丰富多元。

三是探索发展了一系列办理未成年人案件特殊的诉讼程序和诉讼制度，推动了未成年人保护法治体系的丰富完善。各级检察机关立足实际，探索、完善了社会调查、亲情会见、合适成年人到场、强制辩护、附条件不起诉、分案起诉、犯罪记录封存、心理干预等一系列适合未成年人身心特点的办案制度，大大提高了未成年人司法保护效果。2013年至2015年，全国检察机关共开展社会调查6万多人，落实合适成年人到场22万多人，申请法律援助15万多人，开展亲情会见4.8万多人，决定附条件不起诉1.1万多人，进行犯罪记录封存12万多人。许多探索被刑事诉讼法和有关司法解释、规范性文件吸收，为完善我国未成年人保护法治体系作出了贡献。

四是积极推动建立健全未成年人保护执法工作衔接配合机制和社会化工作体系，形成了保护未成年人的合力。一方面通过建立联席会议、重大案件会商制度、联合会签办案帮教制度等，加强与侦查、审判、司法行政机关的沟通协作，推动健全完善各项办案配套工作制度，不断统一办案标准；另一方面积极加强与综治、人大、共青团、关工委、妇联、民政、教育、社区、企业等方面的联系配合，促进党委领导、政府支持、社会协同、公众参与的未成年人保护社会化工作体系建设，共同开展对涉案未成年人的帮教、救助和犯罪预防工作，取得了良好效果。最高人民检察院先后与中央有关部门联合下发了关于建立办理未成年人刑事案件配套体系意见以及办理家庭暴力、监护侵害、性侵未成年人案件等方面的规范性文件，为未成年人提供了有力司法保护。

五是锻造了一支专业化未成年人检察队伍，为工作发展提供了持续动力。经过 30 年的培养、传承、积累，现在全国有 7000 多名检察人员奋斗在未检工作一线。实践证明，他们精于办案、长于帮教、善于沟通、敢于创新，一批优秀的、受到社会高度认可的未检团队和未检检察官成为检察工作的品牌。他们日复一日、年复一年的为保护未成年人健康成长奉献着自己的热情、爱心和专业智慧，成为未成年人检察工作的宝贵财富。同时，各地检察机关注意加强与学术界的互动配合，深化未成年人检察和少年司法理论研究，有力推动了工作发展。

当前未成年人检察工作正面临着前所未有的机遇。中央高度重视未成年人权益保护工作，党的十八届三中全会确定的全面深化改革的目标任务，对儿童工作提出了专门要求。习近平总书记对保护儿童权益、坚决防止和依法打击损害儿童权益的行为作出了重要指示。国家出台了一系列保护未成年人的法律法规和政策措施，未成年人权益保护工作取得了积极成效。

在未成年人检察工作 30 周年这个具有历史意义的时刻，最高人民检察院将于 6 月 2 日在上海召开全国检察机关未成年检察工作 30 年座谈会。这次座谈会的主要任务是全面回顾总结全国未检工作 30 年来取得的成果和经验，研究谋划今后一个时期未检工作的发展方向和发展路径。检察机关将以此为契机不断丰富发展中国特色未成年人检察制度，努力开创未成年人检察工作新局面。

张志杰

一、通报检察机关未成年人检察工作优秀品牌

今年是开展未成年人检察工作30年。30年来，在各级检察机关的共同努力下，未成年人检察工作取得了长足发展，专门机构和专业化队伍建设不断加强，形成了一支理想信念坚定、纪律作风扎实、专业能力过硬的未成年人检察队伍。

未成年人检察工作发展的30年也是一代代未检人砥砺前行、默默奉献、不断耕耘的历程，先后涌现出许多在社会上有较大影响的未检优秀团队和未检先进个人，成为未成年人的“爱心妈妈”“知心姐姐”。今天我们把其中的几个代表介绍给大家，未检优秀团队代表有：重庆市三级检察机关“莎姐”团队、湖北武汉市江汉区人民检察院“大手拉小手”工作室、江苏常州市新北区人民检察院“小橘灯”团队、四川泸州市纳溪区人民检察院“纳爱”团队、黑龙江牡丹江市东安区人民检察院“冬梅姐姐”团队；未检先进个人代表有：上海市浦东新区人民检察院未成年人案件刑事检察处处长张宇、北京市海淀区人民检察院未成年人检察处处长杨新娥、广东省佛山市人民检察院未检科科长潘媚、浙江省宁波市海曙区人民检察院未检科科长王英、山东省烟台市芝罘区人民检察院未检科副科长刘力萍。

多年来，这些未检优秀团队和先进个人始终坚持以保护未成年人为使命，以零容忍的态度依法严惩侵害未成年人的犯罪；他们始终坚持“教育、感化、挽救”的工作方针，以春风化雨、润物无声的情怀挽救了一批又一批失足少年，化解了一个又一个社会矛盾；他们始终坚持司法人文关怀，对涉案未成年被害人倾情帮扶，关爱呵护；他们始终坚持立足实践、不断探索创新未检工作模式，为不断完善中国特色未成年人检察制度提供智慧源泉；他们始终坚持围绕检察职能，积极延伸工作触角，加强与政法机关衔接配合，注重与行政机关、群众团体、社会组织密切联系、相互支持，健全了未成年人保护的社会化工作体系，形成了保护未成年人的合力。

随着法治文明的进步和对未成年人司法保护重视程度的提高，全社会寄予未成年人检察工作和未成年人检察队伍更多的期望和要求。少年安则家庭安，少年强则国家强。这些检察官和未检团队的先进事迹是全国 7000 多名未检检察人员日常工作的一个缩影。全国未检干警将以他们为榜样，立足岗位、求真务实、积极作为、担当奉献，以法治的名义，守护好孩子们的未来，推动未成年人检察事业再续辉煌。

二、发布检察机关加强未成年人司法保护典型案例

今天发布的检察机关加强未成年人司法保护典型的案例共 10 个，涉及未成年人检察“捕、诉、监、防”各项职责，展示了检察机关全力加强未成年人司法保护，依法严厉打击侵害未成年人犯罪，最大限度地关爱救助未成年被害人，最大限度地教育感化挽救未成年犯罪嫌疑人的主要做法。我向大家作个简要介绍。

案例一讲的是，检察机关及时对陷入心理危机的未成年犯罪嫌疑人进行心理干预，防止其自杀，并有效进行帮教，同时对有关部门泄露涉案未成年人信息的做法进行监督纠正。案例二讲的是，检察机关在办理一起强奸幼女案中，既严格审查证据，防止了一起错案，又准确提出补查建议，引导侦查机关抓获“真凶”，有效保护未成年人合法权益，有力打击侵害未成年人犯罪。案例三讲的是，检察机关在办理一起强奸未成年人案件中，加强引导侦查取证，破解性侵未成年人案件取证和认定难题，依法有力惩治侵害未成年人犯罪。案例四讲的是，检察机关在依法严厉打击暴力伤害未成年人犯罪的同时，及时对未成年人被害人和受到惊吓的其他未成年人进行心理干预，帮助他们尽快恢复正常生活。案例五讲的是，检察机关在办理一起多人犯罪案件中，依法严厉打击成年犯罪嫌疑人，对涉嫌较重犯罪且不悔改的未成年犯罪嫌疑人依法适当从严惩治，对罪行较轻的未成年人坚持依法从宽，对未成年被害人及时进行司法关爱，集中体现了宽严相济刑事政策和双向保护原则。案例六讲

的是，检察机关依法履行诉讼监督职能，对一起判决确有错误的性侵未成年人案件提起抗诉并获改判，切实维护司法公正，使侵害未成年人的犯罪分子得到应有惩处。案例七讲的是，在这起撤销监护人监护资格案件中，检察机关履行了民事行政检察职能，依法支持未成年被害人亲属起诉撤销侵害人的监护资格，最大限度地保护未成年人利益。案例八讲的是，检察机关在接到一起涉及未成年人利益的民事案件当事人的申诉后，经过社会调查多方了解案情，坚持儿童利益最大化原则，依法妥善处理了案中未成年人的抚养权纠纷。第九个案例讲的是，检察机关通过办理一起侵害未成年人犯罪发现并查处负有管理、保护未成年人职责的有关国家工作人员职务犯罪，督促有关部门切实履行职责，为未成年人健康成长营造良好环境。第十个案例讲的是，检察机关及时对犯罪嫌疑人未成年子女进行救助，使他们避免无人照顾，流离失所。

这些典型案例的发布旨在为全国检察机关办理类似案件提供参照标准，并对社会上的类似行为发挥警示和导向作用，进而引起全社会对未成年人权益保护的关注。我们希望，在社会各界的共同努力下，未成年人的权益将得到全方位、多层次、立体化的保护，每一个未成年人都能够健康快乐地成长。

现场答问

人民日报记者　彭　波

在办理未成年人刑事案件过程中，犯罪嫌疑人的权益得到了充分的重视，但有的被害人权益往往被忽视，检察机关如何贯彻双向保护原则，特别是如何有效保护被害人的合法权益？

史卫忠

谢谢记者提问，现在社会上很关注未成年人保护的问题。我们检察机关强调，在加强未成年人保护的同时，要贯彻“双向保护”，指未成年人利益和社会利益都要受到保护。很多被害人也是未成年人，所以在办理类似案件中，从两个利益角度来保护未成年犯罪嫌疑人和未成年被害人利益。

检察机关在未成年被害人保护方面采取的措施主要有：

一是与其他政法机关以及相关部门共同推动相关法律、司法解释的出台，织密法网，惩处侵害未成年人合法权益的犯罪。出台了一批司法解释和规范性文件把惩治侵害被害人利益的方面的法律规范，比如我们联合出台了《关于依法惩治性侵害未成年人犯罪的意见》《关于依法处理监护人侵害未成年人权益行为若干问题的意见》《关于依法办理家庭暴力犯罪案件的意见》等。

二是调整未检部门受案范围。过去未检工作主要是被告人是未成年人，高检院要求各地结合实际，将一些被害人是未成年人的案件纳入司法范围，其中，性侵害未成年人，拐卖（绑架）儿童，胁迫、诱骗、利用未成年人犯罪等专门针对未成年人的犯罪案件纳入未检部门受案范围。同时，我们全国有些地方检察院还探索将涉及到未成年人的民事行政案件纳入未检受案范围，从更多手段上对未成年人利益进行更好的保护。刚才发布的案例中就有这样的情况，如浙江省宁波市检察机关办理的支持撤销不合格监护人监护资格案。

三是加大侵害未成年人犯罪打击力度。这里有两方面工作：一方面，对侵害未成年人的犯罪，坚持零容忍的态度，依法从严从快批捕、起诉。这里我告诉大家一个数据，2015 年，全国检察机关共批捕侵害未成年人人身权利犯罪嫌疑人 1.9 万人，起诉 2.7 万人。另一方面，我们在强化对立案、侦查和刑事审判活动的监督，对一些坚决监督纠正有罪不究、以罚代刑、漏捕漏诉、重罪轻判等执法不严、司法不公问题也进行监督，如刚才发布的被告人张某猥亵儿童的抗诉案。

四是办案中依法保护和救助未成年被害人。我们强调，在办案中注意讲究方式和技巧，避免对其造成二次伤害。一些地方检察机关加强与其他部门包括司法行政机关、民政、教育、卫生等相关部门的联系与沟通，共同做好未成年被害人的身体康复、心理疏导、法律援助、司法救助等工作，努力帮助其恢复健康正常的生活。如上海市检察院制定了《办理成年人侵害未成年人犯罪案件的若干意见》，对办案程序方式和原则作了进一步规范，建立健全未成年被害人保护救助机制，确立了一次取证原则，引入全程心理干预与专业心理机构、与专业组织共同组建未成年人心理疏导及救助专业队伍，全面落实对未成年人被害人的权益保护，取得很好的效果。2015 年，全国检察机关共对未成年被害人开展心理疏导 4937 次。

五是立足检察职能参与社会治理。检察机关结合办理侵害未成年人犯罪案件，查找有关方面存在的管理漏洞和隐患，通过检察建议等形式，督促相关部门建章立制、堵塞漏洞，及时弥补。同时，我们还进一步加强对中小学校校园周边环境综合治理，遏制不良信息对未成年人成长环境的侵害，努力营造关爱保护未成年人的社会环境。特别强调，我们很多检察机关针对一些地方特点，保护未成年人被害人。如针对贵州留守儿童众多、留守儿童受侵害案件频发等问题，贵州省检察院与共青团省委、省律师协会等部门共同组建宣讲团，派出了业务精通、心理学知识充分等专业知识的老师、专家，深入乡镇，重点针对留守儿童开展法治宣讲暨心理辅导活动。总之，通过这些措施，目前我们在被害人权益保护取得了很大的成绩。

新京报记者　王　硕

近年来，校园暴力事件和低龄未成年人严重犯罪案件受到普遍关注，有观点认为应该降低未成年人刑事责任年龄。对此，检察机关是什么态度？

史卫忠

近年来，以同学间欺凌弱小和敲诈勒索为典型的校园暴力事件呈上升趋势。校园暴力犯罪往往团伙性较强，部分案件中未成年人作案手段残忍，不计后果，引起社会强烈反响。此外，不满 14 周岁未成年人实施杀人、强奸等恶性犯罪案件的新闻不时见诸报端，让人非常痛心。面对校园暴力和低龄未成年人恶性刑事案件的增多，是否需要降低刑事责任年龄，我认为应当注意如下几个问题。

第一，实践证明，单纯靠刑罚惩罚的办法并不能有效解决未成年人犯罪问题。因为未成年人违法犯罪归根结底是社会原因。尤其是我国目前正处于社会转型期，导致未成年人受到伤害继而伤害他人的因素很多。可以说，违法犯罪的未成年人往往既是社会的危害者，也是不良环境的受害者。这种情况下，刑罚只是犯罪治理的一种手段，难以包治百病，社会问题还需综合施策。

第二，目前的心理学、教育学等学科的研究表明，青春期是一个人处于极易越轨的“危机期”，随着未成年人年龄的增长，自控能力不足的缺陷可能会得到自愈。在此期间，应当通过增强预防与控制手段的方式尽可能减少导致未成年人违法犯罪的负面因素，净化社会环境，这样才能起到更好的效果。如果只强调一味打击，会将涉罪未成年人推向社会对立面，丧失教育、感化、挽救的良机。

第三，对未成年人严重暴力犯罪，比如提到大的杀人、抢劫案件，检察机关要坚持宽容不纵容，关爱又严管原则。我们对未成年人贯彻“教育、感化、挽救”方针和“教育为主、惩罚为辅”原则，但是这个原则并非否定对未成年人犯罪行为进行刑事制裁，而是强调刑罚手段的最后性与可替代性。适当运用刑罚手段，并不违背少年司法制度的基本理念，惩罚也是为了教育。对实施严重犯罪行为的未成年人要依法惩处。一方面不能纵容，要打击，另外一方面，我们还要对于因未达刑事责任年龄无法予以刑事处罚的，要督促或建议有关部门加强管护矫治。最高检 2015 年出台的《检察机关加强未成年人司法保护八项措施》，要求对于办案中发现的已经涉嫌犯罪但因年龄问题不能承担刑事责任的未成年人有个规定，要求“与公安机关以及家庭、学校、社会保护组织等加强协调、配合，通过加强管教、社会观护等措施，预防再犯罪”。同时，根据《刑法》第 17 条的规定，对因不满 16 周岁不予刑事处罚的，要责令他的家长或者监护人加以监管。必要时，也可以由政府收容教养。

在此方面，有的检察机关也进行了有益探索。2015 年来，我们检察机关对待这些案例做了一些探索。举两个例子，一个是北京市海淀区人民检察院在这方面做了很好的探索，他们从 2015 年初开始，推动并配合区公安机关开展对违法未成年人警官警戒制度，由警官出面，检察院也在场，给他讲明危害性、原因、违法所在。同时还委托司法社工进行 3 个月的帮教，来根治他的一些恶习，通过这些行为，都取得了不错的效果。再举个例子，上海市嘉定区检察院也做了调研，采取了一些措施，如建立档案对不能做行政处理的未成年嫌疑人，检察官跟他们做一些深入交谈，加强普法教育等，也取得了很好的效果。

第四，基于国情的差异，各国对刑事责任年龄的规定并不完全相同。目前我国是否需要降低刑事责任年龄，我觉得应当经过大量的实务论证和理论研究。在这方面我们将结合办案进行深入研究和思考，为有关问题的妥善解决提供参考依据。

法制网记者　郑小琼

目前，检察机关在未成年人司法保护方面还面临哪些困难和挑战？

史卫忠

困难和挑战有这么几个方面：

一是目前涉及未成年人的犯罪发生了新的变化，给未检工作提出了新挑战。未成年人犯罪呈现多元化趋势，一些过去只有成年人才实施的犯罪如贩毒、绑架甚至暴力恐怖犯罪中，也出现了未成年人的身影。故意伤害（重伤）、抢劫等恶性犯罪增多，且犯罪手段残忍、不计后果。奸淫、猥亵、拐卖、虐待、遗弃等侵害未成年人的刑事案件不断发生。许多案件一经披露，即成为社会事件。这些都要求未检办案人员不仅要有过硬的的业务水平，更要有良好的社会责任意识和较高的社会工作能力。对此如何加以应对，需要认真研究思考。

二是未检部门受案范围扩大到成年人侵害未成年人犯罪案件，对办案机制和办案能力提出新的要求。此类案件的办理难度较大，不少是“零口供”案件，在证据采信、事实认定和法律政策适用等方面存在较多疑难问题和影响案件质量的风险点，对未检部门原有的办案机制和未检干部的业务能力、办案经验提出挑战。

三是特殊司法理念与执法现实矛盾突出给未检工作带来新的问题。对涉罪未成年人的特殊司法理念，要求司法机关采取有别于成年人的特殊刑事政策、特殊办案制度。但这一要求在实践中并没有得到普遍认同和自觉实践。如有的地方认为“特别程序”仅仅是对未成年人处理上的“小儿酌减”，甚至批评“少捕慎诉少监禁”是“小恶不惩纵容大恶”，“特别程序”是损害正义一味从轻，进而质疑开展教育挽救和犯罪预防是“不务正业”。一些地方没有有效贯彻特殊制度，就案办案问题突出。

四是从整体上看，未检专门机构、专业人员缺乏，专业化建设有待进一步提升。目前，全国有独立编制未检机构的检察院不足1/3，且部分人员配备不到位，专人不专，未检人员兼职现象普遍存在，大多数未检干警不具备教育学、心理学、犯罪学等相关知识背景，专业素养和能力与工作要求不相适应。

下一步，检察机关将以未成年人检察工作30周年为新的起点，进一步推进未成年人检察工作的专业化、规范化、社会化建设，充分履行检察职能，认真落实未成年人检察工作的各项特殊要求，全面提升未成年人司法保护成效。

中国妇女报记者　刘天红

检察机关在预防未成年人犯罪方面有哪些举措？

史卫忠

这几年取得了很大的成绩。2013 年至 2015 年全国检察机关分别对 16524 名、14892 名、14499 名未成年犯罪嫌疑人作出不批捕决定，不捕率分别为 25.23%、26.66%、29.41%；分别对 5209 名、5269 名、4954 名未成年犯罪嫌疑人作出不起诉决定，不诉率分别为 6.6%、7.34%、8.43%，不捕率、不诉率均呈逐年上升趋势。这几个数据充分表明，在社会各界共同努力下，近年来未成年人犯罪形势整体向好发展，未成年人犯罪案件数逐年下降，重新犯罪率也持续走低。

检察机关也做了一些努力，主要采取了如下举措：一是始终坚持“教育为主、惩罚为辅”的原则，做到“少捕、慎诉、少监禁”，为涉案未成年人回归社会预留通道。二是将教育、感化、挽救贯穿于办案始终。办案的各个环节都要落实，但是落实过程中要把特殊制度贯彻到位，我们刑诉法和诉讼规则都有明确规定。通过社会调查、合适成年人到场、亲情会见、附条件不起诉、犯罪记录封存、心理测试等特殊手段和措施，扎扎实实推进帮教、挽救。三是积极参与综合治理。以办案为基础，分析未成年人违法犯罪背后的深层次原因，通过检察建议的形式督促相关单位建章立制，堵塞漏洞，净化校园环境。同时还结合发案规律，进行法治宣传教育。再就是，推动未成年人犯罪社会化预防帮教体系不断完善。预防未成年人犯罪单靠检察机关一家单打独斗是不成的，需要在党委领导和政府支持下，加强与综治、共青团、关工委、妇联、民政、社工管理、学校、社区、企业等有关方面的联系与配合。比如，现在在引入社工参与社会调查，引入法律人和律师参与社会调查来共同对未成年人进行帮教。我们很多地方建立了很多社会帮辅基地，对一些不批捕不起诉的一些嫌疑人参加一些教育。

通过各方面措施，这几年的成效还是明显的。我们相信，在社会各界的共同努力下，预防未成年人犯罪工作一定会取得更加显著的成效。

中央人民广播电台记者　孙　莹

检察机关在落实刑诉法确立的“教育为主、惩罚为辅”原则和合适成年人在场、附条件不起诉、犯罪记录封存等特殊制度方面有何进展？

史卫忠

过去我们检察机关一直在制度探索方面做出了很多努力，2012 年修改后的刑诉法设立了“未成年人刑事案件诉讼程序”专章，不仅确立了少年司法的方针、原则，还规定了合适成年人到场、强制辩护、严格限制适用逮捕措施、附条件不起诉、犯罪记录封存等特殊制度、程序和要求，使未检工作更加有据可依、有章可循。

为有效落实刑诉法的有关规定，检察机关采取一系列措施，取得了明显进展。主要体现在几个方面：

一是专业力量得到进一步完备。从最高检到地方各级检察机关逐步建立专门未检机构或者由专门人员统一办理未检案件，为特殊制度的落实提供了组织保障。

二是“少捕慎诉少监禁”原则得到进一步落实。这是“教育、感化、挽救”方针和“教育为主、惩罚为辅”原则在未检工作的具体体现。为此，检察机关严格依法把握逮捕、起诉标准，注重全面收集未成年人有罪无罪、罪重罪轻的证据；完善逮捕必要性证明和双向说理机制；落实强制辩护、听取辩护律师意见和羁押必要性审查机制；积极适用不起诉、附条件不起诉及非监禁刑量刑建议机制，进一步降低了对未成年人的批捕率、起诉率和监禁率，在降低批捕率、起诉率的同时，我们还采取了一些措施，对适用不捕、不诉、附条件不起诉未成年人的考察帮教工作。

三是特殊工作机制得到进一步完善。很多地方的检察机关推动建立了专门的合适成年人队伍，对合适成年人进行必要的培训，探索合适成年人值班制度和社工担任合适成年人机制，提高合适成年人到场制度的实效性。积极执行犯罪记录封存制度。依法严格执行犯罪记录封存程序，特别是对不起诉、附条件不起诉案件封存管理，建立专门的未成年人犯罪档案库，严格保管制度；做好未成年人诉讼程序中的隐私保护与犯罪记录封存的衔接，加强诉讼过程中对可能透露未成年人身份资料的保密工作。再如，我们这几年探索对涉案未成年人开展心理疏导工作。各地检察机关组织未检干警学习心理学知识，鼓励其参加专业技能培训，取得心理咨询师资格，并建立心理咨询室、特色讯问室、心理约谈室等形式多样的办案场所，聘请来自高校、医院、妇联、团委等单位的心理学专家，引入专业力量为未检工作提供助力。我再给大家说一个数据，目前，基层未检部门具有心理咨询师资格的人员占总数的 50% 以上，部分地区比例更高，如北京市已达到 80%。由于这些特殊工作机制的完善，确保了我们刑诉法确定为成年人工作制度得到了很好的落实。

王松苗

好，由于时间关系，提问环节就到此结束，感谢张主任、感谢史主任。也特别谢谢各位记者长期以来对我们检察工作的关心、监督和支持。

通过上午发布会，也请大家带着品牌、带着故事、带着案例、带着感情、带着思考，到基层、到一线去采访。发布中有些专业术语比较枯燥，但到地方去采访会非常有意思。特别是下周我们将召开纪念未成年人检察工作30周年座谈会，分量很重、级别很高，也有很多“鲜活的素材”，希望大家能够去参与我们的会议报道，共同传播保护民族未来的正能量。

典型案例

最高检发布检察机关加强未成年人司法保护典型案例

典型案例 1　对涉罪未成年人心理危机开展紧急干预

一、基本案情

2015 年 5 月，江苏省淮安市检察机关在审查起诉小朱（17 岁）涉嫌盗窃一案过程中，获知因有关人员在社会调查工作中不慎泄露案情，村邻们议论纷纷并对小朱另眼相看，导致小朱不堪重负喝农药企图自杀，在抢救中仍然试图再次自杀。面对紧急情况，该院选派专人配合专业心理师迅速介入干预，通过长时间疏导，成功促使小朱放弃轻生念头。接着，该院又帮助小朱转移住址，每天电话联系，定期上门走访，最终打消了小朱的思想顾虑，配合完成诉讼程序。鉴于小朱犯罪轻微，检察机关依法对其作出了不起诉决定。为了避免二次伤害，该院在办案过程中谢绝媒体采访，密切关注网络舆情，并就案情泄露问题向公安、司法部门发出检察建议，推动两机关开展整改活动，全面保护涉案未成年人的权益。

二、典型意义

保护涉案未成年人隐私是办理未成年人犯罪案件中的非常重要的一个方面。本案中，检察机关针对未成年人犯罪嫌疑人涉案信息被泄露的情况，迅速采取有效心理干预手段，打消未成年人的轻生念头；同时，及时建议、督促司法、公安部门增强保护意识，在办案工作中自觉贯彻落实未成年人特殊司法理念和规范要求。正是通过他们的努力，使得一个背负心理包袱的未成年人得到了帮助和教育，重拾生活的信心，得以回归社会。

典型案例 2　强化侦查监督，纠正错案抓获“真凶”

一、基本案情

幼女小丽的父母控告小王（15 周岁）以谈对象为名，与小丽发生性关系并致其怀孕。小丽向公安机关陈述曾与小王发生过性关系，小王到案后也承认与小丽发生性关系，公安机关遂对小王以涉嫌强奸罪向检察机关提请逮捕。河北省张家口市检察机关受理案件后经过认真审查，发现公安机关并未对被害人腹中胎儿做 DNA 鉴定，同时认为涉案双方年龄尚幼，对自己行为认知能力有限，对事实的叙述不够准确、全面，此外还了解到小丽有其他男性“朋友”，难以认定小王强奸犯罪，在依法对小王作出不批准逮捕决定的同时，积极引导公安机关进一步调查取证。后公安机关经过进一步侦查，查明被害人腹中胎儿与小丽的成年网友马某有生物学遗传关系，最终抓获了强奸幼女小丽的“真凶”马某。而小王与小丽系未成年人之间自愿发生性关系，没有造成后果，小王的行为依法不构成犯罪。

在办理本案的过程中，检察机关启用未成年人检察工作室，实现公、检、法“一站式”询问，减少对小丽的二次伤害，并对小丽、小王进行了心理疏导，跟踪帮教，对双方父母进行亲职指导，针对案件中暴露出的宾馆管理混乱的问题，向有关主管部门提出检察建议。

二、典型意义

本案中，检察机关一是严格依法办案，确保正确审查证据、准确适用法律、开展诉讼监督，避免了错案的发生，并引导侦查机关抓获了“真凶”，有效地维护了涉案未成年人的权益，打击了侵害未成年人犯罪。二是注重双向保护，对涉案未成年人进行心理疏导和帮教，增强未成年人的自我保护能力和防范受害意识。三是结合办案积极参与净化社会环境工作，实现办理一案、治理一片的效果。

典型案例 3　提前介入性侵未成年人犯罪案件引导取证

一、基本案情

被告人贺某在无合法手续、不具备办学资质的情况下，在江苏省徐州市某县成立一所封闭式管理、以军事化训练为特殊教育内容的非法学校，通过媒体、网络向广大家长承诺教育纠正问题少年的不良行为，面向全国进行虚假宣传和招生。2013 年 2 月以来，贺某利用其校长的特殊身份及被害人孤立无援的境地，在学校内采取暴力、威胁手段，先后四次将该校 15 岁女生陈某强奸，并多次在女生集体宿舍等公众场合，强行猥亵陈某及未成年女学生常某、郝某等人。案发后，徐州市检察机关及时提前介入侦查。在发现作案现场遭到破坏，客观证据灭失后，检察机关迅速引导公安机关进行相应侦查取证，查获了该校教官范某受贺某指使帮助毁灭证据的事实。最终，贺某被判处有期徒刑十年零六个月，剥夺政治权利二年。办案中，检察机关还协助有关部门妥善安置受害学生，切实做好心理安抚工作，同时建议有关主管部门迅速对该校予以取缔，并立即整顿私人办学教育乱象。教育主管部门接到检察建议后，及时开展了全市清理整顿行动。

二、典型意义

性侵未成年人犯罪案件的证据有其特殊性，存在客观证据少，取证难、认定犯罪难等客观情况。本案中，检察院及时提前介入侦查引导侦查取证，确保依法追究侵害未成年人犯罪。检察机关在办理案件中，还加强对未成年人的司法关爱，积极推动社会治安综合治理，全面保护了未成年人的合法权益，努力为未成年人健康成长营造良好社会环境。

典型案例 4　保护救助暴力伤害事件中的未成年被害人

一、基本案情

2014 年 5 月 10 日中午，被告人陈某因吸食毒品产生幻觉，持刀窜至湖北省麻城市某小学，对学生进行砍杀，造成 8 名学生受伤。考虑到此案对学生、老师产生较大心理阴影，麻城市检察机关迅速应对，提前介入，引导侦查机关采取适合未成年人的方式取证，避免加剧学生的心理恐惧反应。同时着力开展对师生的安抚活动：一是牵头组织心理专家对受侵害师生进行心理疏导，对学校进行安全隐患排查，使学校于当天恢复正常教学秩序。二是及时向学校及学生家长告知各项诉讼权利，反馈案件办理情况，了解受害学生康复情况，与学校共同研究制定校园安全稳控方案。三是以该案为契机，从完善校园安全管理制度，加强自救自护能力培训以及强化家长、老师的监护意识等方面向市教育局发出检察建议。为及时打击此类严重侵害未成年人身心健康和合法权益的犯罪，麻城市检察机关在 20 天内迅速审结此案并向法院提起公诉，最终，被告人陈某犯以危险方法危害公共安全罪被判处有期徒刑八年。

二、典型意义

针对未成年人群体特别是学校师生的暴力伤害事件往往会对当地社会尤其是未成年人的心理产生巨大影响，事后的应急和处理十分重要。本案中，检察机关一方面认真履行公诉引导侦查的职责，依法从严从快办理案件，加大指控犯罪力度，另一方面加强对未成年被害人的特殊保护，开展心理疏导等工作，让师生感受到社会对他们的关心帮助，感受到学校安全教育的重要意义，对恢复正常的生活和学习大有裨益。同时，结合办案延伸检察职能，积极参与社会治安综合治理，强化校园治安防控体系建设，杜绝类似重大恶性案件的再度发生。

典型案例 5　落实宽严相济刑事政策和双向保护原则

一、基本案情

上海市检察机关在办理贾某等 10 人组织卖淫案时，针对成年人与未成年人共同犯罪、未成年被害人多达 10 人的情况，严格依法办案，认真落实特殊刑事政策。一是严厉打击侵害未成年人的成年犯。通过及时、准确的司法鉴定，有效识破 1 名成年主犯伪装精神病人的伎俩；针对 2 名女性成年主犯分别因处于哺乳期和患病而被取保候审，但拒不认罪且互相串供的情形，及时建议法院对 2 人决定逮捕，并提出从严惩处的量刑建议，最终 2 人分别被判处有期徒刑 14 年和 7 年。二是对未成年被害人予以特殊、优先司法保护。及时通知区法律援助中心，指派熟悉未成年人身心特点的律师提供法律咨询、代理附带民事诉讼；为避免二次伤害，谢绝媒体采访，并指派具有国家二级心理咨询师资格的检察官介入，采用沙盘疗法等心理疏导手段，缓解未成年被害人的恐惧、焦虑、自卑情绪；针对其中 3 名未成年被害人因家庭经济困难而无力根治性病，且无法及时获得民事赔偿的情况，通过简化救助流程、提高救助标准、一次性办理等方法着力落实司法救助，帮助解决就医难题，并为其今后生活提供一定的经济保障。三是对涉罪未成年人区别对待，宽严相济。对协助组织卖淫情节较轻的 1 名在校中学生，及时变更强制措施，联合学校老师和社工开展帮教，建议适用缓刑获得采纳；对当庭翻供，提出办案人员未给其阅看笔录辩解的未成年被告人，提请当时在场的合适成年人出庭作证，有效驳斥其虚假辩解；对积极实施犯罪、情节严重的未成年主犯，提出依法适当严惩的量刑建议，最终3名未成年主犯分别被判处有期徒刑8年到9年6个月。

二、典型意义

本案案情复杂、特殊，检察机关有针对性地采取一系列措施，正确处理严格依法办案和体现特殊刑事政策的关系，对未成年被害人“最高限度保护”，对侵害未成年人的成年犯“最低限度容忍”，对涉罪未成年人“宽严相济”，较好地实现了对未成年被害人利益、涉罪未成年人利益和社会公共利益的均衡保护。

典型案例6　依法抗诉，严厉惩治侵害未成年人犯罪

一、基本案情

被告人张某在担任山东省菏泽市某小学老师期间，利用给学生讲题、办补习班之机，在教室等场所猥亵4名未满14周岁的女学生。一审期间，部分被害人陈述、证人证言发生变化，2014年11月，法院以张某犯猥亵儿童罪，判处有期徒刑一年。检察机关认为，对猥亵其中2名儿童的犯罪事实未予认定，属于认定事实错误。上述事实未认定与被害人供述、证人证言发生变化的原因系受到外界干扰有关（随即将张某亲属陈某、朱某妨害作证的线索移交公安机关立案侦查）；未认定张某“在公共场所当众”猥亵儿童，属适用法律错误，遂依法提出抗诉。二审法院审理后认为，张某的亲属陈某、朱某等人为了使被告人张某逃避法律制裁，采取唆使、收买等手段，非法指使相关被害人、证人作伪证，对被害人、证人受他人干扰所作的虚假陈述、证言应予以排除，相关犯罪事实应予认定，张某在教室猥亵儿童，属于“在公共场所当众”猥亵儿童，全部采纳抗诉意见，以猥亵儿童罪改判张某有期徒刑十二年。张某亲属陈某、朱某因妨害作证罪，另案分别被判处有期徒刑九个月。

二、典型意义

本案中，检察机关依法履行法律监督职责，切实加强对侵害未成年人利益案件的审查，对错误判决坚决提出抗诉，维护了法律权威，取得了良好法律效果和社会效果。

典型案例 7　支持起诉撤销监护侵害人的监护资格

一、基本案情

张某早年与妻子离异，带两个女儿生活。2013 年 9 月至 2014 年 11 月，其利用父亲身份多次强奸大女儿某甲（13 岁）、二女儿某乙（12 岁），直至二女儿到派出所报案而案发。浙江省宁波市检察机关以张某涉嫌强奸罪向法院提起公诉，法院于 2015 年 3 月 10 日以强奸罪判处被告人有期徒刑 13 年，并处剥夺政治权利 2 年。检察机关在办案中一方面加强对犯罪嫌疑人张某的打击力度，提前介入，固定证据，快捕快诉。另一方面加强对被害方的权利保护，根据最高人民法院、最高人民检察院、公安部、民政部下发的《关于依法处理监护人侵害未成年人权益行为若干问题的意见》，告知被害方有权依法申请撤销被告人张某的监护人资格。在被害方亲属提出申请后，宁波市检察机关依法向法院发出了支持起诉书。2015 年 4 月 20 日，法院依法撤销张某监护权，并指定两被害人的母亲作为监护人。在办案过程中，检察机关针对两被害人心理受到创伤，生活贫困的现状，邀请心理专家介入进行心理疏导，并为两名被害人申请司法救助三万元。

二、典型意义

近年来，监护人实施的性侵害案件时有发生，被监护人大多只能忍气吞声，身心遭受严重摧残。本案中，宁波市鄞州区人民检察院不仅加大对犯罪嫌疑人打击力度，更是从被害方权益出发，依法支持撤销被告人监护权，选择适格监护人，同时对两被害人提供心理关护和司法救助，尽力帮助未成年被害人恢复身心健康，体现了司法温情。

典型案例 8　依法妥善处理未成年人抚养权纠纷的申诉

一、基本案情

小宝现年 14 岁，4 岁时父母离婚，跟随母亲生活。12 岁时，母亲以生意失败、身体不好为由向法院起诉要求变更抚养权。法院根据孩子意愿并结合双方的经济状况判决将小宝的抚养权变更给了父亲。但父亲却以自己和孩子长期没有共同生活，缺乏感情基础，且已再婚育子，不适合抚养小宝为由提出上诉，被二审法院驳回。随后，小宝父亲申诉至北京市人民检察院第二分院，要求检察机关支持其请求。检察机关受理案件后，在民事案件中首次引入“社会调查”机制，聘请专业司法社工介入案件开展社会调查工作，了解真实情况和双方意愿。司法社工通过对各方当事人的多次家访得知小宝父亲经济状况良好，完全具备抚养未成年子女的条件，但孩子却被父亲安排和雇佣的工人住在一起，条件极其恶劣，没有任何成年监护人陪伴。同时，司法社工还走访了当事人的亲属、邻居、曾经办理双方离婚诉讼案件的法官、处理过家庭纠纷的民警、孩子所在学校的老师、领导等，为审查办理案件提供了全面、客观的信息。最后，在审查案件的基础上，该院结合社会调查结果做出了不支持申请的决定。同时，通过约谈，让申诉人理解息诉，并加强案件追踪回访，进行亲职教育指导，进一步促使改善亲子关系。

二、典型意义

本案首次在涉及未成年人的民事申诉案件中引入“社会调查”机制，借助司法社工的调查优势和中立地位，通过多种途径全面、客观了解案件情况，为按照“儿童利益最大化原则”依法妥善处理涉未民事案件发挥了重要作用。

典型案例 9　侵害未成年人犯罪案件中挖出玩忽职守犯罪

一、基本案情

2011 年至 2015 年 5 月期间，贵州省毕节市某县韦某在不具备教师资格和办学资质的情况下违规开办学前班，并在教室内多次对张某、龙某等 7 名儿童进行猥亵。检察机关接到案件后，快捕快诉，韦某被判处十年有期徒刑。未检部门在办案过程中发现县教育局分管领导王某及政策法规股负责人吴某未依职权对非法办学点进行清理整治，使部分非法办学点持续存在，导致办学点内的儿童被侵害的严重后果，涉嫌玩忽职守犯罪，遂将上述职务犯罪线索移送本院反渎部门。反渎部门依法对该两名教育局负责人立案侦查，后经法院审理，以玩忽职守罪对被告人王某、吴某作出有罪判决。

二、典型意义

该案中，未成年人检察部门在办案过程中发现职务犯罪线索，及时移送职务犯罪侦查部门立案查办，体现了检察机关内部在未成年人司法保护方面的联动和配合，形成了对未成年人权益的强有力保护。同时，也为那些为官一任却不作为者敲响了警钟，告诫他们要尽心尽责，自觉做好相关工作。

典型案例10　救助陷入困境的犯罪嫌疑人未成年子女

一、基本案情

犯罪嫌疑人栗某、李某夫妇因涉嫌非法制造爆炸物罪被移送检察机关。河南省平顶山市检察机关在办理此案中发现，犯罪嫌疑人被刑事拘留后，家中正在上学的四个孩子无人照管，生活陷入困境；同时，依照刑法规定，二人均可能被判处有期徒刑，孩子将处于完全失管状态，生活无依，不但可能辍学，而且可能因为缺乏管教或者仇恨社会而滋生犯罪。基于此种情况，检察机关根据孩子母亲李某的犯罪情节和认罪悔罪态度，对其采取非羁押措施，并依法提出适用缓刑的量刑建议。最终，栗某被判处有期徒刑十一年，李某被判处有期徒刑三年，缓刑四年。在办案过程中，检察机关始终联合相关部门对四个孩子从物质、教育、心理疏导等方面开展综合救助，并持续跟踪帮扶，取得良好效果。

二、典型意义

本案中，检察机关关注在押服刑人员子女等特殊困境未成年人群体，不仅自身力所能及地给予困境未成年人关心与呵护，还通过与政府、民政、教育等部门多方联动，推动各部门重点关注困境儿童，形成救助和保护的长效机制，共同营造关爱保护未成年人的社会环境。

部分新闻链接

1. 新华社 2016 年 5 月 27 日报道《最高检：未成年犯罪嫌疑人不捕率、不诉率呈逐年上升趋势》。

2. 光明日报 2016 年 5 月 28 日报道《检察机关近三年封存 12 万名未成年人犯罪记录》。

3. 经济日报 2016 年 5 月 28 日报道《最高检加强未成年人司法保护》。

4. 中央电视台 2016 年 5 月 27 日报道《最高检通报未成年人司法保护工作》。

5. 中新社 2016 年 5 月 27 日报道《最高检：未成年犯罪嫌疑人不捕率、不诉率逐年上升》。

6. 凤凰卫视 2016 年 5 月 27 日报道《内地校园暴力案频发　最高检：不可单用刑罚》。

充分发挥检察职能　保障促进科技创新

最高人民检察院通报检察机关依法保障和促进科技创新工作情况

发布时间： 2016 年 7 月 14 日 14:30

发布内容： 发布《关于充分发挥检察职能依法保障和促进科技创新的意见》；通报检察机关保障和促进科技创新典型案例

发布地点： 最高人民检察院电视电话会议室

主 持 人： 最高人民检察院新闻发言人　肖玮

出席嘉宾： 最高人民检察院法律政策研究室主任　万春
最高人民检察院反贪总局四局局长　宋寒松[①]
最高人民检察院侦查监督厅副厅长　张晓津

① 现任中央纪委国家监委驻住房和城乡建设部纪检监察组组长、部党组成员。

主题发布

肖　玮

各位记者朋友，大家下午好！欢迎参加最高人民检察院新闻发布会。出席发布会的有最高人民检察院法律政策研究室主任万春、最高人民检察院反贪总局四局局长宋寒松、最高人民检察院侦查监督厅副厅长张晓津。

我是新闻发言人肖玮。今天发布会的主题是“充分发挥检察职能，依法保障和促进科技创新”。我们要发布《关于充分发挥检察职能依法保障和促进科技创新的意见》，通报检察机关保障和促进科技创新十大案例。我先介绍相关情况。

党的十八大以来，党中央深入实施创新驱动发展战略，更加重视科技创新对经济社会发展的支撑和引领作用。党的十八届五中全会开创性地提出创新发展理念，并把这一理念摆在新发展理念之首。最高人民检察院在充分调研论证、广泛听取各方面意见的基础上，结合检察工作实际，制定了《关于充分发挥检察职能依法保障和促进科技创新的意见》（以下简称《意见》），7 月 1 日由最高人民检察院第十二届检察委员会第 52 次会议审议通过，并于 7 月 13 日印发。

下面，我就《意见》的制定背景、基本思路和主要内容向大家作一通报，并公布《意见》全文和检察机关保障和促进科技创新十大典型案例。

一、《意见》的制定背景

2016 年 5 月 30 日，习近平总书记在全国科技创新大会、两院院士大会、中国科协第九次全国代表大会上发表了《为建设世界科技强国而奋斗》的重要讲话，对加快建设创新型国家和世界科技强国进行了总动员，对全面贯彻创新发展理念和实施创新驱动发展战略作出了总部署。6月8日上午，曹建明检察长主持召开最高检党组会，传达学习会议精神，强调各级检察机关要深入学习这次会议特别是习近平总书记重要讲话精神，善于运用法治思维和法治方式，综合发挥检察职能，为创新发展提供有力司法保障。

为了贯彻落实习近平总书记重要讲话精神，切实担负起检察机关在建设科技强国中的重大责任，综合发挥检察机关打击、预防、监督、教育、保护等职能，准确把握检察机关保障、促进和服务科技创新的定位和切入点，最高人民检察院在深刻领会科技创新的重要意义、尊重科技创新规律、维护科技创新主体合法权益、营造科技创新法治环境，结合检察工作实际，研究起草了《意见》。在起草过程中，最高检还专门征求并吸收了教育部、科技部、国家知识产权局、中国科学院、中国工程院、中国科协等单位提出的相关意见建议。

二、《意见》的基本思路

在《意见》的研究起草过程中，我们始终注意把握“四个注重”。

（一）注重以党中央对实施创新驱动发展战略和科技创新的部署要求作为指导思想

党的十八大强调实施创新驱动发展战略，党的十八届五中全会提出创新发展理念，特别是习近平总书记在全国科技创新大会讲话中阐述的中国特色科技创新道路的丰富内涵、目标任务和总体要求，是贯穿《意见》全文的指导思想和总纲领。《意见》强调各级检察机关要把思想和行动统一到党中央关于实施创新驱动发展战略的决策部署上来，并从加强知识产权的司法保护等五个方面，对各级检察机关充分发挥检察职能依法保障和促进科技创新提出了明确具体的要求。

（二）注重突出检察机关保障和促进科技创新的主要职能

《意见》的内容全面体现了检察机关打击、预防、监督、教育、保护等主要职能，比如第一部分重点强调检察机关发挥惩治侵犯知识产权犯罪、对涉及知识产权案件的法律监督、推进行政执法与刑事司法衔接等职能，第二部分重点强调检察机关发挥查办和预防妨害科技创新发展的职务犯罪等职能，第四部分重点强调检察机关发挥司法救济、法律普及服务等职能。

（三）注重坚持法治思维和法治方式

从科技创新工作的体制机制和行业特点等实际情况出发，《意见》强调要准确把握法律政策界限，坚持罪刑法定原则和刑法谦抑性原则，正确区分罪与非罪界限；强调要切实贯彻宽严相济刑事政策，对在科研项目实施中突破现有制度，但有利于实现创新预期成果的，应当予以宽容；强调要注重改进司法办案方式方法，慎重选择办案时机和方式，注意听取有关部门、专家的意见，努力实现办案的最佳效果。

（四）注重强化可操作性和制度执行力

对于《意见》规定的各项措施，力求有可操作性，并对加强组织领导和业务指导、加强协作配合形成合力、加强宣传营造良好环境提出了具体工作要求，确保对科技创新的司法保障措施落到实处。

三、《意见》的主要内容

《意见》分五部分，共 15 条。《意见》第一部分强调加强知识产权的司法保护，保障科技创新主体合法权益。第一条要求依法惩治侵犯商标权、侵犯著作权、假冒专利权、侵犯商业秘密的犯罪，加大对科技创新主体合法权益的法律保护，重点提出对于涉及高新技术、关键核心技术，事关国家和社会利益，直接关系人民群众生命安全和健康，以及网络侵权、跨地区跨国境有组织侵权等严重侵权假冒犯罪开展重点打击和专项整治。第二条要求强化对涉及知识产权案件的法律监督，重点突出对涉及知识产权案件的刑事立案、侦查、审判以及民事、行政审判和执行活动的法律监督。第三条要求推进知识产权领域行政执法与刑事司法衔接机制建设，重点提出推动实现涉嫌侵权假冒犯罪案件“网上移送、网上受理、网上监督”，建立行政执法与司法优势互补、有机衔接的知识产权保护体系。

《意见》第二部分强调积极发挥查办和预防职务犯罪职能，为科技创新营造良好法治环境。第四条要求依法惩治国家工作人员利用审批、监管、执法司法等职权妨害科技创新发展的贪污、受贿、失职渎职犯罪，特别要重点查办创新驱动、转型发展中不作为、乱作为，特别是国家工作人员违反科研规律干预科研活动，导致重大科研项目流产，造成重大损失的失职渎职犯罪，以及泄露国家重大科技秘密的犯罪。第五条要求依法查办危害科技创新发展公平竞争环境的行贿犯罪，促进形成有利于激发科技创新活力的公平竞争环境。第六条要求积极做好相关职务犯罪预防工作，帮助科研单位建章立制、堵塞漏洞、完善内部监督制约和管理机制。

《意见》第三部分强调准确把握法律政策界限，改进司法办案方式方法。第七条要求准确把握法律政策界限，办案中正确区分罪与非罪的“五个界限”，对于法律和司法解释规定不明确、法律政策界限不明、罪与非罪界限不清的，不作为犯罪处理。第八条要求切实贯彻宽严相济刑事政策，特别是对于锐意创新探索，但出现决策失误、偏差，造成一定损失的行为，要区分情况慎重对待。对于没有徇私舞弊、中饱私囊，或者没有造成严重后果的，不作为犯罪处理。第九条要求注重改进司法办案方式方法，特别提出慎重选择办案时机和方式，对于关键岗位的涉案科研人员，尽量不使用拘留、逮捕等强制措施；对于科研单位用于科技创新、产品研发的设备、资金和技术资料，一般不予以查封、扣押、冻结。

《意见》第四部分强调综合发挥检察职能，提高服务科技创新的能力水平。第十条要求拓展法律服务渠道，加强对科技创新主体合法权益的司法救济，特别提出运用视频接访系统、12309 举报网络平台等开展法律咨询、司法救济，严格依法办理相关的控告、申诉和举报。第十一条要求落实普法责任制，主动开展普法活动，特别提出落实以案释法制度，采取多种形式，帮助和促进科技创新主体强化法律意识，提高依法维护自身权益的意识和能力。第十二条要求努力提高法律服务能力水平，特别提出探索建立专门的知识产权办案机构或者办案小组，有条件的地区试行知识产权案件集中管辖；推行对重大疑难复杂犯罪案件介入侦查引导取证机制；探索建立知识产权专家库，建立健全专家证人、专家咨询、技术鉴定等案件办理机制。

《意见》第五部分强调强化组织领导，确保对科技创新的司法保障落到实处。第十三条要求加强组织领导和业务指导，对于重大侵犯知识产权犯罪案件、重大妨害科技创新职务犯罪案件实行挂牌督办。第十四条要求加强与政府科技、教育等部门以及各级科协的协作配合，形成保障和促进科技创新发展的合力。第十五条要求加强检察宣传工作，推动全社会形成依法保障和促进科技创新发展的司法环境和社会氛围。

习近平总书记在全国科技创新大会讲话中深刻指出："科技兴则民族兴，科技强则国家强。"下一步，检察机关将坚持把服务创新发展摆在服务经济社会发展大局的核心位置，找准保障、促进和服务科技创新的定位和切入点，善于运用法治思维和法治方式，支持创新探索，宽容创新失误，保护创新成果，为科研机构、研究型大学、创新型企业和科技工作者营造良好创新环境，为保障和促进科技创新提供有力司法保障。

现场答问

上海电视台法治天地频道记者　刘殊旖

对于一些侵犯知识产权和制售假冒伪劣商品犯罪案件，及反复侵权、恶意侵权行为，检察机关的打击重点是什么？该怎样去加大打击力度？

万　春

针对侵犯知识产权和制售假冒伪劣商品犯罪，刑法第三章第七节侵犯知识产权罪规定了假冒注册商标罪、假冒专利罪、侵犯著作权罪、侵犯商业秘密罪等七个罪名，此外还包括《刑法》第140条生产、销售伪劣产品罪、第225条非法经营罪等罪名，基本形成了比较严密的刑事法网。

这一次最高检出台的《意见》中又强调了四点：一是检察机关要加强对商标权人的平等保护；二是加大对互联网文学、音乐、影视、游戏、动漫、软件等领域网络侵权盗版犯罪的打击力度；三是要加大对涉及国家重大战略需求、重大科研项目和工程、关键核心技术以及优势产业等领域的假冒专利犯罪的打击力度；四是要加大对采用盗窃、利诱、胁迫等非法手段侵犯科技创新主体商业秘密犯罪的打击力度。另外，《意见》还着重提出对于涉及高新技术、关键核心技术，事关国家和社会利益，直接关系人民群众生命安全和健康，以及网络侵权、跨地区跨国境有组织侵权等严重侵权假冒犯罪开展重点打击和专项整治。

在司法实践中，检察机关对于具有司法解释规定的一般不适用缓刑情形的反复侵权、恶意侵权行为人，可以依法向人民法院提出相关量刑建议；检察院在会同有关部门依法追究反复侵权、恶意侵权行为人的刑事责任时，还可以综合运用追缴违法所得、收缴犯罪工具、判处罚金刑、责令赔偿损失、禁止从事相关职业等惩治手段，剥夺行为人的再侵权能力和条件，消除再侵权的危险。

人民日报记者　彭　波

查办发生在企业创业创新领域的案件，如融资、减税、审批过程中的行受贿犯罪案件，重大科技项目实施、科技成果收益等领域的犯罪，检察机关将采取哪些具体举措？

宋寒松

这个问题在我们的《意见》里已有明确规定。要求检察机关积极发挥查办和预防职务犯罪职能，为科技创新营造良好法治环境。具体来说，一是要求依法惩治国家工作人员利用审批、监管、执法司法等职权妨害科技创新发展的职务犯罪，包括国家工作人员在企业融资、减税、审批过程中利用审批、验收等职权索贿、受贿的犯罪，以及不作为、乱作为，导致重大科研项目流产，造成重大损失的失职渎职犯罪。二是要求依法查办危害科技创新发展公平竞争环境的行贿犯罪，强调要重点查办为谋取科研项目、资金进行行贿的犯罪，科技创新成果验收、转化、应用、推广过程中的行贿犯罪等。

新华社记者　陈　菲

科技创新领域的职务犯罪目前是个什么样的状况？查办和预防科技创新领域职务犯罪与一般领域职务犯罪有何不同之处？

宋寒松

当前职务犯罪发生比较多的，有这样几种情况，特别是国家工作人员利用职权，在审批监管、执法司法过程中，滥用权力，阻碍妨碍科技创新。应该说，长期以来，检察机关在这方面是高度重视的，这次发布的典型案例中就有涉及。

我们通过工作，认为查办和预防科技创新领域职务犯罪与一般领域职务犯罪，应当注意把握以下几个方面的不同：

一是要尊重科技创新主体的积极性和创造性。在十五条里，我们提出要慎重选择办案时机和方式，对于关键岗位的涉案科研人员，尽量不使用拘留、逮捕等强制措施；对于科研单位用于科技创新、产品研发的设备、资金和技术资料，一般不予以查封、扣押、冻结。二是要注意研究科研创新领域的新情况、新问题，保护科研人员凭自己的聪明才智和创新成果获取的合法收益。科技创新工作有其自身的体制机制和行业特点，检察机关应当认真研究和慎重处理科技创新融资、科研成果资本化产业化、科研成果转化收益中的一些新情况新问题。因此，在十五条中专门对正确区分科研人员合法的股权分红、知识产权收益、科技成果转化收益的分配与贪污、受贿之间的界限等提出了明确的要求。三是要以鼓励创新探索为导向，给科技创新松绑助力。习近平总书记在讲话中指出："要让领衔科技专家有职有权，有更大的技术路线决策权、更大的经费支配权、更大的资源调动权，防止瞎指挥、乱指挥。"因此，《意见》强调：对于锐意创新探索，但出现决策失误、偏差，造成一定损失的行为，要区分情况慎重对待。没有徇私舞弊、中饱私囊，或者没有造成严重后果的，不作为犯罪处理。在科研项目实施中突破现有制度，但有利于实现创新预期成果的，应当予以宽容。四是要注意与科技创新界沟通，办案中遇到的复杂问题、专业问题要多听取和征询科技部门、专家的意见。

检察日报记者　徐日丹

在科技创新过程中，检察机关是如何发挥检察职能保护知识产权的？

张晓津

在科技创新过程中，检察机关应当主要从以下三个方面发挥检察职能保护知识产权：

一是依法惩治侵犯商标权、侵犯著作权、假冒专利、侵犯商业秘密的犯罪，加大对科技创新主体合法权益的法律保护。近年来，最高人民检察院会同最高人民法院、公安部先后出台了“两高”《关于办理侵犯知识产权刑事案件具体应用法律若干问题的解释》、“两高”《关于办理侵犯知识产权刑事案件具体应用法律若干问题的解释（二）》、《关于办理侵犯知识产权刑事案件适用法律若干问题的意见》等司法解释和司法解释性质文件，对侵犯知识产权犯罪的定罪量刑标准以及司法认定等问题作出了明确规定。依法批捕逮捕起诉了一批侵犯知识产权犯罪案件。2015 年，全国检察机关共批准逮捕涉嫌侵犯知识产权犯罪 4722 人，提起公诉 8644 人。2016 年 1 至 5 月，全国检察机关共批准逮捕涉嫌侵犯知识产权犯罪 1229 人，提起公诉 2677 人。二是强化对涉及知识产权案件的法律监督，加强对公安机关办理侵权假冒犯罪案件立案和侦查活动的监督，加强对人民法院刑事审判活动的监督，加强对涉及科技创新的民事、行政案件的审判和执行活动的监督等。三是推进知识产权领域行政执法与刑事司法衔接机制建设，特别是推动建立了侵权假冒信息共享平台，基本实现涉嫌侵权假冒犯罪案件“网上移送、网上受理、网上监督”，建立行政执法与司法优势互补、有机衔接的知识产权保护体系。

凤凰卫视记者　霍伟伟

最高检此次出台这个意见的目的和意义何在？这些举措是怎么总结和归纳出来的？

万　春

最高人民检察院此次出台《意见》的主要目的，是为了贯彻落实党中央对实施创新驱动发展战略和科技创新的部署要求，特别是习近平总书记在全国科技创新大会上的重要讲话精神，切实担负起检察机关在建设科技强国中的重大责任，准确把握检察机关保障、促进和服务科技创新的定位和切入点，充分发挥检察机关打击、预防、监督、教育、保护等职能为创新发展提供有力司法保障。

《意见》的出台，从利益的角度来看有这么几点：第一，有利于加强对科技创新的司法保护，维护科技创新主体合法权益、为科技创新营造良好法治环境。因为检察机关的职能是贯穿于整个刑事诉讼，按照这个政策指导下依法办理案件我们仍有利于加强科技司法创新的保护。第二，有利于指导检察机关准确把握法律政策界限，改进司法办案方式方法，提高服务科技创新的能力水平。第三，有利于加强检察机关与政府科技、教育等部门以及各级科协的协作配合，形成保障和促进科技创新发展的合力。

我们的《意见》提出了五个方面举措，我们主要总结归纳自以下几个方面：一是在深入学习领会习近平总书记在全国科技创新大会、两院院士大会、中国科协第九次全国代表大会上的重要讲话精神的基础上，通过充分的调研和研究论证，深刻认识科技创新极端重要性和尊重科技创新规律出发，对当前和今后一个时期内检察机关如何充分发挥检察职能保障和促进科技创新所作的研究分析。二是在充分调查研究的基础上，总结了近年来检察机关在依法履行检察职能，保障和促进科技创新方面遇到的主要问题、行之有效的做法以及成功的经验。三是广泛听取各方面意见，包括吸收采纳了教育部、科技部、国家知识产权局、中国科学院、中国工程院、中国科协等主管单位都对我们的《意见》的制定和出台提供的宝贵意见和建议，在这些工作的基础上我们作出了五个方面的要求。

法制网记者　刘博晓

检察机关预防科技领域职务犯罪的措施有哪些？

宋寒松

《意见》要求检察机关积极做好相关职务犯罪预防工作：一是强调结合查办各类妨害科技创新发展的职务犯罪，深入剖析案发规律，运用检察建议、年度报告、专项报告等，督促行业主管、监管部门加强改进管理监督；二是强调对科研单位管理不完善、制度不健全、不落实，存在犯罪隐患的，及时提出对策建议。此外，在这15条中要求检察机关落实普法责任制，主动开展普法活动。特别强调坚持预防为主，落实以案释法制度，采取多种形式，帮助和促进科技创新主体强化法律意识，提高依法维护自身权益的意识和能力。

中央人民广播电台记者　孙　莹

科技创新最大的特点是面对的都是新生事物，检察机关在办理案件的过程中如何把握好法律政策界限，做到打击和保护双到位？

万 春

在我们研究起草《意见》的过程中，通过调研了解和认识到科技创新面对的大多是新生事物，科技创新工作本身有其自身的体制机制和行业特点。所以，检察机关在办理这些涉及科技创新的案件时，在运用法律创新方面确实遇到了许多课题。针对实践中的这些问题，我们在《意见》中专设一条，就是着重对准确把握法律政策界限提出要求，那么特别强调要在办案中正确区分罪与非罪的“五个界限”。

一是对于身兼行政职务的科研人员特别是学术带头人，要区分他的科研人员与公务人员的身份，特别是要区分他所从事的是科技创新活动还是公务管理，正确地把握科研人员以自身专业知识提供咨询等合法兼职获利的行为，与他利用审批、管理等行政权力索贿受贿的界限。二是要区分科研人员合法的股权分红、知识产权收益、科技成果转化收益分配与贪污、受贿之间的界限。三是要区分科技创新探索失败、合理损耗与骗取科研立项、虚增科研经费投入的界限。四是要区分突破现有规章制度，按照科技创新需求使用科研经费与贪污、挪用、私分科研经费的界限。五是要区分风险投资、创业等造成的正常亏损与失职渎职的界限。我们《意见》着重提出要区分这五个方面的界限，是针对司法实践中遇到的相关案件中反映比较突出的问题，明确了一些政策的指引，这些规定坚持了罪刑法定原则和刑法谦抑性原则，既突出了刑事打击重点，又体现了对科研人员凭自己的聪明才智和创新成果获取的合法收益的保护，有利于司法实践中真正做到打击和保护双到位。

发布会文件

关于充分发挥检察职能依法保障和促进科技创新的意见

党的十八大以来，党中央深入实施创新驱动发展战略，高度重视和加快推进科技创新。习近平总书记在全国科技创新大会、两院院士大会、中国科协第九次全国代表大会上发表重要讲话，对加快建设创新型国家和世界科技强国进行了总动员，对全面贯彻创新发展理念和实施创新驱动发展战略作出了总部署。全国各级检察机关要认真学习贯彻习近平总书记重要讲话精神，充分认识科技创新在国家发展全局中的核心位置，明确建成创新型国家和世界科技强国的奋斗目标，找准检察机关保障、促进和服务科技创新的定位和切入点，善于运用法治思维和法治方式，支持创新探索，宽容创新失误，保护创新成果，为科研机构、研究型大学、创新型企业（以下统称“科研单位”）和科技工作者（以下简称“科研人员”）营造良好创新环境，提供有力司法保障。为此，提出以下意见：

一、加强知识产权的司法保护，保障科技创新主体合法权益

1. 依法惩治侵犯知识产权犯罪，加大对科技创新主体合法权益的法律保护。依法惩治侵犯商标权的犯罪，加强对商标权人的平等保护；依法惩治侵犯著作权的犯罪，加大对互联网文学、音乐、影视、游戏、动漫、软件等领域网络侵权盗版犯罪的打击力度；依法惩治假冒专利权的犯罪，加大对涉及国家重大战略需求、重大科研项目和工程、关键核心技术以及优势产业等领域的假冒专利犯罪的打击力度；依法惩治侵犯商业秘密的犯罪，加大对采用盗窃、利诱、胁迫等非法手段侵犯科技创新主体商业秘密犯罪的打击力度。对于涉及高新技术、关键核心技术，事关国家和社会利益，直接关系人民群众生命安全和健康，以及网络侵权、跨地区跨国境有组织侵权等严重侵权假冒犯罪开展重点打击和专项整治。

2．强化对涉及知识产权案件的法律监督。加强对行政执法机关移送涉嫌侵权假冒犯罪的监督，着力纠正有案不移、以罚代刑、降格处理的问题。加强对公安机关办理侵权假冒犯罪案件立案和侦查活动的监督，着力纠正有案不立、立而不侦、久侦不决以及适用强制措施、查封扣押冻结款物不当等问题。加强对人民法院刑事审判活动的监督，对于认定罪与非罪错误或者量刑畸轻畸重的侵权假冒犯罪案件，依法提出抗诉。加强对涉及科技创新资金和收益分配纠纷、创新创业人才劳动争议、科技创新主体知识产权纠纷、军民技术纠纷等民事、行政案件的审判和执行活动的监督。依法严肃查处涉及科技创新的虚假诉讼、恶意诉讼案件。对于履职中发现的行政机关违法行使职权或者不行使职权的行为，依法督促纠正，确保知识产权保护措施正确及时有效执行。

3．推进知识产权领域行政执法与刑事司法衔接机制建设。积极利用知识产权行政执法与刑事司法衔接信息共享平台、侵权假冒行政处罚案件信息公开制度，推动实现涉嫌侵权假冒犯罪案件“网上移送、网上受理、网上监督”。加强跨地区、跨部门执法司法协作与联动机制建设，完善线索通报、信息共享、证据移交、案件协调等协作机制，着力打击链条式、产业化侵犯知识产权犯罪，建立行政执法与司法优势互补、有机衔接的知识产权保护体系。

二、积极发挥查办和预防职务犯罪职能，为科技创新营造良好法治环境

4．依法惩治国家工作人员利用审批、监管、执法司法等职权妨害科技创新发展的职务犯罪。依法惩治产业技术体系创新中的职务犯罪，培育、建设一流科研单位、国家重点研发平台过程中的职务犯罪，侵权假冒行为背后的滥用职权、玩忽职守、徇私舞弊不移交刑事案件、放纵制售伪劣商品犯罪行为等职务犯罪。依法惩治知识产权申报和重大科研项目申报、实施中，利用审批、验收等职权索贿、受贿的犯罪，以及行政管理人员贪污、挪用、私分国家科研项目投资基金、科研经费的犯罪。依法惩治知识产权诉讼中司法人员枉法裁判、执行判决裁定失职渎职等犯罪。重点查办创新驱动、转型发展中不作为、乱作为，特别是国家工作人员违反科研规律干预科研活动，导致重大科研项目流产，造成重大损失的失职渎职犯罪，以及泄露国家重大科技秘密的犯罪。对于涉及国家经济命脉、国家安全的重大科研项目的职务犯罪涉案人员，要采取有效措施，防止其潜逃境外；已经潜逃境外的，要充分运用引渡、劝返、遣返和异地起诉等方式依法将其缉捕归案。

5．依法查办危害科技创新发展公平竞争环境的行贿犯罪。重点查办为谋取科研项目、资金进行行贿的犯罪，科技创新成果验收、转化、应用、推广过程中的行贿犯罪，知识产权申报、审查和诉讼等过程中的行贿犯罪，以及技术职称评定、科技带头人评选中谋取竞争优势的行贿犯罪。要加大对行贿数额巨大或者向多人、多次行贿犯罪的打击力度，促进形成有利于激发科技创新活力的公平竞争环境。

6．积极做好相关职务犯罪预防工作。结合查办各类妨害科技创新发展的职务犯罪，深入剖析案发规律，运用检察建议、年度报告、专项报告等，督促行业主管、监管部门加强改进管理监督。对科研单位管理不完善、制度不健全、不落实，存在犯罪隐患的，及时提出对策建议，帮助科研单位建章立制、堵塞漏洞、完善内部监督制约和管理机制。

三、准确把握法律政策界限，改进司法办案方式方法

7. 准确把握法律政策界限。充分考虑科技创新工作的体制机制和行业特点，认真研究科技创新融资、科研成果资本化产业化、科研成果转化收益中的新情况、新问题，保护科研人员凭自己的聪明才智和创新成果获取的合法收益。办案中要正确区分罪与非罪界限：对于身兼行政职务的科研人员特别是学术带头人，要区分其科研人员与公务人员的身份，特别是要区分科技创新活动与公务管理，正确把握科研人员以自身专业知识提供咨询等合法兼职获利的行为，与利用审批、管理等行政权力索贿受贿的界限；要区分科研人员合法的股权分红、知识产权收益、科技成果转化收益分配与贪污、受贿之间的界限；要区分科技创新探索失败、合理损耗与骗取科研立项、虚增科研经费投入的界限；要区分突破现有规章制度，按照科技创新需求使用科研经费与贪污、挪用、私分科研经费的界限；要区分风险投资、创业等造成的正常亏损与失职渎职的界限。坚持罪刑法定原则和刑法谦抑性原则，禁止以刑事手段插手民事经济纠纷。对于法律和司法解释规定不明确、法律政策界限不明、罪与非罪界限不清的，不作为犯罪处理；对于认定罪与非罪争议较大的案件，及时向上级检察机关请示报告。

8. 切实贯彻宽严相济刑事政策。对于锐意创新探索，但出现决策失误、偏差，造成一定损失的行为，要区分情况慎重对待。没有徇私舞弊、中饱私囊，或者没有造成严重后果的，不作为犯罪处理。在科研项目实施中突破现有制度，但有利于实现创新预期成果的，应当予以宽容。在创新过程中发生轻微犯罪、过失犯罪但完成重大科研创新任务的，应当依法从宽处理。对于科技创新中发生的共同犯罪案件，重点追究主犯的刑事责任，对于从犯和犯罪情节较轻的，依法从宽处理。对于以科技创新为名骗取、套取、挥霍国家科研项目投资，严重危害创新发展的犯罪，应当依法打击。

9. 注重改进司法办案方式方法。要尊重科技创新规律，保护科技创新主体积极性、创造性，努力实现办案的最佳效果。查办涉及科技创新的犯罪，要慎重选择办案时机和方式，注意听取行业主管、监管部门以及科技专家、法律专家等意见，防止因办案时机和方式不当影响正常的科技创新工作。对于正在承担重大科研项目攻关、重大科技发展规划制定、重大涉外项目实施等职责的涉案科研人员，检察机关在做好相关保密和防逃工作的同时，可以根据具体情况确定办案时机。对于重点科研单位、重大科研项目关键岗位的涉案科研人员，尽量不使用拘留、逮捕等强制措施；必须采取拘留、逮捕等措施的，应当及时通报有关部门做好科研攻关的衔接工作，确有必要的，可以在不影响诉讼正常进行的前提下，为其指导科研攻关提供一定条件。对于被采取逮捕措施的涉案科研人员，检察机关应当依照有关规定对羁押必要性开展审查。对于科研单位用于科技创新、产品研发的设备、资金和技术资料，一般不予以查封、扣押、冻结；确实需要查封、扣押、冻结的，应当为其预留必要的流动资金、往来账户和关键设备资料，防止因办案造成科研项目中断、停滞，或者因处置不当造成科研成果流失。

四、综合发挥检察职能，提高服务科技创新的能力水平

10. 拓展法律服务渠道，加强对科技创新主体合法权益的司法救济。充分运用检察机关视频接访系统、12309 举报网络平台等诉求表达渠道，为科技创新主体寻求法律咨询、司法救济等提供更加便捷高效的服务。及时审查相关的控告、申诉和举报，严格依法办理，保障其人身和财产合法权益。畅通科技创新主体对检察工作提出批评和意见建议的渠道，对于有关单位和人员反映的突出问题，要高度关注、认真督办，及时反馈情况。

11. 落实普法责任制，主动开展普法活动。坚持预防为主，积极为科技创新主体提供法律服务。认真落实检察官以案释法制度，结合司法办案，采取多种形式，帮助和促进科技创新主体强化知识产权保护意识，明确法律红线和法律风险，提高其依法开展科技创新、依法维护自身合法权益的意识和能力。着眼目前已设立的国家自主创新示范区、经济技术开发区、高新技术开发区、“双创”基地等创新要素集聚地，积极开展法治宣传、预防咨询，促进科技创新工作在法治轨道上实施运行。

12. 努力提高法律服务能力水平。办理涉及科技创新犯罪案件政策性、专业性较强，检察人员要加强相关专业知识学习和对有关犯罪的研究。探索建立专门的知识产权办案机构或者办案小组，有条件的地区试行知识产权案件集中管辖。培养、选拔专家型人才和业务骨干从事涉及科技创新案件的办理工作。探索利用大数据分析等技术手段，提高互联网条件下电子证据的收集、固定和综合运用能力。细化侵犯知识产权犯罪案件和其他妨害科技创新犯罪案件证据收集、固定、审查运用的标准，强化办案指引。推行对重大疑难复杂犯罪案件介入侦查引导取证机制，确保侦查取证的合法性、有效性和案件定性的准确性。探索建立知识产权专家库，建立健全专家证人、专家咨询、技术鉴定等案件办理机制，完善有专门知识的人出庭作证制度，为办案提供智力支持。

五、强化组织领导，确保对科技创新的司法保障落到实处

13. 加强对办理涉及科技创新案件的组织领导和业务指导。坚持把综合发挥检察职能、服务科技创新发展作为检察机关当前的一项重要任务，切实加强领导，强化措施，狠抓落实。上级人民检察院特别是省级人民检察院要深入研究分析保障和促进科技创新发展中遇到的新情况、新问题，加强对下业务指导。对于重大侵犯知识产权犯罪案件、重大妨害科技创新职务犯罪案件挂牌督办，确保办案质量和效率。下级人民检察院对于办案中遇到的困难和问题，应当及时向上级人民检察院请示报告，必要时层报最高人民检察院。

14. 加强协作配合，形成保障和促进科技创新发展的合力。加强与政府科技、教育等部门的工作联系，深入分析和把握影响科技创新发展的深层次问题，对于体制机制及政策制定、执行中的问题，及时向主管部门通报，完善服务科技创新的监管措施。加强与各级科协的联系，建立健全联席会议、定期通报、共同调研等常态化工作机制，及时了解科技创新最新政策、发展情况和问题，准确把握科研单位和科研人员的司法需求，在职责范围内积极主动地为科研单位和科研人员排忧解难，切实提高检察机关服务科技创新的自觉性和能动性。

15. 加强宣传工作，营造重视和支持科技创新的良好环境。大力宣传党和国家创新驱动发展战略，宣传有关保护和促进科技创新发展的方针政策和法律法规，使创新发展理念深入人心。充分利用报刊、广播、电视和门户网站、微信、微博、新闻客户端等媒体，加强宣传检察机关保障和促进科技创新发展的新思路、新举措和新成效。审慎发布涉及科技创新主体犯罪案件的新闻信息，及时引导和疏解有关舆情，推动全社会形成依法保障和促进科技创新发展的司法环境和社会氛围。

典型案例

最高检发布保障和促进科技创新典型案例

典型案例1　依法惩治侵犯商标权的犯罪 加强对商标权人平等保护

一、基本案情

“L'ORÉAL”（欧莱雅）商标系经我国国家工商行政管理总局商标局核准注册，核定使用的商品为第69类：包括化妆品、花露水、科隆香水、化妆乳剂、香滑石，且均在注册有效期内。

2014年6月起，被告人刘一明、颜迎梅以牟利为目的，租用上海市浦东新区高东镇赵高路某仓库作为制假加工点，先后从他人处购得大量假冒“L'ORÉAL””（欧莱雅）注册商标标识的化妆品原料、包装瓶、商标贴标、包装盒以及商标机等作案工具，并雇佣被告人满丽丽、满乐帮其制作假冒“L'ORÉAL””品牌的化妆品，将化妆品原料委托他人代加工灌装后，私自包装、贴标，出售给他人，从中牟利，累计销售金额为人民币9090元。

2014年12月5日，上海市公安局浦东分局在上述制假加工点，当场查获假冒“L'ORÉAL””化妆品9316瓶及大量化妆品半成品、商标标识、商标机、气泵、烫金机等制假工具。经鉴定，均系假冒欧莱雅商标的产品，共计价值人民币28万余元。

本案由上海市公安局浦东分局于2014年12月5日立案侦查。上海市浦东新区人民检察院于2015年1月9日以刘一明等人涉嫌假冒注册商标罪批准逮捕，并于6月10日提起公诉。2015年11月17日，上海市浦东新区人民法院以假冒注册商标罪分别判处四名被告人有期徒刑三年六个月至有期徒刑一年六个月缓刑一年六个月不等，罚金九万元至一万元不等。

二、典型意义

本案系一起由权利人举报、公安机关重点侦查的侵犯知识产权案件。上海市浦东新区人民检察院高度重视，认真办理，取得了较好的法律效果和社会效果。一是引导取证，夯实证据基础。在审查逮捕阶段，与公安机关充分沟通，明确取证重点，对于商标授权、非法经营数额以及涉案人员的参与程度提出取证方向，确保案件质量。二是积极研判，确保打击效果。对负责管理工人的颜雪梅提出追诉建议；对主要负责贴标、装外包装、塑封、装箱，搬运原材料等的满丽丽、满乐，认为系制假的实行犯且作案时间长，有刑事打击的必要，而对于另一名参与犯罪仅有一周左右的涉案人员李艳，认为主观明知的证据不充分，且社会危害小，故不作刑事处罚，但充分发挥其作为证人的作用，制作详细的证言笔录，对相关事实进行固定。三是服务民生，扩大社会效果。浦东新区人民检察院会同公安机关打掉该窝点后，将上游提供制假原料的广州“阿华”和下游专门收购和销售假冒化妆品的“陶国方”等线索移交相关办案单位，并通过新闻媒体进行法制宣传，谨防上当受骗，取得了较好的社会效果。

典型案例 2　依法惩治侵犯著作权犯罪
加大对网络侵权盗版犯罪打击力度

一、基本案情

“笑傲江湖 OL”网络游戏软件 V1.0 系完美世界（北京）网络技术有限公司享有著作权的互联网游戏。

2013 年 10 月底，被告人何利凯等人从他人处购买“笑傲江湖 OL”网络游戏程序，由被告人何利凯负责运营和版本修改，罗林负责程序编写、修改，厉标负责修改原始密码、上传服务端、调试客户端登陆游戏等。后被告人何利凯等人租用服务器，并安装修改后的“笑傲江湖”游戏程序，通过私服论坛进行推广，吸引玩家，通过收发邮件等方式为网络游戏玩家提供客户服务。

2013 年 11 月起，被告人何利凯等人运营“笑傲江湖”私服并通过销售元宝（游戏币）营利，玩家充值元宝的方法是通过购买盛大一卡通，移动、联通、电信电话卡，通过第三方支付平台“易宝平台”进行充值，易宝平台扣除手续费后进行结算划款。据易宝平台出具的交易明细，被告人何利凯在易宝支付平台上所使用的商户进款总额共计人民币 31 万余元。

2014 年 2 月 21 日，北京市公安局海淀分局以何利凯、厉标涉嫌侵犯著作权罪立案侦查，并于 5 月 14 日提请批准逮捕，北京市海淀区人民检察院认为证据不足不予批准逮捕，并引导公安机关提取游戏程序同一性比对鉴定等关键性证据。2014 年 11 月 4 日公安机关再次对二人提请批准逮捕，海淀区人民检察院依法批准逮捕并对同案犯罗林予以追捕。2015 年 2 月 13 日，北京市海淀区人民检察院以何利凯、厉标、罗林涉嫌侵犯著作权罪提起公诉。2015 年 11 月 2 日，海淀区人民法院以侵犯著作权罪判处被告人何利凯等三人有期徒刑三年至二年不等，适用缓刑，各并处罚金人民币十六万元至十万元不等。

二、典型意义

本案系全国“扫黄打非”办公室、北京市人民检察院督办案件。北京市海淀区人民检察院知识产权检察处充分发挥职能，高质引导侦查，高效提起公诉，有力打击了犯罪。在第一次审查逮捕阶段，检察机关针对关键性定罪证据“游戏程序同一性鉴定”缺失的情况，积极引导公安机关确定侦查方向，明确工作重点。后经鉴定机构将从被告人厉标处勘验所得的游戏程序与完美世界官方游戏程序进行比对，文件夹名称和路径相同比例为 96.67%，95.31% 文件名一致且文件所在路径一致，其中 94.47% 文件内容完全一致，认为两个游戏服务端程序存在实质性相似，从而夯实了定罪的证据基础。在第二次审查逮捕阶段，检察机关充分发挥法律监督职能，及时批捕并对一名同案犯予以追捕，同时对围绕“非法经营数额”、“服务器及游戏运营情况”、“涉案人员出资及收入情况”等关键性工作列明继续侦查提纲，引导公安机关及时收集固定电子证据等定罪量刑关键证据。审查起诉期间，检察机关针对被告人的多个辩解一一核实，多次开展法律政策教育工作，三名被告人均认罪并赔偿被害单位损失，得到被害单位谅解，办案取得良好的法律效果和社会效果。

典型案例 3　依法惩治侵犯商业秘密犯罪 加大对侵犯商业秘密犯罪的打击力度

一、基本案情

2010 年 9、10 月间，被告人吴广利用其在上海药明康德新药开发有限公司（以下简称药明康德）担任合成研究员的工作便利，先后数次采用拆换其他研究人员办公用保密电脑硬盘的方法，窃取药明康德的研发资料。2011 年 3 月至 6 月间，被告人吴广为虚假宣传个人研发能力，将窃取的新型化合物结构式中的 89 个在互联网网站公开披露，导致药明康德直接经济损失人民币 2，686，103.43 元。

经审查，浦东新区人民检察院于2012年9月26日提起公诉。浦东新区人民法院受理后，于 2013 年 8 月 5 日召开庭前会议，同年 8 月 22 日、9 月 22 日不公开开庭审理了本案。判决书确认了起诉书指控的犯罪事实，认定被告人吴广构成侵犯商业秘密罪，判处被告人吴广有期徒刑三年六个月，并处罚金人民币十万元。

二、典型意义

本案是上海首例涉及化合物结构式的侵犯商业秘密案件。本案被害单位为上海药明康德新药开发有限公司、辉瑞公司，涉案化合物主要用于药物研发。上海药明康德新药开发有限公司是上海最大的制药、生物技术以及医疗器械研发外包服务公司（注册于外高桥自贸区），订单主要来自欧美发达国家，目前已在全球处领先地位。辉瑞公司是全球最大的生物制药公司，总部地点为美国。被害单位之一辉瑞公司也对本案极度关注。如本案处理不妥，不仅影响药明康德与辉瑞的业务合作，甚至会导致中国整个医药研发外包行业的崩溃。

本案系新类型案件，控辩双方在化合物结构式的同一性认定、商业秘密密点的确定、被害单位经济损失的计算等专业问题上都存在争议。为此，检察机关以提前介入为办案重点，案件庭审为办案核心，以案件法律效果与社会效果的统一为办案目标，认真做好案件办理工作。一是积极开展提前介入、引导侦查取证工作，充分听取被害单位的意见细致掌握行业特点，邀请专家一同开展专业论证，充分掌握涉及定罪量刑的关键专业问题。二是做好鉴定人、专家证人出庭工作，事先制定鉴定人、专家证人盘问方案，有力辩驳辩护方专家的错误观点，出庭取得预期效果，法庭全部采信了公诉方的观点。三是做好后续社会管理创新的工作。检察机关在办好案件的同时，主动向药明康德等药品研发单位了解企业对知识产权保护及其对自贸区企业的影响等问题，积极构建检企知识产权保护协作平台。被害单位药明康德、辉瑞公司对案件处理过程和处理结果表示满意，辉瑞公司对本次案件办理过程中反映的中国知识产权保护环境非常认可，取得了良好的社会效果。

典型案例4　全面加强知识产权案件法律监督
确保知识产权保护措施正确执行

一、基本案情

2007年4月19日，宁波伊司达洁具有限公司（以下简称伊司达公司）起诉至自贡市中级人民法院，请求判令被告陈萍芳立即停止使用并撤销其在中国互联网络信息中心注册的域名www.伊司达.cn，赔偿经济损失5万元。

自贡市中级人民法院于2007年7月25日作出（2007）自民三初字第3号民事判决，认定伊司达公司注册的“伊司达”商标属我国驰名商标，被告陈萍芳对“伊司达”驰名商标进行复制、模仿，侵犯了伊司达公司驰名商标专用权，判决被告陈萍芳立即停止使用其所注册的“www.伊司达.cn”域名，并赔偿伊司达公司经济损失5万元。

2010年10月14日，自贡市人民检察院以该案承办法官李建生涉嫌民事枉法裁判罪决定立案侦查。在侦查过程中，自贡市人民检察院对该案原告伊司达公司、被告陈萍芳以及代理人和上海乔柏律师事务所相关人员进行了调查。上述人员均承认，伊司达公司诉陈萍芳计算机网络域名侵犯商标专用权纠纷一案是上海乔柏律师事务所与伊司达公司恶意串通故意制造的虚假诉讼案件，目的是利用司法手段为“伊司达”商标认驰提供便利，本案中涉及陈萍芳侵权的相关证据均系伪造。

2014 年 9 月 28 日，自贡市人民检察院以该案涉及虚假诉讼为由提请四川人民检察院抗诉。四川省人民检察院于 2015 年 1 月 20 日向四川省高级人民法院提出抗诉。四川省高级人民法院受理该案后，指令自贡市中级人民法院再审。自贡中院再审后支持了检察机关的抗诉理由，认定该案系虚假诉讼案件，判决驳回了该案原告的诉讼请求，并对该案原告进行了当庭训诫。

2011 年 11 月 4 日，四川省威远县人民检察院以该案承办法官李建生涉嫌民事枉法裁判罪提起公诉。2015 年 8 月 5 日，威远县人民法院判决被告人李建生构成受贿罪，免于刑事处罚。

二、典型意义

虚假诉讼行为不仅披着合法的外衣侵害国家、集体或第三人合法权益，而且扰乱了正常的诉讼秩序，严重地损害了法律的公信力。本案及其余 3 起案件，系四川省检察机关办理的首批非法认定驰名商标案件，其中两案提出抗诉，两案提出再审检察建议。通过四川省检察机关渎侦部门与民行检察部门通力配合，查实了该案当事人为通过诉讼方式达到非法获取“驰名商标”司法认定目的制造民事虚假诉讼的非法行为。该案除代理律师和涉案法官被追究刑事责任外，该系列案件民事部分全面获法院再审改判。

检察机关依法实施民事检察监督，严厉打击驰名商标认定领域的虚假诉讼行为，有力地维护了司法公正，保障了驰名商标认定的正常秩序。同时，通过该 4 起检察监督案件的办理，也凸显了检察机关各业务部门之间一体化办案协作机制的重要作用，有利于发挥检察监督的整体效能，形成监督合力。

典型案例 5　为中小企业创新发展保驾护航

一、基本案情

上海市中小企业发展服务中心合作交流部原副部长戴某，在 2008 年至 2014 年先后担任上海市小企业（生产力促进）服务中心综合资源开发部、上海市中小企业发展服务中心政策咨询部工作人员以及上海市中小企业发展服务中心合作交流部副部长期间，利用其负责指导、联系、组织专业服务机构为中小企业提供专项辅导的职务便利，多次收受相关企业人员给予钱款卡物等共计人民币 17 万元。

2014 年 6 月，上海市徐汇区人民检察院以涉嫌受贿罪依法对戴某立案侦查。2015 年 5 月，徐汇区法院以受贿罪判处戴某有期徒刑五年，并处没收人民币一万元。

二、典型意义

中小企业是积极响应中央大众创业，万众创新的一种经济载体，在繁荣经济、创新科技、创造就业等方面发挥着积极作用。然而，作为中小企业发展服务中心的部门负责人，戴某却将服务中小企业发展作为其获取非法利益的生财之路。本案的查处有助于净化中小企业成长环境，推动服务中心内部强化权力制约，确保权力的规范运行，并以此为契机为全市几十万家中小企业提供更优质的指导和咨询服务。

典型案例 6　严查索贿受贿犯罪
保护科技创新企业合法权益

一、基本案情

江苏省镇江市京口区科技局原党组成员、副局长贡某，利用职务之便，在辖区企业申报科技项目专项补贴资金、高新技术企业及高新技术产品评定等过程中，为相关企业及个人谋取利益，先后 27 次索取、收受贿赂合计人民币 117.6 万元。本案中，贡某频繁向科技企业索取、收受财物，平均每一个月就要向科技企业和相关人员伸一次手。贡某除本人收受财物外，有时指派朋友及有关企业负责人帮其代为收受，有时到相关企业虚开发票后再拿到其它科技企业支取现金，甚至直接让科技企业负责人向其银行卡转账。贡某还时常充当“科技掮客”，在有关科技企业申报高新技术企业、高新技术产品过程中，推荐咨询服务机构，并从中大肆收受财物。

2015 年 7 月 17 日，江苏省扬中市人民检察院以涉嫌受贿罪依法对贡某立案侦查。2016 年 6 月 13 日，扬中市人民法院以受贿罪判处贡某有期徒刑四年六个月，罚金人民币 40 万元。

二、典型意义

近年来科技创新领域职务犯罪腐败现象呈现蔓延势头，严重影响我国科技自主创新机制的健康发展，直接损害我国科技创新项目研发、推广、应用的公信力。本案中，贡某作案手段复杂，涉案数额巨大，社会影响恶劣，是典型的“小官大贪”腐败。检察机关充分发挥检察职能，维护科技创新项目专项补贴资金申报的正常秩序，切实保护科技创新企业合法权益不受侵害，为科技创新企业营造良好的投资创业软环境，有力彰显了检察机关惩治科技创新领域职务犯罪的坚强决心。

典型案例7　依法查处科技项目监管环节受贿犯罪

一、基本案情

浙江省湖州市长兴县经济开发区管委会原党工委副书记、副主任吴某某，在担任湖州市长兴县科技局党组成员、副局长期间，利用其具体分管科技计划项目的申报和实施管理等工作的职务便利，多次收受申报科技项目的企业负责人贿赂共计人民币40.6万元，为行贿人在高新技术企业项目申报、科技项目申报与实施管理等工作中谋取利益。

2014年12月19日，浙江省湖州市长兴县人民检察院以涉嫌受贿罪依法对吴某某立案侦查。2015年4月9日，长兴县人民法院以受贿罪判处吴某某有期徒刑六年。

二、典型意义

科学技术是第一生产力，科技创新作为提高社会生产力和综合国力的战略支撑，必须摆在国家发展全局的核心位置。本案查处过程中，检察机关严格依法办案，确保案件事实清楚，证据确实充分，有力地打击了犯罪，确保了国家权力运行体系的清正廉洁；同时，通过查处相关领域领导干部利用监管职权，妨害科技创新的贪污贿赂犯罪，维护公平公正的科技创新环境，促进科技进步，有力地服务了促进科技创新的发展大局。

典型案例8　依法惩治国家工作人员利用审批、监管职权妨害科技创新的职务犯罪

一、基本案情

2008年至2013年3月期间，邓某某先后任职广东省佛山市南海区科技信息局科技管理科科长、该局副局长，利用经手、

审批科技项目的便利，在广东某科技股份有限公司等多家企业向南海区科技局申报认定资格、申报项目过程中，收受陈某、周某、卢某、崔某、王某等人红包、好处费共计人民币106.2万元，为相关公司、人员谋取利益。梁某某任职南海区科技信息局局长和南海区经济和科技促进局常务副局长期间，在佛山市新航发动力有限公司申请科技扶持资金时不按照要求履行审批职责，帮助该公司向南海区政府申请200万元人民币科技扶持资金，且后续没有按照规定监督该笔资金的使用情况，造成国家财政资金损失的严重后果。此外，梁某某还利用职务之便，非法收受何某某、郭某某、崔某某、吴某等人赠送公司股份和钱物共计人民币44万元。

2013年3月15日，广东省佛山市南海区人民检察院以涉嫌玩忽职守、受贿罪依法对邓某某立案侦查。2014年6月9日，南海区人民法院以玩忽职守罪、受贿罪判处邓某某有期徒刑六年六个月，没收违法所得106.2万元。2013年4月23日，广东省佛山市人民检察院以涉嫌滥用职权、受贿依法对梁某某立案侦查。2014年4月28日，佛山市三水区人民法院以滥用职权罪、受贿罪判处梁某某有期徒刑6年。

二、典型意义

邓某某、梁某某利用经手、审批科技项目的工作便利及其职位的影响力和丰富的信息资源，通过向申请公司提供申报资料修改意见、帮助联系介绍中科院某研究所与申请公司对接等方式，为相关的公司、人员谋取利益，使其获得政府资金扶持，并收受过百万人民币的好处费，极大破坏了科技创新发展环境。检察机关通过查办此案，有力维护了公平竞争的环境，保障了科技创新发展。

典型案例 9　依法查办危害科技创新发展公平竞争环境的行贿犯罪

一、基本案情

2009 年 7 月至 8 月期间，原佛山市南海区科技信息局（后并入佛山市南海区经济和科技促进局）为建设和推广云计算中心及软件公共服务平台（以下简称云计算平台），向佛山市南海区人民政府申请追加科技经费人民币 600 万元及从 2010 年至 2012 年每年投入人民币 100 万元用于项目推广及本地企业扶持。2010 年 9 月至 2013 年 2 月期间，广东金宇恒科技有限公司作为云计算平台建设单位，在时任佛山市南海区科技信息局局长梁某某的帮助下，顺利收取人民币 600 万元项目经费。为感谢梁某某的帮助，以及让其在不符合条件情况下帮忙拨付每年人民币 100 万元扶持资金，郭某某（广东金宇恒科技有限公司法定代表人、董事长、总经理）先后七次送给梁某某共计人民币 16 万元。

2013 年 4 月 11 日，广东省佛山市三水区人民检察院以涉嫌单位行贿罪依法对广东金宇恒科技有限公司及吴某某立案侦查。2014 年 3 月 17 日，三水区人民法院以单位行贿罪判处广东金宇恒科技有限公司罚金人民币 16 万元，判处郭某某有期徒刑一年六个月，缓刑三年。

二、典型意义

近年来，国家和各级地方政府不断加大对科技与信息化建设的经费投入，但与经费使用相关的监管制度尚不健全以及审批专业性强，各个环节的内外监管乏力，致使科技信息项目成为职务犯罪多发领域。相关企业以及经营者为了获得科技项目以及扶持资金不惜通过拉拢专项资金主管部门工作人员，利用审批权危害科技创新发展公平竞争环境。本案中，检察机关严格依法办案，查处相关行贿犯罪，打击科技领域不当竞争行为，有效净化科技领域竞争环境。

典型案例10　综合发挥检察职能努力提高法律服务能力水平

一、基本案情

2014年5月份以来，被告人牛军强建立三个QQ群买卖假香烟，通过QQ在网上联系并寻找买家，同时发展了宋驰、李伟健、钟佳呈、许娟娟等人，帮助其在网上销售各类假冒香烟。他们通过QQ在网上寻找联系买家，由牛军强联系上家，让上家从福建云霄县直接发货给买家。在两个多月的时间里，被告人牛军强买卖假冒“中华”、“牡丹”、“南京九五至尊”等品牌的香烟，共计销售金额25万余元，非法获利4万余元。被告人钟佳呈、许娟娟、宋驰、李伟建各自从牛军强处购进8万余元至5万余元不等的假烟，并予以销售，分别非法获利2万余元至5000余元不等。

浙江省东阳市人民检察院以牛军强、钟佳呈、许娟娟、宋驰、李伟健等五人涉嫌销售假冒注册商标的商品罪，分别于2015年2月、3月批准逮捕。东阳市人民法院于2015年10月8日以销售假冒注册商标的商品罪对五人分别判处有期徒刑三年至九个月不等，各并处罚金人民币十四万元至三万元不等。

二、典型意义

本案系浙江省烟草专卖局挂牌督办案件，是利用信息网络销售假冒商品、侵犯知识产权的典型案例。涉案人员涉及五省，假烟销售范围则涉及全国大多数省份。本案在取证、定性、管辖权等方面为今后办理跨省市网络侵犯知识产权犯罪案件提供了借鉴。

办案过程中，浙江省东阳市人民检察院侦查监督部门既严守法律底线，对不符合逮捕条件的犯罪嫌疑人依法不予批捕，又不放纵犯罪，积极引导侦查取证，最终成功办理该案，使网络售假的犯罪分子得到法律的严惩。2014 年 9 月，东阳市人民检察院侦查监督部门对犯罪嫌疑人牛军强第一次审查逮捕过程中，认真分析案件事实，纠正公安机关对该案以涉嫌销售伪劣产品罪立案侦查的错误定性，将本案准确定性为销售假冒注册商标的商品罪，引导侦查机关调整取证方向，并针对网络犯罪的新特点、新问题提出了详细的补侦意见，要求侦查机关以电脑勘验检查、支付宝交易数据梳理、QQ 聊天记录、银行交易明细等客观性证据为主要取证方向，深挖牛军强支付宝交易数据、QQ 聊天记录等电子数据中存在的其他同案犯犯罪线索，最终引导侦查机关查实牛军强所有犯罪事实，并查获钟佳呈等其他四名同案犯。本案检察机关坚守法律底线，实现了法律效果、社会效果的统一。

部分新闻链接

1. 人民日报2016年7月15日报道《最高检出台意见保障促进科技创新　关键岗位科研人员涉案　慎用拘留逮捕》。

2. 新华社2016年7月15日报道《最高检：创新研发设备资金等一般不予查封扣押》。

3. 光明日报2016年7月15日报道《最高检：加大对科技创新主体合法权益的法律保护》。

4. 经济日报2016年7月15日报道《最高检出台〈意见〉支持科技创新　创新研发设备资金等一般不予查封扣押》。

5. 中国妇女报2016年7月15日报道《最高检：正确把握科研人员合法兼职获利与索贿受贿的界限》。

6. 法制日报2016年7月15日报道《最高检发布依法保障和促进科技创新意见　利于实现创新预期成果突破制度可宽容》。

全面履行检察职能　推进健康中国建设

最高人民检察院通报检察机关推进健康中国建设情况

发布时间： 2016年10月21日 10:00

发布内容： 发布《关于全面履行检察职能为推进健康中国建设提供有力司法保障的意见》；通报近年来检察机关惩治各类损害人民群众身体健康和生命安全有关情况；发布典型案例

发布地点： 最高人民检察院多功能厅

主 持 人： 最高人民检察院新闻发言人　王松苗

出席嘉宾： 最高人民检察院侦查监督厅厅长　黄河①

最高人民检察院公诉厅厅长　陈国庆②

最高人民检察院反贪总局四局局长　宋寒松③

最高人民检察院民事行政检察厅厅长　郑新俭④

最高人民检察院法律政策研究室主任　万春

① 现任国家检察官学院院长。

② 现任最高人民检察院副检察长。

③ 现任中央纪委国家监委驻住房和城乡建设部纪检监察组组长、部党组成员。

④ 现任最高人民检察院未成年人检察工作办公室主任。

主题发布

王松苗

各位记者朋友，上午好，欢迎参加最高人民检察院新闻发布会。今天新闻发布会的主题是“全面履行检察职能，推进健康中国建设”。出席今天新闻发布会的有最高人民检察院侦查监督厅厅长黄河，公诉厅厅长陈国庆，反贪四局局长宋寒松，民事行政检察厅厅长郑新俭，法律政策研究室主任万春。这次我们新闻发布会阵容强大，主要业务部门的资深厅长同时上阵，堪称最高检新闻发布史上之最。一是表明我们这项工作的分量之重，在当下全部检察业务工作中，把保障健康中国建设摆在突出位置。二是表明这项工作涉及环节之多，差不多覆盖了检察工作的全部环节，涉及多个部门、多个领域、多项业务，侦监、公诉、反贪、民行、理论研究等部门。三是表明这项工作的责任之大。检察机关下一步将全方位、多渠道、多手段、一条龙推动保障健康中国建设。

今天发布会主要有四项内容：一是发布《关于全面履行检察职能为推进健康中国建设提供有力司法保障的意见》（以下简称《意见》）；二是通报近年来全国检察机关依法履行法律监督职能，坚决惩治各类损害人民群众身体健康和生命安全，特别是发生在食品药品、生态环境、医疗卫生领域违法犯罪行为的有关情况；三是发布12个典型案例，材料大家已经有了；四是回答记者提问。下面我就先给大家通报相关情况。

一、《意见》出台背景、基本思路和主要内容

“没有全民健康，就没有全面小康。”2016年8月，全国卫生和健康大会召开后，最高人民检察院要求各级检察机关深入学习贯彻习近平

总书记重要讲话精神，依法惩治各类损害人民群众身体健康和生命安全的违法犯罪行为，依法维护卫生与健康事业发展环境。同时，结合检察机关实际，制定出台《意见》，现予公布。

在研究起草《意见》过程中，我们始终坚持以党中央对健康中国建设的重大决策部署为指导思想，突出检察机关在保障和推进健康中国建设中的职能作用，注重与现行司法解释和司法解释性文件协调一致，注重强化可操作性和制度执行力。先后征求了国家卫计委、环保部、质监总局、安全监管总局、食品药品监管总局等部门的意见，举行“检察开放日”活动，专门听取来自医疗卫生界的14名全国人大代表、全国政协委员的意见建议，并认真吸纳到《意见》当中。

《意见》共分七部分20条。第一部分（第1—2条）强调检察机关要充分认识健康中国建设的重大意义，切实增强责任感和使命感，对检察机关充分发挥检察职能保障和促进健康中国建设提出总体要求。第二部分（第3—5条）强调依法从严惩治食品药品领域犯罪，维护人民群众身体健康和生命安全。要求依法惩治危害食品安全犯罪，保障人民群众“舌尖上的安全”；依法惩治危害药品安全犯罪，促进解决医药领域乱象；依法惩治损害人民群众生命健康的其他犯罪，包括依法惩治打着健康健身招牌严重危害人民群众健康的犯罪，以及相关的诈骗、虚假广告、非法集资、组织传销等犯罪。第三部分（第6、7条）强调依法惩治破坏生态环境等犯罪，打造绿色安全健康环境。要求依法惩治破坏环境资源和危害生态安全的犯罪，守护好绿水青山；依法惩治危害生产安全、道路交通安全等犯罪，努力减少公共安全事件对人民生命健康的威胁。第四部分（第8、9条）强调加大对涉医犯罪的打击力度，保障正常医疗秩序和医务人员人身安全。要求依法惩治聚众扰乱社会秩序、寻衅滋事、非法行医、非法采供血液、妨害传染病防治等扰乱医疗机构正常秩序的犯罪，为创建“平安医院”提供司法保障；依法惩治故意杀人、故意伤害、侮辱、诽谤、诬告陷害、非法拘禁等侵害医务人员合法权益的犯罪，维护医务人员的执业安全。第五部分（第10—12条）强调积极发挥查办和预防职务犯罪职能，为健康中国建设营造风清气正的环境。

要求依法查办医疗、医保、医药和食品等重点领域的贪污贿赂犯罪；依法查办食品药品安全、环境资源保护、安全生产等领域的失职渎职犯罪。要求检察机关加强与相关职能部门协作配合，切实做好相关职务犯罪预防工作。第六部分（第13—17条）强调立足检察职能，促进健康中国法治环境建设。要求加强批捕、起诉工作，确保依法、准确、及时、有效打击犯罪；强化刑事诉讼监督，继续深化破坏环境资源和危害食品药品安全犯罪专项立案监督活动，建立行政执法与刑事司法衔接的长效机制；依法办理环境资源、医疗、食品、药品等领域民事行政诉讼监督案件；积极稳妥开展民事行政公益诉讼试点工作；全面发挥检察职能，促进健康产业创新发展。第七部分（第18—20条）强调加强组织领导，将健康中国建设的司法保障落到实处。

二、全面履行法律监督职能，切实加强对人民群众身体健康和生命安全的司法保护

健康中国需要全民共建共享。近年来，检察机关把保护“青山绿水”和人民群众“舌尖上的安全”、维护医疗卫生秩序作为重要职责，综合运用批捕起诉、查办职务犯罪、立案监督和公益诉讼等检察职能，以开展专项行动为抓手，动真格、出真招、求实效，全力为健康中国建设提供有力司法保障。

（一）着力解决食药领域有案不立、以罚代刑等问题

部署开展为期两年的“危害食品药品安全犯罪专项立案监督活动”，建议行政执法机关移送、监督公安机关立案侦查一批涉嫌犯罪案件，严肃查办了一批相关职务犯罪。2015年3月至2016年9月，全国检察机关共建议行政执法机关移送涉嫌危害食品药品安全犯罪案件2742件3152人，监督公安机关对危害食品药品安全犯罪立案侦查案件1414件1688人。通过专项立案监督活动发现涉嫌职务犯罪线索29件42人，已立案15件23人。

督导和督办山东非法疫苗案等一批重大案件。制定《人民检察院侦查监督部门办理挂牌督办案件办法（试行）》，进一步规范和加强挂牌督办工作。2015年3月以来，最高人民检察院单独挂牌督办及与公安部、

食药监总局联合挂牌督办了14批147起案件。2016年3月，新闻媒体曝光山东济南庞某某等人非法经营疫苗案后，最高人民检察院挂牌督办，山东等地检察机关第一时间介入侦查引导取证，批准逮捕涉嫌非法经营等犯罪嫌疑人297人、起诉68人、立案侦查涉及的职务犯罪100人。

推动“两法衔接”机制落到实处。2015年12月，最高人民检察院会同食药监总局、公安部、最高人民法院、国务院食安办联合下发了《食品药品行政执法与刑事司法衔接工作办法》，明确了检察机关监督移送、监督立案的程序，解决了涉案物品检验鉴定、移送证据的范围与标准等长期困扰司法实践的问题。最近，最高人民检察院还和食药监总局等28个部委联合下发对食品药品生产经营严重失信者开展联合惩戒的合作备忘录，提出在一定期限内限制从事食品药品生产经营活动等23条惩戒措施，建立健全失信联合惩戒机制，推动食品药品领域信用体系建设。

（二）多措并举保护生态环境

认真履行批捕起诉职能，依法从严打击，坚决惩治破坏生态环境刑事犯罪。2015年1月至2016年9月，全国检察机关共批捕污染环境、非法采矿、盗伐滥伐林木等破坏环境资源犯罪嫌疑人14472人，起诉47442人。及时介入重大环境污染事故，深挖破坏环境资源现象背后的职务犯罪线索，严查国家工作人员索贿受贿、失职渎职等犯罪。2015年1月至2016年9月，共查办生态环境领域贪污贿赂犯罪案件838人，查办渎职犯罪1124人。

部署开展“破坏环境资源犯罪专项立案监督活动”。针对破坏生态资源案件开通“绿色通道”，建立快速反应机制，挂牌督办了两批23起涉嫌污染环境犯罪案件。加强对环境保护执法司法活动的法律监督。依托行政执法与刑事司法衔接机制，会同有关部门，对破坏环境资源类案件线索的受理、立案、查处等情况进行集中排查。2015年3月至2016年9月，共监督行政机关移送破坏环境资源类案件3240件4278人，监督公安机关立案侦查破坏环境资源类案件3391件4067人。

稳步开展检察机关提起公益诉讼改革试点。根据2015年7月全国人大常委会授权决定，最高人民检察院在部分地区开展公益诉讼试点工作。生态环境保护是检察机关开展公益诉讼改革试点工作的重要内容，生态环境领域发生的侵害国家和社会公共利益的案件都属于试点范围。截至 2016 年 9 月底，各试点地区检察机关在履行职责中共发现生态环境和资源保护公益案件线索 2221 件，办理诉前程序案件 1200 件，向法院提起民事、行政公益诉讼 36 件。

（三）依法惩治涉医违法犯罪

建立涉医违法犯罪案件快速办理工作机制。将涉医案件作为重大敏感案件，努力做到及时报告、准确研判、快速反应、专人办理、快捕快诉。对公安机关移送的重大涉医犯罪案件，引导公安机关依法全面客观收集固定证据，上级检察院挂牌督办，指导相关检察院依法及时批准逮捕、提起公诉。最高人民检察院重点督办了河北衡水杀医案等 20 余件在全国有影响的涉医案件，有力震慑了犯罪。湖南邵东伤医案发生后，最高人民检察院及时指导，邵东县检察院在案件提请批捕后仅 3 个小时，就对 3 名犯罪嫌疑人作出依法批捕的决定。河北衡水故意杀医案发生后，衡水市检察院指派干警提前介入，引导公安机关侦查取证，在公安机关提请逮捕后，迅速作出批准逮捕决定。

与相关部门形成打击治理合力。2013 年以来，最高人民检察院连续四年参加国家卫计委等 11 个部委联合发起的“维护医疗秩序打击涉医违法犯罪专项行动”，先后与多部门联合发布相关文件，积极推动涉医违法犯罪纳入《刑法修正案（九）》，为打击涉医犯罪提供有力法律保障。

严肃查办和积极预防医药卫生领域职务犯罪，保障和促进全面深化医药卫生体制改革。各地检察机关在查办和预防医药卫生领域职务犯罪的同时，集中力量严查与涉医违法犯罪相关联、人民群众反映强烈的非法行医、制售假药劣药、制售不符合标准的医用器材、医保诈骗等违法犯罪背后的职务犯罪。广东省检察院开展医疗卫生领域商业贿赂问题预防调查，通过大数据分析“涉医”犯罪背后深层次问题，提出有针对性的对策建议，进一步推动深化医疗体制改革，从源头上解决医患关系不和谐问题。江苏省检察机关加大对发生在医药购销领域内的商业贿赂犯罪查处力度，强化医务人员法制观念与廉洁意识。通过检察建议形式帮助医院建立和完善各项防控职务犯罪的医疗工作制度与监督机制，推动形成良好医德医风。

下一步，检察机关将紧紧围绕中央战略部署，坚持以人民为中心，把人民健康放在更加突出的位置，进一步加大依法惩治危害人民群众身体健康和生命安全的违法犯罪力度，积极稳妥开展民事行政公益诉讼试点，切实加强与有关部门沟通协作，推动解决影响人民群众健康的突出问题，努力为健康中国建设提供有力司法保障。

现场答问

健康报记者　孙　梦

我有两个问题，第一，检察机关重视健康中国建设并出台的《意见》，其创新或者亮点有哪些？第二个问题，在惩治涉医犯罪、保障医务人员权益当中，有哪些重点工作？检察机关如何为创建“平安医院”提供有力司法保障，怎样更好保护医务工作者的人身安全，杜绝恶意医闹、涉医、伤医案件的发生？

万　春

健康是人民幸福之本，是社会发展之基。我们党和国家历来高度重视人民健康。党的十八届五中全会部署了推进健康中国建设重大任务。2016 年 8 月，党中央专门召开全国卫生与健康大会，这是党中央、国务院在全面建成小康社会进入决胜阶段、医药卫生体制改革进入攻坚时期、健康中国建设全面推进之际召开的一次重要会议。

习近平总书记讲话中特别强调，要善于运用法治思维和法治方式推进健康中国建设。检察机关作为司法机关和国家法律监督机关，是运用法治思维和法治方式推进健康中国建设的一支重要力量，肩负着服务、保障卫生和健康事业发展的重大责任。高检院及时出台《关于全面履行检察职能为推进健康中国建设提供有力司法保障的意见》，是检察机关贯彻落实全国卫生与健康大会精神特别是习近平总书记重要讲话精神的具体措施；是检察机关立足检察职能，运用法治思维和法治方式，依法惩治各类损害人民群众身体健康和生命安全的违法犯罪行为，依法维护卫生与健康事业发展环境，努力为推进新形势下健康中国建设提供有力司法保障的实际行动。

《意见》在研究起草过程中，十分注重它与现行司法解释和司法解释性质文件保持协调一致，进一步突出检察机关的职能和工作特点，强调法律政策界限和刑事政策，说到创新点我想主要体现在四个方面：

第一，《意见》全面体现了检察机关打击、预防、监督、教育、保护等主要职能。《意见》的第二、三、四部分体现了打击刑事犯罪的职能，第五部分体现了查办和预防职务犯罪职能，第六部分体现了批捕起诉、刑事诉讼监督、民事行政诉讼监督、公益诉讼等职能。第二，《意见》体现了对宽严相济刑事政策的贯彻和把握。比如，《意见》提出，对于销售少量根据民间传统配方私自加工的药品，或者销售少量未经批准进口的国外、境外药品，没有造成他人伤害后果或者延误诊治的行为，以及病患者实施的不以营利为目的带有自救、互助性质的制售药品行为，不作为犯罪处理。再比如，《意见》提出，办理破坏环境资源案件中应当贯彻恢复性司法理念，根据案件情况可以要求行为人修复环境、赔偿损失，降低环境污染的损害程度。行为人主动采取补救措施，消除污染，积极赔偿，防止损失扩大的，依法从宽处理。第三，《意见》体现了对食品药品、医疗秩序、生态环境等领域的重点保护和对相关犯罪的精准打击。比如，《意见》提出，要强化对食品生产、加工、销售、运输、贮存等各个环节犯罪的打击力度，着力切断犯罪利益链条；严肃查处药物临床试验数据造假涉及的相关犯罪；严肃查办药品流通领域的商业贿赂、虚开发票、洗钱、非法经营等经济犯罪；依法惩治篡改伪造环境监测数据、故意提供虚假环境影响评价意见等环境污染犯罪。第四，《意见》体现立足检察职能，促进健康中国法治环境建设。比如，检察机关要注重依法办理环境、医疗、食品药品领域民事行政诉讼监督案件；充分发挥行政检察职能，加强对环境、卫生、食品药品领域行政违法行为的法律监督；积极妥善开展民事行政公益诉讼试点工作，等等。总之这些举措都可以归结为一点，就是通过积极、全面履行各项检察职能，切实维护人民健康，更好地保障和服务健康中国建设。这是对刚才提问的第一个问题的回答。

医疗卫生事业涉及每个人的生命安全，涉及千家万户的幸福安康，是健康中国建设的重要组成部分。加大对涉医犯罪打击，依法保障正常医疗秩序和医务人员人身安全，依法维护医患双方合法权益和社会和谐稳定，是检察机关的重要职责。

在为创建“平安医院”提供有力司法保障，依法惩治涉医犯罪、保障医务人员权益，《意见》强调了以下几方面的重点工作：

一是要求依法惩治聚众扰乱社会秩序、聚众扰乱公共场所秩序、寻衅滋事、非法行医、非法采供血液、妨害传染病防治等扰乱医疗机构正常秩序的犯罪，为创建“平安医院”提供司法保障。二是要求依法惩治故意杀人、故意伤害、侮辱、诽谤、诬告陷害、非法拘禁等侵害医务人员合法权益的犯罪，维护医务人员的执业安全。三是要求从严惩处在医疗机构进行寻衅滋事、敲诈勒索、扰乱医疗秩序等犯罪行为的职业“医闹”、首要分子和积极参加者，从事非法行医、组织出卖人体器官、非法采供血液违法犯罪活动的游医、假医、“黑诊所”、“血头”，以及具有幕后组织、网络策划、涉黑涉恶、内外勾结等恶劣情节的犯罪分子或者团伙。四是要求从严惩处无端猜疑、蓄意发泄，手段残忍、情节恶劣的犯罪；以不特定的医务人员、就诊患者为侵害对象，危害医疗场所公共安全的犯罪；利用互联网等媒体恶意炒作，挑拨医患矛盾，引发涉医突发案件、群体性事件或者造成恶劣社会影响的犯罪。五是正确区分医疗纠纷与医疗事故、医疗事故罪与非罪界限，依法维护医患双方合法权益与社会和谐稳定，保障医疗服务环境。六是对于严重扰乱医疗机构正常秩序，如在医疗机构进行寻衅滋事、敲诈勒索、扰乱医疗秩序等犯罪的职业“医闹”等重点打击对象，依法提出从严处理、不适用缓刑、适用禁止令等量刑建议。

北京青年报记者　孟亚旭

近几年，涉医犯罪屡屡登上媒体头条，外界对涉医犯罪也愈发关注。各级检察机关在惩治涉医违法犯罪行为方面，有哪些创新做法？取得了哪些成效？

黄　河

暴力伤医不管事出何因，都是伤天害理。这种犯罪具有严重社会危害性，造成了恶劣的社会影响，套用古话说就是“是可忍，孰不可忍”，必须坚决予以依法严惩，这是各级检察机关达成的一个基本共识。为此，各级检察机关认真履行检察职能，积极参加打击涉医违法犯罪专项行动，创新工作方法，力求良好效果。

主要有两项重要工作举措：一是凡是暴力伤医案件，一律列为重大敏感案件，必须及时启动重大敏感案件快速反应机制。一旦启动重大敏感案件快速反应机制，就要最高检督导，各级检察院上下联动，及时研判案情，准确作出反应；就要组织精干力量，提前介入侦查、引导取证，保证证据质量；就要依法快捕快诉，保证高速高效。所以，我们媒体朋友们都能看见，无论是山东莱钢的案件，还是湖南“5·18”暴力伤医案件，检察机关都是迅速作出了批捕决定。实践证明，在暴力伤医案件方面，重大敏感案件快速反映机制行之有效，效果良好。二是持续深入推进专项打击行动，积极配合有关部门综合治理。将案例打击涉医案件列入最高检年度重点工作，曹建明检察长专门听取医药卫生界全国人大代表意见和建议，要求各级检察机关积极配合有关部门持续深入推动专项行动，以专项行动带动综合治理成效。在专项行动中各家密切配合，及时召开联合会议，共同会商打击重点难点。在严厉打击的同时，各级检察机关积极参与源头治理、综合治理。广东省检察院出台了《广东省医疗纠纷预防与处理办法》，及时向医院和医疗主管部门提出预防和减少纠纷发生的意见建议，并进一步提出改革完善医疗制度与监管机制的检察建议。

中国妇女报记者　王春霞

当前，各类损害人民群众身体健康和生命安全特别是食品药品、生态环境、涉医等领域违法犯罪行为有哪些共同的特点？依法惩治各类损害人民群众身体健康和生命安全违法犯罪行为有哪些特点？

陈国庆

第一个主要特点：近年来，危害食品药品案情犯罪案件仍处于高发多发态势，其中利用互联网、物流快递进行销售的案件增长迅速。作案手段方式较为隐蔽，多发于在“城中村”、城乡结合部、乡镇农场等监管相对薄弱地区。组织化特征明显，从原料采购、产品生产运输到储存销售往往形成相对固定的利益链条，内部分工明确、组织严密。犯罪的扩散性更强，有的案件作案区域遍及全国各地，更容易引发社会恐慌情绪。犯罪分子受高利诱惑不计后果，有的甚至屡罚屡犯。

第二，办案难点：一是源头管控难。添加到食品、药品中的有毒有害原料来源渠道复杂，购买容易，难以实现有效管控。二是案件发现难。犯罪分子作案手段隐蔽、组织体系严密，大多经群众举报或者发生安全事故，才得以被发现和查处。三是调查取证难。由于食品、药品去向广泛、消耗快，人证、物证收集困难，很难准确认定销售去向和具体数量、及时开展鉴定检测，对依法定罪量刑造成影响。今后我们司法机关要和行政执法机关加强配合、加大力度解决这些问题。

新京报记者　王梦遥

目前这些领域的案件中，检察机关往往会提前与食药监、环保等部门、公安机关进行配合和沟通。在提前介入时，检察机关跟公安机关如何衔接调查工作？

黄　河

为了更好的与公安等机关加强衔接沟通，形成一个打击合力，我们主要在“长效机制构建”“重大案件办理”“专业难题破解”等方面下了大量功夫，成效显著。

第一，从制度设计上看，我们检察机关构建了与公安等机关“两法衔接”的长效机制。在环保和食药品这两个领域的犯罪多是行政犯，往往没有明显的直接受害人。容易出现有案不立、有案不移、以罚代刑的问题，造成这些犯罪打击不力，人民群众对此反映强烈。为此，从2015

年开始，最高检就部署开展了为期两年的“破坏环境资源犯罪专项立案监督活动”“危害食品药品安全犯罪专项立案监督”两个专项立案监督活动。开展这两项专项监督活动的重要目标就是，在这两个领域率先破冰，从根本上扭转这类犯罪打击不利的难题。现在看这个目标基本实现。2015 年底，高检院已经会同国家食药监总局、公安部、最高法、国务院食安委联合发布了《食品药品行政执法与刑事司法衔接工作办法》。2016 年，我们又会同环保部、公安部、最高法联合起草了《环境保护行政执法与刑事司法衔接工作方法》，拟于年内发布。这两份规范性文件从顶层设计的高度完善了食品药品监管，环境资源保护领域两法衔接的长效机制，就如何在两法衔接机制中发挥检察职能作用，如何解决案件移送标准，信息共享、证据采信，如何做好与公安机关衔接调查工作等重大问题都有明确的工作指引。

第二，高度重视重大案件的办理，以重大案件突破带动整体工作水平提高。对于重大案件检察机关通过联合挂牌督办建成联合现场督办等形式，形成打击合力。于是对侦办阻力较大，在证据调查工作中可能出现遇到困难的案件，检察机关应当会同公安机关联合现场督办，现场研究解决问题。比方说在腾格里沙漠，系列污染案件办理过程之中，就是通过最高检、公安部、环保部等联合现场督办，及时解决了案件事实认定、证据采信等问题，使诉讼程序进展顺利。选取在全国有重大影响的案件进行挂牌督办，形成打击的声威。2015 年 3 月以来，高检院单独挂牌督办或与公安部、环保部、食药监总局联合挂牌督办了 14 批共 147 起案件，如上海垃圾非法倾倒苏州太湖案、山东非法经营疫苗系列案件等。为了有效解决挂而不督、督办不力的问题，我们还专门制订了《办理挂牌督办案件办法》，规范了程序，明确了方法，严肃了问责，提高了重大案件的办理质量和效率。

第三，注重以问题为导向，构建专业难题破解合力机制。刚才公诉厅陈厅长也提到了，两个领域里遇到了一些问题，有一个非常重要的难题是，在环保领域、食药品领域犯罪的共同特点是专业性强，容易碰到证据采信、物品鉴定等法律适用上的专业困难。针对这些难题，我们普遍实行了联席会议、共同问题会商等协作机制及时研究化解。目前，各级人民检察院、公安机关、人民法院、环保部门、食品药品监管部门之间广泛建立了良好的沟通协调机制，如案件信息共享、联合发布指导案例、联合举办培训班，定期召开联席会议，及时召开案件研讨会、及时恢复专业咨询等，较好地解决了办案中遇到的各类专业难题和专业人员的素能的培养。

新华社记者 左 哲

我有两个问题，第一个是在生态环境方面，检察机关目前正在开展公益诉讼试点。目前推进情况如何？我想了解开展过程中有什么困难？第二个问题是下一步最高检有无食品药品公益诉讼的计划？

郑新俭

按照全国人大常委会《关于授权最高人民检察院在部分地区开展公益诉讼试点工作决定》和高检院《检察机关提起公益诉讼试点方案》的规定，检察机关自 2015 年 7 月 1 日起开展提起公益诉讼的试点工作。我想首先说明一下，检察机关提起公益诉讼目前是处在试点阶段，在试点阶段有一个确定的试点案件的范围，而在提起的公益诉讼里面既有民事的公益诉讼，又有行政的公益诉讼，包括这两方面的诉讼。

试点工作开展以来，各试点地区检察机关能够牢牢抓住公益这个核心，突出生态环境保护领域这个重点，办理的诉前程序案件和提起诉讼的案件中，生态环境保护领域分别占到72.8%和83.8%。当前，破坏生态环境案件多发，高检院不仅积极引导各试点地区检察院深化专项立案监督活动，加大对严重污染水源、大气、土壤等犯罪的打击力度，还继续重点办理生态环境和资源保护领域的公益诉讼案件，促进解决损害群众健康利益的突出环境问题。

近期，高检院还专门部署开展检察机关参与土壤污染防治行政专项监督活动，这是配合国务院《土壤污染防治行动计划》、保护生态环境的重要举措，目前，各试点地区检察机关正按照统一部署，结合各地实际细化实施方案，精心开展专项监督活动，督促负有土壤污染防治监管职责的行政机关依法正确履行职责，严厉打击污染土壤等环境违法行为，切实保护生态环境，保护国家和社会公共利益。这是生态环境提起公益诉讼目前的情况。

提起公益诉讼试点工作期间，开展生态环境领域的公益诉讼主要的困难有三个方面：一是有的行政机关认识有偏差，担心影响地方政府形象，对试点工作不支持、不配合；二是无论是检察机关还是审判机关或法学界，对公益诉讼有关的基础理论问题和相关的法律适用问题还缺乏清晰的认识，一定程度上妨碍了试点工作的推进；三是公益损害鉴定、环境损害修复资金管理等方面缺乏配套衔接机制等，这些在一定程度上影响了试点工作的推进。

关于食品药品公益诉讼的计划问题，按照全国人大常委会《关于授权最高人民检察院在部分地区开展公益诉讼试点工作的决定》和高检院《检察机关提起公益诉讼试点方案》要求，在食品药品安全领域侵害众多消费者权益的案件属于试点期间检察机关提起民事公益诉讼的试点案件范围。试点工作开展一年多来，各试点地区检察机关共发现食品药品领域公益诉讼案件线索110件，办理诉前程序12件，目前还没有提起食品药品安全领域的民事公益诉讼的案件。

就目前试点开展情况来看，食品药品安全领域公益诉讼在案件线索、诉前程序和提起诉讼等数据上占的比例还较小。主要原因是，检察机关提起食品药品安全领域的公益诉讼，属于提起民事公益诉讼试点的范围。而前期试点工作的重点，是放在提起行政公益诉讼的试点工作上，尤其是放在生态环境保护和防止环境污染的试点上。鉴于上面的原因，食品药品安全领域的民事公益诉讼案件有案件线索和诉前程序案件，提起公益诉讼案件的较少现象。食品药品安全问题事关人民群众健康，既是社会普遍关注的热点问题，也是公益诉讼改革试点工作的案件范围之一。下一步，最高人民检察院还将根据试点工作开展的情况，及时总结经验，加强督导指导，在包括食品药品安全等领域积极部署开展公益诉讼相关的试点工作。

法制网记者　郑小琼

对于食品药品、生态环境、涉医等领域的职务犯罪，检察机关近期将主要针对哪些方面、何种类型的犯罪重点进行预防和查处？

宋寒松

为贯彻落实习近平总书记在全国卫生与健康大会上的讲话精神，积极发挥查办和预防职务犯罪职能，努力为健康中国建设营造风清气正的环境，检察机关近期将针对食品药品、生态环境等重点领域和重点类型的职

务犯罪案件进行预防和查处。

一是医疗、医保、医药和食品等重点领域的贪污贿赂等职务犯罪。主要有：药品、医疗设备采购活动中，医疗机构及工作人员索取、收受销售方财物，为他人谋取利益的犯罪；贪污、挪用医疗救助补助资金、防疫资金等特定款物的犯罪；发生在贫困地区青少年营养餐或营养包行动中的贪污、挪用犯罪；残疾人公益事业、健康养老服务、健康扶贫工程、医疗保险特别是新型农村合作医疗领域的职务犯罪；医药卫生、食药安全、安全生产等领域，为谋取不正当利益或者寻求庇护，拉拢腐蚀围猎国家工作人员，大搞利益输送，情节严重、性质恶劣的行贿犯罪。

二是食品药品安全、环境资源保护、安全生产等领域的失职渎职的职务犯罪。主要有：人民群众反映强烈、危害后果严重、社会影响恶劣的危害食品药品安全和破坏环境资源等恶性事件背后的滥用职权、玩忽职守、徇私舞弊等犯罪；医保管理和支付结算、医疗设备和医药产品招标、采购等领域审批、监管环节发生的失职渎职犯罪；以罚代刑，对依法应当移交司法机关处理的危害食品药品安全和破坏环境资源犯罪案件不移交，帮助犯罪分子逃避处罚的犯罪；徇私舞弊，伪造食品检验结果及动植物检疫结果，或者严重不负责任，对应当检验检疫的不检验检疫以及延误出证、错误出证的犯罪；重点生态功能区建设、山水林田湖生态保护修复工程等环节不作为、乱作为，环境评价和治理工作中失职渎职，以及突破生态保护红线、主体功能区定位、城镇开发边界，违反城乡土地利用、生态环境保护规划等规定的职务犯罪；安全生产责任事故所涉及的致使公共财产、国家和人民利益遭受重大损失的职务犯罪。

在查办以上重点领域和重点类型职务犯罪的同时，检察机关还要切实做好相关职务犯罪预防工作。加强案例剖析，认真排查相关领域职务犯罪风险点，通过检察建议督促相关单位纠正改进，努力将各类风险隐患消除在萌芽状态。通过举办展览、讲座、开展预防咨询等形式，对相关监管执法部门和医疗、医保等行业工作人员进行法治宣传和警示教育，筑牢防范犯罪的思想防线，提高防腐拒变的能力。深入查摆食品药品安全、环境资源保护、安全生产监管等机制体制的漏洞和问题，从完善制度、严格管理、加强监督等方面，形成高质量的预防专题调查报告，促进行业监管部门细化职责分工、堵塞监管漏洞和解决监管空白、边界不清等问题。研究提出完善食品安全法、药品管理法、环境保护法等实施的配套法规规章和规范性文件的建议，为建立科学完善的食品药品安全、环境治理体系建言献策。

上海电视台法治天地频道记者　程文韬

针对非法行医、医托诈骗、非法出售假冒伪劣孕产妇、婴幼儿、儿童、危重病人使用的假药行为，全国检察机关与有关部门配合，将采取哪些举措来惩治非法行医、出售假冒伪劣药品的行为？

万　春

你问的这个问题主要涉及检察机关依法惩治制售假冒伪劣药品方面的工作。惩治危害药品安全犯罪一直是我们检察机关一项重点工作，在这次出台的《意见》里专门规定了要依法惩治药品安全犯罪解决医药领域的乱象，这个规定里特别强调要加强对妇女、儿童、老年人、残疾人、流动人口、低收入人群等重点人群的生命健康安全的司法保护。

具体包括以下几方面举措：一是要求重点打击、从严惩处具有以孕产妇、婴幼儿、儿童或者危重病人为主要使用对象的危害药品安全犯罪。二是要求依法惩治打着健康健身招牌严重危害人民群众健康的犯罪，以及相关的诈骗、虚假广告、非法集资、组织传销等犯罪。三是要求重点打击、从严惩处从事非法行医、组织出卖人体器官、非法采供血液违法犯罪活动的游医、假医、“黑诊所”、“血头”。

根据《意见》，检察机关将以“严厉打击涉医违法犯罪专项行动”“危害食品药品安全犯罪专项立案监督活动”等为抓手，进一步加强与公安、卫生计生、食品药品监管等部门的协作配合，加大工作力度，形成治理合力，依法严厉打击非法行医、生产、销售假药、劣药等违法犯罪活动。

发布会文件

关于全面履行检察职能为推进健康中国建设提供有力司法保障的意见

党和国家历来高度重视人民健康，党的十八届五中全会提出推进健康中国建设。习近平总书记在全国卫生与健康大会上发表重要讲话，从实现“两个一百年”奋斗目标、实现中华民族伟大复兴中国梦的战略高度，深刻阐述了建设健康中国的大政方针、总体要求、目标任务，为党和国家卫生与健康事业长远发展指明了方向，提供了基本遵循。全国各级检察机关要深入学习贯彻这次大会特别是习近平总书记重要讲话精神，深刻认识推进健康中国建设的重大意义，始终坚持以人民为中心，把人民健康放在突出位置，立足检察职能，全面加强检察工作，努力为推进健康中国建设提供有力司法保障。

一、充分认识健康中国建设的重大意义，切实增强检察机关为推进健康中国建设提供司法保障的责任感和使命感

1．深刻认识健康中国建设在全面建成小康社会进程中的重要地位和作用。各级检察机关要深刻认识推进健康中国建设是我们党立党为公、执政为民，着眼于全面建成小康社会，实现社会主义现代化和中华民族伟大复兴“五位一体”总体布局的重要举措和重大战略任务，把思想和行动统一到党中央决策部署上来，找准检察机关服务、保障和促进健康中国建设的工作定位和切入点，善于运用法治思维和法治方式，把党中央关于卫生与健康事业的各项部署要求落实到检察工作中。

2. 充分发挥检察职能，依法保障和促进健康中国建设。各级检察机关要树立大卫生、大健康理念，围绕服务中心和大局，积极应对健康中国建设对检察工作带来的新机遇和新挑战，及时回应人民群众对健康中国建设的新期待、新要求，综合发挥惩治、预防、监督、教育、保护等检察职能，依法维护人民群众身体健康和生命安全，保障卫生与健康事业发展环境，促进健康中国建设顺利进行。

二、依法惩治食品药品领域犯罪，维护人民群众身体健康和生命安全

3. 依法惩治危害食品安全犯罪，保障人民群众“舌尖上的安全”。深入贯彻新修订的食品安全法，依法惩治制售含有严重超标致病性微生物、农药兽药残留、生物毒素、重金属等污染物质的食品，病死或者死因不明的禽、畜、兽、水产动物肉类及其制品，国家为防病等特殊需要明令禁止生产经营的食品，以及超范围、超限量滥用食品添加剂、农药兽药等生产、销售不符合安全标准食品的犯罪；依法惩治使用有毒、有害的非食品原料加工食品，使用禁用农药兽药种植、养殖食用农产品，在食品中非法添加国家禁用药物等生产、销售有毒、有害食品的犯罪；依法惩治制售不符合安全标准的食品添加剂、食品相关产品，制售国家禁用的非食品原料、农药兽药以及私屠滥宰等生产、销售伪劣产品、非法经营的犯罪。重点打击、从严惩处危害食品安全犯罪活动比较集中的“黑作坊”“黑工厂”“黑市场”“黑窝点”，长期以来高发多发的涉及“地沟油”“瘦肉精”“病死猪”“毒奶粉”等严重危害食品安全的犯罪，以及走私冷冻肉品、利用互联网实施危害食品安全的犯罪。强化对食品生产、加工、销售、运输、贮存等各个环节犯罪的打击力度，着力切断犯罪利益链条，始终保持对危害食品安全犯罪的高压严打态势。

4. 依法惩治危害药品安全犯罪，促进解决医药领域乱象。依法惩治生产、销售假药劣药，生产、销售不符合标准的医用器材等犯罪。重点打击、从严惩处具有以孕产妇、婴幼儿、儿童或者危重病人为主要使用对象，属于疫苗、血液制品、急救药品、注射剂药品，在自然灾害、事故灾难、公共卫生事件、社会安全事件等突发事件期间制售假药劣药，以及医疗机构及其工作人员明知是假药劣药而有偿提供给他人使用等恶劣情节的危害药品安全犯罪。严肃查处药物临床试验数据造假涉及的相关犯罪。严肃查办药品流通领域的商业贿赂、虚开发票、洗钱、非法经营等经济犯罪。办案中要严格落实罪刑法定原则，贯彻宽严相济刑事政策，对于销售少量根据民间传统配方私自加工的药品，或者销售少量未经批准进口的国外、境外药品，没有造成他人伤害后果或者延误诊治的行为，以及病患者实施的不以营利为目的带有自救、互助性质的制售药品行为，不作为犯罪处理。对于认定罪与非罪争议较大的案件，及时向上级检察机关请示报告。

5. 依法惩治损害人民群众生命健康的其他犯罪，确保人民群众生活安全、放心。依法惩治打着健康健身招牌严重危害人民群众健康的犯罪，以及相关的诈骗、虚假广告、非法集资、组织传销等犯罪。加强对妇女、儿童、老年人、残疾人、流动人口、低收入人群等重点人群生命健康安全的司法保护力度。继续加大对毒品犯罪特别是走私、制造毒品、大宗贩卖毒品等源头性毒品犯罪，以及职业毒犯、累犯、毒品再犯等人身危险性大的毒品犯罪分子的打击力度。从严打击引诱、教唆、欺骗或者强迫未成年人吸食、注射毒品，以及组织利用未成年人、孕妇走私、贩卖、运输毒品的犯罪，教育群众特别是青少年远离毒品。

三、依法惩治破坏生态环境等犯罪，打造绿色安全健康环境

6. 依法惩治破坏环境资源和危害生态安全的犯罪，守护好绿水青山。依法惩治偷排偷放有毒有害污染物、非法排放严重超标污染物、篡改伪造环境监测数据、无证为他人处置危险废物、故意提供虚假环境影响评价意见等环境污染犯罪；妨害国境卫生检疫、妨害动植物防疫检疫等危害生态安全犯罪。从严惩处在医院、学校、居民区等人口集中地区以及饮用水水源保护区、沙漠、滩涂、盐碱地、沼泽地等非法排放有毒有害污染物的犯罪；在重污染天气预警期间、突发环境事件期间、限期整改期间恶意排放超标污染物的犯罪；重点排污单位篡改伪造环境监测数据、干扰环境监测设施，致使监测数据严重失真的犯罪；非法采矿采砂破坏航道交通、影响河势稳定、危害防洪安全的犯罪，以及具有阻挠环境保护等行政主管部门监督检查、擅自闲置拆除污染防治设施、非法排放有毒有害污染物危害公共安全等恶劣情形的犯罪。办案中应当贯彻恢复性司法理念，根据案件情况可以要求行为人修复环境、赔偿损失，降低环境污染的损害程度。行为人主动采取补救措施，消除污染，积极赔偿，防止损失扩大的，依法从宽处理。

7. 依法惩治危害生产安全、公共安全等犯罪，努力减少公共安全事件对人民生命健康的威胁。依法惩治重大责任事故、强令违章冒险作业、重大劳动安全事故，不报、谎报安全事故等危害生产安全犯罪。从严惩处具有故意阻挠开展事故抢救、遗弃事故受害人等恶劣情节的犯罪，切实保障职工生命健康。依法惩治追逐竞驶、醉酒驾车、超员超速、交通肇事等危害道路交通安全的犯罪，着力构筑公共安全的司法保护屏障。

四、加大对涉医犯罪的打击力度，保障正常医疗秩序和医务人员人身安全

8. 依法惩治扰乱医疗机构正常秩序的犯罪，为创建“平安医院”提供司法保障。依法惩治聚众打砸、任意损毁占用医疗机构财物，在医疗机构起哄闹事，致使医疗无法进行的犯罪；依法惩治在医疗机构私设灵堂、违规停尸、摆放花圈、焚烧纸钱、悬挂横幅、封堵大门、阻塞交通，严重扰乱公共场所秩序的犯罪；非法携带枪支、弹药、管制器具或者爆炸性、放射性、毒害性、腐蚀性物品进入医疗机构危及公共安全的犯罪；非法行医、非法采供血液、妨害传染病防治等严重扰乱医疗秩序的犯罪。重点打击、从严惩处在医疗机构进行寻衅滋事、敲诈勒索、扰乱医疗秩序等犯罪行为的职业“医闹”，专门捏造、寻找、介入他人医患矛盾，故意扩大事态，挑动、教唆他人实施违法犯罪的首要分子和积极参加者，从事非法行医、组织出卖人体器官、非法采供血液违法犯罪活动的游医、假医、“黑诊所”“血头”，以及具有幕后组织、网络策划、涉黑涉恶、内外勾结等恶劣情节的犯罪分子或者团伙。对上述重点打击对象，应当依法提出从严处理、不适用缓刑、适用禁止令等量刑建议。

9．依法惩治侵害医务人员合法权益的犯罪，维护医务人员的执业安全。加强与卫生计生委、公安等部门的协作配合，深入开展严厉打击涉医违法犯罪专项行动，坚决从严查处涉医突发案件，维护正常医疗秩序，保护医务人员安全。正确区分医疗纠纷与医疗事故、医疗事故罪与非罪界限，依法维护医患双方合法权益与社会和谐稳定，保障医疗服务环境。依法惩治故意伤害、杀害医务人员，公然侮辱或者捏造事实诽谤、诬告陷害医务人员，以及在医疗机构内殴打、追逐、拦截、辱骂、恐吓医务人员或者非法限制医务人员人身自由的犯罪。从严惩处无端猜疑、蓄意发泄，手段残忍、情节恶劣的犯罪；以不特定的医务人员、就诊患者为侮辱、威胁、殴打、伤害、杀害对象，危害医疗场所公共安全的犯罪；利用互联网等媒体恶意炒作，侮辱、诽谤、诬告陷害医务人员，挑拨医患矛盾，引发涉医突发案件、群体性事件或者造成恶劣社会影响的犯罪。

五、积极发挥查办和预防职务犯罪职能，为健康中国建设营造风清气正的环境

10. 依法查办医疗、医保、医药和食品等重点领域的贪污贿赂犯罪。突出查办药品、医疗设备采购活动中，医疗机构及工作人员索取、收受销售方财物，为他人谋取利益的犯罪；残疾人公益事业、健康养老服务、健康扶贫工程、医疗保险特别是新型农村合作医疗领域的职务犯罪；贪污、挪用医疗救助补助资金、防疫资金等特定款物的犯罪；发生在贫困地区青少年营养餐或营养包行动中的贪污、挪用犯罪；医药卫生、食药安全、安全生产等领域，为谋取不正当利益或者寻求庇护，拉拢腐蚀围猎国家工作人员，大搞利益输送，情节严重、性质恶劣的行贿犯罪。

11. 依法查办食品药品安全、环境资源保护、安全生产等领域的失职渎职犯罪。突出查办人民群众反映强烈、危害后果严重、社会影响恶劣的危害食品药品安全和破坏环境资源等恶性事件背后的滥用职权、玩忽职守、徇私舞弊等犯罪；医保管理和支付结算、医疗设备和医药产品招标、采购等领域审批、监管环节发生的失职渎职犯罪；以罚代刑，对依法应当移交司法机关处理的危害食品药品安全和破坏环境资源犯罪案件不移交，帮助犯罪分子逃避处罚的犯罪；徇私舞弊，伪造食品检验结果及动植物检疫结果，或者严重不负责任，对应当检验检疫的不检验检疫以及延误出证、错误出证的犯罪；重点生态功能区建设、山水林田湖生态保护修复工程等环节不作为、乱作为，环评和治理工作中失职渎职，以及突破生态保护红线、主体功能区定位、城镇开发边界，违反城乡土地利用、生态环境保护规划等规定的职务犯罪。积极参与安全生产专项治理，完善同步介入生产安全责任事故调查和处理机制，严肃查办安全责任事故所涉职务犯罪，最大程度减少公共安全事件对人民群众生活和生命健康的不利影响。

12. 加强协作配合，切实做好相关职务犯罪预防工作。要加强与食品药品、卫生、环境资源、安全生产、动植物检验检疫、公安等监管执法部门的工作联系和协作配合，加强案例剖析，认真排查相关领域职务犯罪风险点，通过检察建议督促相关单位纠正改进，努力将各类风险隐患消除在萌芽阶段。通过举办展览、讲座、开展预防咨询等形式，对相关监管执法部门和医疗、医保等行业工作人员进行法治宣传和警示教育，筑牢防范犯罪的思想防线，提高防腐拒变的能力。深入查摆食品药品安全、环境资源保护、安全生产监管等机制体制的漏洞和问题，从完善制度、严格管理、加强监督等方面，形成高质量的预防专题调查报告，促进行业监管部门细化职责分工、堵塞监管漏洞和解决监管空白、边界不清等问题。研究提出完善食品安全法、药品管理法、环境保护法等实施的配套法规规章和规范性文件的建议，为建立科学完善的食品药品安全、环境治理体系建言献策。

六、立足检察职能，促进健康中国法治环境建设

13. 加强批捕、起诉工作，确保依法、准确、及时、有效打击犯罪。对于严重危害食品药品安全、破坏环境资源、扰乱医疗场所秩序等破坏健康中国建设、损害广大人民群众生命健康的犯罪，要实行挂牌督办，及时介入侦查引导取证。要全面审查案件证据，在依法查明犯罪事实的基础上，对于符合逮捕、起诉条件的，依法从严从快批捕、起诉，体现打击力度，确保办案质量。

14. 强化刑事诉讼监督，促进公正司法。继续深化破坏环境资源和危害食品药品安全犯罪专项立案监督活动，积极配合行政执法机关、公安机关对辖区内污染水域、排污企业、基本功能丧失的耕地、制售假药劣药的高发区域、生产销售不合格食品的作坊等进行拉网式排查，形成打击合力。依法监督行政执法机关移送、公安机关立案侦查破坏环境资源和危害食品药品安全涉嫌犯罪的案件，营造依法严惩犯罪的执法氛围。会同相关行政执法机关、公安机关建立行政执法与刑事司法衔接的长效机制，推进执法司法信息共享平台建设，提升打击犯罪的能力和水平。加强侦查活动监督，促进解决侦查质量不高，收集证据不合法以及适用强制措施、查封扣押冻结款物不当等问题，保证查处犯罪的合法性、有效性。加强刑事审判监督，对于认定事实或者适用法律错误、量刑畸轻畸重、严重违反法定诉讼程序可能影响公正裁判的案件，依法提出抗诉。加强刑事执行监督，强化对刑罚执行、刑事强制措施执行和强制医疗执行的监督，切实维护司法公正，维护社会和谐稳定。

15. 依法办理环境、医疗、食品药品等领域民事行政诉讼监督案件，维护健康中国法治秩序。依法办理环境污染民事行政诉讼监督案件，正确行使调查核实权，准确把握事实认定和法律适用标准，符合法定条件的案件，依法提出抗诉或者再审检察建议；依法办理医疗损害责任民事行政诉讼监督案件，准确理解和适用侵权责任法关于医疗损害责任的专门规定，化解医患矛盾，促进医疗纠纷依法妥善解决；依法办理食品药品、医疗器械等产品责任民事行政诉讼监督案件，正确把握缺陷产品、因果关系等认定标准，促进司法统一规范。办理案件中，要积极借鉴医疗纠纷专业化管理解决机制，借助专业力量化解社会矛盾。充分发挥行政检察职能，加强对环境、卫生、食品药品领域行政违法行为的法律监督。

16. 积极稳妥开展民事行政公益诉讼试点工作，着力营造绿色安全的健康环境。要重点关注生态环境和资源保护、食品药品安全等领域造成国家和社会公共利益严重侵害的案件；生态环境和资源保护领域负有监督管理职责的行政机关违法行使职权或者不作为，致使国家和社会公共利益受到严重侵害的案件。要充分运用调查核实权，切实发挥鉴定机构和专家辅助人的作用，查清违法行为、损害后果及其因果关系。要充分利用诉前程序，依法科学运用检察建议、支持起诉、公益诉讼等监督方式，促使行政机关纠正违法行为或者依法正确履行职责。要实现行政公益诉讼与民事公益诉讼的有效衔接，增强监督实效，使违法者承担相应的行政责任和民事责任。

17. 全面发挥检察职能，促进健康产业创新发展。依法惩治医药、医疗器械、医疗服务等健康产业领域的侵犯财产和侵犯知识产权犯罪，加大对自主知识产权、关键核心技术和科研成果转化的保护力度。强化对涉及健康养老产业、健康旅游产业、智慧健康产业、健身休闲运动产业、健康食品产业领域相关案件的法律监督，维护有关单位和从业人员的合法权益。认真听取来自健康产业领域对检察工作的意见和建议，努力为健康产业创新发展提供更好的法律服务。

七、加强组织领导，将健康中国建设的司法保障落到实处

18. 加强组织领导。各级检察机关要把为推进健康中国建设提供有力司法保障作为当前的一项重要任务，切实加强领导，强化措施，严格责任，狠抓落实。利用检察一体化工作机制的优势，统筹办案力量，排除干扰阻力，突出查办大案要案和窝案串案，打好整体战。侦查监督、公诉、民事行政检察等部门在行使职能中发现职务犯罪线索的，要及时向职务犯罪侦查部门移送，形成打击犯罪合力。积极参与健康中国建设相关领域的社会治安综合治理，主动争取和依靠当地党委、人大、政府的领导、监督和支持，与行政执法机关、公安机关和人民法院加强联系与协作配合，努力解决办案中遇到的困难和问题，创造良好的办案环境。

19. 加强业务指导。最高人民检察院和省级检察机关对有重大影响的案件实行挂牌督办，要加强对办案工作的统筹和指导，及时分析犯罪规律，总结办案经验，帮助下级检察机关解决办案中的困难和问题；地市级检察机关要充分发挥办案龙头作用，带头查办大案要案，进一步加强对办案工作的组织指挥；基层检察机关要充分发挥办案主体作用，进一步增强办理相关案件的能力和水平。下级检察机关对于办案中遇到的困难和问题要及时向上级检察机关请示报告，必要时层报最高人民检察院；最高人民检察院应当加强法律政策研究和案件指导工作。

20. 加强普法宣传。落实“谁执法谁普法”的普法责任制，认真实行检察官以案释法制度，结合人民群众关注的典型案例，向社会公众释法说理，及时回应社会关切。充分利用检察机关宣传主阵地、“两微一端”、微电影、微视频等媒体平台，加强与主流媒体、重点商业媒体和自媒体的联系协作，广泛宣传党和国家关于健康中国建设的理念和方针政策，宣传检察机关服务和保障健康中国建设的重大举措和成果，引导广大人民群众尊法、学法、守法、用法，积极营造推进健康中国建设的法治环境和氛围。

典型案例

检察机关服务健康中国建设典型案例

典型案例1　山东莱芜陈建利暴力伤医案

一、基本案情

2015年11月，犯罪嫌疑人陈建利之女因病在莱芜市莱钢医院死亡，后其多次与医院沟通协商解决方案未果。2016年10月3日，陈建利携砍刀到莱钢医院外科5楼医生休息室，找到儿科值班医生李宝华讨要说法。期间，陈建利从包中拿出砍刀砍击李宝华头部一刀，李宝华跑出医生休息室，陈建利当众持刀追砍至医生办公室门口，用力砍击李宝华头部两刀。李宝华跑进办公室后陈建利又用力砍击其头部十刀，并阻止其他医务人员进入室内救治。李宝华于当日16时许经抢救无效死亡，经法医鉴定，系重度颅脑损伤死亡。

山东省银山公安局直属分局于2016年10月3日对陈建利暴力伤医案立案侦查。10月7日，莱芜市钢城区检察院以涉嫌故意杀人罪批准逮捕犯罪嫌疑人陈建利。

二、典型意义

案发后，最高人民检察院侦查监督厅立即启动重大敏感案件快速反应机制，指导山东省三级检察机关侦监部门提前介入公安机关的案件侦查工作。山东省莱芜市人民检察院和钢城区人民检察院组成专案组，于立案当日立即提前介入案件，重点对犯罪嫌疑人主观故意、医患纠纷情况、涉案证据提取、鉴定等提出引导取证的意见，及时与公安机关进行了沟通。经公安机关侦查，于10月6日以犯罪嫌疑人陈建利涉嫌故意杀人罪报请钢城区人民检察院审查逮捕。钢城区人民检察院受案后，立即开展了案件审查、讯问犯罪嫌疑人、案件讨论等工作。10月7日，钢城区人民检察院仅用1天即依法以涉嫌故意杀人罪对犯罪嫌疑人陈建利作出批准逮捕决定。陈建利暴力伤医案经媒体报道后引起社会舆论的广泛关注，检察机关积极主动作为，在确保案件质量的同时依法快速批捕犯罪嫌疑人，积极准确回应社会关切，彰显了检察机关在切实保障医疗工作者合法权益，努力促进医患关系和谐方面的重要作用。

典型案例2　河北衡水李刚暴力伤医案

一、基本案情

2003年，犯罪嫌疑人李刚在发生车祸后，曾到衡水市第四人民医院进行诊治，后因腿部感染而出现右腿残疾，遂对主治医生刘广跃产生怨恨，并预谋杀害刘广跃。2016年7月21日17时许，李刚在医院骨科门诊找到刘广跃，因言语不和，用随身携带的折叠刀，向被害人刘广跃连捅数刀，致其失血死亡。

衡水市公安局桃城分局于2016年7月22日对李刚涉嫌故意杀人案立案侦查，并于7月29日提请逮捕。2016年8月5日，衡水市桃城区检察院以涉嫌故意杀人罪依法对犯罪嫌疑人李刚作出批准逮捕决定。

二、典型意义

涉医违法犯罪严重侵害医务人员和广大患者人身安全和合法权益，严重影响正常医疗秩序和人民群众安全感。最高人民检察院侦监厅对此案高度重视，作为打击涉医违法犯罪专项行动的重点案件予以督办。依法严厉处理涉医违法犯罪案件，充分体现了全国检察机关发挥检察职能，高度重视维护医疗秩序、打击涉医违法犯罪工作，积极参与打击涉医违法犯罪专项行动的坚定决心，也为有力打击犯罪分子的嚣张气焰提供了强大的法律保障。

典型案例3　江楠等人污染环境案

一、基本案情

浙江省温州市中金岭南科技环保有限公司（以下称中金岭南公司）是一家经营含重金属污泥的收集、贮存、利用的企业，中金岭南公司从电镀、钢管等企业收集含有重金属的废水、废土、废渣等化学污泥进行处理，并由产生化学污泥的企业付给中金岭南公司废物处置费。2014年初开始，中金岭南公司进行技术升级和调试，公司处于停产状态，但是中金岭南公司并未停止污泥的收集。同年4月份开始，被告人江楠与温从丰、陈传节预谋将未经处置的化学污泥直接倾倒如瓯江，温从丰指使陈传节具体负责码头卸货、装船等具体事务，并找到被告人陆玉林（刑拘在逃）负责船只运输。经查，2014年4—5月期间，江楠等人至少将1800吨化学污泥倾倒如瓯江，同年6—7月期间，被告人江楠与邱朝察、陈坚等人将未经处置的2300余吨化学污泥直接倾倒入瓯江，被告人张华华、王新奎、温从丰、陈传节、陈正棣、叶君福等人明知道未经处置的化学污泥倒入瓯江的情况下，仍提供帮助行为。通过以上倾倒行为，被告单位温州中金岭南科技环保有限公司至少获利306万元。

经浙江省温州市龙湾区检察院提起公诉，龙湾区法院于2016年7月19日作出一审判决。判处被告单位温州市中金岭南科技环保有限公司犯污染环境罪，判处罚金人民币200万元；被告人江楠犯污染环境罪，判处有期徒刑五年六个月，并处罚金10万元；其余被告人被判处有期徒刑六个月到二年六个月不等，处罚金5000元至5万元不等。被告单位与被告人认罪服判，现一审判决已生效。

二、典型意义

检察机关是法律监督机关，在实行“依法治国”的今天，环境保护离不开法律，检察机关的法律监督职能不可或缺。在办理破坏环境资源保护犯罪案件中，检察机关以恢复性司法理念为指导，进行责令行为人修复生态环境、进行生态补偿的探索，一方面通过刑罚的个别威慑功能，降低乃至消除行为人再犯环境犯罪的可能性，起到特殊预防的目的。另一方面通过刑罚的法制教育功能，向社会宣告自然环境是人类赖以生存的宝贵资源，是不容侵犯的，从而起到一般预防的目的。

典型案例4　杨作平、王广洲、朱德龙污染环境案

一、基本案情

2014年11月间，被告人王广洲从杨作平（另案处理）手中租得位于天津市东丽区金钟街南孙庄村内的一处厂房，后无照经营安光喷涂厂。王广洲雇佣被告人朱德龙等人，在无任何污水处理措施的情况下，在安光喷涂厂内从事自行车零件清洗、磷化、烤漆等生产活动，并将生产过程中清洗池等处产生的含有重金属等污染物的废水，由朱德龙直接排放到该厂院内私自开挖的渗坑内，造成严重污染。

本案由天津市公安局东丽分局侦查终结，以王广洲、朱德龙涉嫌污染环境罪，于2015年9月10日向东丽区检察院移送审查起诉。受理案件后，东丽区院公诉科因案情复杂，分别于2015年10月10日、2015年12月13日、2016年2月20日延长审查起诉期限十五日。因补充相关证据，两次将案件退回公

安机关补充侦查。公安机关补查完毕重新移送审查起诉。东丽区检察院于 2016 年 3 月 3 日向东丽区法院提起公诉。东丽区法院于 2016 年 3 月 21 日以王广洲犯污染环境罪，判处有期徒刑一年，并处罚金人民币 3 万元；以朱德龙犯污染环境罪，判处有期徒刑六个月，缓刑一年，并处罚金人民币 5000 元。现判决已生效。

二、典型意义

由于污染环境类犯罪案件的犯罪方式、手法较隐蔽，使得取证工作普遍存在困难，给案件查处、定性、起诉与追偿追责工作增加了难度。本案中，检察机关受理案件后依法进行审查，及时提起公诉，加大对污染环境犯罪的打击力度。同时，立足法律监督职能，进一步强化与公安、环保等机关的联动配合，深化环保领域行政执法与刑事司法的有效衔接，建立污染环境案件优先办理、快速办理等工作机制，加强案件预研，坚持适时介入，依法引导取证，提高办案效率。

典型案例 5　上海福喜公司等生产、销售伪劣产品案

一、基本案情

2013 年 2 月至 5 月间，被告单位上海福喜公司、河北福喜公司生产的部分产品因未达到百胜咨询（上海）有限公司规定的工艺和原料要求，被退货并终止订单，造成该两公司相关产品大量回收并积压。同年 7 月至 12 月间，其被告人杨立群（母公司欧喜公司深加工事业部总经理）等人多次召集相关管理人员商议，决定用上述回收或超过保质期的食品作为原料再生产、销售，并由被告人贺业政向两公司分别转达上述决定；同时杨立群还要求销售部相关人员寻找客户。在被告人杜平等人找到客户、确定订单后，被告人陆秋艳等人制定、下达生产计划并

分别发送至上海福喜公司、河北福喜公司，由被告人胡骏、李亚军分别组织、指挥生产，被告人刘立杰、张广喜分别负责安排生产，被告人张晖、薛洪萍分别参与部分生产活动，致使两被告单位生产的不合格产品被销售。至案发，上海福喜公司、河北福喜公司生产、销售的上述不合格产品货值分别计人民币34万余元、76万余元人民币。

2014年6月2日，被告单位上海福喜公司因生产计划变化，经被告人胡骏同意，将该公司采购的保质期为6天的冰鲜鸡皮、冰鲜鸡胸肉等，更改保质期为一至三个月不等，并放入冷冻库保存，同年6月18日至7月15日，由被告人刘立杰安排制定生产计划，将上述原料加工生产为麦乐鸡、麦香鸡排、烟熏风味肉饼、美式鸡排等4种产品共计5200余箱并进行销售，销售金额38万余元，库存货值83万余元。

2015年9月30日，上海市嘉定区检察院以上海福喜公司、河北福喜公司以及杨立群、贺业政等10名被告人涉嫌生产、销售伪劣产品罪，依法向嘉定区法院提起公诉。2016年2月1日，嘉定区法院作出一审判决，被告人杨立群、贺业政、陆秋艳、杜平伙同被告单位上海福喜公司、河北福喜公司共同违反《中华人民共和国食品安全法》的禁止性规定，在生产过程中，以不合格产品冒充合格产品并予以销售，被告人胡骏、刘立杰、张晖、李亚军、张广喜、薛洪萍作为上述被告单位的直接负责的主管人员和其他直接负责人员，其行为已触犯刑法，构成生产、销售伪劣产品罪，分别判处两家福喜公司罚金人民币120万元；被告人杨立群等10人均被判有期徒刑。其中澳籍被告人杨立群被判处有期徒刑三年，并处罚金人民币10万元，驱逐出境。贺业政等9人被判二年八个月至一年七个月不等，并处罚金8万至3万元不等。2016年7月1日，上海市第三中级法院作出终审裁定，驳回上诉人杨立群、贺业政、张广喜、薛洪萍的上诉，维持原判。

二、典型意义

近年来，食品安全越来越成为社会关注的热点之一，公众对于食品安全的重视程度也越来越高。吃得放心是广大人民群众的呼声，如何确保“舌尖上的安全”，如何以“零容忍”的举措来惩治食品领域的违法犯罪，考验着行政监管部门和司法机关的能力和智慧。本案所暴露出来的诸如回收食品再生产、过期原料再加工等行为，虽早已明确为法律所禁止，监管部门也是三令五申，但还有相当多的食品从业人员对此不以为然，甚至还引为行业“潜规则”。本案事关人民群众食品安全，同时又涉及外国人和跨国公司犯罪，一经媒体曝光就迅速引起国内外舆论的高度关注。上海市检察机关三级联动，强化刑事司法与行政执法的衔接，积极依法介入侦查引导完善证据，针对法律争议问题精心制作庭审预案，取得了良好的法律效果和社会效果。该案的成功办理，充分体现司法机关回应公众关切、打击食品生产领域犯罪活动的坚强决心和严肃态度。

典型案例 6　吴宏等 12 人生产、销售假药一案

一、基本案情

2005 年 4 月，刘楚武（在逃）在广东省深圳市罗湖区大望村、莲塘村等地开设厂房生产假药，并雇用吴宏、周凤玲等人为假药工厂管理者、工人，吴涛为假药运输司机。

2010 年 6 月，刘楚武又在河源市源城区高埔工业园成立广东康活生物科技有限公司（该公司生产“康活饮”饮料），并在该公司宿舍楼内另设生产车间，加工生产制造假药所需药粉等原料、半成品。

2011年8月15日，刘楚武又租用东莞市凤岗镇竹塘村松柏路13号金锋厂后院约1000平方米的空置铁皮房用于生产假药，并继续雇用吴宏、吴涛以及吴宏等人介绍的吴绪华、简辉伦等37名工人从事假药生产活动，内部分工明确。刘楚武为方便生产、销售假药，除了在凤岗镇竹塘村设立窝点外，还分别在东莞市塘厦镇大坪嶂街22号设立一个用于存放生产假药所用原料的仓库，在东莞市凤岗镇竹塘村卧龙路22号铁皮房、深圳市罗湖区大望村立新路1号一楼、深圳市罗湖区莲塘村委国威路蔡记房屋出租屋公司107房设立三个用于存放假药成品的仓库。期间，刘楚武将假药销往香港、印尼等地，并通过假药经销商黄叶双、林深雄、谢伟军、陈列能将假药销售往深圳、珠海、潮州、汕尾等地，有的还层层转售他人。

2015年1月9日，公安机关接群众举报后对凤岗镇竹塘村松白路13号金锋厂后院约1000平方米的空置铁房进行查处，现场缴获疑似香港品牌公牛牌痛风灵等药品2390箱和一批药品半成品和淀粉等原料。同年1月20日，公安人员又在深圳市罗湖区大望村立新路1号一楼仓库查获特效鼻敏感丸等药品864箱和一批药品半成品和白色粉末等原料一批。另外，经缴获吴宏的电脑资料查明，吴宏等人在2011年、2013年、2014年生产、销售的各类假药数量分别为23871箱、36133箱、38000箱。

2016年2月17日，东莞市检察院以吴宏等人涉嫌生产、销售假药罪依法向东莞市中级法院提起公诉。目前案件正在审理中。

二、典型意义

药品安全直接关系着广大人民群众的身体健康和生命安全，严厉打击危害药品安全犯罪、维护患者用药安全已成为近年来人民群众强烈的司法诉求。本案涉及跨地域生产、跨境跨国销售，涉案人数众多，涉案金额近3亿元，社会影响极其恶劣，是近年来广东省破获的最大的生产、销售假药案。为更好地保护人民群众的切身权益，严厉打击犯罪分子的嚣张气焰，广东省东莞市检察机关在办理该案过程中，开辟绿色办案通道，统筹办理力量，集中优势兵力突破疑难复杂问题，并将该案中可能存在损害群众合法权益和社会公共利益的线索移送民事行政检察部门，实现了法律效果和社会效果的有机统一。

典型案例7　吴志华、胡淑珍等生产、销售假药案

一、基本案情

2013年4月以来，被告人吴志华以牟利为目的，在江苏省销售假冒“北京同仁堂”研制的止渴养阴胶囊、山楂降压胶囊、克银丸等中成药以及假药默克·扶胰康胶囊。吴志华通过孙某某等人制作了以上药品的包装盒、说明书、药瓶标签等标识，并通过肖某某等人制成上述假药。吴志华通过各种渠道获取了全国各地大量的糖尿病患者、高血压患者以及皮肤病患者等身份信息，后由被告人胡淑珍、钟恨垫，根据其提供上述假药的名称、功能、成份、价格、销售方式、成功案例、联系电话等信息制作了以上药品的宣传资料，并让被告人胡淑珍、钟恨垫以北京同仁堂中医院的名义按照其提供的患者名单邮寄分发，共计发出宣传资料数十万份。全国各地的患者接到信之后，有购买意向的根据宣传资料所留电话联系购买药品。同时被告人吴志华使用其控制下的李富贵、曾兰芳、冯威、樊玉枝、杨菊保等人的银行卡，并以这些人名义与宅急送快运有限公司北京分公司签订代收货款合同，通过宅急送将患者购买的药品送货

上门并代收货款，宅急送快运有限公司北京分公司将所收货款汇至吴志华所留的银行卡上。

2013 年 4 月至案发，被告人吴志华以上述方式向被害人张井成等全国各地数千名患者销售假药止渴养阴胶囊、默克·扶胰康胶囊、山楂降压胶囊、克银丸，销售假药金额共计人民币 441 万余元。被告人胡淑珍、钟恨垫明知吴志华销售假药，为吴志华销售假药提供印刷、分装、邮寄的广告宣传，从被告人吴志华处共计获得违法所得人民币 27 万余元。公安机关抓获被告人胡淑珍时，从其处查扣已封装好的假冒“北京同仁堂中医院”的信封（内装有止渴养阴胶囊的宣传资料）、假冒“北京协和医院”的信封（内装有玉兰降糖胶囊的宣传资料）共计 3 万余份。经南通市药品检验所检验、南通市食品药品监督管理局鉴定，止渴养阴胶囊、默克·扶胰康胶囊、山楂降压胶囊、克银丸均为假药。

2016 年 4 月 5 日，江苏省南通市崇川区检察院以吴志华等人涉嫌生产、销售假药罪依法向崇川区法院提起公诉。2016 年 7 月 22 日，崇川区法院判决被告人吴志华有期徒刑十年、并处罚金人民币 786 万元；胡淑珍有期徒刑三年，缓刑四年，并处罚金 7 万元；钟恨垫有期徒刑三年，缓刑四年，并处罚金 7 万元。

二、典型意义

这是一起涉案数额大，涉案范围广、社会危害严重的案件。被告人吴志华等人利用传统品牌、知名医院进行虚假宣传，欺骗性更强，通过现代物流手段销售假药，销售区域遍及全国，社会危害更大。江苏省南通市检察机关在公安机关立案后，立即提前介入案件办理、引导证据收集，提出方向性意见，为准确有力指控犯罪奠定了基础。在办案的同时，检察机关还及时通过正义网等媒体发布案件办理情况，开展释法活动，既提醒群众关注、防范食品药品犯罪，又防止谣言、流言等异化信息传播，取得了良好的办案效果。

典型案例 8　陆志标等人走私国家禁止进出口的货物案

一、基本案情

2014 年 1 月至 2015 年 3 月间，被告人陆志标、张泽坤在老板张木辉（在逃）的安排下，作为组织者，长期以香港 SKK 公司、香港海润公司、广州协志贸易公司等单位作为经营主体，从疫区巴西、美国、印度等国家大量采购冻牛肉及冻牛副产品，经香港发往越南，或直接由疫区巴基斯坦、印度等地发往越南，并以绕关的方式将货物由越南经广西走私进境，运到广东省的指定地点交货，并将货物存放于广州、佛山、深圳等地的仓库。经被告人陆志标、张泽坤的统一安排，走私入境的货物被伪装成国产货或直接以走私货的形式销往全国各地。经统计，上述人员采用上述手法，共走私疫区冻牛肉及冻牛副产品 16840 吨。

2015 年 4 月 5 日，广东省佛山市检察院以陆志标等 6 人涉嫌走私国家禁止进出口的货物罪依法向佛山市中级法院提起公诉。2016 年 8 月 1 日，佛山市中级法院分别判处陆志标等 6 人二年至七年有期徒刑。

二、典型意义

该涉系海关总署缉私局督办的重大走私案件。犯罪分子将未经检验检疫的境外肉制品走私进境，并伪装成国货销售，造成重大食品安全隐患，对人民群众的生命健康构成了严重威胁，属于食品药品安全领域的新型犯罪。在案件办理过程中，广东省佛山市检察机关积极配合海关缉私部门，全面梳理证据，依法认定责任，有力指控犯罪。同时，检察机关在审查起诉过程中认真履行监督职能，要求侦查机关移送起诉未被逮捕的绕关走私的主要负责人，案件办理取得了良好的法律效果和社会效果。

典型案例 9　曹某受贿、贪污案

一、基本案情

江苏省镇江市社会福利服务中心原检验员曹某，利用职务之便，在采购检验试剂及设备的过程中，采取索要高额回扣等方式，收受多家医疗用品企业给予的钱款共计人民币 25.8 万余元。同时，曹某还利用实际管理检验试剂的职务便利，采取指使供应商虚开发票、检验试剂虚假入库、虚假检验等方式，先后 3 次贪污福利中心钱款共计人民币 6.3 万余元。

2016 年 2 月 21 日，江苏省镇江市经济开发区检察院以涉嫌受贿罪依法对曹某立案侦查。2016 年 7 月 7 日，江苏省镇江经济开发区法院以受贿罪、贪污罪数罪并罚，判处曹某有期徒刑三年三个月，罚金人民币 30 万元。

二、典型意义

江苏省镇江市社会福利服务中心是一家不足 10 人的基层医疗机构，属于典型的“微型”医院，主要为“三无”人员、孤残儿童、“三无”精神病人等弱势群体提供康复医疗服务。本案中，曹某作为小医院的检验员，职务不高，但拥有实权，为牟取私利，不惜罔顾本来就生活不幸的“三无”人员、孤残儿童、“三无”精神病人等弱势群体的健康和医疗利益，社会影响十分恶劣，其行为严重损害基层医疗单位形象，严重影响“医患”关系，严重破坏社会和谐稳定。检察机关坚持群众利益无小事的理念，严惩群众身边发生的小案，短短数月彻底查清曹某的犯罪行为，及时将其绳之以法，对其他医务人员打下了“预防强心针”，促进了当地医疗行业风气的好转，保护了弱势群众的权益。

典型案例 10　刘某受贿案

一、基本案情

安徽省阜阳市阜南县人民医院原院长刘某，利用职务之便，在医疗器械采购、药品采购及医院基础设施建设等过程中，为相关企业及个人谋取利益，先后非法收受他人人民币 1158.98 万元，价值 24.4 万元的丰田越野车一辆、2000 元购物卡一张，另有 1000 万余元的家庭财产不能说明其来源。

2014 年 7 月 18 日，安徽省阜阳市颍泉区检察院以涉嫌受贿罪依法对刘某立案侦查。2015 年 3 月 23 日，阜阳市中级法院一审以受贿罪判处刘某无期徒刑，剥夺政治权利终身，并处没收个人财产人民币 50 万元，追缴相应赃款。刘某不服一审判决上诉至安徽省高级法院，2015 年 9 月 14 日，安徽省高级法院裁定驳回上诉，维持原判。

二、典型意义

医疗卫生行业关系到民众生命健康这一基本的民生权利，关系到百姓切身利益，是当前人民群众高度关心的热点问题之一。由于医疗行业专业性较强、医疗用品市场相对封闭及行业制度和相关法律法规不健全等因素，近年来，医疗卫生系统工作人员职务犯罪出现了一些新特点，严重侵害人民群众的切身利益，扰乱了正常的市场秩序和医药卫生管理秩序。本案中，刘某收受他人财物，为他人谋取利益，时间长、次数多，累计涉案数额达到 2000 余万元，是典型的“小官大贪”腐败，社会影响恶劣。检察机关通过查办医疗卫生领域贪污贿赂犯罪，充分发挥检察职能，着力维护医疗卫生领域药品采购、医疗器材购销等的正常秩序，努力促进医疗卫生行业健康有序发展，彰显了检察机关全面履行检察职能，为推进健康中国建设提供有力司法保障的坚定决心。

典型案例 11　黄某行贿案

一、基本案情

2006 年至 2013 年期间，四川绵阳某某医疗器械有限公司业务员黄某，为了能够中标安徽省阜阳市肿瘤医院多极射频治疗仪、腹腔镜、彩超、呼吸机等医疗器械招标项目，找到时任阜阳市肿瘤医院分管临床业务副院长兼普外科主任的刘某（另案处理），希望刘某在招标过程中对其经销的设备进行关照，并承诺给予相应的好处费，后在刘某的帮助下，黄某多次中标。为感谢刘某的关照，黄某先后多次向刘某行贿共计 202.8 万元。

2014 年 8 月 2 日，安徽省阜阳市阜南县检察院以涉嫌行贿罪依法对黄某立案侦查。2015 年 6 月 29 日，阜南县法院以行贿罪判处黄某有期徒刑六年。

二、典型意义

在我国，医疗器械长期供大于求，医疗器械销售行业竞争激烈，许多药商或分销商刻意利用“高额回扣”等违法手段参与市场竞争，破坏了市场竞争的正常秩序。在本案中，黄某多次请刘某在该医院的招标中予以关照并给予好处，建立了稳定的“合作”关系，双方行受贿行为持续时间长，犯罪时间跨度大，严重损害了医疗器械采购正常秩序，败坏了社会风气，造成了恶劣的社会影响和后果。检察机关在查处医疗卫生领域领导干部受贿犯罪的同时，对一些药品、医疗器材经销商的行贿犯罪也不姑息，依法予以打击，通过双管齐下的做法，积极维护医疗卫生领域药品采购、医疗器材购销等的正常秩序，努力促进医疗卫生行业健康有序发展。

典型案例 12　刘某某滥用职权、污染环境案

一、基本案情

根据有关城市污水排放的法律规定，城市内污水处理应当向环保部门申请相关排放许可。2014 年 9 月至 2015 年 3 月，山东省潍坊市寒亭区城管局城市管理执法监察大队原副大队长刘某某，在明知国家城市污水排放管理相关规定的前提下，未经环保部门许可，伙同社会人员赵某某、张某某、游某某等人，租住民房并设计、订做、购买排污设备，采用挖埋地下管道等手段接入城市污水处理管网，大肆排放有毒有害化工污水；刘某某作为负有监管职责的执法人员，还滥用职权为非法排污行为积极提供帮助，造成寒亭区污水处理厂设备严重毁损和浞河河水严重污染，致使流域内部分鱼塘、农作物损失严重，经济损失共计 939.1434 万元。

2015 年 5 月 22 日，山东省潍坊市寒亭区检察院以涉嫌滥用职权罪依法对刘某某立案侦查。2016 年 7 月 13 日，潍坊市寒亭区法院以滥用职权罪、污染环境罪数罪并罚，判处被告人刘某某有期徒刑七年六个月，并处罚金 80 万元。

二、典型意义

本案中，刘某某作为环境执法监察人员，不仅伙同他人非法排污，还滥用职权为排污行为提供帮助，造成污水处理设备损毁和河道污染，严重危害生态环境和人民群众生命健康，经济损失巨大，社会影响恶劣。检察机关在办案过程中，全面调查取证，最终以恶劣社会影响和经济损失后果双重认定的方式，全面查实犯罪分子的罪行。本案的依法查处，有

效促进了环境保护行政主管部门加强环境监管，进一步增强了人民群众对生态环境的保护意识，营造了打击和遏制生态环境的社会氛围，切实从源头上有效预防了破坏生态环境犯罪的发生。

部分新闻链接

1. 新华社 2016 年 10 月 21 日报道《最高检：暴力伤医案件一律列为重大敏感案件》。

2. 光明日报 2016 年 10 月 22 日报道《暴力伤医一律列为重大敏感案件》。

3. 中央电视台 2016 年 10 月 21 日报道《最高检出台意见为健康中国提供司法保障：发布 12 起典型案例》。

4. 中国青年报 2016 年 10 月 22 日报道《最高检要求快速办理涉医违法犯罪案件》。

5. 中国妇女报 2016 年 10 月 22 日报道《最高检：加强对妇女儿童等重点人群司法保护》。

6. 健康报 2016 年 10 月 25 日报道《检察机关重拳打击涉医犯罪》。

加强检察监督　促进依法执行

“两高”发布关于民事执行活动法律监督若干问题的规定

发布时间： 2016 年 12 月 19 日 14:30

发布内容： 发布最高人民法院、最高人民检察院《关于民事执行活动法律监督若干问题的规定》；通报检察机关加强民事执行活动监督基本情况和人民法院加强执行工作规范化建设有关情况

发布地点： 最高人民检察院电视电话会议室

主 持 人： 最高人民检察院新闻发言人　肖玮

出席嘉宾： 最高人民法院执行局副局长　吴少军①

最高人民检察院民事行政检察厅副厅长　贾小刚

① 原任最高人民法院执行局副局长，现已退休。

主题发布

肖 玮

各位记者朋友，大家下午好！最高人民法院、最高人民检察院今天在这里共同召开新闻发布会，主题是“加强检察监督，促进依法执行”，今天的新闻发布会主要有三项内容：一是发布最高人民法院、最高人民检察院《关于民事执行活动法律监督若干问题的规定》，通报检察机关加强民事执行活动监督基本情况；二是通报人民法院加强执行工作规范化建设有关情况；三是回答记者提问。

我们今天非常荣幸地邀请到了最高人民法院执行局吴少军副局长、最高人民检察院民事行政检察厅贾小刚副厅长出席今天的发布会，并就大家感兴趣的话题进行交流。

2013 年 1 月 1 日施行的修改后《中华人民共和国民事诉讼法》明确了检察机关民事执行监督权，从立法上强化了对民事执行活动的外部监督。民事执行监督是指检察机关对人民法院执行已经发生法律效力的民事判决、裁定、调解书、支付令、仲裁裁决以及公证债权文书等法律文书的活动进行法律监督。主要包括对民事执行裁判行为、民事执行实施行为进行检察监督。检察机关加强民事执行监督工作，有利于监督人民法院在诉讼活动中依法执行，维护司法公正和司法权威，维护国家利益和社会公共利益，保护公民、法人和其他组织的合法权益，保障国家法律的统一正确实施。

为加强和规范人民检察院民事执行法律监督活动，促进人民法院依法执行，根据《中华人民共和国民事诉讼法》和其他有关法律规定，最高人民法院、最高人民检察院联合制定了《关于民事执行活动法律监督若干问题的规定》（以下简称《规定》）。下面首先请最高人民检察院民事行政检察厅贾小刚副厅长向大家介绍《规定》的制定背景、主要内容，并通报检察机关加强民事执行活动监督有关情况。

贾小刚

各位记者朋友，大家下午好！今天最高人民法院、最高人民检察院在这里共同召开新闻发布会，公布最高人民法院、最高人民检察院《关于民事执行活动法律监督若干问题的规定》。下面我就《规定》的制定背景、指导思想、主要内容作一说明，并通报2013年以来检察机关对民事执行活动实行法律监督的基本情况。

一、《规定》的制定背景

修改后的《民事诉讼法》第235条规定："人民检察院有权对民事执行活动实行法律监督。"根据该规定，人民检察院依法对民事执行活动实施法律监督，人民法院依法接受检察监督，这项工作取得了长足的进展。但是三年多的实践表明，这一工作既需要继续加强，也有必要进一步加以规范。

（一）加强对执行活动的监督，促进依法执行

执行环节是保证生效裁判顺利实现的重要环节，直接关系当事人诉讼权利的最后实现。不规范的执行行为不仅直接损害了当事人的利益，也会损害司法权威和司法公信力，激化社会矛盾，影响社会稳定。近年来人民法院高度重视执行工作，全力解决"执行难"问题，对加强和规范执行工作进行总体部署，所取得的成绩有目共睹。但执行难、执行不规范仍是人民群众反映比较集中的问题，民事诉讼法修改增加了"人民检察院有权对民事执行活动实行法律监督"这一规定，党的十八届四中全会明确指出要"加强对司法活动的监督"，孟建柱书记在全国法院执

行工作会议上指出，各级人民检察院、人民法院要从维护社会主义法制统一尊严权威高度，依法履行职责，相互配合，相互制约，共同推进解决执行难问题，尤其强调“检察院要加强监督，依法履行好执行检察的作用”。作为国家法律监督机关的检察机关，应切实履行好法定监督职责，加强对执行工作的监督。同时，检察监督也需要依法开展，规范运行，要坚持依法监督的原则，在监督法院违法和不规范执行行为的同时，支持法院依法执行，尊重和保障当事人的诉讼权利。

（二）法律的原则性规定需要司法实践予以补充完善和细化，增强可操作性

对民事执行活动实行检察监督，尽管有明确的法律规定，但规定较为原则，缺乏可操作性。如民事执行监督案件由哪一级检察机关管辖，受理程序如何，人民法院如何受理检察建议以及检察建议的法律效力等问题，亟须进一步规定予以明确。

（三）原有的一些规定已不能适应当前司法的需求

对民事执行活动实行法律监督，早在2011年“两高”就启动了试点，并确立了监督范围、方式和程序等，但随着民事执行监督工作的深入推进，实践中出现一些新情况、新问题，给司法实践带来了新的法律适用问题。特别是民事诉讼法规定了对民事执行的法律监督后，试点时期的一些规定已不符合法律要求。

鉴于上述情况，为了进一步规范民事执行检察监督，促进人民法院依法执行，“两高”就会签执行监督文件形成共识。在深入细致调研的基础上，“两高”对当前执行检察监督亟须解决的有关问题进行了认真梳理和深入研究，最终在监督范围、受理程序、调阅卷宗、检察建议的提出、回复以及法院的立案等问题上达成共识，制定了本《规定》。

二、《规定》的指导思想

《规定》制定过程中，始终坚持以下指导思想：

（一）坚持从维护司法公正和司法权威的高度进行制度设计

加强和规范执行监督工作，促进人民法院依法执行，既是维护当事人合法权益的现实需要，更是规范司法行为，提高司法公信力，维护司

法公正和司法权威的必然要求。《规定》的制定过程始终坚持这一指导思想，紧紧围绕执行检察监督的监督范围、监督方式、监督效力等关键问题进行条文设计，明确了对执行行为全面监督、采取检察建议的方式进行监督、人民法院限期回复等核心问题。同时又从规范检察监督的角度对执行监督案件的审查期限、管辖、受理程序等问题进行了细化规定，既规范了一般执行监督案件的办案流程，又针对具体实践中容易产生争议的问题进行了明确规定，体现了《规定》为解决司法实践需要、切实维护司法公正和司法权威而制定的初衷。

（二）注重吸收已有司改成果

制定过程中我们重视吸收已有司改成果，特别是"两高"已经达成共识并且经过实践检验、证明行之有效的司改成果。如检察建议的监督方式、跟进监督的有关规定等，就参考了"两高"2011年联合发布的《关于在部分地方开展民事执行活动法律监督试点工作的通知》中的部分规定，并根据实际情况作了调整。

（三）强调可操作性

《规定》务求明确具体，可操作、可执行，《规定》中的内容基本上是经过实践证明行之有效的、双方均认同的做法。如确立同级管辖的一般原则，即是对检法两院一直以来做法的确认。

三、《规定》的主要内容

《规定》共22条，主要规定了以下内容：

（一）完善了检察监督的规定

《规定》强调人民检察院应依法监督，同时从规范受理程序、明确同级管辖原则、确定依职权监督及跟进监督的案件类型、检察建议的提出程序及内容要求等方面对检察监督行为进行了全面规范。如《规定》明确检察建议书应当载明检察机关查明的事实、监督理由、依据以及建议内容等，对检察建议书的体例及内容均提出了明确要求。

（二）规范了法院接受监督工作

《规定》从监督范围、法院受案部门、检察建议的法律效力等方面明确人民法院依法接受监督。如明确人民检察院对人民法院民事执行行为进行全面监督；明确由法院立案部门统一受理执行监督案件，规范了人民法院的受理程序；统一规范了人民法院对执行监督案件的处理程序、回复期限以及回复形式，明确了检察建议的法律效力。

（三）对当事人申请监督给予指引

《规定》着眼于保障当事人权利进行制度设计，对当事人申请检察监督给予了明确指引。如从便利当事人行使申诉、控告权利出发，规定了同级监督原则；对当事人申请执行检察监督应该提交的材料进行了明确规定；《规定》一方面引导当事人依法向法院寻求权利救济，要求当事人、利害关系人、案外人先向法院提出相关权利主张，另一方面规定了例外情形，最大程度保障当事人寻求救济的权利。

（四）建立了检法两院相关工作机制

《规定》强调检法两院应加强沟通交流，完善相关工作机制，密切配合，互相支持，共同促进民事执行法律监督工作有序开展。如《规定》明确当事人在申请执行监督过程中有和解意愿的，检察机关在确认和解协议不违反法律规定的情况下，可告知当事人将和解协议送交人民法院，由人民法院依照《民事诉讼法》第 230 条的规定进行处理。这一规定体现了检察机关执行监督工作与法院执行工作的配合。

四、检察机关对民事执行活动实行法律监督的基本情况

民事诉讼法修改后，全国检察机关以办案为中心，积极开展对民事执行活动的法律监督，在检法两院的共同努力下，纠正了一些违法和不规范的执行行为，维护了司法公正和司法权威，促进了民事执行领域社会矛盾的有效化解，取得了较好成效。

（一）加强办案工作

2013 以来，全国检察机关每年办理一批民事执行检察监督案件，提出的检察建议得到了人民法院的积极回应。据调研统计，检察建议主要针对人民法院执行款物管理不规范、选择性执行或消极执行、执行程序违法等问题提出，其中执行款物管理不规范涉及的问题主要有拖延支付、截留、挪用、侵占、贪污以及管理不规范、违规发放分配等。为加强对执行案款的管理，“两高”于 2016 年 4 月启动了执行案款集中清

理活动，取得了明显成效。执行程序违法主要表现为对执行异议未在法定期限内答复，终结本次执行程序随意性过大、超标的查封、扣押、冻结等。2014 年 9 月和 2016 年 2 月，最高人民检察院先后两次发布了河北石家庄某公司申请执行监督案等 6 件案件，取得良好反响。

（二）加强制度建设

鉴于立法比较原则，缺少相应操作规范，最高人民检察院一直重视执行检察监督的制度建设，加强“顶层设计”，引导基层边工作边规范，希望这项工作在依法规范的轨道上逐步得到发展。2013 年 9 月和 2016 年 3 月，我们先后制定颁布了《人民检察院民事诉讼监督规则（试行）》和《人民检察院行政诉讼监督规则（试行）》，分别对民事、行政执行检察监督案件的受理、审查等进行规范。在高检院指导下，山西、山东、上海、广东等省级院以及安徽池州、河北承德等市级院也制定了民事执行监督工作暂行办法、工作指引、指导意见等。

（三）加强业务指导

我们通过案件质量评查、精品案件评选等方式，指导下级院抓好办案工作。2016 年，我们组织了基层工作推进年及第二次案件质量评查活动，注重发现各级检察机关在执行检察监督工作中存在的问题，提出指导意见。在案件质量评查活动中，我们将执行检察监督案件作为评查重点，要求各省级院对本辖区 2015 年办结的所有执行检察建议案件进行评查。在此基础上，最高人民检察院民行厅组织 7 个评查组，对 13 个省的部分案件进行了复查。评查结束后，我们对评查中发现的问题进行了深入分析，查找原因，提出对策，加强了业务指导的针对性。

（四）加强能力建设

民事诉讼法修改后，我们注重加强业务培训，提高监督能力和水平。一些地方检察机关通过派员到法院挂职锻炼等方式积累工作经验，提升业务能力，如广东、上海等地均派出民行干部到法院执行局学习锻炼，得到了法院的大力支持。

（五）加强沟通协调

民诉法修改后，“两高”先后两次组成联合调研组到地方调研，就监督原则和理念、监督范围和对象等主要问题及“两高”的协调配合问题达成共识，这也是《规定》能够顺利会签的基础。在“两高”的示范带动下，地方检法两院也加强了沟通协调，很多地区形成了良性互动。

山西省级“两院”就执行监督工作发布联合规定，云南省有20多个基层“两院”会签文件或会议纪要。山东胶州、广西钦州钦北区、山东烟台芝罘区等地检法“两院”建立了信息交流共享机制，实现了信息共享。相关工作机制的建立，不仅促进了执行检察监督工作的有序开展，也促进了法院“执行难”问题的解决。

下一步，检察机关要认真组织学习培训，严格按照《规定》要求，立足检察机关的法律监督职能，依法监督，规范监督，确保《规定》全面贯彻落实。希望在检法两院的共同努力下，能切实解决人民群众反映的执行不规范、执行难等问题，共同维护司法公正及司法权威，为保障社会和谐稳定发挥积极作用。

吴少军

各位记者，大家下午好！最高法院在2016年4月出台的基本解决执行难问题工作纲要中明确提出，将人民法院消极执行、选择性执行、不规范执行的情形基本消除作为“基本解决执行难”的一项总体目标。为实现这个目标，最高法院采取了一系列举措，进一步推进执行工作的规范化建设，其中包括今天“两高”联合发布的《关于民事执行活动法律监督若干问题的规定》。借这个文件发布之际，将人民法院执行规范化建设有关情况通报如下。

一、完善执行规范体系

完善执行规范体系，是加强执行规范化建设的基础。2016年以来，最高法院共出台了近十个涉执行的司法解释、规范性文件，重点规范了六个方面的内容：一是进一步规范和加强申诉信访案件办理，建立健全信访终结制度，将执行申诉信访统一归口执行机构负责，要求各级法院建立执行信访互联网申诉、远程视频接访等网络系统，为申诉信访增加更为便捷的渠道。二是确立了网络司法拍卖优先原则，在全国范围内推广网络司法拍卖制度，借助网络拍卖平台的公开、透明、高效特点，实现拍卖程序的全程、全面、全网络公开。三是鼓励进一步提高财产保全的适用比例，同时严格禁止超标的保全，纠正保全中的不规范行为。四是确立了变更追加执行当事人法定原则，明确规定变更追加申请执行人和被执行人的具体情形，明确复杂情形下当事人可以提出异议之诉的权利。五是明确终结本次执行程序的程序要件和实质要件，建立完善终本案件的恢复机制和救济管理，进一步促进无财产可供执行案件的规范办理。六是要求在执行工作中牢固树立依法保护产权的理念，依法准确甄别被执行人财产，在采取查冻扣措施时注意把握执行政策。

近期，最高法院还将根据联合信用惩戒的新形势，对失信被执行人名单的司法解释予以修订；针对被执行人隐匿财产等问题，将出台财产申报和财产调查司法解释；针对执行行为规则比较分散、不够清晰等问题，建立和完善一整套以操作规程为核心的执行行为规范体系，明确执行人员的工作职责，划清权力边界。

二、以信息化手段力促执行规范

要切实规范执行行为，必须借助信息化手段，打造数据铁笼，形成一套严密的切实可行的网络化规范监控体系。

（一）充分发挥执行办案管理平台规范执行功能

目前，全国法院已经上线运行了执行案件流程信息管理系统，全国3519个法院所有执行案件均在一个平台上立案、办理和管理，这将有力促进执行规范化水平的提升。该系统将办案规范植入信息系统，形成标准化操作流程，可通过对关键环节的监控管理，使执法办案的各个环节和各个节点纳入规范化轨道。上级法院乃至最高法院可以全面掌握下级法院所有执行案件的具体办理情况，并随时发现和监督其在执法办案过程中存在的违法执行、消极执行等各类问题。各级法院将安排专门的监督管理人员，对流程节点及时管理监控，对执行办案流程中出现的各种违规现象将即查即纠，充分发挥执行办案管理平台在规范执行行为、全面及时监督管理、全面及时纠偏纠错方面的功能作用，彻底改变执行监督管理弱化、存在死角和漏洞的局面。

（二）进一步推进执行指挥中心建设

自2009年以来，最高法院大力推进执行指挥中心建设，逐步打造执行指挥中心信息化管理平台，目前，最高法院、各高院、大多数中院和部分基层法院均建立了互联互通的执行指挥中心平台。执行指挥中心平台的建设完善也是执行规范化建设的重要组成部分。通过该平台，上级法院可以指挥、协调、督办下级法院重大执行案件，实现跨地域法院的协同配合、联合执行，提高重大执行行动和异地执行的规范化水平。该平台通过与执法记录仪等单兵系统的对接，可以对法院之外的执行活动进行完整真实记录，并可实时监督、指挥，确保外出执法活动规范有序。最高法院执行指挥中心将进一步做强、做大、做实，全面整合网络查控、案件管理、信息公开、信用惩戒、绩效考核等功能，将全国四级法院信访督办、终结本次执行程序案件、案款发放、事项委托等方面的管理工作纳入信息化管理平台，加强对执行失范重点环节的监督管理，切实补齐规范化建设的短板。

（三）推行“一案一账户”案款管理系统

2016年4月以来，最高法院与最高检察院联合开展执行案款专项清理活动，有力促进了人民法院案款发放环节的行为规范，取得显著成效。北京、浙江、江苏、上海等地法院建立了“一案一账户”案款管理系统，依托信息化技术，对执行案款实现精细化管理，为构建案款规范化管理的长效机制进行了有益探索，积累了经验。近期，最高法院将修订相应规范性意见，完善案款管理制度。

三、健全执行监督体系

健全执行监督体系，强化执行工作监督，是有效防范和纠正人民法院消极执行、选择性执行等执行失范行为的重要途径和手段。

（一）进一步加强内部监督

注重强化程序救济，对于符合法律规定条件的执行异议和复议、异议之诉案件，要求各级人民法院及时受理并办理正式立案手续，受理后必须及时审查、及时作出异议、复议裁定或者异议之诉判决。同时，要求各地务必保障执行法官入员额，注意把政治素质高、业务素质强、作风扎实的法官充实到执行部门，为确保执行行为规范提供人员保障。注重充分发挥执行信访工作的作用，对来信来访中反映的不作为、乱作为案件，坚决扭住不放，一查到底，一抓到底。凡是反映情况属实的坚决及时纠正，注重通过开展专项活动治理重点问题。自 2012 年以来，最高法院组织了以党政机关为被执行人的积案清理活动、“转变执行作风、规范执行行为”专项活动，打击拒执犯罪活动、两次涉民生案件集中执行行动以及执行案款集中清理活动。六次专项活动不仅有效缓解了执行中的突出问题，而且探索完善了长效机制。

（二）依法接受检察监督

人民法院一贯重视检察监督，主动邀请检察机关对执行案件进行监督，改善执行环境，维护当事人的合法权益。2016 年以来，“两高”加大就执行工作开展法律监督问题的联合调研力度，并形成了今天发布的这个规范性文件。这个文件第一条开宗明义地明确人民法院应当依法接受检察监督，具体体现在以下两个方面：第一，要依法协助人民检察院查阅、复制、拷贝、摘录执行案件材料，依法说明相关案件的执行情况及理由。第二，要依法办理民事执行监督检察建议，有则改之，无则加勉。检察机关在监督的同时，也为解决执行难提供了有力支持。2014–2015 年，最高法院联合最高检察院、公安部开展集中打击拒执犯罪行为专项行动，有效遏制了拒执现象。此后，积极打击拒执行为在各地成为常态。这次发布的文件，也明确了检察机关发现被执行人涉嫌构成拒执罪且公安机关不予立案侦查的，应当移送侦查监督部门办理；有关国家机关不依法履行生效法律文书确定的执行义务或者协助执行义务的，检察院可以向相关国家机关提出检察建议；人民法院执行活动不存在违法情形的，检察院应当作出不支持监督申请的决定，并向申请人做好释法说理工作。

检察机关在监督的同时强化支持，将有利于人民法院尽快实现基本解决执行难的目标。

（三）主动接受人大监督

主动接受人大监督，定期或不定期向各级人大报告执行工作，邀请人大代表到法院视察，及时办理代表议案和质询。2016年以来，最高法院先后三次组织部分全国人大代表、政协委员组团分赴黑龙江省、北京市、陕西省等地法院就解决执行难问题开展调研，分析问题，研究对策，取得了良好的社会效果。

（四）广泛接受社会监督

人民法院主动将执行案件流程信息、失信被执行人名单信息、执行裁判文书等及时向社会公开，保障当事人和社会公众的知情权、监督权，让执行权在阳光下运行。2016年，最高法院邀请中国社会科学院牵头与15家权威研究机构、新闻媒体和12名知名专家学者共同组成第三方机构，负责基本解决执行难评价体系的制定和评估组织工作，全面、深入地了解和监督全国基本解决执行难的各项工作。

规范执行是基本解决执行难的应有之义，我相信，通过人民法院自身不懈努力，通过检察机关及各界的关心支持，人民法院执行工作将在依法执行、文明执行、善意执行理念指导下，努力实现法律效果与社会效果有机统一，加大执行力度与保护各方合法权益有机统一，履行职责与服务大局、促进发展有机统一，努力让人民群众在每一个执行案件中感受到公平正义。

现场答问

中国网记者　张春竹

检察院都通过哪些途径来发现人民法院的民事执行活动是否违法？对于法院执行不作为的情况，检察院如何处理？

贾小刚

司法实践中，人民检察院发现案件的渠道主要有三个：一是当事人向人民检察院申请监督；二是当事人以外的公民、法人和其他组织向人民检察院控告、举报；三是人民检察院依职权发现，主要包括审查其他案件中发现、通过媒体发现等情形。《人民检察院民事诉讼监督规则（试行）》对此有明确规定。执行不作为、消极执行属于比较典型的一类执行违法情形，人民检察院应当进行监督。实践中，人民法院未能执行的原因比较复杂，有的属于执行不能，有的属于执行不作为。为了解法院对于个案的执行情况，维护司法权威，《规定》第 10 条规定了要求人民法院说明执行情况及理由的程序，即“人民检察院认为人民法院在民事执行活动中可能存在怠于履行职责情形的，可以向人民法院书面了解相关情况，人民法院应当说明案件的执行情况及理由，并在十五日内书面回复人民检察院”。结合人民法院的回复情况，人民检察院会全面审查案件事实，以判断是否需要采取进一步的监督措施。

中央人民广播电台记者　刘　乐

检察院通过哪些途径来发现人民法院的民事执行活动是否违法？对于法院执行不作为的情况，检察院如何处理？

吴少军

当事人的有效救济渠道，首先对于明显超标的查封、扣押、冻结、不当的处分财产等执行行为违法或不当的情形，法律有规定的，当事人、利害关系人、案外人可以依照《民事诉讼法》第225条或者第227条规定，向执行法院提出执行行为异议，异议被驳回，可以申请复议或者提出案外人异议。

涉及实体法律争议需要另行诉讼的，可以依法提起诉讼，这是有法律明文规定的法定的救济渠道。根据《规定》第6条，当事人、利害关系人、案外人应当先行通过上述民事诉讼法规定的途径寻求权利救济。如果当事人、利害关系人、案外人未按上述法律规定的救济途径提出异议、复议或者提起诉讼，而是直接向人民检察院申请检察监督的，按照我们达成的共识，人民检察院原则上不予受理，但有正当理由的除外。

如果执行法官在行使职权过程中存在滥用职权、渎职失职行为的，当事人可以向人民法院纪检部门反映情况。人民法院执行行为违反法律规定或者执行人员滥用职权、渎职失职行为给当事人、利害关系人、案外人造成财产损失，如果符合国家赔偿法及相关司法解释规定的，权利受损的主体还可以依法向人民法院申请国家赔偿。

新华社记者　丁小溪

开展民事执行监督面临哪些困难？针对这些困难，检察机关有哪些有针对性的措施？

贾小刚

民事执行检察监督是一项相对较新的检察业务，主要存在以下三方面的困难：一是法律规定还比较原则，缺少具体可操作的制度；二是检察机关监督的能力不足，缺少监督经验；三是有的检察院和法院在监督与接受监督的认识上还不能完全统一。

针对法律规定缺失的困难，检察机关总结实践经验，通过制定司法解释和规范性文件细化法律的原则性规定，增强操作性。我们先后制定颁布了《人民检察院民事诉讼监督规则（试行）》和《人民检察院行政诉讼监督规则（试行）》两个司法解释，对民事、行政检察监督案件的受理、审查等进行规范。还积极尝试与最高人民法院共同制定司法解释或规范文件，弥补法律的不足。本《规定》的出台，在很大程度上解决了这一困难。

针对检察机关自身人员偏少和监督能力的不足，我们有针对性地加大了业务培训和指导力度。多次举办业务培训班，派员到法院挂职锻炼，开展业务竞赛等岗位练兵活动，采取各种方式提升业务能力。

针对检法认识不统一的问题，我们要求各级检察院加强与同级法院的沟通，通过定期座谈、联合调研、会签文件等多种方式取得法院的理解支持，共同研究和解决问题。2016 年 4 月开始，最高人民检察院和最高人民法院在全国组织执行案款专项清理活动，目前这项工作仍在进行中，很多地方检法两院相互配合，相互支持，取得较好效果。

上海电视台法治天地频道记者 程文韬

法院在接受检察院的监督方面做了哪些工作？这次发布的《规定》，如何具体贯彻落实到执行工作实际之中？

吴少军

2011年3月10日，“两高”联合发布最高人民法院、最高人民检察院《关于在部分地方开展民事执行活动法律监督试点工作的通知》，在部分地方开展民事执行检察监督试点工作。各基层人民法院配合人民检察院进行了多年探索实践，对民事执行检察监督的条件、形式、范围、程序等问题积累了相应的司法经验。自2015年起，最高人民法院和最高人民检察院在总结民事执行检察监督实践经验的基础上，经过反复研究，制定本《规定》，规范民事执行检察监督，使该项工作有了更加明确的依据。

在贯彻落实《规定》内容方面，人民法院将在依法接受人民检察院法律监督原则基础上，严格按照《规定》确立的各项要求，与人民检察院密切配合，支持人民检察院依法开展工作，确保民事执行检察监督有序进行。最高人民法院将督促全国各级人民法院，依法接受人民检察院的法律监督，进一步提高执行工作规范化水平。对于《规定》实施过程中产生的相关问题，人民法院及时汇总，与检察机关协商后进一步予以明确。

《规定》第 2 条确立了人民检察院监督、支持人民法院依法行使执行权的原则，在落实《规定》相关制度要求的过程中，人民检察院除了依法监督人民法院民事执行活动以外，也将积极支持人民法院依法开展执行工作。对于符合拒不执行判决、裁定罪构成要件的行为，侦查机关应当立案侦查而不立案侦查的，以及国家机关作为被执行人或协助执行义务人，拒不履行生效法律文书确定义务或协助执行义务的行为，人民检察院也将依法行使法律监督权，支持人民法院开展民事执行工作。我们相信这个工作落实好了，我们法检两院一定会形成解决执行难的合力，为人民法院两到三年解决执行难的问题提供正能量。

经济日报社记者　李万祥

我想问吴局长，法院民事“执行难”和“执行乱”主要发生在哪些领域？为什么？接下来，针对这些问题，法院会采取怎样的有效措施？是否面临一些挑战和困难？

吴少军

执行难和执行乱主要发生在金钱债权类执行案件中，通俗地讲，就是欠债不还的案件。在当今社会下，欠债不还的现象大量存在，借款不还、买卖欠款劳动欠薪等，并不限于某个特定领域。

执行难主要指生效法律文书确定的债权没有得到实现的情况，可以区分为具备执行条件没有执行到位的和不具备执行条件无法执行到位两类情形。第一种情形，主要因为被执行人规避执行、抗拒执行，外部干预执行和法院自身执行力量欠缺、执行不规范、体制机制运行不畅等原因造成。针对这种情况，法院主要通过全面地推进执行信息化、规范化和职业化建设来解决。比如，近些年密集出台了司法解释和规范性文件，加强执行规范化建设，通过建立完善网络执行查控体系和联合惩戒体系，解决查人找物难、协助执行难和规避执行问题，大力推进执行体制机制改革、加强执行队伍建设，改善队伍作风、提高队伍的能力等。第二种情形，主要因为被执行人客观上不具备履行能力造成。这个问题在任何国家、任何时期都是个难题，需要通过社会的综合治理才能得以缓解。

执行乱是一种通俗的说法，主要是执行人员存在违规执行、违法执行、执法标准不统一等情形，比如超标的查封、违法拍卖等。造成执行乱主要有两个原因，一是因为规则不完善，为此，最高人民法院将继续密集出台司法解释和规范性文件，同时我们强力推进国家的强制执行立法；二是因为个别执行员存在作风、廉洁方面的问题，为此，最高人民法院也将加强队伍建设，加强执行监督，对发现的问题，坚决依纪依法严肃处理。

解决执行难、执行不规范的困难和挑战，除了法院要努力解决自身的一些问题之外，还有一些问题是单靠法院自身是不能解决的。比如一些地方和部门对执行工作不够重视、支持力度不够，社会征信、诚信体系建设不够完善等制约执行工作的深层次问题短期内难以解决，法院案多人少矛盾不断加剧等。但我们有信心，在党的坚强领导下，在人大、政府和社会各界的监督支持下，全国法院上下一心，攻坚克难，周强院长 2016 年在全国人大会上作出了承诺，要用两到三年时间内基本解决执行难和执行乱的问题，我们觉得这个目标还是基本可以实现的。

北京青年报记者　高语阳

之前，“两高”曾开展民事执行活动法律监督的试点工作，出现过一些如监督启动程序不规范等问题，在此次的规定中，对监督启动程序、监督范围和方式等是如何进行规范的？如何避免检察监督权使用不当？

贾小刚

2011 年，“两高”曾就执行活动法律监督工作开展试点，试点期间的规定不尽完善，范围也有很大局限，试点过程中确实暴露了一些程序不规范的问题。正是在充分总结试点工作经验的基础上，经过认真梳理和深入研究，“两高”共同制定了本《规定》，对于监督启动程序、监督范围和方式都予以明确。

在监督范围上，《规定》首先明确了执行检察监督是对人民法院民事执行行为的全面监督，也就是说，“人民检察院对人民法院执行生效民事判决、裁定、调解书、支付令、仲裁裁决以及公证债权文书等法律文书的活动实行法律监督”。

在监督程序的启动上，基于用尽权利救济原则以及诉讼经济的考量，《规定》第 6 条对依申请监督案件的启动程序作了限定，要求当事人、利害关系人、案外人应先向法院提出异议、复议等相关权利主张，否则检察机关不予受理。但对于异议、复议程序本身的申请及有正当理由未向法院提出相关权利主张的，检察机关仍应受理。

在监督方式上，《规定》第 11 条明确了检察建议的方式，同时对审批程序及检察建议书的要求作了具体规定。为确保检察监督权的规范行使，检察机关在《人民检察院民事诉讼监督规则（试行）》中明确规定了“承办人审查、集体讨论，检察长或检察委员会决定”等严格的案件审查和审批程序，本《规定》再次重申了检察建议应当经检察长批准或者检察委员会决定，检察建议书应当载明检察机关查明的事实、监督理由、依据以及建议内容等。为防止检察监督权使用不当，《规定》第17条还明确规定，人民法院认为检察监督行为违反法律规定的，可以向人民检察院提出书面建议，人民检察院应当在三个月内书面回复处理情况；法院仍有异议的，还可以通过上一级人民法院再次提出等。

法制网记者　莫亚奇

哪些情形下当事人可以向检察院申请监督，申请的途径又是什么？检察机关依职权启动监督程序的案件包括哪些？

贾小刚

申请监督是当事人的一项权利，只要当事人认为民事执行活动存在违法情形，即可以向人民检察院申请监督。我们在《人民检察院民事诉讼监督规则（试行）》和本《规定》中对当事人申请监督作出了指引，主要包括：一般应先向法院提出异议和复议，应当向执行法院的同级检察院提出等。人民检察院由控告检察部门负责受理这类案件，当事人应当向控告检察部门提交监督申请书、身份证明、相关法律文书及证据材料等申请材料。

人民检察院启动监督程序，以当事人申请为主，但符合下列情形之一的，人民检察院可以不经申请，依职权启动监督程序：一是损害国家利益或者社会公共利益的；二是执行人员在执行该案时有贪污受贿、徇私舞弊、枉法执行等违法行为、司法机关已经立案的；三是造成重大社会影响的；四是需要跟进监督的。

人民法院报记者　乔文心

在强化检察建议法律效力方面，特别是法院在收到检察建设后，如何严格审查程序和回复程序，《规定》有哪些硬性规定？法院在落实《规定》的相关制度上有哪些具体措施？

吴少军

《规定》第 13 条明确要求，人民法院收到人民检察院的检察建议书后，应当在三个月内审查完毕，有特殊情况需要延长的，经本院院长批准后，可以延长一个月。人民法院审查完毕后，应将审查处理情况以回复意见函的形式回复人民检察院。在审查处理检察建议的过程中，人民法院作出相关裁定、决定等法律文书的，应将相关裁定、决定等法律文书附后，一并送交人民检察院。人民法院的回复意见函还应载明查明的案件事实、回复意见和理由，同时要加盖上法院的印章。

《规定》第 14 条也明确，人民法院收到人民检察院的检察建议后，逾期未回复，或者回复后人民检察院认为处理结果不当的，提出检察建议的人民检察院可以提请上一级人民检察院向其同级人民法院提出检察建议。人民法院在收到上一级人民检察院的检察建议后，应当在三个月内提出审查处理意见，并以回复意见函的形式回复人民检察院。如果人民检察院的意见正确的，上级人民法院应当监督下级法院及时纠正。

在落实《规定》具体的措施方面，提到了人民法院应当加强与人民检察院的沟通协调，建立完善信息交流和联系机制，就落实《规定》过程中产生的有关问题，进行定期的情况交流，密切配合，共同做好民事执行法律监督工作。有条件的地方还可以出台相应的实施细则，这个规定还是比较严格的。

检察日报记者　徐日丹

民事执行活动法律监督工作形成统一制度规范后，监督介入的时机如何把握？以往的一些司法实践多以检察建议方式行使监督职权，今后是否有更多渠道落实监督工作？

贾小刚

在把握监督的介入时机方面，我们主要有以下考虑：一是充分尊重当事人意愿。检察机关对民事执行活动进行法律监督，是对公权力的监督，发现公权力违法，就应依法启动监督程序。但是，由于对公权力的监督一般也会影响当事人的私益，所以在不涉及国家利益、社会公共利益等情况下，检察监督会充分尊重当事人意愿，监督程序的启动原则上以当事人申请为主。二是坚持事后监督。在民事执行活动中，人民检察院和人民法院按照分工履行各自的职能。在违法行为或违法情形发生后，检察监督才会介入。对于法院正常的执行活动，检察院不介入，也不会干扰执行活动的依法进行。三是引导当事人依法寻求救济和发挥法院内部纠错功能。当事人认为执行活动违法的，应当首先选择提出异议、复议等法律明确规定的救济途径，通过法院内部纠错机制解决问题，在法律规定的救济途径和内部纠错机制不能发挥有效作用时，检察监督会及时介入。

检察建议一直都是检察机关对民事执行活动进行监督的主要方式。随着工作的不断深入，检察机关还会加强与人民法院的联系，通过定期通报、联合专项行动等方式加强对民事执行活动的监督。发现执行人员严重违法、涉嫌犯罪的，我们民事检察部门会将线索移送有关机关或部门。

肖　玮

因为时间关系，今天的提问环节就到这里。谢谢贾厅长，谢谢吴局长。各位记者朋友，民事执行作为保障当事人合法权益的强制措施，是实现当事人合法权益的最后一道法律保障。下一步，检察机关将与人民法院共同研究和分析在执行过程中出现的新情况和新问题，合力破解人民群众反映强烈的执行难、执行不规范问题，有效杜绝因违法执行或执行不当而引发新的矛盾纠纷，不断推动民事执行工作依法规范开展，让人民群众在每一起案件中感受到公平正义。

发布会文件

最高人民法院、最高人民检察院
关于民事执行活动法律监督若干问题的规定

为促进人民法院依法执行，规范人民检察院民事执行法律监督活动，根据《中华人民共和国民事诉讼法》和其他有关法律规定，结合人民法院民事执行和人民检察院民事执行法律监督工作实际，制定本规定。

第一条 人民检察院依法对民事执行活动实行法律监督。人民法院依法接受人民检察院的法律监督。

第二条 人民检察院办理民事执行监督案件，应当以事实为依据，以法律为准绳，坚持公开、公平、公正和诚实信用原则，尊重和保障当事人的诉讼权利，监督和支持人民法院依法行使执行权。

第三条 人民检察院对人民法院执行生效民事判决、裁定、调解书、支付令、仲裁裁决以及公证债权文书等法律文书的活动实施法律监督。

第四条 对民事执行活动的监督案件，由执行法院所在地同级人民检察院管辖。

上级人民检察院认为确有必要的，可以办理下级人民检察院管辖的民事执行监督案件。下级人民检察院对有管辖权的民事执行监督案件，认为需要上级人民检察院办理的，可以报请上级人民检察院办理。

第五条 当事人、利害关系人、案外人认为人民法院的民事执行活动存在违法情形向人民检察院申请监督，应当提交监督申请书、身份证明、相关法律文书及证据材料。提交证据材料的，应当附证据清单。

申请监督材料不齐备的，人民检察院应当要求申请人限期补齐，并明确告知应补齐的全部材料。申请人逾期未补齐的，视为撤回监督申请。

第六条　当事人、利害关系人、案外人认为民事执行活动存在违法情形，向人民检察院申请监督，法律规定可以提出异议、复议或者提起诉讼，当事人、利害关系人、案外人没有提出异议、申请复议或者提起诉讼的，人民检察院不予受理，但有正当理由的除外。

当事人、利害关系人、案外人已经向人民法院提出执行异议或者申请复议，人民法院审查异议、复议期间，当事人、利害关系人、案外人又向人民检察院申请监督的，人民检察院不予受理，但申请对人民法院的异议、复议程序进行监督的除外。

第七条　具有下列情形之一的民事执行案件，人民检察院应当依职权进行监督：

（一）损害国家利益或者社会公共利益的；

（二）执行人员在执行该案时有贪污受贿、徇私舞弊、枉法执行等违法行为、司法机关已经立案的；

（三）造成重大社会影响的；

（四）需要跟进监督的。

第八条　人民检察院因办理监督案件的需要，依照有关规定可以调阅人民法院的执行卷宗，人民法院应当予以配合。

通过拷贝电子卷、查阅、复制、摘录等方式能够满足办案需要的，不调阅卷宗。

人民检察院调阅人民法院卷宗，由人民法院办公室（厅）负责办理，并在五日内提供，因特殊情况不能按时提供的，应当向人民检察院说明理由，并在情况消除后及时提供。

人民法院正在办理或者已结案尚未归档的案件，人民检察院办理民事执行监督案件时可以直接到办理部门查阅、复制、拷贝、摘录案件材料，不调阅卷宗。

第九条 人民检察院因履行法律监督职责的需要，可以向当事人或者案外人调查核实有关情况。

第十条 人民检察院认为人民法院在民事执行活动中可能存在怠于履行职责情形的，可以向人民法院书面了解相关情况，人民法院应当说明案件的执行情况及理由，并在十五日内书面回复人民检察院。

第十一条 人民检察院向人民法院提出民事执行监督检察建议，应当经检察长批准或者检察委员会决定，制作检察建议书，在决定之日起十五日内将检察建议书连同案件卷宗移送同级人民法院。

检察建议书应当载明检察机关查明的事实、监督理由、依据以及建议内容等。

第十二条 人民检察院提出的民事执行监督检察建议，统一由同级人民法院立案受理。

第十三条 人民法院收到人民检察院的检察建议书后，应当在三个月内将审查处理情况以回复意见函的形式回复人民检察院，并附裁定、决定等相关法律文书。有特殊情况需要延长的，经本院院长批准，可以延长一个月。

回复意见函应当载明人民法院查明的事实、回复意见和理由并加盖院章。不采纳检察建议的，应当说明理由。

第十四条 人民法院收到检察建议后逾期未回复或者处理结果不当的，提出检察建议的人民检察院可以依职权提请上一级人民检察院向其同级人民法院提出检察建议。上一级人民检察院认为应当跟进监督的，应当向其同级人民法院提出检察建议。人民法院应当在三个月内提出审查处理意见并以回复意见函的形式回复人民检察院，认为人民检察院的意见正确的，应当监督下级人民法院及时纠正。

第十五条 当事人在人民检察院审查案件过程中达成和解协议且不违反法律规定的，人民检察院应当告知其将和解协议送交人民法院，由人民法院依照民事诉讼法第二百三十条的规定进行处理。

第十六条 当事人、利害关系人、案外人申请监督的案件，人民检察院认为人民法院民事执行活动不存在违法情形的，应当作出不支持监督申请的决定，在决定之日起十五日内制作不支持监督申请决定书，发送申请人，并做好释法说理工作。

人民检察院办理依职权监督的案件，认为人民法院民事执行活动不存在违法情形的，应当作出终结审查决定。

第十七条 人民法院认为检察监督行为违反法律规定的，可以向人民检察院提出书面建议。人民检察院应当在收到书面建议后三个月内作出处理并将处理情况书面回复人民法院；人民法院对于人民检察院的回复有异议的，可以通过上一级人民法院向上一级人民检察院提出。上一级人民检察院认为人民法院建议正确的，应当要求下级人民检察院及时纠正。

第十八条 有关国家机关不依法履行生效法律文书确定的执行义务或者协助执行义务的，人民检察院可以向相关国家机关提出检察建议。

第十九条 人民检察院民事检察部门在办案中发现被执行人涉嫌构成拒不执行判决、裁定罪且公安机关不予立案侦查的，应当移送侦查监督部门处理。

第二十条 人民法院、人民检察院应当建立完善沟通联系机制，密切配合，互相支持，促进民事执行法律监督工作依法有序稳妥开展。

第二十一条 人民检察院对人民法院行政执行活动实施法律监督，行政诉讼法及有关司法解释没有规定的，参照本规定执行。

第二十二条 本规定自2017年1月1日起施行。

部分新闻链接

1. 人民日报 2016 年 12 月 20 日报道《两高出台规定进一步规范民事执行活动 国家机关如赖账 检察监督要跟上》。

2. 新华社 2016 年 12 月 19 日报道《最大程度保障执行案件当事人寻求救济权利——最高法、最高检联合发布关于民事执行活动法律监督若干问题的规定》。

3. 光明日报 2016 年 12 月 20 日报道《两高发布规定 规范民事执行活动法律监督》。

4. 经济日报 2016 年 12 月 22 日报道《两高发布〈规定〉明确 若发现执行违法可向检察机关申请监督》。

5. 中央电视台 2016 年 12 月 19 日报道《“两高”发文完善民事执行监督》。

6. 中新社 2016 年 12 月 19 日报道《两高明确：检察院对法院民事执行行为全面监督》。

依法履行检察职能　防治中小学生欺凌和暴力

最高人民检察院通报检察机关参与防治中小学生欺凌和暴力工作情况

发布时间： 2016 年 12 月 28 日 10:00

发布内容： 通报检察机关积极参与防治中小学生欺凌和暴力工作有关情况；发布依法履行检察职能积极参与防治中小学欺凌和暴力典型案（事）例

发布地点： 最高人民检察院电视电话会议室

主 持 人： 最高人民检察院新闻发言人　肖玮

出席嘉宾： 最高人民检察院未成年人检察工作办公室主任　张志杰[①]
最高人民检察院未成年人检察工作办公室副主任　史卫忠

---

① 现任最高人民检察院侦查监督厅厅长。

主题发布

肖　玮

各位记者朋友，大家上午好！欢迎参加最高人民检察院的新闻发布会。今天发布会的主题是“依法履行检察职能，积极参与防治中小学生欺凌和暴力”。主要有三项内容：一是通报检察机关积极参与防治中小学生欺凌和暴力工作有关情况；二是发布依法履行检察职能积极参与防治中小学欺凌和暴力典型案（事）例；三是回答记者提问。出席今天新闻发布会的有：最高人民检察院未成年人检察工作办公室主任张志杰、副主任史卫忠。

未成年人是祖国的未来、民族的希望。近年来，少数地方学生之间欺凌和暴力问题时有发生，损害了学生身心健康，造成了不良社会影响，引起高度关注。有效遏制中小学生欺凌和暴力，维护校园安全，是全社会的期望，是党和国家的要求。检察机关作为国家法律监督机关和司法机关，参与防治中小学生欺凌和暴力工作，责无旁贷。为全面贯彻落实国家关于未成年人保护各项法律规定，进一步加强和规范未成年人检察工作，2015 年最高检专门成立未成年人检察工作办公室，主要任务就是依法惩治侵害未成年人犯罪、保护救助未成年被害人、教育感化挽救涉罪未成年人、预防未成年人犯罪、维护未成年人合法权益。

下面首先请最高人民检察院未成年人检察工作办公室张志杰主任向大家通报检察机关积极参与防治中小学生欺凌和暴力工作有关情况。

张志杰

各位记者朋友，大家好！近年来，中小学生欺凌和暴力现象时有发生，全社会高度关注，党和国家高度重视。2016年上半年，中央下发了《关于进一步深化预防青少年违法犯罪工作的意见》，国务院下发了《关于开展校园欺凌专项治理的通知》，对防治校园欺凌和暴力提出要求，作出部署；11月，教育部、最高检等9部委又联合印发了《关于防治中小学生欺凌和暴力的指导意见》进行具体安排。全国各级检察机关按照中央部署，加强与其他部门的配合，依法履行检察职能，积极参与校园欺凌专项治理，加大防治中小学生欺凌和暴力工作力度，取得了一定成效。

一、坚持依法公正办理校园欺凌和暴力犯罪案件

2016年1至11月，全国检察机关共受理提请批准逮捕的校园涉嫌欺凌和暴力犯罪案件1881人，经审查，批准逮捕1114人，不批准逮捕759人；受理移送审查起诉3697人，经审查，起诉2337人，不起诉650人。

（一）切实贯彻宽严相济刑事政策，做到宽容不纵容，关爱又严管

一方面对于罪行轻微，属于初犯、偶犯的涉罪学生依法从宽处理，为他们回归社会预留通道；另一方面对于性质、情节恶劣，后果严重的案件，坚决依法惩处，加强警示教育，保持司法震慑。甘肃某县检察院在办理高某某涉嫌投放危险物质一案中，考虑到高某某是因长期受到同学欺凌而激愤报复，投毒后又立即告诉同学，没有发生严重后果，遂作出附条件不起诉的决定，并在经过一定期限的考察后，作出了不起诉决定，后高某某顺利考上大学。重庆市某区检察院在办理犯罪嫌疑人周某飞、卢某等6人抢劫同学案中，虽然卢某只有15岁，但由于其系主犯且具备多次抢劫、2次持刀、殴打被害人等情节，依法决定对其提起公诉，后法院判处其有期徒刑三年并处罚金。

（二）注重深挖并依法严厉打击成年人组织、胁迫、引诱未成年学生实施校园欺凌和暴力犯罪

2016年1至11月，全国检察机关批准逮捕此类犯罪嫌疑人378人，其中追捕18人；起诉646人，其中追诉漏犯25人，追捕漏罪14起；监督公安机关立案8件18人。广东省某市检察机关在办理犯罪嫌疑人张某等聚众斗殴、故意伤害案中，依法对公安机关未提请批准逮捕的2名在斗殴中起主要作用的成年人追加逮捕。

（三）坚持专门化专业化办理，确保案件质量和效果

目前，全国已有1960个检察院成立了独立的未成年人检察办案机构，有近万名熟悉未成年人身心特点和犯罪规律的未检检察官，校园欺凌和暴力犯罪案件原则上由他们办理。河南等地检察机关还对重大有影响的校园欺凌和暴力案件挂牌督办，加强指导，确保依法正确办理。

二、最大限度地保护救助被害学生

（一）依法保障被害学生及其法定代理人的合法权益，保护他们的隐私，充分听取他们的意见

各地检察机关单独或者与公安机关合作设置了温馨轻松，具备询问、心理疏导、身体检查等功能的未成年人案件专门办案区，探索建立一站式取证等适合未成年人身心特点的办案方式，避免因办案方式不当造成“二次伤害”。

（二）在办案同时，与教育、综治、民政、团委、妇联和司法社工、志愿者、公益组织等密切合作，做好相关救助工作

2016年以来，全国检察机关共对被害学生进行司法救助128人、法律援助537人、心理疏导476人、身体康复311人。浙江省某市某区检察院针对一名被害学生出现精神异常、拒绝治疗的情况，及时安排心理社工以老师身份持续对其进行心理干预，同时又推动犯罪嫌疑人家长补偿后续治疗费用，尽力帮助被害人恢复身心健康。

（三）积极化解矛盾，消除不良影响

对同学之间因琐事引发的轻微犯罪案件，引导犯罪嫌疑人真心悔

过，向被害人赔礼道歉、赔偿损失，取得被害人的谅解。2016年前11个月，全国检察机关共引导此类案件当事人达成刑事和解526件，保障了被害人权益，修复了同学关系，消除了因校园欺凌和暴力造成的不良影响，使涉案学生尽快恢复正常的学习和生活状态。

三、最大限度地教育、感化、挽救涉罪学生

检察机关贯彻落实教育、感化、挽救方针，对涉罪学生无论是捕与不捕、从轻还是从严处理，都以是否有利于教育、挽救为标准，并将帮教工作贯穿于办案始终。在检察机关的帮助下，一大批涉罪学生能够认真悔过，不少重返校园，完成学业。

（一）制定个性化帮教方案，认真落实未成年人刑事案件特别程序

2016年以来，全国检察机关共对此类案件中的涉罪学生开展社会调查2586人、提供法律援助2369人，落实合适成年人到场2056人、附条件不起诉547人，对符合条件的未成年犯罪嫌疑人、被告人依法封存犯罪记录，大大提高了帮助教育效果。

（二）促进涉案家庭更好发挥监护帮教作用

针对涉罪学生家庭普遍存在的监护不力、教育不当或者关系紧张等问题，上海、四川、吉林、山西等地检察机关在办案中采取约谈监护人、协助制定监护计划、组织家长学校、对家庭成员进行集体心理辅导等手段，帮助他们改善家庭环境，提高监护人的监护帮教能力，形成帮教合力。

（三）推动加强对造成严重危害，但未达刑事责任年龄学生的教育矫治

天津、上海、江西等地检察机关对此类未成年人建立了警示训诫制度，举办警示训诫仪式，开展警示教育；与司法社工、社区矫正工作人员配合，建立一人一组一方案开展帮教，并设置专人专档，对其帮教及表现情况归档，加强管理；约谈其监护人，下发《责令严加管教书》，责令加强监管；对监护人监护教养失职的，探索开展强制亲职教育；对

监护人无力监管又有必要的，及时建议监护人将涉案学生送工读学校接受矫治。有的地方检察机关还把此类未成年人安置在观护基地进行教育矫正。

四、深入开展中小学生法治教育

检察机关认真落实“谁执法、谁普法”普法责任，以预防和抵制校园欺凌和暴力为重点，开展以案释法等形式多样的法治教育活动，努力促使中小学生增强法治意识，提高自护能力，从源头上有效减少校园欺凌和暴力案事件发生。

（一）开展“法治进校园”巡讲活动

2016年6月，最高检、教育部联合部署开展了“法治进校园”全国巡讲活动，要求在三年内实现对全国中、小学校的全覆盖。各级检察机关按照要求，采取法治讲堂、情景剧、模拟法庭等多种形式，积极开展“法治进校园”活动。最高检从全国抽调24名优秀检察官组成巡讲团，研发了分别针对小学生、中学生和家长的预防、应对校园暴力精品课程，分赴各地巡讲。巡讲团授课形式新颖、内容丰富，将法律知识、时尚元素和校园生活有机统一，注重参与互动，受到了广大学生的欢迎。最高检、教育部经与中央电视台协商，准备以此为基础开发全新法治教育节目，进一步提高巡讲的覆盖面和影响力。截至目前，全国检察机关共开展巡讲1.6万余场次，直接覆盖1.2万余所学校和774万余名学生，发放宣传资料近400万册。

（二）努力建设法治教育长效机制

最高检与教育部等七部委会签了《关于加强青少年法治教育实践基地建设的意见》，各地检察机关也积极与辖区学校、教育主管部门等共同建立法治教育制度，编写法治教材，对学校德育老师进行培训，提高学校法治教育水平。目前，全国检察机关共有7300名检察官担任了中小学法治副校长，单独或者配合其他部门建立了2074个未成年人法治教育基地。北京市西城区检察院联合区教委、团委于2000年联合创建的“西检杯”中学生思想道德法律知识竞赛，至今已举办17届，成为法治和品德教育的知名品牌。

（三）注重利用“互联网 +”加强未成年人法治宣传和校园欺凌暴力预防工作

全国检察机关已经建立未成年人保护和犯罪预防主题“两微一端”1100 多个，制作推送相关主题影视剧、微电影、微视频等未成年人喜闻乐见的新型法治教育作品 761 个，正面宣传防治校园欺凌和暴力的典型案例，传播犯罪预防、自我保护、亲职教育等方面的法律知识、弘扬法治意识，进一步提高了法治教育效果。最高检开设了“未成年人检察”微信公众号，受到广泛关注。

五、积极参与防治中小学生欺凌和暴力社会化体系建设

检察机关充分发挥法律监督职能，加强与相关部门的沟通和配合，积极参与防治中小学生欺凌和暴力社会化体系建设。

（一）推动完善校园安全管理机制

各地检察机关对于办案中发现的校园管理问题，从学生不当分流、学校疏于管理、办学点存在监管盲区，到校园监控设施不完备、校园道路没有路灯等方面，及时提出检察建议，督促有关方面堵漏建制、积极整改，清除校园欺凌和暴力滋生环境。四川、重庆检察机关在办理案件中发现个别学校的多名学生与校外人员相互勾结，形成“地下学生会”“执法大队”，收取保护费，组织打架斗殴，及时会同学校、公安机关进行整治，防止了校园欺凌和暴力进一步发展。

（二）积极参加综合治理与整顿校园周边环境工作

检察机关积极参与“扫黄打非”、净化网络秩序等综合治理工作，努力清除危害未成年人健康成长的有害信息；同时还会同有关部门共同对校园周边网吧、酒吧、KTV 等场所容留未成年人消费的现象进行整治，有效净化了校园周边环境。

（三）对校园欺凌和暴力问题进行综合分析，提出有针对性的意见建议，为党委政府决策提供参考

江苏省南京市检察院对三年来办理的校园暴力案件进行分析，提出的一些对策建议被《江苏省预防未成年人犯罪条例》直接吸纳。河北省

阜平县检察院争取县委支持，牵头实施“护航少年”工程，建立未成年人信息库，实现“一对一”精准帮教，有效预防了校园暴力等违法犯罪行为。最高检未成年人检察工作办公室目前正在与上海社科院合作开展相关课题研究，力争在明年取得有针对性的研究成果，推动健全完善防治中小学生欺凌和暴力法律规定和机制制度。

下一步，检察机关将认真贯彻落实党中央决策部署，总结以往工作取得的经验和不足，研究制定更有效更扎实的措施，为防治校园欺凌和暴力贡献更大的力量。

肖　玮

谢谢张主任。下面公布检察机关依法履行检察职能，积极参与防治中小学欺凌和暴力工作的十个典型案（事）例。因为发布材料已经发给大家，我就作一简要说明。

案例一讲的是检察机关教育挽救“恶逆变”犯罪少年。本案中高某因长期遭校园欺凌而产生巨大心理问题，导致其由一名校园欺凌受害人“恶逆变”为加害者。甘肃省检察机关在办案中，认真分析、充分考虑其平常表现、经历和犯罪动机、原因，及时进行心理干预，加强矫治教育，慎重作出不诉决定，帮助挽救“恶逆变”少年消除心理危机，走上健康成长成才的道路。

案例二讲的是检察机关宽严相济处理涉罪未成年人。在办理一起6名未成年人共同实施抢劫犯罪的案件中，重庆市检察机关区分不同犯罪情节、主观恶性、帮教条件对6名涉罪未成年人分别作出依法提起公诉、附条件不起诉、相对不诉处理，体现了“教育、挽救、感化”的方针和宽严相济的刑事政策。

案例三讲的是检察机关落实双向保护原则。在办理一起未成年人猥亵儿童案中，浙江省检察机关坚持双向保护原则，综合采用法律援助、心理干预、调节和解、跟踪帮教等手段，关爱救助未成年被害人，教育挽救涉罪未成年人的做法。

案例四讲的是检察机关通过禁止令构建校园安全保护屏障。在对一名涉抢劫犯罪未成年人依法提起公诉时，江苏省检察机关提出的对其适用禁止进入校园及周边200米区域的禁止令建议被法院采纳，之后由加强刑事执行检察，保障了该禁止令的执行，对涉罪未成年人做到了“安全隔离”，对校园及周边环境进行了“有效净化”。

案例五讲的是检察机关提前干预，瓦解校园欺凌团伙。四川省检察机关通过检校合作的方式，及时发现校园欺凌和暴力苗头，会同学校、家庭、司法社工等专业力量，及时有效干预，瓦解校园欺凌团伙，做好帮教和疏导，有效防止了这些少年步入更严重的犯罪之途，体现出“预防重于惩罚”的少年司法基本精神。

事例六讲的是检察机关开展为期三年的“法治进校园”全国巡讲活动。高检院会同教育部联合启动全国巡讲活动，组织优秀检察官组成全国巡讲团，研发适合未成年身心特点的法治课程，通过生动丰富的法治教育，提高中小学生法治意识和自护意识，做好源头预防。

事例七讲的是检察机关探索建立“亲职教育”长效机制。针对校园暴力、欺凌，上海市检察机关建立了一套以监护人为对象的“亲职教育”长效机制，从培育良好家庭教育环境着手，提高校园暴力、欺凌行为施害学生家长的监护意识和监护能力，实现对校园暴力和欺凌的源头治理。

事例八讲的是检察机关对在校未成年人加强临界预防工作。天津市检察机关针对校园欺凌、暴力案件中因未达刑事责任年龄而未受刑事处罚的未成年人和其他违法在校学生开展临界预防工作，切实提高未成年在校生的法律意识和自护意识。

案例九讲的是“护航少年”工程助力平安校园建设。河北省阜平县检察院在县委县政府的支持下，联合多部门，牵头建立了衔接未成年人司法、学校、社会的“护航少年”工程，旨在通过“全覆盖、精细化、动态化”的预防机制，做好未成年人犯罪预防工作。

案例十讲的是北京市西城区检察院自2000年起，联合教育部门持续17年开展“西检杯”中学生思想道德和法律知识竞赛活动，通过青少年喜闻乐见的形式让学生清楚法律边界和行为底线，做到校园违法犯罪的提前预防和事中预防。

现场答问

中央电视台记者　窦　伟

关于处理和预防校园欺凌和暴力，检察机关对学校和家庭有什么建议？

史卫忠

校园暴力是一个社会现象，是多种不良社会因素作用的结果，需要家庭、学校和社会，包括司法机关在内的各方力量齐心协力加以防治。办案中我们发现，很多案件最初都是微小的欺凌苗头，后来愈演愈烈，最后甚至构成犯罪，给当事各方造成很大伤害，令人痛心。我们认为，应对校园暴力，“贵在预防，重在抓小抓早抓苗头”。对此，中办、国办《关于进一步深化预防青少年违法犯罪工作的意见》、国务院《关于开展校园欺凌专项整治工作的通知》和教育部等九部委《关于防止中小学生欺凌和暴力的指导意见》都有明确要求，关键是要抓好落实。

对于学校，我们建议：一是要做好学生的法治教育工作。中央要求，把法治教育纳入国民教育体系，在中小学设立法治知识课程，加强对普通高校、职业院校学生的法治宣传，配齐配强法治副校长、辅导员，这些要求一定要落到实处。二是严格学校日常安全管理。要健全应急处置预案，做到早期预警、事中处理、事后干预。要注重家校沟通，对可能的欺凌和暴力行为早发现、早预防、早控制。对发现的欺凌和暴力事件线索，要早核实、早处置，避免小事拖大。对违法违规学生要进行必要的教育、惩戒，涉嫌犯罪的要及时通知公安机关。三是加强校园及校园周边地区安保措施。全面排查校园安全隐患，实现封闭式管理，强化警校联动，健全校园视频监控系统、紧急报警装置，接入公安机关、教育部门监控和报警平台，逐步建立校园安全网上巡查系统。检察机关也愿意和学校、公安机关等部门密切合作，共同做好上述工作。

对于家长，我们建议：一是要与孩子多沟通，尽早关注并发现孩子的异常，及时干预。办案中我们发现，很多孩子遭受欺凌和暴力伤害后，不愿意跟家长和老师讲，而家长对孩子的异常也没有及时发现，导致愈演愈烈。所以我们一方面要引导孩子学会沟通，遇到问题敢于求助。另一方面，也要及时发现孩子出现的精神状态异常、不合群、抵触学校、经常丢失物品、成绩下滑等现象，及时确认孩子的安全，并采取相应措施。当孩子不幸受到伤害时，要冷静处理，既不要漠不关心，也不要反应过度。一切要从恢复孩子身心健康和正常学习状态出发，与学校和对方家长进行沟通，理性解决。必要时，要请专业心理医生做心理干预，用法律武器维护孩子合法权益。二是要对孩子加强教育，言传身教，引导孩子树立法治意识、规则意识，做到与人为善。“家庭是预防未成年人不良行为的第一道防线”“父母是孩子最好的老师”，家长要以身作则，言传身教，以自己的行为告诉孩子，怎样与人相处。如果孩子实施了校园欺凌和暴力行为，不要回避，更不要袒护，要态度鲜明地予以批评，明辨是非，帮助他们树立规则意识。在向对方进行必要赔偿的同时，要帮助孩子分析事件发生的前因后果，引导孩子向对方赔礼道歉，让孩子树立责任意识，增强自我改正的内在动力，避免往错误的方向越走越远。

根治校园欺凌和校园暴力，需要政府、司法机关、社会、学校、家庭齐心协力，我们相信，在社会各界的共同努力下，我们能够为孩子们创造一个安全、无暴力的教育环境，守护好每一个在校学生的安全，为每一个孩子的健康成长保驾护航。

新华社记者　丁小溪

近期检察机关查办的校园欺凌案件有什么特点？

史卫忠

校园欺凌和暴力行为违法与犯罪交织，情况较为复杂。从近期检察机关办理的案件情况来看，存在以下特点：

一是涉案罪名相对集中。主要集中在故意伤害、寻衅滋事、抢劫、聚众斗殴等几类，其中伤害类和侵财类案件所占比重较大。广东省检察机关 2013 年至 2015 年受理移送审查起诉校园暴力案件共 510 件，其中抢劫、故意伤害、寻衅滋事及聚众斗殴案件分别占总数的 38.41%、37.68%、7.25% 和 5.80%。陕西省西安市临潼区检察院 2013 年至 2016 年上半年共办理校园暴力案件 44 件，其中故意伤害案占 18.2%，抢劫案件占 27.3%，寻衅滋事案占 6.8%。

二是在涉案主体方面。性别上，校园暴力以男性为主，女性中学生涉及聚众暴力伤害犯罪成为新的增长点；中学生在涉罪未成年人中占比较高。广东省检察机关 2013 年至 2015 年受理移送审查起诉校园暴力案件涉罪未成年人 915 人，男性占 99%，被告人 14 至 15 周岁占 21%，16 至 18 周岁占 49%。江苏省南京市检察机关 2013 年至 2016 年上半年办理的校园暴力案件涉罪未成年人 61 人，其中普通中学学生占 29.5%，职业学校学生 41%。陕西省西安市临潼区检察院办理的案件中，小学生占 15.3%，中学生占 79.3%，大专院校学生占 5.4%。而从性别来看，仅有 3 名女性。上述地方办理案件中的女生虽然少，但从目前网络曝光的案件看，女生实施校园欺凌和暴力行为的也有一定数量，我们发布的案例中犯罪嫌疑人就有女生，这些也要引起重视。

三是作案手法上。作案动机的简单性和突发性明显，拉帮结派，恃强凌弱现象较为突出。以陕西西安临潼区检察院所办案件为例，因碰撞、口角、玩笑，甚至眼神、微小日常摩擦事件引起的纠纷占 48.6%，经济、感情纠纷占 37.5%。我们今天发布的案事例中也有几个结伙实施校园暴力的情况。

新京报记者　信　娜

法律上对“校园欺凌”“校园暴力”是如何界定的，检察机关办案时如何判断此类行为的罪与非罪？

史卫忠

严格来讲，“校园欺凌”或者“校园暴力”不是法律用语。2016 年 5 月国务院教育督导委员会办公室印发的《关于开展校园欺凌专项治理的通知》表述为“发生在学生之间蓄意或者恶意通过肢体、语言及网络等手段，实施欺负、侮辱造成伤害的校园欺凌事件，损害了学生身心健康”的行为，为我们认定校园欺凌和暴力行为提供了重要参考。

目前，国际公约对于如何界定校园欺凌也没有统一标准。从国外的立法经验来看，为了有效解决校园欺凌问题，一些发达国家通过专门立法对校园欺凌予以明确界定。例如，美国有40多个州颁布了《反欺凌法》，把欺凌和其他的骚扰区分开来，对于“欺凌”的界定范围也是逐步扩展：最初认定为欺凌行为仅限于身体伤害的暴力事件，后来逐渐扩展到精神上的贬低行为（如吐口水、拍裸照等）以及语言暴力行为（如辱骂、口头威胁和在公众场所故意嘲笑他人残障、种族、性别、性取向、宗教信仰等），近年来还包括网络上的辱骂、攻击或披露同学隐私等行为。又如，日本在2013年制定了《防止校园霸凌对策推进法》，该法将“欺凌”定义为在同处一校等人际关系下学生的行为给对方身心造成痛苦的状态。把被欺凌者身心受到严重伤害，被迫长期缺课的案例定义为“重大事态”。这些关于校园欺凌的定义对我们将来从法律上界定校园欺凌和暴力很有参考价值。

根据校园欺凌和暴力行为严重程度，可以分为违规、违法行为和刑事犯罪。校园欺凌和暴力达到一定严重程度涉嫌犯罪的，可能适用的有多个具体罪名，如故意伤害、寻衅滋事、聚众斗殴等。检察机关在办案中，根据案件事实，包括行为人的主观故意、客观行为、情节和危害后果等方面，按照法定标准来认定校园欺凌和暴力行为是否构成犯罪、构成何种犯罪。比如，已满14周岁不满16周岁的学生使用轻微暴力或者威胁，强行索要其他学生随身携带的生活、学习用品或者钱财数量不大，且未造成一定危害后果的，不认为是犯罪。而已满16周岁不满18周岁的学生出于以大欺小、以强凌弱或者寻求精神刺激，多次对其他学生强拿硬要，扰乱学校及其他公共场所秩序，情节严重的，以寻衅滋事罪定罪处罚。对于发生在在校未成年学生之间实施的严重欺凌、暴力行为涉嫌犯罪的，我们会依法处理，尤其是对于性质和情节恶劣、手段残忍、后果严重的，会坚决依法惩处。

中国青年报记者　李桂杰

对于不满14周岁的涉罪未成年人，如何实施有效管束？

史卫忠

这一问题确实是目前社会比较关注的热点难点问题。检察机关在办案中，对实施严重危害社会行为，但未达到刑事责任年龄的未成年人，会严格按照《刑法》第17条第4款的规定，会同公安机关责令其监护人严加管教、必要时交由政府收容教养。目前，北京、上海、天津、江西等地检察机关也在这方面进行了一些探索创新，取得了一定成效，刚才张志杰主任已经做了介绍，也有相应事例展示。

坦诚地讲，我们国家对这一类未成年人干预矫正还存在法律规定过于原则、特殊学校发挥作用有限、缺乏有效矫正手段等问题。国外一些做法值得我们借鉴：一是法律对这类未成年人设置了多种教育矫正措施，理论上也有称之为“保安处分”，如送入专门学校或者专门机构接受教育、矫正，从事社会服务，接受心理辅导等；二是规定了相应的司法程序，一般由法院审查决定，这既保证了对社会秩序的维护，又保护了涉案未成年人的合法权益。今后，我们将加强研究，与其他部门一起积极推动我国相关制度的完善，一方面要对《刑法》第17条第4款的落实制定相应细则，另一方面也要推动完善立法，健全完善对此类未成年人的矫治干预措施和相应司法程序，以有效解决问题。

中央人民广播电台记者　杨亚澜

检察机关对涉嫌犯罪的校园欺凌行为如何落实宽严相济刑事政策？

史卫忠

校园欺凌和暴力犯罪损害了当事学生的身心健康，影响了校园安全，必须有效遏制。对于此类案件，检察机关始终坚持依法公正处理，切实贯彻落实宽严相济刑事政策，做到宽容不纵容，关爱又严管。在办理未成年人案件中，一味单纯地惩罚和打击，对未成年人的消极作用明显，并容易造成交叉感染和重新犯罪，因此要尽量减少不必要的羁押和刑事处罚对未成年人的不良影响，但这并不意味着只要是未成年人实施犯罪就一律从宽甚至不予追究。坚持教育、感化、挽救，不是司法纵容，也不是否定和排斥对未成年人严重犯罪行为的刑事处罚，必要时依法予以惩治也是一种教育手段。

具体讲，在办理校园欺凌和暴力犯罪案件中，检察机关会根据犯罪原因、犯罪情节和后果等具体情况依法处理、区别对待。在对情节轻微，属于初犯偶犯，认罪悔罪的未成年犯罪嫌疑人依法从轻处理的同时，对性质和情节恶劣、手段残忍、后果严重的，必须坚决依法惩处；对校外成年人教唆、胁迫、诱骗、利用在校中小学生违法犯罪行为，依法从重惩处，有效遏制校园欺凌和校园暴力等案事件发生。比如，我们今天发布的重庆周某飞、卢某等人抢劫案、甘肃高某某投放危险物质案，就很好地展示了检察机关在办理此类案件时对宽严相济政策的把握。

最后必须强调的是，对未成年犯罪嫌疑人，无论怎样处理，我们都会积极地对其进行帮助教育，既不会不教而轻，也不会不教而罚。

人民公安报记者　周旭亮

有公安机关反映，在校园欺凌和校园暴力案件中存在取证难和适用法律难的问题，检察机关如何加强与公安机关的配合？

史卫忠

侦查活动是刑事诉讼的起点和基础，因此，公安机关在处理和预防校园欺凌和暴力问题中发挥着十分重要的作用。一直以来，我们非常重视加强与公安机关的联系配合，共同维护校园安全。根据检察机关办案实践，在处理校园欺凌和暴力违法犯罪案件中，也确实存在发现难、取证难、处理难的问题。对此，我们提出以下建议：

一要推动办理未成年人案件办理的专门化。办理包括校园欺凌和暴力案件在内的未成年人案件有其特殊规律和要求，明显不同于成年人案件。目前，北京海淀、江苏淮安、广西钦州等地公安机关建立了办理未成年人刑事案件的专门机构，大大提高了办案的质量和效果。因此，从长远看，建立专门的办案机构很有必要。

二要加强公安机关、检察机关在办理校园欺凌和暴力犯罪案件中的沟通配合。要通过建立联席会议、制定常见案件证据表、疑难案件协商等工作机制，共同研究办案中存在的突出问题。我们也一直要求各级检察机关及时介入公安机关办理的重大疑难校园暴力犯罪案件的侦查，提出侦查取证建议，为案件正确处理打好基础。公安机关在办理相关案件中，也可以主动邀请检察机关介入。

三要强调预防为主。检察机关将积极配合公安机关、学校开展校园安全建设和周边环境治理，为广大中小学生营造良好环境，从源头上减少此类案事件的发生。

肖　玮

谢谢大家的提问，感谢史卫忠副主任的回答。维护校园安全，保护孩子健康茁壮成长，学校和家长肩负着不可推卸的责任。而社会作为一个大环境，应在法律和制度的引导下形成“对校园欺凌行为坚决说‘不’”的共识。检察机关将坚持全面保护、综合保护原则，综合运用惩治、预防、监督、教育等手段，依法履行职能，最大限度维护未成年人合法权益；主动协调家庭、学校、社会、政府和其他司法机关力量，共同构建社会化综合保护体系，凝聚全社会力量保护未成年人；依法公正办理校园暴力犯罪案件，做到宽容不纵容，关爱又严管，有效遏制校园欺凌特别是校园暴力等案（事）件发生。

典型案（事）例

检察机关参与防治中小学欺凌和暴力典型案（事）例

典型案（事）例之一　教育挽救“恶逆变”犯罪少年

一、基本案情

2015年9月，甘肃省某县中学高三学生高某某（17岁）由于看到同学将自己的照片“丑化”，并在网上发布有损自己形象的图片信息，遂购买了净重5克的溴敌隆毒鼠药一包，投入本班饮用水的保温桶中。当日，有8名同学饮用此水。后高某某担心造成重大后果，便主动告知大家保温桶中投放毒鼠药的情况，校方立即将饮用过保温桶中水的学生送往医院观察治疗，未造成人员伤亡。此案在当地引起了相关部门和社会的普遍关注。检察机关受理此案后，通过社会调查了解到，高某某因性格内向，长期遭受同学的欺凌无法排解，故采取极端方式报复。针对高某某长期受欺凌造成的心理问题，检察机关聘请专业人员迅速介入对其进行心理疏导和干预，并依法对高某某作出附条件不起诉决定。考验期满后，最终作出了不起诉的处理。与此同时，检察机关就校园欺凌和暴力问题的治理预防向该校及县教育局分别发出检察建议，督促学校及教育部门加强校园法治教育和学生心理关怀，并组织未检检察官进入案发学校进行专题讲座。对高某某也多次进行回访，持续关注其成长。2016年6月，高某某顺利考取大学，专门向检察机关发来感谢信。

二、典型意义

本案中，高某因遭遇长期的校园欺凌而产生严重心理问题，导致其最终采取极端手段，以暴制暴，由一名校园欺凌的受害人“恶逆变”为加害者。检察机关通过深入开展社会调查，挖掘出其犯罪动机、遭受长期欺凌的经历，坚持教育、感化、挽救方针，迅速组织专业力量进行心理干预，慎重作出不捕不诉决定，助其消除心理危机，最终走上健康成长的道路。

典型案（事）例之二　“宽严相济”处理涉罪未成年人

一、基本案情

2015年3月至6月，周某飞（16周岁）、卢某（15周岁）、刘某西（15周岁）、周某浪（15周岁）、刘某浪（15周岁）、牟某余（15周岁）等6人因沉迷网络，在无钱上网的情况下，共谋抢劫其他学生的财物。其后，6人多次采取语言威胁、持刀威胁、甩棍殴打、搜身等方式，在重庆3所中学附近及网吧周边抢劫过往学生的财物，严重危害了校园周边的安全。检察机关根据6名未成年人在抢劫犯罪中的作用大小、情节轻重以及悔罪表现，分别作了提起公诉、附条件不起诉和相对不起诉。其中，周某飞和卢某因积极实施威胁、拦截、搜身等行为，提起公诉后，均被法院以抢劫罪判处有期徒刑三年，并处罚金；刘某西和周某浪仅跟随周某飞和卢某对被害人进行拦截、搜身，且均具备监管帮教条件，检察机关依法作出附条件不起诉的决定。在考察期内，未检部门、派驻检察室和当地未成年人保护委员会以及高校教育学专业大学生共同组成专门小组进行帮教，使其顺利重归社会；刘某浪和牟某余参与抢劫次数少，且仅发挥望风等辅助作用，未参与赃款消费，因情节轻微，检察机关对二人予以相对不起诉。由于本案的抢劫行为系上网所引发，检察机关针对网吧接纳未成年人上网的监管漏洞，及时向当地综合行政执法局发出了检察建议，促使该局在全城开展了一次网吧大整治，收到良好效果。

二、典型意义

对于未成年人在校园周边实施的抢劫犯罪，如何在教育挽救和惩治保障之间寻求平衡，是办理校园周边暴力案件的重要内容。本案的承办人结合6名未成年人的年龄大小、是否持刀来区分其在抢劫犯罪中的主观恶性、作用大小，并根据6名未成年人是否具备监管帮教条件，分别给予不同的处罚，集中体现了“教育、挽救、感化”的方针和宽严相济的刑事政策。同时，检察机关针对办案中发现的网吧违规接纳未成年人上网的问题，及时向有关部门发出检察建议，督促开展网吧整治，有效维护了校园周边秩序。

典型案（事）例之三　“双向保护”促进矛盾化解

一、基本案情

2016年2月，浙江省某区人民检察院在审查起诉小李（女，16周岁）猥亵儿童一案时，发现该案双方均系某民办寄宿学校学生，因校园琐事，小李纠集他人对被害人小王（女，13周岁）实施了聚众猥亵行为（其他三名侵害人因未满16周岁没有追究刑事责任，另行处理）。由于手段较重、情节恶劣，导致被害人小王出现精神异常并转学，且抗拒心理治疗。为此，该院一方面强化对被害女童的保护，迅速安排心理专家以舞蹈老师身份介入干预，持续开展心理疏导。经过近3个多月的心理干预，小王发病次数减少、症状减轻，日趋开朗。针对小王未获赔偿的情况，检察机关联合公安机关共同开展调解，后被害人获赔8万元，为后续治疗备足资金。另一方面及时落实涉罪未成年人的情况法律援助并委派法律社工介入案件，并认真听取其母亲意见。在了解到其母亲因经济困难无力独自赔偿的情况后，检察机关联系其他3名侵害人的父母，表明其子女仍应承担民事赔偿责任。经释法说理和思想工作，3人的父母均进行了赔偿。同时，检察机关强化案后延伸帮教，责令其他3名侵害人的父母加强监管；开展对被害女童的家访跟踪，关注康复情况；与法院、心理工作室采取定期探望、亲情会见等方式，对小李共同开展帮教挽救工作。

二、典型意义

“双向保护”是未成年人刑事司法的基本原则。当涉案双方均为未成年人时，既要加强对涉罪未成年人的教育挽救，也要注重对被害人的全面保护。本案中，检察机关充分关注双方的实际情况和迫切需求，综合采用法律援助、心理干预、调解和解、跟踪帮教等多种手段，既切实教育挽救了涉罪未成年人，又以潜移默化的方式开展对被害儿童的心理疏导，并争取到治疗资金，达到了“双向保护”的目的和效果。

典型案（事）例之四　禁止令构建校园安全保护屏障

一、基本案情

2013年1月，江苏省某市某区人民法院判处陆某某（16周岁）犯抢劫罪，并采纳了检察机关对陆某某适用禁止令的建议，禁止其在缓刑考验期内进入学校及周边200米区域。陆某某原本是江苏省某技师学校学生（案发时已退学），与他人在学生宿舍及校园周边，采取语言威胁、拳打脚踢及搜身等手段，劫得同学韩某某（16周岁）人民币100元，并致韩某某全身多处多发性软组织损伤。案发后，陆某某投案自首。检察机关在审查起诉期间，对陆某某启动了调查机制，实地走访其家庭、学校、同学，发现陆某某性格冲动易怒，退学后长期在学校周边强拿硬要，动辄对同学打骂，给其他在校学生造成了极大的心理阴影，遂依法向人民法院提出适用禁止令的建议。在陆某某缓刑考验期间，检察机关以“智慧司法”社区矫正监管系统的手机定位功能为依托，定期与陆某某的社区矫正干部沟通，查阅每周思想汇报、调取实时定位信息、指导社区公益劳动，有效实现禁止令的刑罚执行监督。经过检察机关的执行监督和跟踪帮教，陆某某在缓刑考验期内未出现违反禁止令的情况，并且顺利成为汽车维修厂的技术工人。学校学生也逐渐消除了心理阴影，回归正常的学习生活。

二、典型意义

宣告缓刑可以同时禁止犯罪分子在缓刑考验期限内进入特定区域。本案中，检察机关提出了适用禁止令的建议，并落实了对禁止令的执行监督，不仅对涉罪未成年人做到了“安全隔离”，而且对校园及周边环境进行了“有效净化”，更对在校学生实现了全面保护。

典型案（事）例之五　及时干预，瓦解校园欺凌团伙

一、基本案情

段某（男，16岁）系四川省某高中学校学生，因在学校被他人强行收取“保护费”，遂萌生了成立“地下学生会”收取“保护费”的念头。段某以保护自己和朋友为名，纠集在校学生、社会闲散青年共30余名，成立“地下学生会”。为加强对“地下学生会”的管理，段某还制定了管理规章，并对成员进行了分工。为筹集组织经费，段某安排人员在网上低价购买香烟后，采用暴力、威胁的手段，以5元一支的价格强行向同学出售，使“地下学生会”逐渐演变成为强买强卖、打架斗殴、收取“保护费”的校园欺凌团伙。2015年初，当地检察机关开展检校合作，在辖区内所有学校设立“纳爱”服务点，专司进行校园法治宣传活动。该服务点通过工作了解到段某组织的“地下学生会”情况后，及时干预，并会同学校、家长、教育及心理专家共同制定了一套解决“地下学生会”的方案。一是重点突破。以段某为重点，结合社会调查情况，会同学校、家长、司法社工共同对段某进行帮助教育；二是全面瓦解。对段某做好教育工作后，发挥段某组织领导能力，安排他对其他成员进行劝导。并召开相关成员座谈会，由段某当场宣布解散“地下学生会”，并安排专业社工对相关团伙成员适时开展跟踪帮教，回访考察；三是深化教育。开展“法治进校园”活动，组织全校师生，举行“罪与罚”主题讲座和班级讨论，告诫学生远离校园暴力及如何有效自护。通过一年帮教，段某学习成绩提升500多名，达到中等偏上水平，还通过竞选当上班长，并被聘请为“纳爱”少年法治领航员。

二、典型意义

未成年人司法保护的精神在于“预防重于惩罚”。本案中，检察机关通过检校合作的方式，深入校园，及时发现可能引发违法犯罪的苗头，会同学校、家庭、司法社工等专业力量，提早有效干预，多措并举及时介入，不仅瓦解了校园欺凌团伙，还校园一方净土，也防止了这些少年步入更严重的犯罪之途。

典型案（事）例之六　开展为期三年“法治进校园”全国巡讲活动

一、基本情况

为提高在校学生自觉守法意识和自我保护意识，从源头上预防和减少校园欺凌和暴力等违法犯罪案件发生，进一步促进校园安全，最高检、教育部于2016年6月联合部署开展为期三年的“法治进校园”全国巡讲活动。按照方案，地方各级检察机关、教育主管部门有计划地开展丰富多样的“法治进校园”巡讲活动，努力在三年内实现对辖区学校全覆盖。同时，最高检从全国检察机关选调业务能力强、法治水平高的24名优秀检察官组成全国巡讲团，邀请专家进行培训，研发了一批涵盖抵制校园暴力、犯罪预防、自护教育、家长课堂等内容的精品法治课程，先后赴全国各地巡讲，在社会上引起极大反响。各地师生和家长普遍反映：巡讲活动形式新颖、内容丰富，将法律知识、时尚元素和校园生活有机统一，注重参与互动，“没想到法治课还可以这样上”；非常喜欢，希望多讲几次；通过巡讲学习了不少法律知识，进一步增强了自觉守法意识；一些同学还表示，对法律产生了浓厚的兴趣，决心今后要从事法律工作。有媒体报道称，“同学们在欢声笑语中学到了法律知识，树立了法律意识”。截至2016年11月，全国巡讲团已分赴14个省份，共开展巡讲97场次，覆盖63所学校和9万余名学生，发放宣传资料近8000多册。

二、典型意义

中央要求实行“谁执法，谁普法”的普法责任制，建立法官、检察官、行政执法人员以案释法制度。加强中小学生法治教育，增强权利义务意识和规则意识是预防和减少校园欺凌和暴力的重要措施。为此，最高检、教育部组织开展了“法治进校园”全国巡讲活动。为确保巡讲取得实效，让广大学生愿听、爱听，入耳入脑入心，此次巡讲活动根据未成年人身心特点研发课件，开创了全新的法治教育模式，避免了生硬说教，受到广大师生和家长的欢迎和认可。

典型案（事）例之七　探索建立“亲职教育”长效机制

一、基本情况

上海市检察机关通过对近年来校园暴力、欺凌案件发案情况的分析，发现家庭教育的缺失、不当，是引发校园暴力、欺凌行为的重要原因。针对这一情况，上海检察机关以实施校园暴力、欺凌行为未成年人的监护人为对象，探索建立“亲职教育”长效机制。一是查找问题根源，制定教育方案。如杨浦区检察院对校园暴力、欺凌案件，建立“两个必谈”制度，要求承办人必须分别与涉案未成年人及其家长面谈，全面了解监护教育状况。闵行区院要求承办人制作《亲职教育登记评估表》，结合监护人履职意愿、效果、亲子关系等，区分不同等级，作为开展亲职教育的依据。二是与司法措施衔接，规范制度运行。将亲职教育与对涉嫌校园暴力、欺凌未成年人的分流处遇措施相结合，提高亲职教育的司法属性。如青浦区检察院在办理一起校园暴力案件中，在对4名未达刑事责任年龄未成年人进行司法训诫的同时，向4人的监护人制发《严加管教令》，并在3个月的观护帮教过程中进行一对一的亲职教育。闵行区检察院制定《监护人义务清单》，将监护人管束责任和管束事项作为对涉罪未成年人进行观护帮教和监督考察的附随义务，将监护人履行监护义务，作为对涉罪未成年人作出处理决定的参考因素。三是借力多方资源，提高教育成效。加强与教育、卫生、共青团、妇联、社工等的协作，引入专业力量，提高亲职教育的成效。如黄浦区检察院联合专业心理治疗机构对4名涉罪学生开展以家庭为单位的疏导治疗，有效化解了1名学生与父亲之间的心结，帮助其顺利度过观护帮教期，获得检察机关的轻缓处理。普陀区检察院借助专门学校力量，组织12名校园暴力犯罪涉案未成年人及其家长集中开展行为矫治与亲职教育相结合的专项教育活动，获得参与家长与社会各界的广泛认同。

二、典型意义

上海检察机关针对校园暴力、欺凌行为开展源头治理，通过建立有重点、有规范、专业化的亲职教育长效机制，提高了校园暴力、欺凌行为施害学生家长的监护意识和监护能力，也缓解了一些家庭中紧张的亲子关系，为涉罪学生创造了改过自新的良好环境，对于预防校园暴力、欺凌犯罪，营造和谐、健康的校园环境起到积极作用。

典型案（事）例之八　对在校未成年人加强临界预防工作

一、基本情况

为从源头上减少和预防校园暴力犯罪发生，天津市检察机关本着利益最大化、处置专门化等原则，探索建立未成年人临界预防机制，解决在校未成年人犯罪低龄化问题。一是规范开展临界预防工作。制定了一系列有关临界预防工作的制度，为规范开展工作提供保障。2016年，全市共对38人开展临界预防，工作对象全部顺利升学就业。如河东区检察院、东丽区检察院、滨海新区塘沽检察院分别制定了临界预防工作实施意见及帮教制度，对临界预防工作原则、帮教对象、工作流程、跟踪回访等做出具体规定。二是全面落实临界预防效果。对参与犯罪，未达刑事责任年龄或情节显著轻微的未成年人，坚持教育与保护并重，量身定制帮教计划，同时积极创造条件，帮助他们回归社会。如津南区检察院对两名参与聚众斗殴案件的临界预防对象，根据每个人性格特点和日常表现，组织开展了个性化的亲职教育、心理辅导、公益劳动等帮教活动。三是集中确定临界预防重点。将存在不良行为的未成年群体和校园暴力频发学校分别列为临界预防重点人群和监督单位，依托“检校共建”

平台，加强警示教育。如东丽区检察院将有暴力倾向或不良行为表现的在校生列为临界预防重点，与未成年人、学校、家长签署临界预防协议，定期组织参加法治讲座、模拟法庭等活动，让他们深刻认识校园暴力和违法犯罪的危害性，及时敲响警钟。和平区检察院针对校园暴力案件高发学校，深挖学校在开展法治教育、校规校纪管理等方面漏洞，制发检察建议，及时追踪整改，使校园环境得到明显改善。

二、典型意义

天津市检察机关针对校园欺凌、暴力案件中因未达到刑事责任年龄而没有受到刑事处罚的未成年人和其他在校学生，开展规范、全面、有重点的临界预防工作，切实提高了未成年在校生的遵纪守法意识和自我保护意识，有效降低了校园欺凌、暴力犯罪发案率。

典型案（事）例之九　“护航少年”工程助力平安校园建设

一、基本情况

“护航少年”的提出源于2012年习近平总书记在革命老区阜平考察时的重要讲话：治贫先治愚，要把下一代的教育工作做好。河北省阜平县检察院充分发挥未检工作参与社会治理创新的优势，提出“不让一个孩子掉队”目标，着力推进校园法治教育，积极打造校园和谐环境。在县委县政府的支持下，检察机关牵头联合全县11个部门，成立了“护航少年”工程领导小组，县政法委书记任组长、检察长任副组长，其办公室设在检察机关，负责综合协调、督导落实。“护航少年”打造了未成年人基本信息数字化管理平台，将全县未成年人尤其是在校学生，全部摸底统计、分类建档。根据摸底数据精准帮教，动态关注，形成“一对一”网格化帮教体系。在全县13个乡镇建立 18 个心理咨询室，聘请 87 名心理咨询师，选聘 1120 名联络员，覆盖全县 110 所中小学校。校园中出现的不良状况通过联络员及时反馈，由检察人员会同专业人士进行法治教育和心理矫治。针对存在不良行为的少年，建立早期干预机制，防止其向违法犯罪转化。2015 年共对 21 名受治安处罚的未成年人开展帮教，对 57 名在校有不良行为的少年进行心理矫正 187 次，顺利帮助这些孩子回归正常的学习生活。2016 年初检察机关通过联络员反馈及时了解到，某中学学生杨某（14 岁）和张某（15 岁）常在校园欺负外地同学，学校对此感到棘手。检察机关及时派帮教小组介入干预，对杨某和张某开展数次谈话教育和心理疏导，帮助二人正确处理同学关系，促使他们和同学间团结友爱。检察机关根据网格化管理信息反馈，制定主题、内容、形式各异的法治宣讲方案，对不同学校开展有针对性的法治教育。“护航少年”工程启动以来，未成年人犯罪预防效果显著，未成年人犯罪呈逐年下降趋势。全县 110 所学校连续三年没有未成年人暴力事件发生。

二、典型意义

检察机关立足检察职能，发挥枢纽作用，推动整合相关力量，实施“护航少年”工程，实现了“网格化全覆盖、精细化准帮教、动态化早管理”的未成年人保护长效机制，有效解决了未成年人司法、学校、社会保护的衔接问题，为净化校园环境、创建平安校园做出了应有贡献。

典型案（事）例之十　“西检杯”法律知识竞赛持续 17 年

一、基本情况

为有效预防青少年犯罪，营造校园良好学习氛围，从 2000 年开始，北京市西城区检察院联合区教委、团区委开展“西检杯”西城区中学生思想道德法律知识竞赛。该竞赛每年一届，已连续举办17届，参赛学校涵盖辖区所有中学。特别是针对近几年新闻报道中校园暴力、欺凌事件时有发生，社会影响恶劣的现实情况，近三届“西检杯”及时调整竞赛内容，将校园欺凌与暴力预防内容纳为竞赛的重要考察知识点。一是针对青少年特点，建立专门题库。题库紧贴青少年身边的法律事件，将社会报道中青少年常见、常发或危害性较大的违法犯罪行为纳入题库，包括校园暴力、欺凌可能涉嫌的故意伤害罪、寻衅滋事罪、聚众斗殴罪等，及时做好违法犯罪预防工作。二是将“西检杯”与新媒体相结合，拓宽普法宣传范围。为更广泛地开展预防校园暴力、欺凌教育，自2015年起，“西检杯”采用“线上答题”和“线下竞赛”相结合的方式。除预赛、决赛等现场竞赛外，将竞赛与“西城未检”微信平台互动衔接，连续一个月在“西城未检”微信公众平台中推出“每日一题”，吸引同学们参与答题，培养良好行为习惯意识。三是创新竞赛形式，提高预防实效。采用法律知识竞赛、法制短剧大赛、法制微视频大赛等多种形式，集对抗性、趣味性于一体，通过典型案例，提高学生对欺凌和暴力行为严重危害性的认识，增强自我保护意识和能力。四是扩大辐射范围，决赛实行全程网络直播。由于比赛场地空间有限，为保证不能到现场参与的人可以及时观看决赛，决赛在首都政法网进行同步全程网络直播。五是以“西检杯”为龙头，全方位多角度预防校园暴力和欺凌。结合担任法治副校长、建设法治教育基地、制作西城区未成人犯罪调查报告等方式，多措并举，进一步深化法治教育，构筑学校犯罪预警机制，做好校园暴力的提前预防和事中预防。五年来，西城区未成年人犯罪下降了76%，涉罪校园暴力、欺凌几乎为零。

二、典型意义

“西检杯”西城区中学生思想道德法律知识竞赛以青少年喜闻乐见的形式，有效调动了辖区在校学生学习法律知识的积极性，通过比赛的方式让在校学生更为清楚地知晓基本的法律边界和行为底线，自我保护能力也不断提升，在持续深化预防校园违法犯罪、营造健康的校园环境方面起到了积极作用。

部分新闻链接

1. 人民日报 2016 年 12 月 28 日报道《前 11 月，检察机关共批捕校园欺凌暴力案 1114 人》。

2. 新华每日电讯 2016 年 12 月 28 日报道《最高检建议各界共同遏制校园欺凌》。

3. 光明日报 2016 年 12 月 29 日报道《最高检发布中小学欺凌和暴力典型案例》。

4. 法制日报 2016 年 12 月 28 日报道《最高检：发布中小学欺凌和暴力典型案例》。

5. 法制晚报 2016 年 12 月 28 日报道《最高检：发布中小学欺凌和暴力典型案例》。

6. 北京晚报 2016 年 12 月 28 日报道《校园欺凌社会应引起关注》。

加强办案指导　积极推进检察公益诉讼

最高人民检察院发布第八批指导性案例

发布时间： 2017 年 1 月 4 日 10:00

发布内容： 发布最高人民检察院第八批指导性案例

发布地点： 最高人民检察院电视电话会议室

主 持 人： 最高人民检察院新闻发言人　肖玮

出席嘉宾： 最高人民检察院法律政策研究室主任　万春

最高人民检察院民事行政检察厅厅长　郑新俭[①]

① 现任最高人民检察院未成年人检察工作办公室主任。

主题发布

肖玮

各位记者朋友，大家新年好！欢迎参加最高人民检察院的新闻发布会。今天发布会的主题是发布最高人民检察院第八批指导性案例。出席今天新闻发布会的有：最高人民检察院法律政策研究室主任万春、最高人民检察院民事行政检察厅厅长郑新俭。发布会主要有两项内容：一是发布检察机关办理的环境保护领域五起指导性案例；二是回答记者提问。

大家知道，环境问题与人民群众切身利益息息相关，建设良好的生态环境离不开法治的保障。当前，环境污染等破坏生态环境的事件时有发生，给国家和人民利益造成重大损失，社会各界高度关注，人民群众反映强烈。检察机关充分发挥检察职能作用，严厉打击破坏生态环境领域的刑事犯罪，严肃查办和积极预防生态环境领域的职务犯罪，不断加大对生态环境执法司法活动的监督力度，有效震慑了犯罪。特别是，根据全国人大常委会授权决定，检察机关在 13 个试点地区积极推进公益诉讼试点工作，办理了一批生态环境领域造成国家和社会公共利益受到侵害的案件。今天我们将要公布的五起指导性案例，就是从试点地区检察机关办理的案件中精选出来的“样本”，对各地检察机关开展公益诉讼试点工作具有重要指导意义。

下面，首先请最高人民检察院法律政策研究室万春主任向大家通报最高人民检察院第八批指导性案例的有关情况。

万 春

各位记者上午好！日前，最高人民检察院检察委员会审议通过了第八批指导性案例，对检察机关发挥法律监督职能作用，依法提起公益诉讼进行案例指导。党的十八届四中全会明确提出，探索建立检察机关提起公益诉讼的法律制度。2015 年 7 月 1 日，第十二届全国人大常委会第十五次会议作出决定，授权最高人民检察院在生态环境和资源保护、国有资产保护、国有土地使用权出让、食品药品安全等领域，在北京等 13 个省、自治区、直辖市开展为期二年的提起公益诉讼试点。最高人民检察院坚决落实中央部署，严格按照全国人大常委会的授权，积极探索具有中国特色、符合检察职能特点的公益诉讼制度。

从一年多来的试点情况看，检察机关提起公益诉讼从无到有，弥补了实践中一些损害公共利益案件提起诉讼的主体缺位的问题，也促进了行政机关依法正确履行职责，调动了其他适格主体提起公益诉讼的积极性，有效地保护了国家和社会公共利益。提起公益诉讼，已经逐渐成为检察机关履行法律监督职能的一种新型工作方式和开展法律监督工作的全新领域。

为解决人民群众反映强烈的损害国家和社会公共利益的环境污染突出问题，经最高人民检察院部署安排，各地检察机关通过开展提起公益诉讼试点，集中办理了一批生态环境和资源保护领域的公益诉讼案件，有效地遏制了破坏生态环境的侵权行为，推动了相关环境保护部门执法检查整改，实现了以法律监督之剑捍卫绿水青山的目的。

发布指导性案例是最高人民检察院指导全国检察机关准确适用法律和规范司法办案行为的重要方式。下级人民检察院办理类似案件，不应与指导性案例所阐述的要旨相冲突，并且可以引用指导性案例作为释法说理的根据。最高人民检察院本次发布的指导性案例共有五个，分别是江苏省常州市检察院诉许建惠、许玉仙民事公益诉讼案，吉林省白山市检察院诉白山市江源区卫生和计划生育局以及江源区中医院行政附带民事公益诉讼案，湖北省十堰市郧阳区检察院诉郧阳区林业局行政公益诉讼案，福建省清流县检察院诉清流县环保局行政公益诉讼案，贵州省锦屏县检察院诉锦屏县环保局行政公益诉讼案。

江苏省常州市检察院诉许建惠、许玉仙民事公益诉讼案，是全国人大常委会授权检察机关开展公益诉讼试点工作后，全国首例由检察机关提起的民事公益诉讼案件。在该起案件中，尽管被告许建惠、许玉仙因污染环境已经受到刑事处罚，但是环境污染的侵害后果并未消除。因为江苏省常州市没有符合可以提起公益诉讼条件的社会组织，常州市人民检察院以公益诉讼人身份向常州市中级人民法院提起民事公益诉讼，诉求二被告清除环境污染危险，恢复土壤原状，赔偿环境修复费用。因为该案件涉及大量环境领域专业性问题，常州市人民检察院在庭审时申请了常州市环境应急专家库中甄选的环境专家作为专家辅助人，就本案涉及的环境专业性问题发表意见。同时由于本案环境污染所致生态环境损害无法通过恢复工程完全恢复，常州市人民检察院建议采用虚拟治理成本法计算环境污染修复费用。常州市人民法院的一审判决（已生效）支持了检察机关的全部诉讼请求，并判决将赔偿的150万元支付至常州市环境公益基金专用账户。该案准确地区分刑事责任和民事责任，引入了专家辅助人，以及采用虚拟治理成本法计算环境污染修复费用的做法，为类案处理提供了参考。

吉林省白山市人民检察院诉白山市江源区卫生和计划生育局及江源区中医院行政附带民事公益诉讼案，是公益诉讼试点后全国首例行政附带民事公益诉讼案。该案中白山市江源区中医院从2012年起，在污水处理系统未建设、环保验收未合格的情况下，未将医疗污水有效处理，即排入院内渗井及院外渗坑，污染了周边地下水及土壤。在江源区中医院未提供环评合格报告的情况下，江源区卫生和计划生育局却对区中医院《医疗机构执业许可证》校验结果评定为合格。江源区人民检察院向区卫计局发出检察建议，建议该局依法履行监督管理职责，采取有效措施，制止江源区中医院违法排放医疗污水。江源区卫计局虽然向区中医院发出整改通知，但一直未能有效制止江源区中医院违法排放医疗污水，导致社会公共利益持续处于受侵害状态。因吉林省内没有符合法律规定条件的可以提起公益诉讼的社会公益组织，为督促江源区卫计局依法正确履行职责，一并解决江源区中医院非法排放医疗污水对公共利益造成侵害的问题，白山市人民检察院以公益诉讼人身份向白山市中级人民法院提出了行政附带民事公益诉讼，诉求判令江源区中医院立即停止违法排放医疗污水，确认江源区卫计局校验监管行为违法，并要求江源区卫计局立即履行法定监管职责，责令区中医院有效整改。白山市中级人民法院一审判决（已生效）支持了检察机关的全部诉讼请求。该案实际上确立了检察机关提起行政附带民事公益诉讼制度，为检察机关提起行政附带民事公益诉讼的适用范围和诉讼程序提供了参考。

湖北省十堰市郧阳区检察院诉郧阳区林业局行政公益诉讼案中，金兴国等三人为开采建筑石料，违法将国家和省级生态公益林地砍伐。郧阳区林业局对金兴国等三人作出行政处罚决定，责令其停止违法行为，恢复所毁林地原状，并分别处以罚款。金兴国等三人未全额缴纳罚款，也未将被毁公益林地恢复原状。郧阳区人民检察院向区林业局发出检察建议，建议依法履行后续监督管理职责。但区林业局对检察建议未予采纳，也未书面回复。郧阳区人民检察院遂向郧阳区人民法院提起行政公益诉讼，诉求法院确认区林业局未依法履行职责违法，并判令其依法继续履行职责。在案件审理过程中，经郧阳区林业局督促，金兴国等三人补栽了苗木，除金兴国申请缓缴部分加处罚款并获得批准外，其余罚款均已缴纳。郧阳区林业局还提交了一套对被毁林地拟定的管护方案。郧阳区人民法院作出一审判决（已生效），确认区林业局在对金兴国等三人作出行政处罚决定后，未依法履行后续监督管理和申请人民法院强制执行法定职责的行为违法；责令区林业局继续履行收缴剩余加处罚款和履行被毁林地生态修复工作的监督管理法定职责。该案准确把握了公益林地的“公益”属性，为界定何为“公益”和判断负有监督管理职责的行政机关是否依法履职提供了参考。

福建省清流县检察院诉清流县环保局行政公益诉讼案中，福建省三明市清流县环保局会同县公安局现场制止刘文胜非法焚烧电子垃圾，当场查扣危险废物电子垃圾 28 吨并存放在附近的养猪场，后来将电子垃圾转移至不具有贮存危险废物条件的东莹公司和九利公司仓库存放。清流县人民检察院向县环保局发出检察建议，建议其对扣押的电子垃圾和焚烧现场残留物进行无害化处置，但未见成效。清流县人民检察院遂向清流县人民法院提起行政公益诉讼，诉求法院确认清流县环保局怠于履行职责行为违法并判令其依法履行职责。后三明市中级人民法院作出裁定，指定该案由明溪县人民法院管辖。在诉讼期间，清流县环保局对刘文胜的违法行为进行了行政处罚并依法处置了危险废物。清流县人民检察院将诉讼请求变更为确认被告清流县环保局先前的处置危险废物的行为违法。明溪县人民法院依法作出一审判决（已生效），确认了被告清流县环保局处置危险废物的行为违法。该案中，清流县检察院跟踪落实检察建议效果，在行政机关纠正违法行为后，变更为请求判决确认行政行为违法，为检察机关依法履行诉前程序、适时变更诉讼请求提供了参考。

贵州省锦屏县检察院诉锦屏县环保局行政公益诉讼案中，贵州省锦屏县鸿发、雄军等七家石材加工企业未按环保要求修建环保设施，将生产中的污水直接排放清水江，造成清水江悬浮物和油污污染的后果。锦屏县环保局责令鸿发、雄军等七家企业立即停产整改，未予见效。锦屏县人民检察院先后两次发出检察建议，督促县环保局履行监督管理职责，锦屏县环保局均逾期未予答复，也未及时采取措施督促违法企业停业整改。锦屏县人民检察院根据贵州省高级人民法院《关于环境保护案件指定集中管辖的规定（试行）》，向福泉市人民法院提起行政公益诉讼，诉求确认锦屏县环保局对鸿发、雄军等企业违法生产怠于履行监督管理职责的行为违法，并判令锦屏县环保局履行行政监督管理职责，依法对鸿发、雄军公司进行处罚。在诉讼期间，锦屏县政府组织国土、环保、安监等部门，开展非煤矿山集中整治专项行动，责令清水江沿河两岸石材加工企业全部关停。在庭审过程中，锦屏县人民检察院申请撤回已实现的部分请求，仅保留确认被告锦屏县环保局对鸿发、雄军等企业违法生产的行为怠于履行监督管理职责的行为违法。福泉市人民法院一审判决（已生效）支持了检察机关的诉讼请求。该案在判断行政机关是否履行法定职责到位的问题上，为类案处理提供了参考，同时案例中贵州省高级人民法院对环境保护案件指定集中管辖，也为各地借鉴推广生态环保民事、行政案件指定集中管辖提供了实践经验。

现场答问

澎湃新闻记者 林 平

目前对于检察机关提起公益诉讼尚无统一明确的法律规定，还在试点阶段，这样的情况发布指导性案例是否有必要？

万 春

最高人民检察院发布指导性案例，是为了充分发挥指导性案例规范司法办案的作用。指导性案例不仅可以对检察机关准确、统一适用法律提供指导，还可以对检察机关相关工作方式加以规范和提供参考。公益诉讼是检察机关履行法律监督职能的新型工作方式，也是检察机关开展法律监督工作的全新领域，目前这项工作正处于试点阶段，一些问题迫切需要统一认识。在这种背景之下，我们围绕“检察机关提起公益诉讼”的主题将一批典型性案例上升为指导性案例，有利于及时地总结试点经验，汇总提炼检察机关提起公益诉讼的特点和规律；有利于统一认识，提升检察机关公益诉讼工作的力度和质量；同时还有利于凝聚共识，为优化司法职权配置，完善民事、行政诉讼制度，修改完善相关法律提供实践基础。所以，我们希望，通过这批指导性案例的发布，进一步推进各级检察院加大公益诉讼案件办理力度，并引起社会各界对检察机关开展公益诉讼工作的关注和支持。

凤凰卫视记者　倪晓雯

我注意到，这批指导性案例都集中在环境保护领域，对别的领域如何考虑？

万　春

当前，检察机关提起民事公益诉讼的案件范围限定在污染环境、食品药品安全领域侵害众多消费者合法权益的案件；提起行政公益诉讼的案件范围限定在生态环境和资源保护、国有资产保护、国有土地使用权出让领域造成国家和社会公共利益受到侵害的案件。在试点期间，根据高检院部署安排，我们将公益诉讼的重心放在生态环境和资源保护领域，因此这批指导性案例都集中在环境保护领域。

目前检察机关提起的其他领域的公益诉讼也都在逐步推进。试点地区检察院已在食品药品安全、国有资产保护、国有土地使用权出让领域逐步开始提起公益诉讼。如湖北十堰市人民检察院对周克召销售假冒碘盐侵害众多消费者合法权益向十堰市中级人民法院提起民事公益诉讼，福建省福清市人民检察院对福清市国土局怠于履职行为提起行政公益诉讼等。本批指导性案例确立的一些工作原则和方法、制度，也可供办理其他公益诉讼案件参考。

国际广播电台记者　吴　倩

我注意到，指导性案例中有一个案子是行政附带民事公益诉讼，什么情况下可以提起此类诉讼，意义是什么？

万　春

根据《人民检察院提起公益诉讼试点工作实施办法》《人民法院审理人民检察院提起公益诉讼案件试点工作实施办法》的相关规定，人民检察院以公益诉讼人身份提起民事或行政公益诉讼。这两个实施办法对公益诉讼附带案件中的一些程序性问题作了规定，同时它也适用民事案件中没有规定的适用民事诉讼法、行政诉讼法及相关司法解释的规定。

《行政诉讼法》第 61 条第 1 款规定了行政附带民事诉讼制度，该制度的设立主要是源于程序效益原则，有利于节约诉讼成本，优化司法资源，统一司法判决和增强判决权威性。同样道理，行政附带民事公益诉讼制度对于节省司法资源，提高司法效率也具有相同的重要意义。这项制度在试点过程中，得到了最高人民法院和最高人民检察院相关部门的共同认可。

目前，在试点阶段人民检察院可以同时提起民事公益诉讼和行政公益诉讼的，仅为污染环境领域。检察机关在履行职责中发现负有监督管理职责的行政机关存在违法行政行为，导致发生污染环境，侵害社会公共利益的行为，而且违法行政行为是民事侵权行为的先决行为或者前提行为的，检察机关应在履行行政公益诉讼和民事公益诉讼诉前程序后，如果发现违法行政行为和民事侵权行为还没有得到纠正，在没有适格主体或者适格主体不提起诉讼的情况下，检察机关可以参照《行政诉讼法》第 61 条第 1 款的规定，向人民法院提起行政附带民事公益诉讼，由法院一并审理。

人民日报记者　彭　波

从 2015 年 7 月全国人大常委会授权，公益诉讼试点工作已经一年半了，目前是什么样的状况？试点推进过程中有什么问题和困难？

郑新俭

公益诉讼试点以来，在各级党委领导、人大监督、政府支持和人民法院共同努力下，试点地区检察机关充分发挥法律监督职能作用，牢牢地抓住公益这个核心，严格限定试点地区，严格把握案件范围，试点工作进展顺利。截至 2016 年 12 月底，各试点地区检察机关共办理公益诉讼案件 4378 件，其中诉前程序案件 3883 件，提起诉讼案件 495 件。在诉讼案件的这一类案件中，民事公益诉讼 57 件，行政公益诉讼 437 件，行政公益附带民事公益诉讼 1 件。人民法院共审结 32 件，除 2 件行政公益诉讼案因行政机关纠正违法行为而撤诉，1 件民事公益诉讼案因有适格社会组织参与诉讼而撤诉，1 件民事公益诉讼调解结案外，其余 28 件人民法院均判决支持了检察机关的诉讼请求，取得了较好的社会效果、法律效果和政治效果。总体上看，试点工作进展顺利，取得预期成效。全国人大常委会和中央改革办对此予以充分肯定。

正如全国人大常委会分组审议检察机关提起公益诉讼中期报告时，有常委会组成人员指出的那样，检察机关提起公益诉讼是个新生事物，有很多新问题、新挑战。试点工作推进过程中也遇到了不少问题和困难。比如思想认识不到位，工作开展不平衡，面对阻力、压力，破解难题的办法不多；人员素质能力不适应，案多人少的矛盾更加突出，线索发现、调查取证、庭审应对等素质能力有待进一步提高；配套机制不健全，公益损害鉴定、环境损害修复资金管理等方面缺乏配套机制；理论研究有待进一步加强等。对这些问题和困难，检察机关将加大工作力度，主动与有关部门沟通协调，采取有效措施加以解决。

中国妇女报记者　王春霞

请问检察机关提起民事公益诉讼与刑事附带民事诉讼有什么共同点和差异？如何把握和处理好两者之间的关系？

万　春

检察机关提起民事公益诉讼和刑事附带民事诉讼在提起诉讼的范围上存在部分交叉，但二者有本质区别：

一是涉案范围不同。《刑事诉讼法》第99条第2款规定，检察机关提起刑事附带民事诉讼仅限于犯罪行为致使国家财产、集体财产遭受损失的情形，且损失应当是具体的物质损失；而公益诉讼发生的前提是公共利益受到侵害。通常认为，公共利益是指由不特定多数主体享有的，具有基本性、整体性和发展性的重大利益。显然，公共利益的范围明显比国家财产、集体财产遭受物质损失更宽。例如这一批指导性案例中的江苏常州案，被告许建惠、许玉仙污染了环境，损害了社会公共利益，但造成国家财产、集体财产的物质损失不好直接认定，此时，通过公益诉讼的方式追究民事侵权责任，要求恢复原状或承担生态环境修复费用，就显得非常有必要。

二是涉及领域不同。根据《人民检察院提起公益诉讼试点工作实施办法》，目前检察机关提起民事公益诉讼的领域仅限为污染环境、食品药品安全领域，刑事附带民事诉讼并没有这方面限制。

三是诉讼前提不同。刑事附带民事诉讼是以犯罪行为发生而且被提起公诉为前提，而检察机关提起民事公益诉讼是在没有适格主体来提起诉讼或者适格主体不提起诉讼的情况下，检察机关以公益诉讼人的身份来提起民事公益诉讼。如福建清流市案件中，侵权行为人刘文胜虽然涉嫌污染环境罪，但因事实不清、证据不足而被不起诉，此时，就需要运用公益诉讼这种方式弥补受损害的公共利益。

新华网记者　于子茹

刚才有一个案例提到了专家辅助人出庭作证，请对此做一些详细的介绍，比如什么情况下需要专家辅助人出庭作证？能发挥什么作用？

万 春

专家辅助人是一种专业人士，也就是我们平时说的“专家”。在我国现行的民事诉讼法和相关司法解释中，他被称为“有专门知识的人”。“专家辅助人”这一个概念想表达的是，有专门知识的人在法官就专业问题作出判断时承担辅助人的角色。它所体现的是，在事实认定上，当出现专业性问题时，法官需要得到专家的协助。一些环境领域公益诉讼案件中，由于涉及土壤污染、非法排污、因果关系、环境修复等大量的专业技术问题，办案人员可能对该方面的专业技术问题掌握得不是那么透彻，此时就可以通过甄选环境专家协助办案，帮助厘清关键证据中的专业性技术问题。

在庭审过程中，检察机关可以向法院申请专家辅助人出庭作证，由专家辅助人对鉴定意见及因果关系、生态环境修复方式和费用以及生态环境受到损害至恢复原状期间服务功能的损失等专业性问题进行说明或提出意见，经质证后可以作为认定事实的根据。如这次发布的江苏常州案，为了更加公正、准确地认定事实，公益诉讼人向法院申请，由常州市环保局从常州市环境应急专家库中甄选的环境专家作为专家辅助人，从专业、科学的角度对案件中涉及的土壤污染、非法排污、因果关系以及环境修复等问题发表了意见。专家辅助人的专业意见论证了案件中土壤被污染的鉴定意见的科学性，也得到法院的认可。

中新社记者 王 婧

这批指导性案例中都有一个诉前程序，请问这是一个什么样的程序？它与诉讼程序是什么样的关系？诉前程序发挥了什么样的作用？

郑新俭

诉前程序和诉讼程序是试点工作的两项主要的内容，实质上是检察机关办理公益案件的两种不同的办案方式。而就同一个案件看，又是检察机关办理公益案件的两个不同的办理阶段。根据我们所发布的授权决定和试点方案的决定，诉前程序是指检察机关提起公益诉讼前，应当依法督促或者支持法律规定的机关或有关组织提起民事公益诉讼，或是应当先向相关行政机关提出检察建议，督促其纠正行政违法行为或依法履行职责。经过诉前程序，法律规定的机关和有关组织没有提起民事公益诉讼，或行政机关拒不纠正违法行为或不履行法定职责，国家利益和社会公共利益仍处于受侵害状态的，检察机关依照规定提起民事或者行政公益诉讼。

由此可见，诉前程序在前，诉讼程序在后。试点实践中，大部分案件只经过了诉前程序，并未经过诉讼程序，这是因为通过诉前程序，法律规定的机关或有关组织提起了民事公益诉讼，或者相关的行政机关纠正了违法行为或依法履行了职责，国家和社会公益利益得到了有效保护，无须提起诉讼。而只有在法律规定的机关或有关组织没有提起民事公益诉讼，或者相关行政机关拒不纠正违法或不履行法定职责，国家和社会利益公益仍处于受侵害状态的，检察机关才依法向人民法院提起公益诉讼。

所以，只有部分公益案件既经过了诉前程序，又经过了诉讼程序。试点实践中，这两种程序在实际效果上也是相互补充的：诉前程序是诉讼程序的必要前提，如果没有履行诉前程序，诉讼就无法提起；诉讼程序又是诉前程序发挥作用的必要保障，如果没有提起诉讼作为可能采取的后续手段，那么诉前程序的效果就不一定能够得到保证。从试点的实践情况看，检察机关较好地处理了诉前程序与诉讼程序两者之间的关系，充分发挥了诉前程序在保护国家利益和社会公共利益方面的作用。

民事公益诉讼方面，检察机关办理诉前程序案件截至目前是120件，依法督促或者支持法律规定的机关或者组织向人民法院提起诉讼22件，充分调动了有关主体在公共利益保护方面的积极性。行政公益诉讼方面，检察机关共办理诉前程序案件3763件，督促行政机关主动纠正行政违法行为或不依法履行职责2838件。通过诉前程序，75.4%的行政机关主动纠正了行政违法行为，充分发挥了诉前程序及时解决问题、有效节约司法资源的优势。对于行政机关拒不纠正违法行为或不履行职责的，检察机关才向人民法院提起公益诉讼。这也是为什么检察机关在试点过程中出现办理的诉前程序案件多，诉讼案件数量相对较少的主要原因。也就是说，公益诉讼试点过程中，绝大部分的国家和社会公共利益是通过诉前程序得到有效保护的，只有部分国家和社会公共利益是通过诉讼程序得到有效保护的。所以看试点工作情况，就不应只看提起了多少诉讼案件，而应综合诉前程序和诉讼程序的整体情况来分析。

总体上说，检察机关通过诉前程序，充分调动了其他适格主体保护公益的积极性，发挥了行政机关纠正行政违法行为的主动性，有效保护了国家利益和社会公共利益。如吉林省检察机关通过诉前程序督促行政机关恢复林地4万公顷，恢复湿地3.9万公顷，关停整改污染、违法企业19家，为国家挽回经济损失近2亿元；内蒙古检察机关督促行政机关恢复草原植被3万余亩；贵州省检察机关督促行政机关恢复耕地、林地5.8万余亩，为国家挽回经济损失7.5亿余元。而通过诉讼程序，强化了公益的刚性，推动了国家和社会公共利益的有效保护。

法制日报记者 周 斌

目前，离试点期满还有半年的时间，对于下一步试点工作我们有什么打算？

郑新俭

我们试点期限是两年，现在过了一年半的时间，实际上只有半年的时间。开展公益诉讼试点的主要目的是通过在部分地区先行先试，总结经验教训，掌握工作规律，为更大范围改革实践提供可复制、可推广的经验。对于下一步的试点工作，全国人大常委会在审议公益诉讼试点中期报告时对我们提出了明确要求，那就是进一步加强对试点工作的指导监督，全面评估试点成效，认真总结试点经验，依法探索建立具有中国特色、符合检察职能特点的公益诉讼制度。

为圆满完成全国人大常委会提出的试点工作任务，我们准备从以下几个方面着力：一是进一步加大办案力度。要求各试点检察院办理公益诉讼案件的力度不放松、不减速，全面办理试点范围涉及的各领域案件，为建立检察机关提起公益诉讼制度提供充分的“样本”。二是努力提高案件质量。加强对试点工作的指导督促，及时研究解决试点工作中出现的问题，进一步完善试点工作实施办法和相关配套机制。督促各试点检察院围绕人民群众反映强烈的热点、难点问题，敢于啃硬骨头，办理一批有影响、有震动的公益诉讼案件。三是全面评估试点成效。我们拟委托行政法学研究会、民事诉讼法学研究会和环境法学研究会的知名专家学者对试点工作进行评估，全面、客观地评估检察机关提起公益诉讼试点工作的成效、存在的问题及解决方案，总结提炼检察机关提起公益诉讼的特点、规律。四是加强理论研究，提出修改完善有关法律的立法建议。在全面总结经验的基础上，深化对检察机关提起公益诉讼的法律基础、职能定位、运行规律等基础理论问题的研究，及时提出修改完善民事诉讼法、行政诉讼法、检察院组织法等法律的立法建议，推动建立具有中国特色、符合检察职能特点的公益诉讼制度。

北京晚报记者　张　宇

一年多的试点实践，为修改完善有关法律提供了什么样的条件？

郑新俭

这个问题是非常重要的。我们经过一年半的公益诉讼的试点工作，总结起来试点所取得成效和经验，主要可以总结为以下几个方面：

一是检察机关办理了大量的公益案件，为完善相关法律提供了一定的实践“样本”。除了前面介绍的诉前程序案件外，目前提起诉讼的495件案件中，既有民事公益诉讼，又有行政公益诉讼，还有行政公益附带民事公益诉讼。所办理的案件涉及生态环境和资源保护、国有资产保护、国有土地使用权出让、食品药品安全等领域。90%以上的市级试点和50%以上的基层人民检察院均办理了提起诉讼案件。人民法院审结的32件案件中，有一审结案的，也有二审结案的；结案方式也是多样的，包括了撤诉、调解和判决。

二是试点工作取得了十分好的社会效果。首先，有效地保护了国家和社会公共利益。如前面提到的在恢复林地、耕地、整治污染、恢复草原植被、追回国有资产等方面都取得了很好的成效。除此之外，公益诉讼在保护环境和生态方面还发生了规模效应。如吉林省运用公益诉讼试点在有效保护长白山生态方面发挥了巨大的作用，内蒙古利用试点在保护草原生态环境方面取得了较好的成效等。其次，还较好地推动了相关行政机关纠正行政违法行为，依法行政。如我们这一次公布的五个案例中，其中吉林省白山市人民检察院诉白山市江源区卫生和计划生育局以及江源区中医院行政附带民事公益诉讼一案判决作出后，白山市委、市政府为积极推动整改，专门开展医疗废物、废水的专项治理活动，推动在全省范围内对医疗垃圾和污水处理问题的全面调研、全面检查和全面治理；湖北省十堰市郧阳区人民检察院诉区林业局行政公益诉讼一案庭审期间，当地政府组织了70余名相关行政机关负责人到庭旁听，林业局局长当庭就其怠于履职行为向大家鞠躬道歉，庭审结束后，旁听人员纷纷表态要以此为鉴，在今后要严格执法、规范执法，切实维护法律权威，维护国家和社会公共利益。福建省清流县人民检察院诉县环保局不依法履行职责一案宣判后，省政府发文充分肯定检察机关提起公益诉讼积极作用，指出“该案充分体现了人民检察院作为国家的法律监督机关，在促进依法行政、推进法治政府建设中发挥的积极作用。该案在我省乃至全国都有典型的示范意义，建议由环境保护督察办公室在环保系统内通报，吸取教训”，并采纳检察机关跟进监督建议，要求“省环境保护督察办公室开展环境专项督察，对各地相关地区、相关部门不积极落实环保法律法规等行政不作为加强督察，督促相关部门予以整改，严格问责”。中央电视台新闻联播、新闻频道等主流媒体均对该起案件的办理进行报道。

三是试点推进过程中，我们与最高人民法院、宪法学研究会、行政法学研究会、民事诉讼法学研究会联合召开研讨会，还多次邀请相关专家学者召开研讨论证会，分别就检察机关提起公益诉讼的基础理论和试点实践中存在的具体问题进行研讨，凝聚了理论共识。

四是我们与最高人民法院多次进行沟通，就公益诉讼案件受理、审理程序和相关的规范性文件制定等问题达成共识。“两高”先后出台《人民检察院提起公益诉讼试点工作实施办法》《人民法院审理人民检察院提起公益诉讼案件试点工作实施办法》，作为试点工作的基础规范；最高人民检察院制定了《关于深入开展公益诉讼试点工作有关问题的意见》，对试点工作中存在的问题提出了指导性意见；最高人民法院下发了《关于进一步做好检察机关提起公益诉讼案件登记立案工作的通知》，根据检察机关特殊的诉讼地位，对检察机关不同于普通原告的程序性事项作出了规定。这些都为立法的修改完善奠定了非常好的理论和实践基础。下一步，我们将积极向全国人大常委会报告试点工作的进展情况，根据全国人大常委会的要求和部署，全力配合作好相关工作。

肖　玮

因为时间关系，提问就到这里。各位记者，检察机关下一步将紧紧围绕党和国家工作大局，进一步加强公益诉讼试点工作，扩大检察机关提起公益诉讼制度的社会影响力，为建设健康中国、美丽中国、法治政府作出应有的贡献。

指导性案例

最高人民检察院第八批指导性案例

江苏省常州市人民检察院诉许建惠、许玉仙民事公益诉讼案

（检例第28号）

【关键词】

民事公益诉讼 生态环境修复 虚拟治理成本法

【基本案情】

许建惠，男，1962年4月1日生。

许玉仙，女，1965年5月15日生。

2010年上半年至2014年9月，许建惠、许玉仙在江苏省常州市武进区遥观镇东方村租用他人厂房，在无营业执照、无危险废物经营许可证的情况下，擅自从事废树脂桶和废油桶的清洗业务。洗桶产生的废水通过排污沟排向无防渗漏措施的露天污水池，产生的残渣被堆放在污水池周围。

2014年9月1日，公安机关在许建惠、许玉仙洗桶现场查获废桶7789只，其中6289只尚未清洗。经鉴定，未清洗的桶及桶内物质均属于危险废物，现场地下水、污水池内废水以及污水池四周堆放的残渣、污水池底部沉积物中均检出铬、锌等多种重金属和总石油烃、氯代烷烃、苯系物等多种有机物。

2015年6月17日，许建惠、许玉仙因犯污染环境罪被常州市武进区人民法院分别判处有期徒刑二年六个月、缓刑四年，有期徒刑二年、缓刑四年，并分别判处罚金。许建惠、许

玉仙虽被依法追究刑事责任，但现场尚留存130只未清洗的废桶、残渣、污水和污泥尚未清除，对土壤和地下水持续造成污染。

【诉前程序】

经调查，在常州市民政局登记的三家环保类社会组织，均不符合法律对提起公益诉讼主体要求的相关规定，不能作为原告向常州市中级人民法院提起环境民事公益诉讼。

【诉讼过程】

2015年12月21日，常州市人民检察院以公益诉讼人身份，向常州市中级人民法院提起民事公益诉讼，诉求：1. 判令二被告依法及时处置场地内遗留的危险废物，消除危险；2. 判令二被告依法及时修复被污染的土壤，恢复原状；3. 判令二被告依法赔偿场地排污对环境影响的修复费用，以虚拟治理成本30万元为基数，根据该区域环境敏感程度以4.5–6倍计算赔偿数额。常州市人民检察院认为：

一、许建惠、许玉仙非法洗桶行为造成了严重的环境污染损害后果。现场留存的大量废桶、残渣，污水池里的废水、污泥，均属于有毒物质，并且仍在对环境造成污染。经检测，污水池下方的地下水、土壤已遭到严重污染。

二、许建惠、许玉仙的行为与环境污染损害后果之间存在因果关系。污水池附近区域的地下水中检测出的污染物与洗桶产生的特征污染物相同，而周边的纺织、塑料和铝制品加工企业等不会产生该系列的特征污染物。

【案件结果】

庭审过程中，公益诉讼人向法院申请由市环保局从常州市环境应急专家库中甄选的环境专家苏衡博士作为专家辅助人，就本案涉及的环境专业性问题发表意见。

2016年4月14日，常州市中级人民法院作出一审判决：

1. 被告许建惠、许玉仙于本判决发生法律效力之日起十五日内，将常州市武进区遥观镇东方村洗桶场地内留存的130只废桶、两个污水池中蓄积的污水及池底污泥以及厂区内堆放的残渣委托有处理资质的单位全部清理处置，消除继续污染环境危险。

2. 被告许建惠、许玉仙于本判决发生法律效力之日起三十日内，委托有土壤处理资质的单位制定土壤修复方案，提交常州市环保局审核通过后，六十日内实施。

3. 被告许建惠、许玉仙赔偿对环境造成的其他损失150万元，该款于判决发生法律效力之日起三十日内支付至常州市环境公益基金专用账户。

一审宣判后，许建惠、许玉仙均未上诉，判决已发生法律效力。

本案的办理得到当地政府、相关行政执法部门以及公益组织的广泛关注和支持，对引导政府完善社会治理，促进环保等行政执法部门加强履职起到了积极作用。本案经20多家媒体直播庭审、跟踪报道，激发了社会公众关注公益诉讼的热情。当地政府将本案作为典型案例，以生效判决文书作为宣教材料，对当地企业开展宣传教育，为进一步推进公益保护工作营造了良好的社会氛围。

【要旨】

1. 侵权人因同一行为已经承担行政责任或者刑事责任的，不影响承担民事侵权责任。

2. 环境污染导致生态环境损害无法通过恢复工程完全恢复的，恢复成本远远大于其收益的或者缺乏生态环境损害恢复评价指标的，可以参考虚拟治理成本法计算修复费用。

3. 专业技术问题，可以引入专家辅助人。专家意见经质证，可以作为认定事实的根据。

【指导意义】

本案是全国人大常委会授权检察机关开展公益诉讼试点工作后全国首例由检察机关提起的民事公益诉讼案件。

1. 围绕侵权构成要件，开展调查核实。虽然污染环境侵权案件因果关系适用举证责任倒置原则，但为保证依法准确监督，检察机关仍应充分开展调查核实，查明案件事实。调查核实主要包括以下方面：（1）侵权人实施了污染环境的行为；（2）侵权人的行为已经损害社会公共利益；（3）侵权人实施的污染环境行为与损害结果之间具有关联性。

2. 准确定位民事侵权责任，提起公益诉讼。《中华人民共和国侵权责任法》第四条规定，侵权人因同一行为应当承担行政责任或者刑事责任的，不影响依法承担侵权责任。污染环境肇事人、食品药品安全领域侵害众多消费者合法权益等损害社会公共利益的侵权人，因该侵权行为受过行政或刑事处罚，不影响检察机关对该侵权人提起民事公益诉讼。罚款或罚金均不属于民事侵权责任范畴，不能抵销损害社会公共利益的侵权损害赔偿金额。

3. 围绕环境污染情况，提出合理诉求。检察机关提起环境民事公益诉讼，应当结合具体案情和相关证据合理确定污染者承担停止侵害、排除妨碍、消除危险、恢复原状、赔礼道歉、赔偿损失等民事责任。检察机关提起环境民事公益诉讼的第一诉求应是停止侵害、排除危险和恢复原状。其中，“恢复原状”应当是在有恢复原状的可能和必要的前提下，要求损害者承担治理污染和修复生态的责任。无法完全恢复或恢复成本远远大于其收益的，可以准许采用替代性修复方式，也可以要求被告承担生态环境修复费用。

4. 围绕生态环境修复实际，确定赔偿费用。生态环境修复费用包括制定、实施修复方案的费用和监测、监管等费用。环境污染所致生态环境损害无法通过恢复工程完全恢复的，恢复成本远大于收益的，缺乏生态环境损害恢复评价指标、生态环境修复费用难以确定的，可以参考环境保护部制定的《环境损害鉴定评估推荐方法》，采用虚拟治理成本法计算修复费用，即在虚拟治理成本基数的基础上，根据受污染区域的环境功能敏感程度与对应的敏感系数相乘予以合理确定。

5. 围绕专业技术问题，引入专家辅助人。环境民事公益诉讼案件，涉及土壤污染、非法排污、因果关系、环境修复等大量的专业技术问题，检察机关可以通过甄选环境专家协助办案，厘清关键证据中的专业性技术问题。专家辅助人出庭就鉴定人作出的鉴定意见或者就因果关系、生态环境修复方式、生态环境修复费用以及生态环境受到损害至恢复原状期间服务功能的损失等专门性问题，作出说明或提出意见，经质证后可以作为认定事实的根据。

【相关规定】

1.《中华人民共和国侵权责任法》（2009 年 12 月 26 日第十一届全国人民代表大会常务委员会第十二次会议通过）第四条

2.《中华人民共和国固体废物污染环境防治法》（2013 年修正）第十七条

3.《最高人民法院关于审理环境民事公益诉讼案件适用法律若干问题的解释》（2014 年 12 月 8 日最高人民法院审判委员会第 1631 次会议通过）第十五条、第二十条 、第二十三条

4.《人民检察院提起公益诉讼试点工作实施办法》（2015 年 12 月 16 日最高人民检察院第十二届检察委员会第四十五次会议通过）第十四条、第十七条

5.《环境损害鉴定评估推荐方法》（第Ⅱ版）

A.2.3 虚拟治理成本法

6.《突发环境事件应急处置阶段环境损害评估推荐方法》

（即《突发环境事件应急处置阶段环境损害评估技术规范》）附 F 虚拟治理成本法

吉林省白山市人民检察院诉白山市江源区卫生和计划生育局及江源区中医院行政附带民事公益诉讼案

（检例第 29 号）

【关键词】

行政附带民事公益诉讼 诉前程序 管辖

【基本案情】

2012 年，吉林省白山市江源区中医院建设综合楼时未建设污水处理设施，综合楼未经环保验收即投入使用，并将医疗污水经消毒粉处理后直接排入院内渗井及院外渗坑，污染了周边地下水及土壤。2014 年 1 月 8 日，江源区中医院在进行建筑设施改建时，未执行建设项目的防治污染措施应当与主体工程同时设计、同时施工、同时投产使用的“三同时”制度，江源区环保局对区中医院作出罚款行政处罚和责令改正、限期办理环保验收的行政处理。江源区中医院因污水处理系统建设资金未到位，继续通过渗井、渗坑排放医疗污水。

2015 年 5 月 18 日，在江源区中医院未提供环评合格报告的情况下，江源区卫生和计划生育局对区中医院《医疗机构执业许可证》校验结果评定为合格。

【诉前程序】

2015 年 11 月 18 日，吉林省白山市江源区人民检察院向区卫生和计划生育局发出检察建议，建议该局依法履行监督管理职责，采取有效措施，制止江源区中医院违法排放医疗污水。江源区卫生和计划生育局于 2015 年 11 月 23 日向区中医院发出整改通知，并于2015年12月10日向江源区人民检察院作出回复，但一直未能有效制止江源区中医院违法排放医疗污水，导致社会公共利益持续处于受侵害状态。

经咨询吉林省环保厅，白山市环保局、民政局，吉林省内没有符合法律规定条件的可以提起公益诉讼的社会公益组织。

【诉讼过程】

2016年2月29日，白山市人民检察院以公益诉讼人身份向白山市中级人民法院提起行政附带民事公益诉讼，诉求判令江源区中医院立即停止违法排放医疗污水，确认江源区卫生和计划生育局校验监管行为违法，并要求江源区卫生和计划生育局立即履行法定监管职责责令区中医院有效整改建设污水净化设施。白山市人民检察院认为：

一、江源区中医院排放医疗污水造成了环境污染及更大环境污染风险隐患。经取样检测，医疗污水及渗井周边土壤化学需氧量、五日生化需氧量、悬浮物、总余氯等均超出国家规定的标准限值，已造成周边地下水、土壤污染。鉴定意见认为，医疗污水的排放可引起医源性细菌对地下水、生活用水及周边土壤的污染，存在细菌传播的隐患。

二、江源区卫生和计划生育局怠于履行监管职责。江源区卫生和计划生育局对辖区内医疗机构具有监督管理的法定职责。江源区人民检察院发出检察建议后，江源区卫生和计划生育局虽然发出整改通知并回复，并通过向江源区人民政府申请资金的方式，促使区中医院污水处理工程投入建设。但江源区中医院仍通过渗井、渗坑违法排放医疗污水，导致社会公共利益持续处于受侵害状态。

三、江源区卫生和计划生育局的校验行为违法。卫生部《医疗机构管理条例实施细则》第三十五条、《吉林省医疗机构审批管理办法（试行）》第四十四条规定，医疗机构申请校验时应提交校验申请、执业登记项目变更情况、接受整改情况、环评合格报告等材料。在江源区中医院未提交环评合格报告的情况下，江源区卫生和计划生育局对区中医院的《医疗机构执业许可证》校验为合格，违反上述规章和规范性文件的规定，江源区卫生和计划生育局的校验行为违法。

【案件结果】

2016 年 5 月 11 日，白山市中级人民法院公开开庭审理了本案。同年 7 月 15 日，白山市中级人民法院分别作出一审行政判决和民事判决。行政判决确认江源区卫生和计划生育局于 2015 年 5 月 18 日对江源区中医院《医疗机构执业许可证》校验合格的行政行为违法；判令江源区卫生和计划生育局履行监督管理职责，监督江源区中医院在三个月内完成医疗污水处理设施的整改。民事判决判令江源区中医院立即停止违法排放医疗污水。

一审宣判后，江源区卫生和计划生育局、中医院均未上诉，判决已发生法律效力。

本案判决作出后，白山市委、市政府为积极推动整改，专门开展医疗废物、废水的专项治理活动，并要求江源区政府拨款 90 余万元，购买并安装医疗污水净化处理设备。江源区政府主动接受监督，积极整改，拨款 90 余万元推动完成整改工作。吉林省人民检察院就全省范围内存在的医疗垃圾和污水处理不规范等问题，向省卫计委、环保厅发出检察建议，与省卫计委、环保厅召开座谈会，联合发文开展专项执法检查，推动在全省范围内对医疗垃圾和污水处理问题的全面调研、全面检查、全面治理。

【要旨】

检察机关在履行职责中发现负有监督管理职责的行政机关存在违法行政行为，导致发生污染环境，侵害社会公共利益的行为，且违法行政行为是民事侵权行为的先决或者前提行为，在履行行政公益诉讼和民事公益诉讼诉前程序后，违法行政行为和民事侵权行为未得到纠正，在没有适格主体或者适格主体不提起诉讼的情况下，检察机关可以参照《中华人民共和国行政诉讼法》第六十一条第一款的规定，向人民法院提起行政附带民事公益诉讼，由法院一并审理。

【指导意义】

本案是公益诉讼试点后全国首例行政附带民事公益诉讼案。

1. 检察机关作为公益诉讼人，可以提起行政附带民事公益诉讼。根据《人民检察院提起公益诉讼试点工作实施办法》（以下简称《检察院实施办法》）第五十六条和《人民法院审理人民检察院提起公益诉讼案件试点工作实施办法》（以下简称《法院实施办法》）第四条、第十四条、第二十三条的规定，人民检察院以公益诉讼人身份提起民事或行政公益诉讼，诉讼权利义务参照民事诉讼法、行政诉讼法关于原告诉讼权利义务的规定。人民法院审理人民检察院提起的公益诉讼案件，《检察院实施办法》《法院实施办法》没有规定的，适用民事诉讼法、行政诉讼法及相关司法解释的规定。

根据《检察院实施办法》第一条和第二十八条规定，试点阶段人民检察院可以同时提起民事公益诉讼和行政公益诉讼的仅为污染环境领域。人民检察院能否直接提起行政附带民事公益诉讼，《检察院实施办法》和《法院实施办法》均没有明确规定。根据《检察院实施办法》第五十六条和《法院实施办法》第二十三条规定，没有规定的即适用民事诉讼法、行政诉讼法及相关司法解释的规定。其中《中华人民共和国行政诉讼法》第六十一条第一款规定了行政附带民事诉讼制度，该制度的设立主要是源于程序效益原则，有利于节约诉讼成本，优化审判资源，统一司法判决和增强判决权威性。在试点的检察机关提起的公益诉讼中，存在生态环境领域侵害社会公共利益的民事侵权行为，而负有监督管理职责的行政机关又存在违法行政行为，且违法行政行为是民事侵权行为的先决或前提行为，为督促行政机关依法正确履行职责，一并解决民事主体对国家利益和社会公共利益造成侵害的问题，检察机关可以参照《中华人民共和国行政诉讼法》第六十一条第一款的规定，向人民法院提起行政附带民事公益诉讼，由法院一并审理。

2. 检察机关提起行政附带民事公益诉讼，应当同时履行行政公益诉讼和民事公益诉讼诉前程序。《检察院实施办法》规定，人民检察院提起民事公益诉讼或行政公益诉讼，都必须严格履行诉前程序。行政附带民事公益诉讼涵盖民事公益诉讼和行政公益诉讼，提起公益诉讼前，人民检察院应当发出检察建议依法督促行政机关纠正违法行为、履行法定职责，并督促、支持法律规定的机关和有关组织提请民事公益诉讼。

3. 检察机关提起行政附带民事公益诉讼案件，原则上由市（分、州）以上人民检察院办理。《检察院实施办法》第二条第一款、第二十九条第一款、第四款规定："人民检察院提起民事公益诉讼的案件，一般由侵权行为地、损害结果地或者被告住所地的市（分、州）人民检察院管辖"、"人民检察院提起行政公益诉讼的案件，一般由违法行使职权或者不作为的行政机关所在地的基层人民检察院管辖"、"上级人民检察院认为确有必要，可以办理下级人民检察院管辖的案件"。由于检察机关提起的行政公益诉讼和民事公益诉讼管辖级别不同，民事公益诉讼一般不由基层人民检察院管辖，而上级人民检察院可以办理下级人民检察院的行政公益诉讼案件，故行政附带民事公益诉讼原则上应由市（分、州）以上人民检察院向中级人民法院提起。

有管辖权的市（分、州）人民检察院根据《检察院实施办法》

第二条第四款规定将案件交办的，基层人民检察院也可以提起行政附带民事公益诉讼。

【相关规定】

1.《中华人民共和国行政诉讼法》（2014年修正）第六十一条

2.《人民检察院提起公益诉讼试点工作实施办法》（2015年12月16日最高人民检察院第十二届检察委员会第四十五次会议通过）第一条、第二条、第二十八条、第二十九条、第五十六条

3.《人民法院审理人民检察院提起公益诉讼案件试点工作实施办法》（2016年2月22日由最高人民法院审判委员会第1679次会议通过）第四条、第十四条、第二十三条

湖北省十堰市郧阳区人民检察院诉郧阳区林业局行政公益诉讼案

（检例第30号）

【关键词】

行政公益诉讼 公共利益 依法履行法定职责

【基本案情】

2013年3月至4月，金兴国、吴刚、赵丰强在未经县级林业主管部门同意、未办理林地使用许可手续的情况下，在湖北省十堰市郧阳区杨溪铺镇财神庙村五组、卜家河村一组、杨溪铺村大沟处，相继占用国家和省级生态公益林地0.28公顷、0.22公顷、0.28公顷开采建筑石料。2013年4月22日、4月30日、5月2日，郧阳区林业局对金兴国、吴刚、赵丰强作出行政处罚决定，责令金兴国、吴刚、赵丰强停止违法行为，恢复所毁

林地原状，分别处以 56028 元、22000 元、28000 元罚款，限期十五日内缴清。金兴国、吴刚、赵丰强在收到行政处罚决定书后，在法定期限内均未申请行政复议，也未提起行政诉讼，仅分别缴纳罚款 20000 元、15000 元、20000 元，未将被毁公益林地恢复原状。郧阳区林业局在法定期限内既未催告三名行政相对人履行行政处罚决定所确定的义务，也未向人民法院申请强制执行，致使其作出的行政处罚决定未得到全部执行，被毁公益林地未得到及时修复。

【诉前程序】

2015 年 12 月 12 日，郧阳区人民检察院向区林业局发出检察建议，建议区林业局规范执法，认真落实行政处罚决定，采取有效措施，恢复森林植被。区林业局收到检察建议后，在规定期限内既未按检察建议进行整改落实，也未书面回复。

郧阳区人民检察院经调查核实，没有公民、法人和其他社会组织因公益林被毁而提起相关诉讼。

【诉讼过程】

2016 年 2 月 29 日，郧阳区人民检察院以公益诉讼人身份向郧阳区人民法院提起行政公益诉讼，要求法院确认区林业局未依法履行职责违法，并判令其依法继续履行职责。郧阳区人民检察院认为：

一、金兴国等 3 人破坏了公益林，损害了社会公共利益。根据国家林业局、财政部制定的《国家级公益林区划界定办法》第二条、《湖北省生态公益林管理办法》第二条规定，公益林有提供公益性服务的典型目的，金兴国等 3 人非法改变公益林用途，导致公共利益受损。专家意见认为，金兴国等 3 人共破坏 11.7 亩生态公益林，单从森林资源方面已造成对公共生态环境影响。

二、郧阳区林业局怠于履职，行政处罚决定得不到有效执行，国家和社会公共利益持续处于受侵害状态。区林业局对其辖区内的森林资源有管理和监督的职责。针对金兴国等 3 人的违法行为，区林业局已对金兴国等 3 人处以限期恢复林地原状和罚款的行政处罚决定。作出行政处罚决定后，区林业局还应根据《中华人民共和国行政处罚法》第五十一条规定，对金兴国等 3 人逾期未履行生效行政处罚决定的行为，依法采取法律规定的措施督促履行。但区林业局怠于履职，致使行政处罚决定得不到有效执行，被金兴国等 3 人非法改变用途的林地未恢复原状，剩余罚款未依法收缴，区林业局也没有对金兴国等 3 人加处罚款，导致国家和社会公共利益持续处于受侵害状态。

案件审理过程中，经郧阳区林业局督促，吴刚、赵丰强相继将罚款及加处罚款全部缴清，金兴国缴纳了全部罚款及部分加处罚款，剩余加处罚款以经济困难为由申请缓缴，区林业局批准了金兴国缓缴加处罚款的请求。同时，金兴国等三人均在被毁林地上补栽了苗木。受郧阳区人民法院委托，十堰市林业调查规划设计院对被毁林地当前生态恢复程度及生态恢复所需期限进行了鉴定，鉴定意见为：造林时间、树种、苗木质量、造林密度、造林方式等符合林业造林相关技术要求，在正常管护的情况下修复期限至少需要三年的时间才能达到郁闭要求。

郧阳区林业局在案件审理期间提交了一套对被毁林地拟定的管护方案。方案中，区林业局明确表示愿意继续履行监督管理职责，采取有效措施进行补救，恢复被毁林地的生态功能，并且成立领导小组，明确责任单位、管护范围、管护措施和相关要求。

【案件结果】

2016 年 5 月 5 日，郧阳区人民法院作出一审判决：确认郧阳区林业局在对金兴国、吴刚、赵丰强作出行政处罚决定后，未依法履行后续监督、管理和申请人民法院强制执行法定职责的行为违法；责令区林业局继续履行收缴剩余加处罚款的法定职责；责令区林业局继续履行被毁林地生态修复工作的监督、管理法定职责。

一审宣判后，郧阳区林业局未上诉，判决已发生法律效力。

案件办理期间，十堰市、郧阳区两级党委和政府主要领导表态要积极支持检察机关提起公益诉讼。庭审期间组织了70余名相关行政机关负责人到庭旁听。郧阳区林业局局长当庭就其怠于履职行为鞠躬道歉。

案件宣判后，湖北省林业厅专门向全省林业行政部门下发文件，要求各级林业部门高度重视检察机关监督，引以为戒，认真整改、切实规范林业执法，并在全省范围内开展规范执法自查活动，查找、整改违法作为和不作为的问题。

【要旨】

负有监督管理职责的行政机关对侵害生态环境和资源保护领域的侵权人进行行政处罚后，怠于履行法定职责，既未依法履行后续监督、管理职责，也未申请人民法院强制执行，导致国家和社会公共利益未脱离受侵害状态，经诉前程序后，人民检察院可以向人民法院提起行政公益诉讼。

【指导意义】

1. 检察机关提起公益诉讼的前提是公共利益受到侵害。公共利益可以界定为：由不特定多数主体享有的，具有基本性、整体性和发展性的重大利益。在实践中，判断被侵害的利益是否属于公共利益范畴，可以从以下几个方面来把握：一是公共利益的主体是不特定的多数人。公共利益首先是一种多数人的利益，但又不同于一般的多数人利益，其享有主体具有开放性。二是公共利益具有基本性。公共利益是有关国家和社会共同体及其成员生存和发展的基本利益，如公共安全、公共秩序、自然环境和公民的生命、健康、自由等。三是公共利益具有整体性和层次性。公共利益是一种整体性利益，可以分享，但不可以分割。公共利益不仅有涉及全国范围的存在形式，也有某个地区的存在形式。四是公共利益具有发展性。公共利益始终与社会价值取向联系在一起，会随着时代的发展变化而变化，也会随着不同社会价值观的改变而变动。五是公共利益具有重大性。其涉及不特定多数人，涉及公共政策变动，涉及公权与私权的限度，代表的利益都是重大利益。六是公共利益具有相对性。它受时空条件的影响，在此时此地认定为公共利益的事项，彼时彼地可能应认定为非公共利益。

2. 行政机关没有依法履行法定职责与国家和社会公共利益受到侵害是检察机关提起行政公益诉讼的必要条件。判断负有监督管理职责的行政机关是否依法履职，关键要厘清行政机关的法定职责和行政机关是否依法履职到位；判断国家和社会公共利益是否受侵害，要看违法行政行为造成国家和社会公共利益的实然侵害，发出检察建议后要看国家和社会公共利益是否脱离被侵害状态。

【相关规定】

1.《中华人民共和国行政处罚法》（2009 年修正）第五十一条

2.《中华人民共和国行政强制法》（2011 年 6 月 30 日第十一届全国人民代表大会常务委员会第二十一次会议通过）第五十条、第五十三条

3.《人民检察院提起公益诉讼试点工作实施办法》（2015 年 12 月 16 日最高人民检察院第十二届检察委员会第四十五次会议通过）第二十八条

福建省清流县人民检察院诉清流县环保局行政公益诉讼案

（检例第 31 号）

【关键词】

行政公益诉讼 违法行政行为 变更诉讼请求

【基本案情】

2014 年 7 月 31 日，福建省三明市清流县环保局会同县公安局现场制止刘文胜非法焚烧电子垃圾，当场查扣危险废物电子垃圾 28580 千克并存放在附近的养猪场。2014 年 8 月，清流县环保局将扣押的电子垃圾转移至不具有贮存危险废物条件的东莹公司仓库存放。2014 年 9 月 2 日，清流县公安局对刘文胜涉嫌污染环境案刑事立案侦查，并于 2015 年 5 月 5 日作出扣押决定书，扣押刘文胜污染环境案中的危险废物电子垃圾。清流县环保局未将电子垃圾移交公安机关，于 2015 年 5 月 12 日将电子垃圾转移到不具有贮存危险废物条件的九利公司仓库存放。

【诉前程序】

因刘文胜涉嫌污染环境罪一案事实不清，证据不足，清流县人民检察院于 2015 年 7 月 7 日作出不起诉决定，并于 7 月 9 日向县环保局发出检察建议，建议其对扣押的电子垃圾和焚烧后的电子垃圾残留物进行无害化处置。2015 年 7 月 22 日，清流县环保局回函称，拟将电子垃圾等危险废物交由有资质的单位处置。2015 年 12 月 16 日，清流县人民检察院得知县环保局逾期仍未对扣押的电子垃圾和焚烧电子垃圾残留物进行无害化处置，也未对刘文胜作出行政处罚。

清流县人民检察院经调查核实，没有公民、法人和其他社会组织因县环保局非法贮存危险物品而提起相关诉讼。

【诉讼过程】

2015年12月21日，清流县人民检察院以公益诉讼人身份向清流县人民法院提起行政公益诉讼，诉求法院确认清流县环保局怠于履行职责行为违法并判决其依法履行职责。清流县人民检察院认为：

一、清流县环保局作为涉案电子垃圾的实际监管人，在明知涉案电子垃圾属于危险废物，具有毒性，理应依法管理并及时处置的情形下，没有寻找符合贮存条件的场所进行贮存，而是将危险废物从扣押现场转移至附近的养猪场、再转至没有危险废物经营许可证资质的东莹公司，后再租用同样不具资质的九利公司仓库进行贮存，且未设置危险废物识别标志。清流县环保局的行为属于不依法履行职责的违法行政行为。

二、清流县环保局作为地方环境保护主管部门，在检察机关对刘文胜作出不起诉决定后，未对刘文胜非法收集、贮存、焚烧电子垃圾的行为作出行政处罚，属于行政不作为。

三、经检察机关发出检察建议督促后，清流县环保局仍怠于依法履行职责，使社会公共利益持续处于被侵害状态，导致重大环境风险和隐患。

2015年12月29日，三明市中级人民法院作出行政裁定书，指定该案由明溪县人民法院管辖。2016年1月5日，清流县环保局向三明市环保局提出危险废物跨市转移，并于1月11日得到批准。2016年1月18日，清流县公安局告知县环保局，清流县人民检察院对犯罪嫌疑人刘文胜作出不起诉决定。1月23日，清流县环保局对刘文胜作出责令停止生产并对焚烧现场残留物进行无害化处理及罚款2万元的行政处罚。同日清流县环保局将涉案的28580千克电子垃圾交由福建德晟环保技术有限公司处置。

鉴于清流县环保局在诉讼期间已对刘文胜的违法行为进行行政处罚并依法处置危险废物，清流县人民检察院将诉讼请求变更为确认被告清流县环保局处置危险废物的行为违法。

【案件结果】

2016年3月1日，明溪县人民法院依法作出一审判决，确认被告清流县环保局处置危险废物的行为违法。

一审宣判后，清流县环保局未上诉，判决已发生法律效力。

福建省清流县人民检察院诉县环保局不依法履行职责一案，受到社会各界广泛关注，产生积极反响。福建省政府下发文件充分肯定检察机关提起公益诉讼的积极作用，指出“该案充分体现了人民检察院作为国家法律监督机关，在促进依法行政、推进法治政府建设中发挥的积极作用。该案在福建省乃至全国都有典型的示范意义，建议由环境保护督察办公室在环保系统内通报，吸取教训”。并采纳检察机关跟进监督建议，要求“省环境保护督察办公室开展环境专项督察，对各地相关部门不积极落实环保法律法规等行政不作为加强督察，督促相关部门予以整改，严肃问责。”中央电视台等主流媒体均对该案办理进行报道并给予积极评价。

【要旨】

1. 发出检察建议是检察机关提起行政公益诉讼的前置程序，目的是为了增强行政机关纠正违法行政行为的主动性，有效节约司法资源。

2. 行政公益诉讼审理过程中，行政机关纠正违法行为或者依法履行职责而使人民检察院的诉讼请求实现的，人民检察院可以变更诉讼请求。

【指导意义】

1. 检察机关提起行政公益诉讼，必须严格履行诉前程序。提起公益诉讼前，人民检察院应当依法督促行政机关纠正违法行政行为、履行法定职责。诉前程序主要目的在于增强行政机关纠正违法行政行为的主动性，也是为了最大限度地节约诉讼成本和司法资源。通过诉前程序推动侵害公益问题的解决，不仅是检察机关提起公益诉讼工作的重要内容，也是公益诉讼制度价值的重要体现。只有当行政机关应当纠正而拒不纠正，坚持不履行法定职责，致使国家和社会公共利益持续处于受侵害状态的，检察机关才应当提起行政公益诉讼。检察机关提起行政公益诉讼仅是在公共利益严重受损而无相关救济渠道时的一种司法补救措施，具有救济性和终局性。

2. 依法适时变更诉讼请求。《人民检察院提起公益诉讼试点工作实施办法》第四十九条规定，在行政公益诉讼审理过程中，行政机关纠正违法行为或者依法履行职责而使人民检察院的诉讼请求全部实现的，人民检察院可以变更诉讼请求，请求判决确认行政行为违法，或者撤回起诉。该条规定的目的在于实现诉讼请求的同时，提高诉讼效率，节约司法资源。检察机关提出检察建议和提起行政公益诉讼，目的都是为了督促涉案行政机关积极依法履行职责，有效维护国家和社会公共利益。

【相关规定】

1.《中华人民共和国固体废物污染环境防治法》（2013 年修正）第十条、第十七条、第五十二条、第五十八条

2.《人民检察院提起公益诉讼试点工作实施办法》（2015 年 12 月 16 日最高人民检察院第十二届检察委员会第四十五次会议通过）第四十条、第四十一条、第四十九条

贵州省锦屏县人民检察院诉锦屏县环保局行政公益诉讼案

（检例第 32 号）

【关键词】

行政公益诉讼 指定集中管辖 履行法定职责到位

【基本案情】

2014 年 8 月 5 日，贵州省黔东南州锦屏县环保局在执法检查中发现鸿发石材公司、雄军石材公司等七家石材加工企业均存在未按建设项目环保设施“同时设计、同时施工、同时投产”要求配套建设，并将生产中的污水直接排放清水江，造成清水江悬浮物和油污污染的后果。锦屏县环保局责令鸿发石材公司、雄军石材公司等七家石材加工企业立即停产整改。鸿发石材公司等七家石材加工企业在收到停产整改通知后，在未完成环境保护设施建设和报请验收的情形下，仍擅自开工生产并继续向清水江排污。

【诉前程序】

2014 年 8 月 15 日，锦屏县人民检察院在开展督促起诉工作中发现上述七家企业没有停产整改，向锦屏县环保局发出检察建议，建议锦屏县环保局及时跟进对上述七家企业的督促与检查，对于不按要求整改的企业依法依规进行处罚，并将情况书面回复检察院。2015 年 4 月 16 日，锦屏县人民检察院发现鸿发石材公司和雄军石材公司仍未修建环保设施却一直生产、排污，遂再次向锦屏县环保局发出检察建议，督促县环保局履行监督管理职责，对鸿发石材公司和雄军石材公司的违法行为进行制止和处罚并书面回复。对于上述检察建议，锦屏县环保局均逾期未答复，也未依法履行监督管理职责，督促违法企业停业整改。2015 年 11 月 11 日，锦屏县环保局责令鸿发石材公司、雄军石材公司立即停止生产。12 月 1 日，锦屏县环保局对鸿发石材公司和雄军石材公司分别作出罚款 1 万元的行政处罚。但锦屏县环保局仍没有向锦屏县人民检察院书面回复。

锦屏县人民检察院经调查核实，没有公民、法人和其他社会组织因鸿发石材公司和雄军石材公司非法排污行为而提起相关诉讼。

【诉讼过程】

2015 年 12 月 18 日，锦屏县人民检察院根据《贵州省高级人民法院关于环境保护案件指定集中管辖的规定（试行）》，以公益诉讼人身份向福泉市人民法院提起行政公益诉讼，诉求判令：1. 确认锦屏县环保局对鸿发石材公司、雄军石材公司等企业违法生产怠于履行监督管理职责的行为违法；2. 判令锦屏县环保局履行行政监督管理职责，依法对鸿发石材公司、雄军石材公司进行处罚。锦屏县人民检察院认为：

一、锦屏县环保局具有环境保护工作监督管理的职责。根据《中华人民共和国环境保护法》第十条规定，锦屏县环保局作为锦屏县的环境保护主管部门，监督管理本县生态环境保护工作是其法定职责。

二、锦屏县环保局明知生产企业违法却没有有效制止。锦屏县环保局发现鸿发石材公司、雄军石材公司等七家企业的违法行为后，虽责令违法企业限期整改，但并未继续就整改情况进行监督管理。经检察机关多次督促，仍未履行环境保护的监督管理职责，导致排污企业的违法行为未得到制止，其怠于履行职责的行为与其行政职能是相违背的。

三、国家和社会公共利益未脱离被侵害状态。锦屏县环保局不依法及时履行职责，继续放任上述企业违法生产，进一步加剧清水江的水质污染和生态破坏。污水中高浓度悬浮物常年沉积于河床，还将给下游水库的行洪、泄洪带来安全隐患，国家和社会公共利益受到更加严重的侵害。

2015年12月24日，锦屏县环保局向锦屏县人民检察院书面回复，称其已对鸿发石材公司、雄军石材公司予以处罚。2015年12月29日，锦屏县人民检察院经现场查看，发现鸿发石材公司和雄军石材公司仍在生产，污水在未经有效处理的情况下仍排向清水江。2015年12月31日，锦屏县政府组织国土、环保、安监等部门，开展非煤矿山集中整治专项行动，对清水江沿河两岸包括鸿发石材公司、雄军石材公司在内存在环境违法行为的石材加工企业全部实行关停。

庭审过程中，锦屏县人民检察院申请撤回诉讼请求中的第二项，即：判令锦屏县环保局履行行政监督管理职责，依法对鸿发石材公司、雄军石材公司进行处罚的诉讼请求。

【案件结果】

2016年1月13日，福泉市人民法院依法作出一审判决，确认被告锦屏县环保局在2014年8月5日至2015年12月31日对鸿发、雄军等企业违法生产的行为怠于履行监督管理职责的行为违法。

一审宣判后，锦屏县环保局未上诉，判决已发生法律效力。

案件庭审期间，黔东南州各市县环保局局长、锦屏县政府行政职能部门的主要负责人、生态环境破坏较严重的乡镇一把手均到庭参与旁听，实现了办理一案、教育一片的警示效果。庭审结束后，锦屏县环保局局长表示："公益诉讼是检察院对环境保护工作的支持和促进，在以后的工作中一定要加以改进落实，要举一反三，加强与政法等部门的协作沟通，共同为保护生态环境作贡献。"

该案一审宣判后，贵州省委、省政府领导高度重视，密切关注案件后续整改工作，省环保厅根据要求立即成立工作小组赶赴黔东南州和锦屏县，就依法做好涉案企业处理进行指导，并向全省各级环保主管部门专题通报了案件情况，明确要求在全省推动建立环保行政执法责任制，完善环保行政执法制度和程序。要求全省各级环保部门及执法人员要以此为鉴，积极支持配合检察机关公益诉讼工作，大力提高依法行政意识，加强和改进环境执法监管工作。锦屏县委总结案件经验教训，对环保工作进行了专题研究部署，及时成立联合执法领导小组专项整治锦屏县非煤矿山，明确了具体整改目标、整治内容和整改要求，从源头上遏制和治理环境污染问题。

【要旨】

1. 行政相对人违法行为是否停止可以作为判断行政机关履行法定职责到位的一个标准。

2. 生态环保民事、行政案件可以指定集中管辖。

【指导意义】

1. 行政机关违法作为或不作为是人民检察院提起行政公益诉讼的前提条件。实践中，环境保护执法是一项连续性、持续性强的执法工作，检察机关在判断行政机关是否尽到生态环境和资源监管保护的法定职责时，行政相对人违法行为是否停止可以作为一个判断标准。行政机关虽有执法行为，但没有依照法定职责执法到位，导致行政相对人的违法行为仍在继续，造成生态环境和资源受到侵害的后果，经人民检察院督促依法履职后，行政机关在一定期限内仍然没有依法履职到位，国家和社会公共利益仍处在被侵害状态，人民检察院可以将行政机关作为被告提起行政公益诉讼。

2. 生态环保民事、行政案件可以指定集中管辖。根据《中华人民共和国民事诉讼法》第三十八条、《中华人民共和国行政诉讼法》第十八条第二款、《最高人民法院关于审理环境民事公益诉讼案件适用法律若干问题的解释》第七条、《最高人民法院关于行政案件管辖若干问题的规定》第五条、第九条的规定，生态环保民事、行政案件可以根据审判工作的实际情况，指定集中管辖。生态环保民事、行政案件采取集中管辖模式，有利于避免对跨行政区划环境污染分段治理，各自为政，治标不治本的问题；有利于在对区域内污染情况进行整体评估的基础上，统一司法政策和裁判尺度，实现司法裁判法律效果和社会效果的统一；有利于避免因按行政区划管辖案件带来的地方保护。

【相关规定】

1.《中华人民共和国民事诉讼法》（2012 年修正）第三十八条

2.《中华人民共和国行政诉讼法》（2014 年修正）第十八条

3.《中华人民共和国环境保护法》（2014 年修订）第十条、第四十一条

4.《最高人民法院关于审理环境民事公益诉讼案件适用法律若干问题的解释》（2014 年 12 月 8 日最高人民法院审判委员会第 1631 次会议通过）第七条

5.《最高人民法院关于行政案件管辖若干问题的规定》（2007 年 12 月 17 日由最高人民法院审判委员会第 1441 次会议通过）第五条、第九条

6.《建设项目环境保护管理条例》（1998 年 11 月 18 日国务院第 10 次常务会议通过，1998 年 11 月 29 日发布施行）第二十八条

部分新闻链接

1. 人民日报 2017 年 1 月 4 日报道《“试点还剩半年，检察提起公益诉讼交出成绩单”》。

2. 新华社 2017 年 1 月 4 日报道《公益诉讼试点地区 75.4% 的行政机关通过诉前程序纠正行政违法行为》。

3. 光明日报 2017 年 1 月 4 日报道《最高检：公益诉讼试点一年半行政公益诉讼 4378 件》。

4. 经济日报 2017 年 1 月 4 日报道《“以法律监督之剑捍卫绿水青山”》。

5. 法制日报 2017 年 1 月 4 日报道《“检察机关提起公益诉讼试点一年半办案 4378 件”》。

6. 南方都市报 2017 年 1 月 4 日报道《“检察机关提起公益诉讼有待制度探索”》。

充分履行检察职能　加强产权司法保护

最高人民检察院通报检察机关加强产权司法保护工作情况

发布时间： 2017 年 1 月 9 日 10:00

发布内容： 发布最高人民检察院《关于充分履行检察职能加强产权司法保护的意见》；通报近年来全国检察机关加强产权司法保护工作有关情况；发布典型案例

发布地点： 最高人民检察院电视电话会议室

主 持 人： 最高人民检察院新闻发言人　王松苗

出席嘉宾： 最高人民检察院侦查监督厅副厅长　韩晓峰
最高人民检察院反贪总局四局局长　宋寒松①
最高人民检察院民事行政检察厅厅长　郑新俭②
最高人民检察院法律政策研究室主任　万春

① 现任中央纪委国家监委驻住房和城乡建设部纪检监察组组长、部党组成员。
② 现任最高人民检察院未成年人检察工作办公室主任。

主题发布

王松苗

各位记者朋友，大家上午好！欢迎大家参加最高人民检察院新闻发布会。今天新闻发布会的主题是“充分履行检察职能，加强产权司法保护”，主要有四项内容：一是发布最高人民检察院《关于充分履行检察职能加强产权司法保护的意见》（以下简称《意见》）；二是通报近年来全国检察机关加强产权司法保护工作有关情况；三是发布典型案例；四是回答记者提问。出席今天发布会的有：最高人民检察院侦查监督厅韩晓峰副厅长、反贪总局四局宋寒松局长、民事行政检察厅郑新俭厅长、法律政策研究室万春主任。

我首先向大家介绍下《意见》出台的相关情况。

一、《意见》出台背景和主要内容

党的十八大以来，以习近平同志为核心的党中央高度重视产权保护，提出加强对各种所有制组织和自然人财产权的保护，明确了产权保护的总体要求和基本遵循。2016 年 11 月，中共中央、国务院印发《关于完善产权保护制度依法保护产权的意见》，就完善产权保护制度、依法保护产权提出明确具体的要求。在不久前召开的中央经济工作会议上，习近平总书记强调，加强产权保护制度建设，保护企业家精神，支持企业家专心创新创业。

为贯彻落实习近平总书记重要讲话精神、中央《关于完善产权保护制度依法保护产权的意见》和中央经济工作会议精神，高检院决定制定检察机关履行检察职能加强产权保护的意见，进一步提高全国检察机关对加强产权司法保护重大意义的认识，并就加强产权检察司法保护提出明确要求。在起草过程中，我们广泛征求了20多家中央部委、相关行业主管部门以及地方检察院的意见。2016年12月26日，最高人民检察院第十二届检察委员会第五十九次会议审议通过了最高人民检察院《关于充分履行检察职能加强产权司法保护的意见》。

《意见》共分八个部分22条，内容涵盖为从实体到形式，从刑事到民事各方面。第一部分（第1—2条）强调深刻认识产权制度的重要意义，明确产权保护的总体要求，以及检察机关加强产权司法保护应当坚持的基本原则。第二部分（第3—5条）强调准确把握法律政策界限，规范改进司法行为，注重产权司法保护实效。包括严格把握产权案件罪与非罪的界限标准、依法妥善处理历史形成的产权案件、最大程度减少对产权主体合法权益和正常经济活动的损害及影响等。第三部分（第6—8条）强调依法履行刑事检察职能，加大惩治侵犯产权犯罪力度。如要求加强审查批捕、起诉工作，确保依法、准确、及时、有效打击侵犯产权犯罪等。第四部分（第9—11条）强调加强侦查预防工作，依法惩治侵犯产权职务犯罪。包括严格规范涉案财产处置的法律程序、注重通过查办职务犯罪发现产权保护制度机制的漏洞和风险点等。第五部分（第12—13条）强调强化刑事诉讼监督，保障涉案产权主体的合法权益。要求重点监督侦查机关以刑事手段插手经济纠纷、选择性执法等妨害产权平等保护的问题。第六部分（第14—15条）强调加强民事行政检察工作，形成多元化产权保护格局。提出加强对产权诉讼案件的法律监督，依法推进公益诉讼试点等。第七部分（第16—18条）强调加强控告申诉检察工作，依法化解产权纠纷引发的社会矛盾。包括依法受理历史形成产权案件的申诉，做到有错必纠。第八部分（第19—22条）强调加强组织领导和协调配合，确保产权保护措施落到实处。要求对重大侵犯产权刑事案件、重大妨害产权保护职务犯罪案件，实行挂牌督办；建立健全产权司法保护长效机制等。

二、检察机关加强产权司法保护工作主要情况

近年来，检察机关全面履行法律监督职能，在加强产权保护方面也

付出了大量努力，取得了明显的成效。产权制度是社会主义市场经济的重要基础，保护产权是实现经济社会稳定发展的重要保障。近年来，检察机关坚持树立和贯彻新发展理念，充分发挥惩治、预防、监督、教育、保护等各项职能作用，切实维护各类产权主体合法权益，为促进经济平稳健康发展和社会和谐稳定提供有力司法保障。

（一）依法履行刑事检察职能，打击侵犯产权犯罪

一是密切关注各类产权犯罪新动向，突出打击侵害广大人民群众产权的涉众型经济犯罪。2014 年 1 月至 2016 年 11 月，全国检察机关共起诉破坏金融管理秩序案件 20901 件 41701 人，金融诈骗案件 37545 件 43613 人，其中涉众型犯罪集资诈骗案件 2530 件 3835 人，非法吸收公众存款案件 12660 件 28455 人；另外，起诉合同诈骗案件 17863 件 23550 人，职务侵占案件 14949 件 22183 人。二是加强对产权案件的立案监督，严查侦查机关以刑事手段插手经济纠纷、选择性执法等问题。2014 年 1 月至 2016 年 11 月，共受理公安机关应当立案而不立案的涉嫌破坏社会主义市场经济秩序案件 9238 件，经监督公安机关已立案 6361 件；受理公安机关不应当立案而立案的涉嫌破坏社会主义市场经济秩序案件 5950 件，经监督公安机关已撤案 5368 件。湖南省检察机关自 2015 年 7 月部署开展为期一年的“优化经济发展环境专项侦查监督活动”，以产权保护为重点，共监督公安机关立案 286 件 414 人，监督撤案 117 件，纠正漏捕 158 人。三是加强对知识产权的司法保护。2014 年 1 月至 2016 年 11 月，全国检察机关共批准逮捕侵犯知识产权犯罪案件 7968 件 13468 人，提起公诉 13755 件 24418 人。最高检连续三年发布检察机关保护知识产权十大典型案例，指导各地办案实践。四是主动开展对行政执法机关依法移送涉嫌犯罪案件的监督，切实防止产权保护领域的有案不移、以罚代刑等问题。2014 年 1 月至 2016 年 11 月，全国检察机关共建议行政执法机关移送涉嫌破坏社会主义市场经济秩序案件 8445 件 10244 人，行政执法机关已移送 8086 件 9822 人，公安机关已立案 6874 件 8538 人。

（二）严肃查办、积极预防重点领域侵犯产权的职务犯罪

一是依法惩治完善国有资产管理体制、深化国有企业改革过程中的职务犯罪，重点坚决打击侵吞国有资产、侵害国有资产权益的犯罪行为，保障国有资本收益权。2016 年 1 月至 11 月，全国检察机关共立案侦查私分国有资产犯罪案件 187 件 440 人。二是深入查处农村产权流转交易过程中侵犯农村集体产权、侵犯农民收益的贪污贿赂和失职渎职犯罪。三是严肃查办国家机关工作人员不作为、乱作为造成森林破坏、水体污染、土地侵占等破坏自然资源产权的渎职侵权犯罪。2016 年 1 月至 11 月，立案侦查环保领域涉嫌滥用职权犯罪 181 人、玩忽职守犯罪 384 人。四是严厉打击国家工作人员在产权确认、交易过程中利用行政审批、行政执法等职务之便，向产权主体索贿、受贿等职务犯罪行为。2016 年 1 月至 11 月，在商业贿赂领域产权交易环节，立案侦查涉嫌受贿犯罪 47 人；在土地领域审批出让、开发利用环节，立案侦查涉嫌受贿犯罪 142 人，滥用职权犯罪 142 人，玩忽职守犯罪 80 人。五是结合办案，深入剖析典型案件和发案规律，通过举办展览、讲座、开展预防咨询等形式，对有关执法司法部门工作人员进行法治宣传和警示教育，筑牢防范侵犯产权职务犯罪的思想防线。

（三）制定实施“非公经济 18 条”，强化对非公经济产权平等保护

为更好地适应把握引领经济发展新常态，2016 年初，最高检制定出台了《关于充分发挥检察职能依法保障和促进非公有制经济健康发展的意见》，《意见》共 18 条，简称“非公经济 18 条”。近一年来，各级检察机关认真贯彻“非公经济 18 条”要求，推动检察机关产权司法保护工作迈上了一个新台阶。一是依法严惩黑恶势力犯罪，对非公有制企业及非公有制经济人士人身财产安全司法保护力度进一步加大。如湖北省麻城市检察院对一恶势力团伙多次采取暴力威胁手段垄断当地石材废料运输业务、强迫交易的涉嫌犯罪案件，积极提前介入，引导侦查取证，依法及时批准逮捕凌某等 6 名犯罪嫌疑人，有力打击了不法分子嚣张气焰，净化了企业发展环境。二是严肃惩治向非公企业及其生产经营

者索贿受贿等犯罪，推动构建新型政商关系。如江苏省镇江市京口区科技局原副局长贡某、句容市原副市长陈某二人利用分管科技企业、民营企业之便，大肆索贿受贿，在当地造成企业不送钱就拿不到项目、办不了事情的不良风气，检察机关通过及时查办这两起案件，有力肃清了不良影响，促进了“亲”“清”政商关系形成。三是坚持法治思维法治方式，在法律政策范围内最大限度减少办案对非公企业造成的影响。如江苏省检察院在查办无锡市滨湖区原区委书记朱某某受贿案中，因案件涉及当地20余名非公企业负责人，在要求相关人员协查时，采取“适度避让”原则，询问时间选择在周末、夜晚，不扣押与案件无关的营业执照、财务账册、重要合同，取得了良好办案效果。

（四）全面开展对产权诉讼活动监督，加强对产权主体的司法救济

一是依法及时办理涉及产权的控告、申诉和举报。打造“信、访、网、电”四位一体的诉求表达体系，为产权人寻求法律咨询、权利救济提供更加便捷高效的服务。对涉及产权的民商事、行政、刑事的控告申诉案件，依法导入法律程序，按照诉求性质、案件管辖和法律程序认真审查办理。二是加大对虚假诉讼的打击力度。针对民间借贷、破产等领域双方当事人恶意串通，为获取非法利益而虚构事实打“假官司”，侵犯其他产权人合法利益的行为，检察机关坚决予以监督纠正。仅2015年，全国检察机关就对1401件虚假诉讼向法院提出抗诉或再审检察建议，查办涉嫌滥用职权、受贿的司法人员63人。三是积极开展公益诉讼试点工作。对于涉及草原、林地、矿产等国有资源和国有土地使用权出让领域损害国家利益、导致国有资产流失情形，检察机关通过诉前程序和提起诉讼，为国家挽回了巨额经济损失。如自2015年7月检察机关提起公益诉讼试点启动以来，截至2016年11月底，吉林省检察机关通过公益诉讼，恢复林地4万公顷，恢复湿地3.9万公顷，为国家挽回经济损失近2亿元。陕西省检察机关督促行政执法部门关停非法采沙场、采石场27个，恢复耕地、林地面积740亩，收回国有土地使用权出让金1500万元、国有资产552万元。

下一步，检察机关将深入贯彻落实中央关于产权保护的决策部署，进一步加强产权保护司法理论研究、探索和实践，找准检察机关推进产权司法保护的切入点和着力点，充分发挥各项法律监督职能，为完善中国特色社会主义市场经济体制、营造公平公正的市场法治环境、保障各类产权主体的合法权益，提供更加优质的司法服务。有关《意见》的情况和检察机关的工作我们先介绍到这里。我们准备了 9 个典型案例，已发给大家。

现场答问

法制网记者　郑小琼

最高检近几年都发布年度检察机关保护知识产权典型案例，请介绍下检察机关近期办理的此类案件的特点，如类型分布、涉案人员领域和地域特点等。

韩晓峰

自2014年起，高检院已连续三年发布检察机关保护知识产权十大典型案例。这些案例都是检察机关履行职能过程中发挥作用，对保证案件质量起到重要作用的案件。充分发挥典型案例的指导作用、服务创新的示范作用、依法惩治犯罪的警示作用，彰显了检察机关在保护知识产权方面的职能和水平。这类案件的特点，我想主要有以下四个方面：

一是从罪名上看，侵犯知识产权犯罪主要涉及商标侵权犯罪。用数字来看，从2015年的数字来看，全国检察机关共批准逮捕涉商标侵权犯罪嫌疑人4200余人，提起公诉7300余人，分别占到侵犯知识产权犯罪总人数的95.9%和92.1%。除了侵犯商标权的知识产权犯罪之外，其余相对比较多的是侵犯著作权犯罪和侵犯商业秘密犯罪。

二是从地域分布上看，侵犯知识产权犯罪多发于经济发达的地区。以批准逮捕情况为例，2015 年京津地区、长三角地区和珠三角地区批准逮捕的涉嫌侵犯知识产权犯罪总人数占全国的 72.4%。

三是侵犯知识产权犯罪产业化、网络化、跨区域趋势明显。且随着通讯、交通、物流、网络的快速发展，犯罪组织体系由过去的以散兵游勇、单打独斗为主，发展成为具有一定的产业网络的规模，而且往往涉及多个地区。尤其是利用互联网实施侵犯知识产权犯罪等新型犯罪案件不断涌现，给执法司法工作造成带来了比较大的困难。

四是侵犯知识产权的犯罪后果越来越严重。伴随着经济的全球化和互联网的无国界化，侵犯知识产权犯罪不仅涉案金额迅速增长，而且给权利人造成巨大损失，甚至影响到我国国际形象，造成的损失不可估量。

工人日报记者　卢　越

此次出台的产权保护《意见》的亮点是什么？

万　春

这次出台的产权保护《意见》亮点，主要可以归为以下几个方面：

一是强调坚决贯彻落实中央有关加强产权保护的部署要求。通过履行检察职能，增强加强产权司法保护的责任感、紧迫感，坚持依法、平等和全面原则，平等保护各种所有制组织和自然人的财产权，确保各类产权主体的诉讼地位和诉讼权利平等、法律适用和法律责任平等、法律保护和法律服务平等；全面保护物权、债权、股权、知识产权等各种类型的财产权，切实维护产权主体的合法权益。

二是强调对创业创新的司法保护。明确要求严格把握产权案件罪与非罪的界限标准，对于正在办理的涉产权刑事案件，法律和司法解释规定不明确、法律界限不明、罪与非罪界限不清的，不作为犯罪处理。

三是强调突出问题导向。针对产权保护的薄弱环节和突出问题，《意见》明确要求依法从严惩处发生在国企国资改革、农村产权流转交易过程中导致国有、集体资产严重流失的职务犯罪；依法从严惩处以非法集资、金融诈骗、商业贿赂、虚假诉讼、强迫交易等不法手段破坏市场公平营商环境，侵犯各类主体财产权的犯罪；突出打击链条式、产业化侵犯知识产权犯罪等。突出了打击的重点。

四是强调坚持有错必纠原则。坚持以发展眼光客观看待和依法妥善处理改革开放以来各类企业，特别是民营企业经营发展过程中存在的不规范问题。认真甄别、及时发现错案冤案，对于确属错案冤案的，坚决予以纠正，并依法赔偿当事人的损失。

五是强调全面履行检察职能。《意见》针对批捕、起诉、职务犯罪侦查预防、刑事诉讼监督、民事行政检察、控告申诉检察等各项检察职能，都提出了加强产权保护的具体要求和工作措施，推动形成检察环节的多元化产权保护格局。

六是强调检察机关要规范自身司法行为。《意见》明确了严禁以刑事手段插手经济纠纷等三个“严禁”，提出慎重使用强制性措施等，目的都是在于最大程度减少对产权主体合法权益和正常经济活动的损害及影响。

人民日报记者　彭　波

关于纠正产权纠纷错案，检察机关有哪些考虑和工作举措？

万　春

纠正产权纠纷错案是依法有效保护各种所有制经济组织和公民财产权，维护社会公平正义的必然要求。前不久，中共中央、国务院下发的《关于完善产权保护制度依法保护产权的意见》专门就“妥善处理历史形成的产权案件”进行了重要部署，中央经济工作会议上习近平总书记进一步强调，“要坚持有错必纠，甄别纠正一批侵害企业产权的错案冤案”。此次出台的《意见》重点对历史形成的产权案件依法妥善处理的问题提出了具体要求。包括四个方面的内容：

第一，转变办案理念。要强调以发展眼光来客观看待和依法妥善处理改革开放以来各类企业，特别是民营企业经营发展过程中存在的一些不规范问题，严把产权案件罪与非罪的“四个界限”，坚持主客观相一致，避免客观归罪。办案中要严格坚持“四个原则”，即罪刑法定、法不溯及既往、从旧兼从轻、疑罪从无原则，对于确属事实不清、证据不足、适用法律错误的错案冤案，坚决予以纠正。

第二，强调加强组织领导。各级检察机关要把充分履行检察职能、加强产权司法保护作为当前一项重要政治任务来抓落实。切实加强对产权保护法律政策界限和工作措施的研究、协调和推进，加大保护和纠错力度。要及时梳理以往颁发的涉及产权保护的司法解释和规范性文件，对不符合中央关于完善产权保护制度和依法保护产权明确要求的内容，应当予以废止或者修改。

第三，加强工作机制建设。包括畅通诉求表达渠道，为产权人寻求法律咨询、权利救济提供更加便捷高效的服务，做到有错必纠；建立涉产权民事行政申诉案件当事人和解的机制，引导当事人向调解组织提出调解申请，并根据调解情况依法作出相应处理；推动律师参与代理和化解涉及产权纠纷信访案件工作，鼓励社会各界共同来参与解决产权纠纷；选择检察机关依法纠正侵害企业产权的有重大影响的错案冤案，适时向社会公布，释放保护产权的积极信号。

第四，明确工作重点。一是对于社会反映强烈、当事人长期申诉的历史形成的产权案件，要抓紧组织力量进行甄别。确属错案冤案的，坚决依法纠正并赔偿当事人的损失。二是依法办理涉产权保护的国家赔偿案件，坚持法定赔偿原则，保障符合赔偿条件的产权主体依法获得赔偿。

人民网记者　李楠楠

刚才发言人在通报中提到，2016年初最高检出台了保障和促进非公经济健康发展的18条意见，请介绍一下这个意见的贯彻落实情况？

宋寒松

保障和促进非公经济健康发展18条意见下发后，全国各级检察机关以高度的政治责任感，切实把思想和行动统一到中央关于保护非公有制经济决策部署和要求上来，主要落实的措施有四个方面：

一是坚持以法治思维法治方式办理非公经济案件。进一步明确保障和促进非公经济发展的总体思路，严格执行“三个平等”“五个界限”“三个慎重”，在法律政策范围内最大限度地减少办案影响、支持企业发展，切实防止案子办了、企业垮了。

二是坚持做到“问检于企、问计于企、问需于企”。山西、浙江、湖北、湖南、广西等省级检察院都先后召开服务非公经济健康发展座谈会、调研会，认真听取非公经济界代表人士的意见建议，并制定“非公经济18条”落实细则。浙江三级检察院去年共召开过各类民营企业座谈会共338次，走访民企1572家，搜集各类意见1743条。

三是创新形成保护非公经济发展合力。上海、江苏、安徽、浙江三省市检察院专门在杭州召开了座谈会签署协作意见，湖北、湖南、江西三省检察院共同签署合作意见，联手护航非公经济。湖南省检察院探索建立了《查办涉企案件经济影响评估制度》，尽量将办案对企业发展的负面影响降至最低。湖北省检察院三次召开服务非公经济发展新闻发布会，发布典型案例，促进形成平等保护非公经济的社会氛围。

四是结合办案加强法律服务。各地检察机关与工商联、商会、企业单位探索建立多种形式的联系机制，帮助企业建立健全办事流程公开、异常行为识别、廉政风险告诫等预防监督机制，提高非公企业从业人员的法律意识，增强企业利用法律保护自身合法权益的能力。下一步，检察机关将不断探索创新经济发展新常态下保障和促进非公经济发展的路径和方式，为非公经济健康发展作出更大的贡献。

新华社记者 丁小溪

最近中央专门就推进农村集体产权制度改革出台了意见，请问检察机关加强农村集体产权保护方面有哪些思路和措施？

宋寒松

依法惩治涉农领域职务犯罪，为农村集体产权确权和保护提供有力司法保障，是检察机关职务犯罪侦查预防部门的重要任务。2016 年，中共中央、国务院先后出台《关于落实发展新理念加快农业现代化实现全面小康目标的若干意见》和《关于稳步推进农村集体产权制度改革的意见》，提出深化农村集体产权制度改革，完善农村集体产权确权和保护制度，规范农村产权流转交易，切实防止集体经济组织内部少数人侵占、非法处置集体资产等现象。检察机关深入贯彻落实中央精神，自 2016 年起联合国务院扶贫办部署开展了为期 5 年的集中惩治和加强预防扶贫领域职务犯罪专项工作，坚持精准打击、精准预防、精准监督。2016 年 1 至 11 月立案查办扶贫领域职务犯罪 1799 人，为推动中央扶贫攻坚战略深入实施发挥了重要作用。

下一步，检察机关将聚焦农村集体产权确权和保护的重点领域和重点环节，依法查处和积极预防侵犯农村集体产权、侵犯农民收益以及在农村集体资源性财产确权登记颁证、征地拆迁补偿、农村扶贫资金分配使用过程中的贪污贿赂、渎职侵权犯罪，坚决查处农民群众身边的“微腐败”，促进净化农村政治生态。充分发挥农村乡镇检察室、检察联络室等基层工作平台的作用，真正做到检力下沉，工作力量向农村基层倾斜，及时了解情况，确保侦查预防措施的针对性和实效性，更好地促进农村经济发展和社会和谐稳定。

上海电视台法治天地频道记者　程文韬

除了发言人前面提到的开展公益诉讼试点和打击虚假诉讼，检察机关民事行政检察部门近年来还采取了哪些措施加强对产权的司法保护？

郑新俭

在产权的司法保护方面，近年来检察机关通过全面履行民事诉讼法和行政诉讼法赋予的监督职责，在产权保护中发挥了积极作用。除了开展公益诉讼试点和加大对虚假诉讼的打击力度外，还主要体现在以下几个方面：

一是依法监督纠正一批产权诉讼案件，有效维护司法公正和产权主体合法权益。依法办理涉及产权民事、行政申请监督案件，找准监督切入点，对于确有错误的民事行政生效裁判、调解书，通过提出抗诉、提出再审检察建议等方式，督促法院通过再审程序予以纠正。对于损害国家利益、社会公共利益以及审判人员存在违法犯罪行为等产权诉讼案件，检察机关及时依法介入，查清案件事实，依法采取监督措施，纠正错案。强化跟踪问效，对于人民法院审理民事、行政抗诉案件作出的裁判、调解书仍符合抗诉条件，采取跟进监督的方式，继续监督纠错到底。

二是加强对产权诉讼案件审判人员违法行为监督，依法保障产权主体充分行使诉讼权利。对于人民法院应当立案而不立案、诉讼中止和诉讼保全等违反法律规定、违反法定审理期限、违法采取诉讼强制措施等情形及时审查，有针对性提出检察建议，监督人民法院切实保障产权主体充分行使诉讼权利。

三是强化对涉及产权民事、行政执行活动监督，重点监督超标的查封、错误采取执行措施、违法处置执行标的物、错误追加被执行人等情形，依法保护各类产权主体合法权益。2016 年 12 月 19 日，最高检与最高法联合发布了《关于民事执行活动法律监督若干问题的规定》，就民事执行检察监督的范围、方式和程序等进一步作了明确，此举对于加强产权保护将起到积极的促进作用。

四是重视加强科技创新领域产权司法保护。最高人民检察院出台《关于充分发挥检察职能依法保障和促进科技创新的意见》，明确要求加强对涉及科技创新资金和收益分配纠纷、创新创业人才劳动争议、科技创新主体知识产权纠纷、军民技术纠纷等民事、行政案件的审判和执行活动的监督；依法严肃查处涉及科技创新的虚假诉讼、恶意诉讼等案件；对于履职中发现的行政机关违法行使职权或者不行使职权的行为，依法督促纠正，确保知识产权保护措施正确、及时、有效执行。

法制日报记者　周　斌

检察机关有哪些途径去发现侦查机关以办案为名插手经济纠纷？侦查机关插手经济纠纷的情况呈现怎样的趋势？检察机关如何强化监督予以纠正？

韩晓峰

根据《人民检察院刑事诉讼规则（试行）》的规定，对于有证据证明公安机关可能存在违法动用刑事手段插手民事、经济纠纷等违法立案情形，尚未提请批准逮捕或者移送审查起诉的，检察机关有权要求公安机关书面说明立案理由，经审查认为立案理由不成立的，应当制作《通知撤销案件书》，监督公安机关撤案。司法实践中，检察机关主要通过以下两大途径发现：一是通过受理当事人认为公安机关不应当立案而立案、向检察机关提出的申诉控告发现线索；二是检察机关在履行职能工作中自行发现。

从检察机关监督公安机关撤销涉嫌破坏社会主义市场经济秩序犯罪案件的情况看，近三年来此类案件呈现出逐年下降的趋势，2014 年，全国检察机关共受理不当立案的涉嫌破坏社会主义市场经济秩序犯罪案件 2801 件，经监督，公安机关撤销案件 2644 件；2015 年的受理数为 1712 件，经监督公安机关撤销案件 1542 件；2016 年 1 至 11 月，共受理 1437 件，经监督公安机关撤销案件 1182 件。

近年来，全国检察机关特别是侦查监督部门一直将公安机关违法动用刑事手段、插手经济纠纷的案件作为刑事立案监督的工作重点，坚持做到发现一起，调查核实一起；核实一起，纠正一起。做好这方面工作，最关键的是发现线索，即知情权，没有知情权就没有监督。下一步我们将加强与公安机关的沟通联系，通过与公安机关建立刑事案件信息共享机制、关注网络媒体报道、设立网络舆情观察员等多种方式，不断拓宽监督线索知情渠道，通过刑事立案监督促进国家法律的统一正确实施，保障各类产权主体的合法权益。

北京青年报记者　孟亚旭

针对实践中财产征收、征用方面存在的问题，检察机关如何有效维护行政相对人的合法产权利益？如何把握征收、征用中公共利益的范围？

郑新俭

财产征收、征用诉讼案件往往案情比较复杂、社会关注度高、牵涉国家、社会多方利益和国家相关政策问题，如果处理不当，容易酿成群体性事件，甚至酿成恶性刑事案件。检察机关应当充分发挥民事、行政检察监督职能作用，依法维护财产征收、征用诉讼案件中行政相对人合法权益。一是关注行政诉讼程序公正问题，发现行政审判程序存在违法情形的，依法监督人民法院及时纠正错误，保障行政相对人所享有的诉讼权利。二是关注行政执行领域中违法强制迁出房屋或强制退出土地措施、滥用执行强制措施等问题，重点审查行政非诉执行行为合法性问题，依法保障行政相对人合法权益不受侵犯。三是关注行政机关对行政案件不当干预问题，发现行政机关有违反法律规定、可能影响人民法院公正审理的行为，可以向行政机关提出检察建议，并将相关情况告知人民法院，切实保障行政相对人的诉求能获得公正审判。四是充分发挥检调对接机制作用，对于涉及行政赔偿、补偿以及行政机关行使法律、法规规定的自由裁量权的申请监督案件，寻找双方当事人利益平衡点，因势利导，积极促成当事人达成和解，化解社会矛盾，促进社会和谐稳定。

检察机关主要从以下方面正确理解和把握财产征收、征用中公益利益的范围：一是严格执行法律法规所规定的公共利益范围。如《国有土地上房屋征收与补偿条例》第 8 条对公共利益作了列举加概括式的规定，实践中应严格按照此规定认定国有土地上房屋征收中公共利益的范围，且对此规定的兜底条款不得作出扩张性解释。二是参照适用最高司法机关发布的相关司法政策和指导性案例。《民法通则》第 7 条、《物权法》第 42 条、《土地管理法》第 2 条等法律条文虽提及公共利益一词，但没有具体的解释。对此，应当参照适用最高司法机关发布的相关司法政策和指导性案例，对公共利益范围作出合理界定。三是遵循保障人权等法理。法律法规、司法政策等对特定领域公共利益范围均未作出明确规定时，一般应遵循保障人权等法理，结合个案实际情况，对公共利益范围作出合理性解释。

检察日报记者　史兆琨

在办理产权案件时，检察机关在办案理念和办案方式上应该注意些什么？

万　春

产权案件涉及刑事和民事、行政三大诉讼领域，依法妥善办理产权案件应当积极转变办案理念和办案方式，最大程度减少对产权主体合法权益的损害，最大程度降低对产权主体正常经济活动的影响。

具体说，检察机关在办案理念上要注意把握“四项原则”“四个界限”和“两种情形”。一是办案中要坚持罪刑法定、法不溯及既往、从旧兼从轻、疑罪从无等“四项原则”。二是严格把握产权案件罪与非罪的“四个界限”，即严格区分经济纠纷与经济犯罪的界限，企业正当融资与非法集资的界限，民营企业参与国有企业兼并重组中涉及的产权纠纷与恶意侵占国有资产的界限，执行和利用国家政策谋发展中的偏差与钻改革空子实施犯罪的界限。要强调主客观相一致原则，不能客观归罪。三是坚持“两种情形”不以犯罪论处，即对民营企业生产、经营、融资经济行为，除法律、行政法规明确禁止外，不以违法犯罪对待；对于正在办理中的涉及产权刑事案件，如果法律和司法解释规定不明确、法律界限不明、罪与非罪界限不清的，不作为犯罪处理。

在办案方式上，检察机关要注意规范自身司法行为，做到“三个严禁”、“两个慎重”、“两个一律”和“一个及时”。“三个严禁”是指严禁以刑事手段插手经济纠纷；严禁使用当事人的交通通讯工具、办公设备，或者以办案为名到发案单位吃、拿、卡、要、报；严禁干预涉案企业正常生产经营活动。“两个慎重”是指慎重选择办案时机和方式；慎重使用搜查、查封、扣押、冻结、拘留、逮捕等强制性措施。“两个一律”是指对于涉嫌犯罪的各类产权主体主动配合调查，认罪态度好，犯罪情节较轻且没有社会危险性的，一律不采取拘留、逮捕、指定居所监视居住等强制措施；对于不涉案的款物、账户，包括企业生产经营资料、涉案人员近亲属的合法财产等，一律不查封、扣押、冻结。“一个及时”是指对于涉及企业和投资、生产、经营者、科技创新人员犯罪的举报，经查证失实的，及时澄清事实。

环球时报记者　刘彩玉

今年正值换届之年，对于因政府换届、领导人员更替导致政府违约毁约，并致使行政相对人合法权益受损的行为，检察机关是否会有一些监督纠正措施？

郑新俭

中共中央、国务院《关于完善产权保护制度依法保护产权的意见》明确要求，大力推进法治政府和政务诚信建设，地方各级政府及有关部门要严格兑现向社会及行政相对人依法作出的政策承诺，认真履行在招商引资、政府与社会资本合作等活动中与投资主体依法签订的各类合同，不得以政府换届、领导人员更替等理由违约毁约。最高检要求各级检察机关高度关注此类现象，畅通申请监督、控告举报等救济渠道，对于因政府毁约而形成的民事案件，通过履行检察监督职责，监督和支持人民法院依法作出公正审判。

王松苗

通过刚才的新闻发布和各位厅长回答提问，大家能够看到，检察机关的产权保护是全过程的保护，从行政违法行为监督，到刑事立案监督、审查批捕、审查起诉，查办职务犯罪，再到民事、行政案件的审判、执行监督，直到最后控告申诉部门对产权人的权利救济，处处都有检察官的身影。希望大家能够认真研究一下，深入挖掘其独特的司法价值和新闻价值。

发布会文件

最高人民检察院关于充分履行检察职能加强产权司法保护的意见

党的十八大以来，以习近平同志为核心的党中央高度重视产权保护，提出加强对各种所有制组织和自然人财产权的保护。为深入贯彻党的十八大，十八届三中、四中、五中、六中全会精神和习近平总书记系列重要讲话精神，落实《关于完善产权保护制度依法保护产权的意见》和中央经济工作会议的部署要求，充分履行检察职能，加强产权司法保护，提出如下意见：

一、深刻认识产权制度重要意义，明确产权保护的总体要求

1. 充分认识加强产权司法保护的重要意义。依法保护产权是完善中国特色社会主义市场经济体制的内在要求，是坚持稳中求进工作总基调，促进经济转型升级、全面深化改革、全面建成小康社会的客观需要。各级检察机关要把思想和行动统一到党中央重要决策、部署和要求上来，牢固树立和贯彻落实新发展理念，主动适应经济发展新常态，切实把防控风险、服务发展摆在更加突出位置，为保护企业和个人合法产权、促进经济平稳健康发展和社会和谐稳定提供优质的司法服务。

2. 严格落实加强产权司法保护的总体要求。各级检察机关要坚持依法保护原则，充分发挥惩治、预防、监督、教育、保护等检察职能，加强对产权的司法保护。坚持平等保护原则，平等保护各种所有制组织和自然人的财产权，确保各类产权主体的诉讼地位和诉讼权利平等、法律适用和法律责任平等、法律保护和法律服务平等。坚持全面保护原则，全面保护物权、债权、股权、知识产权等各种类型的财产权，切实维护产权主体的合法权益。

二、准确把握法律政策界限，规范改进司法行为，注重产权司法保护实效

3. 严格把握产权案件罪与非罪的界限标准。各级检察机关办理有关产权刑事案件，要严格区分经济纠纷与经济犯罪的界限，企业正当融资与非法集资的界限，民营企业参与国有企业兼并重组中涉及的产权纠纷与恶意侵占国有资产的界限，执行和利用国家政策谋发展中的偏差与钻改革空子实施犯罪的界限。坚持主客观相一致原则，避免客观归罪。对民营企业生产、经营、融资等经济行为，除法律、行政法规明确禁止外，不以违法犯罪对待。对于正在办理的涉产权刑事案件，法律和司法解释规定不明确、法律界限不明、罪与非罪界限不清的，不作为犯罪处理。

4. 依法妥善处理历史形成的产权案件。以发展眼光客观看待和依法妥善处理改革开放以来各类企业，特别是民营企业经营发展过程中存在的不规范问题。办案中坚持罪刑法定、法不溯及既往、从旧兼从轻、疑罪从无原则，对于确属事实不清、证据不足、适用法律错误的错案冤案，坚决予以纠正。对于没有犯罪事实或者具有《刑事诉讼法》第十五条规定的情形之一的，或者犯罪情节轻微不需要判处刑罚的，或者经过补充侦查仍达不到起诉证据标准的，依法不起诉。对于构成犯罪但认罪认罚的，依法从宽处理。对于社会反映强烈、当事人长期申诉的历史形成的产权案件，要抓紧组织力量进行甄别，对确属错案冤案的，坚决依法纠正并赔偿当事人的损失。

5. 规范自身司法行为，改进办案方式方法，最大程度减少对产权主体合法权益和正常经济活动的损害及影响。严禁以刑事手段插手经济纠纷。严禁使用当事人的交通通讯工具、办公设备，或者以办案为名到发案单位吃、拿、卡、要、报。严禁干预涉案企业正常生产经营活动。慎重选择办案时机和方式，慎重使用搜查、查封、扣押、冻结、拘留、逮捕等强制性措施。对于涉嫌犯罪的各类产权主体主动配合调查，认罪态度好，犯罪情节较轻，且没有社会危险性的，一律不采取拘留、逮捕、指定居所监视居住等强制措施；对于不涉案的款物、账户，包括企业生产经营资料、涉案人员近亲属的合法财产等，一律不查封、扣押、冻结。对于涉及企业和投资、生产、经营者、科技创新人员犯罪的举报，经查证失实的，及时澄清事实。

三、依法履行刑事检察职能，加大惩治侵犯产权犯罪力度

6. 加强审查批捕、起诉工作，确保依法、准确、及时、有效打击侵犯产权犯罪。依法惩治破坏市场经济秩序、侵犯各类产权主体财产权的犯罪，突出打击非法吸收公众存款、集资诈骗、组织领导传销等涉众型经济犯罪，以商业贿赂、金融诈骗、虚假诉讼、强迫交易等不法手段破坏公平市场营商环境的犯罪，以及通过内幕交易、利用未公开信息交易、操纵证券期货市场等手段，严重损害公众投资者特别是中小投资者权益的犯罪。依法惩治侵犯知识产权和制售假冒伪劣商品犯罪，突出打击链条式、产业化侵犯知识产权犯罪，以及具有反复侵权、恶意侵权、网络侵权、有组织侵权等恶劣情节的犯罪，加大对涉外知识产权犯罪打击力度。对利用公权力严重侵害私有产权，勾结黑恶势力在特定经济领域形成非法控制，受害者人数众多，引发群体性事件等严重侵犯产权的犯罪案件，要实行挂牌督办，第一时间介入侦查，引导侦查机关全面收集固定证据，确保办案效率和质量。

7. 正确适用法律和刑事政策，提升审查批捕、起诉工作质量。准确理解和适用法律，贯彻宽严相济刑事政策，严把事实关、证据关、程序关和法律适用关。细化涉产权犯罪案件审查逮捕质量标准，严格审查是否具备社会危险性条件，对构成犯罪但无社会危险性的一般不批准逮捕。建立涉产权犯罪案件审查逮捕质量分析评查制度，对逮捕后撤案、不起诉、判无罪和公安机关提请复议复核、当事人提出申诉的案件实时监控、及时分析，有针对性地改进工作。严格依法把握起诉条件，从经济安全、公共利益、市场秩序等方面准确认定社会危害性，综合考虑政策调整、经营不善、市场风险等市场主体意志以外的因素，对符合不起诉条件的，依法适用不起诉。保障涉案当事人及其委托人的诉讼权利，尊重犯罪嫌疑人、被告人的诉讼地位和人格尊严，保障律师依法履行职责。进一步推进刑事速裁程序、认罪认罚从宽制度的试点工作，对于轻微案件简化诉讼程序，加快诉讼进程，切实维护各类产权主体的合法权益。

8. 针对薄弱环节和突出问题，延伸审查批捕、起诉工作产权保护效果。结合审查批捕、起诉工作，加强对侵犯产权犯罪活动的分析研判，提高产权司法保护的精准度。积极参与社会治安防控体系建设，采取检察建议等形式，帮助各类产权主体强化产权保护意识，促进国有企业健全内部监督制度和内控机制、规范国有资产流转程序和交易行为，促进集体经济组织建立健全集体资产管理制度和财务管理监督制度，促进民营企业提高依法规范经营和维护自身合法权益的意识和能力，从源头上预防和治理侵犯产权犯罪。

四、加强侦查预防工作，依法惩治侵犯产权职务犯罪

9. 严肃查办侵犯产权的职务犯罪。重点惩治利用国有产权所有者和代理人关系不明晰，国有企业财务、采购、营销、投资等方面内部监督制度不健全实施的贪污、受贿、挪用公款、私分国有资产等犯罪，以及通过内部人控制、关联交易、利益输送、利益交换等方式，以市场行为掩盖非法目的，导致国有资产严重流失的犯罪。重点惩治发生在金融、土地、财税、能源、资源等重要领域行政审批、管理过程中侵犯产权的失职渎职犯罪。重点惩治发生在国有资产、集体资产清产核资、登记、保管、使用、处置过程中的职务犯罪，以及利用农村产权流转交易侵犯农村集体产权、侵犯农民权益的职务犯罪。

10. 严格规范涉案财产处置的法律程序，最大限度降低对产权主体正常生产经营活动的不利影响。对于涉案企业和人员正在投入生产运营或者正在用于科技创新、产品研发的设备、资金和技术资料等，能够采取非强制性措施即可达到保障诉讼目的的，不使用强制性措施。加强查封、扣押、冻结涉案财产甄别审查工作，最大限度缩短甄别审查期限，确保合法财产不受牵连。办案中要注意听取有关行业主管、监管部门的意见，对争议大的案件及时向上级检察机关请示报告。

11. 通过查办职务犯罪发现产权保护制度机制的漏洞和风险点，从源头上减少涉产权职务犯罪。要结合办案开展职务犯罪预防工作，既支持企业和企业家创业创新谋发展，又引导企业和企业家依法规范经营。围绕国有产权、农村集体产权和自然资源资产产权等重点领域，深入剖析典型案件和发案规律，开展有针对性的职务犯罪预防工作。结合办案，对产权保护中存在的普遍性问题，组织开展专题预防活动，积极运用检察建议、年度报告、专项报告等方式，督促产权登记、审批、监管、保护等部门完善制度机制，加强改进产权保护工作，增强预防工作整体效果。

五、强化刑事诉讼监督，保障涉案产权主体的合法权益

12. 加强立案监督和侦查活动监督。加强对刑事立案活动的监督，重点监督侦查机关以刑事手段插手经济纠纷、选择性执法等妨害产权平等保护的问题，加大对该立不立、不该立乱立等执法不严、司法不公问题的监督纠正力度。加强对侦查活动的监督，贯彻落实非法证据排除等办案制度，坚决纠正刑讯逼供、非法取证、漏捕漏诉、滥用强制措施、查封扣押冻结财物不当等侦查违法行为。对于因涉嫌犯罪被逮捕的各种所有制组织的投资者、生产者、经营者、专业技术人员等，切实履行好羁押必要性审查职责，发现不需要继续羁押的，应当依法予以释放或者变更强制措施。

13. 加强刑事审判和刑事执行监督。加强对刑事审判活动的监督，重点监督判决、裁定在认定事实、采信证据、适用法律方面确有错误的案件，做到敢于监督、善于监督、依法监督和规范监督，对符合法定条件的案件依法提出抗诉。加强对刑事执行活动的监督，重点监督涉产权案件生效判决、裁定的执行活动，发现人民法院执行财产刑过程中，存在应当执行而不执行，不应当执行而执行，非法处置被执行人或者案外人财产等侵犯产权违法情形的，应当依法提出纠正意见，确保财产刑执行到位。依法保障各类产权主体在服刑期间的申诉权，防止其因申诉而被限制或者剥夺依法获得减刑的权利。对于犯罪的民营企业投资人，依法保障其在服刑期间行使财产权利等民事权利。

六、加强民事行政检察工作，形成多元化产权保护格局

14. 依法履行民事行政检察职责，加强对产权诉讼案件的法律监督。依法保障各类产权主体申请监督权，规范民事行政诉讼监督案件的受理和审查程序，注重倾听当事人意见，畅通申请监督渠道，积极通过抗诉、提出检察建议等方式加强对涉产权民事、行政案件的审判监督，有效保障产权主体的合法权益。加强对民事、行政执行活动的监督，重点监督因不依法履行执行职责及错误采取执行措施、错误处置执行标的物、错误追加被执行人，致使当事人或利害关系人、案外人等财产权受到侵害的案件。加大对涉产权虚假诉讼、恶意诉讼监督力度，重点审查双方当事人恶意串通，通过以物抵债等方式损害案外人产权案件，督促人民法院依法惩治虚假诉讼行为，维护司法公正和司法权威。

15. 依法推进公益诉讼试点，积极探索开展对行政强制措施和履行职责中发现的行政违法行为的监督。稳步推进公益诉讼试点工作，以国有资产保护、国有土地使用权出让等产权领域为重点，积极运用诉前程序和提起公益诉讼的方式，维护被民事、行政违法行为侵害的国家和社会公共利益。积极探索对涉及人身、财产权益的行政强制措施和在履行职责中发现的行政机关违法行使职权或不行使职权行为的监督措施，防止和纠正违法行政行为对各类产权主体合法权益的侵害。

七、加强控告申诉检察工作，依法化解产权纠纷引发的社会矛盾

16. 畅通诉求表达渠道，依法受理历史形成产权案件的申诉，做到有错必纠。打造“信、访、网、电”四位一体的诉求表达体系，为产权人寻求法律咨询、权利救济提供更加便捷高效的服务。对社会反映强烈的涉及产权的刑事申诉案件，依法导入法律程序，按照诉求性质、案件管辖和法律程序及时审查办理。凡是违反法律政策侵犯产权、不利于经济发展的决定、判决、裁定，要依法监督纠正。

17. 依法办理涉产权保护的国家赔偿案件。坚持法定赔偿原则，保障符合赔偿条件的产权主体依法获得赔偿。支持人民法院对涉产权国家赔偿案件依法进行审理。依法办理检察机关作为赔偿义务机关的刑事赔偿案件，积极履行赔偿义务，保障符合法定赔偿条件的产权主体及时获得赔偿。依法受理和审查产权主体对人民法院作出的赔偿决定和行政赔偿判决、裁定提出申诉的案件，并依法提出监督意见。

18. 拓展控告申诉工作模式，有效化解社会矛盾。建立涉产权民事、行政申诉案件引导当事人和解机制，积极推动建立社会帮扶、政府扶贫等化解矛盾机制，推动建立健全与人民调解组织、行业调解组织的衔接联动机制，引导当事人向调解组织提出调解申请，并根据调解情况依法作出相应处理。推动律师参与代理和化解涉及产权纠纷信访案件工作，鼓励社会各界共同参与，有效解决产权纠纷。

八、加强组织领导和协调配合，确保产权保护措施落到实处

19. 加强组织领导。各级检察机关要把充分履行检察职能、加强产权司法保护作为当前一项重要政治任务，狠抓落实。切实加强对产权保护法律政策界限和工作措施的研究、协调和推进，加大保护和纠错力度。积极参与民法典编纂研究工作，推动产权保护法律制度的健全完善。及时对相关司法解释和规范性文件进行清理，凡是不符合依法保护产权的，应当废止或者修改。要深入研究分析产权司法保护中的新情况、新问题，发挥检察一体化优势，加强对下业务指导。对重大侵犯产权刑事犯罪案件、重大妨害产权保护职务犯罪案件，实行挂牌督办。下级人民检察院对办案中遇到的有关困难和问题，应当及时向上级人民检察院请示报告，必要时层报最高人民检察院。

20. 加强工作机制建设。各级检察机关要立足检察职能建立健全产权司法保护的长效机制。加强办理产权案件的能力建设和队伍建设，注重培养选拔专家型人才和业务骨干办理产权案件。严格落实司法责任制，完善办案质量终身负责制和错案责任倒查问责制。推进检务公开，及时回应社会关切，自觉接受人大监督、民主监督和社会监督，增强司法公信力，维护司法公正和权威。

21. 加强协调配合。积极参与党委牵头，人大、政府、司法机关共同参加的产权保护协调工作机制，形成工作合力。对办案中发现的体制性、政策性等重大问题和事项，及时向党委报告。加强与纪检、审判、公安、行政执法部门的协作配合，加强产权领域行政执法与刑事司法衔接机制建设。加强与各级工商联、相关行业协会的密切联系，建立健全联席会议、定期通报情况、共同开展调研等常态化机制，支持开展对涉及产权纠纷的中小企业维权援助工作。广泛听取人大代表、政协委员、专家学者、律师、企业人士等方面意见，增强产权司法保护的针对性和实效性。

22. 加强法治宣传。落实“谁执法谁普法”的普法责任制，把培育全社会尊重产权、保护产权意识作为以案释法、法治宣传教育的一项基础性工作。充分利用检察机关宣传主阵地、“两微一端”、微电影、微视频等媒体平台，加强与主流媒体、重点商业网络和自媒体的联系协作，深入宣传解读党和国家加强产权保护的政策和法律法规，及时报道检察机关工作部署、举措、进展和成效。选择检察机关依法纠正侵害企业产权的有重大影响的错案冤案典型，适时向社会公布，释放保护产权的积极信号，增强人民群众财产财富安全感，增强社会信心。着力宣传和营造法治、透明、公平的体制政策环境和社会舆论环境，保护企业家精神，支持企业家专心创新创业。

典型案例

检察机关加强产权司法保护典型案例

典型案例 1　林耘埜严重破坏矿产资源产权案

一、基本案情

林耘埜系云南省国土资源厅原厅长、党组副书记。经查明：2008 年至 2011 年，林耘埜在担任云南省国土资源厅副厅长，分管全省矿产资源矿政管理工作期间，滥用职权，违规审批转让文山州麻栗坡县某钨矿采矿权，违规审批转让玉溪市华宁县某铅锌矿探矿权，违规审批变更玉溪市华宁县某铅锌矿探矿权勘查矿种为磷矿，导致国家财产损失共计 11147 万余元。另查明，2007 年至 2014 年初，林耘埜利用担任文山州副州长、云南省国土资源厅副厅长的职务便利，先后收受他人人民币及按人民币折算的财物共计价值约 2196 万元，收受港币及按港币折算的财物共计价值约 79 万港元，此外还收受美元 7 万元。

2015 年，经检察机关提起公诉，林耘埜以滥用职权罪和受贿罪被判处有期徒刑 17 年，并处没收个人财产 100 万元。

二、典型意义

矿产资源是重要的自然资源，是社会经济发展的重要物质基础，属于非可再生资源，其储量是有限的。林耘埜作为省内负责矿产资源保护和管理的主要领导，不仅守土不尽责，而且利用手中的权力中饱私囊，其违规审批转让采矿权、探矿权等行为，给国家矿产资源造成了巨大的难以换回的经济损失。检察机关依法办理此案，对负有保护、管理矿产资源产权职责的国家工作人员起到了强烈警示作用，有利于促进行政机关工作人员树立法律的红线、底线意识。

典型案例2　杨某严重侵犯国有资产收益权案

一、基本案情

2001年至2011年期间，杨某在担任郑州高新国有资产经营有限公司副总经理、总经理期间，利用职务上的便利，单独或与他人共谋后，擅自决定将单位公款多次借给他人进行营利性活动，累计金额19亿元，并占有非法利息4500多万元。另外，杨某还擅自决定挪用单位公款共计20亿元购买基金、理财产品，并将由此产生的收益款项共计11.7万元占为己有。为逃避财务监管，杨某采取伪造公司对账单的方式来掩盖其挪用公款的行为。

2015年，经检察机关提起公诉，杨某以挪用公款罪被判处有期徒刑14年。

二、典型意义

制度不健全，执行不到位，是企业滋生犯罪的主要原因之一。本案中，如果单位的财务规章制度执行到位，杨某也不会有机会作案长达10余年，不会如此轻易地挪用巨额公款。郑州高新技术产业开发区人民检察院在办理该案后专门给郑州高新投资建设集团有限公司发出检察建议，从健全财务制度，保障资金安全；推行岗位交流，促进干部队伍廉洁；规范领导干部的行为，铲除犯罪滋生土壤；强化法制和廉政教育，遏制和消除职务犯罪思想的滋生等方面提出了预防职务犯罪意见和建议。

典型案例 3　崔某收受非公有制企业贿赂案

一、基本案情

天津市河北区原副区长崔某在分管城建工作期间，利用监管、审批之机，以明示、暗示等方式向多个非公有制企业索贿、受贿约合人民币 1500 万元。另查明，崔某利用职务便利侵吞或以其他手段非法占有公共财物人民币 30 万元。

2016 年 6 月，经天津市检察机关提起公诉，崔某以受贿罪、贪污罪被判处有期徒刑 12 年。

二、典型意义

从检察机关办理的案件看，非公企业整体防范能力相对较弱，一些人把非公有制经济主体当做“摇钱树”，一些领导干部利用审核、审批等权力刁难生产经营单位，通过明示、暗示等方式索贿受贿，严重破坏了公平公正的市场环境。有的生产经营单位为争取生存空间不得不投其所好、拿钱铺路，极易形成劣币驱逐良币的恶性循环。此案的查办有助于净化非公企业成长环境，也有助于形成机会平等、公平竞争的经济环境。

典型案例 4　杨某滥发微型企业补助收受贿赂案

一、基本案情

贵州省毕节市大方县市场监督管理局百纳分局原负责人杨某在负责微型企业申办管理工作中，不正当履行职责，违反国家规定为不符合发放微型企业补助条件的企业发放补助 70 余万元，并收受他人贿赂 6 万余元。

2016 年 11 月，经检察机关起诉，杨某被判构成滥用职权罪、受贿罪。

二、典型意义

中小企业在繁荣经济、创新科技、创造就业等方面发挥着积极作用。然而，负有监管、服务职责的杨某却将服务中小企业发展作为其获取非法利益的生财之路。检察机关通过查办这一案件，有力打击了少数国家工作人员利用行政审批、监管等职权，损害非公经济健康发展的腐败犯罪行为，积极保障了国家扶持非公企业的专项政策落实和资金安全，同时有效引导了非公企业及其从业人员诚信守法、依法经营。

典型案例5　湖南澧县出租车公司“非法经营”系列案

一、基本案情

2015年8月，湖南省澧县政府对出租车及出租车公司重新改组和招标过程中，发现部分出租车存在私下转让经营权的情况，同时部分出租车主以政府改革导致自身利益受损为由，采取到县委县政府、省政府等地打标语、静坐等方式维权。8月18日，澧县公安局以非法经营罪对澧县市政宏运出租汽车中心等三家出租车公司立案侦查；对于某某等人分别以聚众冲击国家机关、聚众扰乱公共场所秩序立案侦查。部分出租车车主不服公安机关立案决定将情况反映至澧县检察院。澧县检察院经审查发现，涉案的三家出租汽车公司虽然存在私下转让经营权的情况，但并没有对出租车的正常营运造成不良影响，一直以来政府相关职能部门对其采取默许态度，双方均存在过错，现以涉嫌犯罪对上述公司进行刑事追究显失公正。另查明，于某某等人虽然表达诉求的方式不当，但其诉求有一定的合理性，其行为符合刑法关于“情节显著轻微危害不大，不认为是犯罪”的规定，公安机关不应作为刑事案件立案侦查。澧县检察院在向上级检察院汇报后，向公安机关发出要求说明立案理由通知书，公安机关于2015年12月3日对三家出租汽车公司非法经营案作撤销案件处理，12月7日对于某某等人聚众冲击国家机关、聚众扰乱公共场所秩序案做撤销案件处理。

二、典型意义

出租车行业是社会服务的一个重要行业，澧县政府通过改革加强对出租车行业的规范化、标准化管理，是服务当地经济发展大局的重要举措。但在具体实施过程没有妥善处理一些民营企业经营权问题，以至于改革措施遭到部分利益受损人员的强烈抵制，并出现群体性维权上访现象，影响了出租车行业的良性发展和社会秩序稳定。澧县检察院针对这一案件，依法全面履行侦查监督职能，监督撤销了一批不应当立案而立案的案件，有力保障了涉事出租车公司和车主的合法权益。

典型案例6　张某、泽某侵犯商业秘密案

一、基本案情

被告人张某、泽某分别加入上海罗易信息科技有限公司，并与该公司签订《员工保密合同》，承诺对该公司在研发、生产产品期间形成的技术信息履行保密义务。2010年，张某、泽某分别担任该公司专业产品事业部总经理、研发经理，并在组织、领导某型GIS（地理信息系统）采集器的研发期间，掌握了对该产品研发成功起核心作用的PCBA板（印刷电路板）设计的有关技术信息等商业秘密。自2011年初，张某、泽某经共谋，违反保密约定，结伙使用上述技术信息，以提供相应设计图纸等方式委托他人生产PCBA板，再采购其他零部件，组装为GIS采集器，而后对外出售。至案发，二人结伙销售GIS采集器共计1520台，给权利人造成的损失数额共计人民币370万余元。

经上海市徐汇区检察院提起公诉，2015年3月4日，被告人张某、泽某均以侵犯商业秘密罪，分别被法院判处有期徒刑一年三个月，缓刑一年三个月和有期徒刑一年，缓刑一年。

二、典型意义

商业秘密是我国知识产权侵权的重灾区之一。本案的成功办理，体现了检察机关办理复杂侵犯商业秘密案件、加强知识产权司法保护的专业能力。上海市徐汇区检察院注重加强对知识产权犯罪的预防宣传，结合本案，针对徐汇区内企业，尤其是高新技术行业的现实需求，有的放矢地开展法制宣讲，组织企业座谈，制作知识产权案件白皮书，帮助企业查找管理疏漏，提供解决方案，促使企业进一步提高了自身风险防范意识和知识产权维权意识。

典型案例7　武汉晶源环境工程有限公司专利权纠纷申请执行监督案

一、基本案情

日本富士化水工业株式会社（下称“富士化水”）、华阳电业有限公司（下称“华阳公司”）侵犯武汉晶源环境工程有限公司（下称“晶源公司”）发明专利权纠纷一案，福建省高级人民法院于2008年5月12日作出一审判决，晶源公司、富士化水、华阳公司均不服该判决，向最高人民法院提起上诉，最高人民法院于2009年12月21日作出（2008）民三终字第8号民事判决，判决认定富士化水和华阳公司共同侵犯晶源公司ZL95119389.9号发明专利火电脱硫技术，连带赔偿人民币5016.24万元，并按使用年限支付专利使用费，如支付迟延应按规定加倍支付迟延履行期间的债务利息。判决生效后，富士化水、华阳公司未履行生效法律文书确定的义务，晶源公司向人民法院申请执行。案件执行三年多，申请执行人晶源公司未收到执行款。晶源公司向检察机关申请执行监督。

顺昌县人民检察院经对顺昌县人民法院进行走访并调取相关执行卷宗材料，了解到顺昌县人民法院已于 2014 年 10 月扣划 3000 万元案件执行款至法院账户，但一直未支付给申请执行人。为此，顺昌县人民检察院向顺昌县人民法院发出执行监督检察建议书，建议将扣划执行款及时支付给申请执行人，并采取措施尽快执结本案。顺昌县人民法院收到检察建议后，依法冻结被执行人银行账户，后经检法两家共同协调努力，双方当事人于 2015 年 3 月 16 日达成了执行和解协议。2015 年 3 月 19 日，顺昌县人民法院将案件执行款 3000 万元支付给申请执行人晶源公司，案件得到顺利执结。

二、典型意义

该案系检察机关对人民法院生效裁判的执行活动进行监督的案件，当事人涉及台资企业、日本企业，涉案标的额巨大，判决生效已逾 5 年仍未得到执行，当事人的专利权无法得到及时有效的司法保护。检察机关依当事人申请开展执行监督，依法履行法律监督职责，督促人民法院依法执行，有效地维护了司法权威和当事人的合法权益，增强了知识产权司法保护的公信力。

典型案例 8　宁波伊司达洁具有限公司虚假诉讼案

一、基本案情

2007 年 4 月 19 日，宁波伊司达洁具有限公司（以下简称伊司达公司）起诉至四川省自贡市中级人民法院，请求判令被告陈萍芳立即停止使用并撤销其在中国互联网络信息中心注册的域名 www. 伊司达 .cn，赔偿经济损失 5 万元。

自贡市中级人民法院于 2007 年 7 月 25 日作出判决，认定伊司达公司注册的“伊司达”商标属我国驰名商标，判决被告陈萍芳立即停止使用其所注册的“www. 伊司达 .cn”域名，并赔偿伊司达公司经济损失 5 万元。

2010 年 10 月 14 日，自贡市人民检察院以该案承办法官李某某涉嫌民事枉法裁判罪决定立案侦查。在侦查过程中，自贡市人民检察院对该案原告伊司达公司、被告陈萍芳以及代理人和上海乔柏律师事务所相关人员进行了调查。上述人员均承认，伊司达公司诉陈萍芳计算机网络域名侵犯商标专用权纠纷一案是上海乔柏律师事务所与伊司达公司恶意串通故意制造的虚假诉讼案件，目的是利用司法手段为“伊司达”商标认定为驰名商标提供便利，本案中涉及陈萍芳侵权的相关证据均系伪造。

2014 年 9 月 28 日，自贡市人民检察院以该案涉及虚假诉讼为由提请四川省人民检察院抗诉。四川省人民检察院于 2015 年 1 月 20 日向四川省高级人民法院提出抗诉。四川省高级人民法院受理该案后，指令自贡市中级人民法院再审。自贡市中级人民法院再审后支持了检察机关的抗诉理由，认定该案系虚假诉讼案件，判决驳回了该案原告的诉讼请求，并对该案原告进行了当庭训诫。

2011 年 11 月 4 日，四川省威远县人民检察院以该案承办法官李某某涉嫌民事枉法裁判罪提起公诉。2015 年 8 月 5 日，威远县人民法院判决被告人李某某构成受贿罪，免予刑事处罚。

二、典型意义

虚假诉讼行为披着合法的外衣侵害国家、集体或第三人合法权益，扰乱了正常的诉讼秩序，严重损害了法律的公信力。本案及其余 3 起案件，系四川省检察机关办理的首批非法认定驰名商标案件，其中两案提出抗诉，两案提出再审检察建议。通过四川省检察机关反渎职侵权部门与民事行政检察部门通力配合，查实了案件当事人为通过诉讼方式达到非法获取“驰名商标”司法认定目的制造民事虚假诉讼的非法行为。除该案代理律师和涉案法官被追究刑事责任外，该系列案件民事部分全面获法院再审改判。检察机关依法实施民事检察监督，严厉打击驰名商标认定领域的虚假诉讼行为，有力地维护了司法公正，保障了驰名商标认定的正常秩序。

典型案例9　黄某申请国家赔偿监督案

一、基本案情

1997年4月8日，福建省莆田县陈某某因借贷纠纷起诉方某，后因方某未履行，陈某某申请执行，莆田县人民法院遂裁定查封方某房产。同月17日，黄某提出执行异议，认为被查封房屋的产权属其所有要求解封，但被驳回。之后，被查封房屋经评估后以6.9万元拍卖。2004年7月15日，莆田市价格认证中心根据荔城区人民检察院委托重新评估被查封房屋价格为14.76万元。

2007年7月，黄某先后向莆田市中级人民法院、福建省高级人民法院提出确认法院查封、拍卖系违法行为的申请。2010年10月12日，黄某提出国家赔偿申请，荔城区人民法院逾期未作出赔偿决定。2010年12月21日，黄某提出赔偿复议申请，莆田市中级人民法院赔偿委员会经审查决定部分支持黄某的申请。黄某不服，向福建省人民检察院提出国家赔偿监督申请。福建省人民检察院经审查后认为，原案适用法律错误，于2012年6月20日向福建省高级人民法院提出重新审查意见。同年12月11日，福建省高级人民法院指令莆田市中级人民法院对该案重新审理。2013年6月17日，莆田市中级人民法院决定撤销原决定并重新作出赔偿决定。

二、典型意义

公民的财产权和人身权等基本权利得到有效保障是建立现代法治国家的必然要求，司法机关在司法活动中应当充分履行职能，切实保障公民享有占有、使用、收益和处分合法财产的权利。检察机关依法办理此案，通过审查原案卷宗、走访有关人员等方式，对原案相关事实与证据进行重新审查与调查，依法向人民法院提出原案适用法律错误，应予重新审查的意见，最终使人民法院撤销原错误决定，对黄某重新作出赔偿决定，依法保护了公民的财产权利，有利于促进司法公正，维护国家赔偿法的统一正确实施。

部分新闻链接

1. 人民日报 2017 年 1 月 10 日报道《充分履行检察职能　加强产权司法保护》。

2. 新华每日电讯 2017 年 1 月 10 日报道《最高检：重点监督侦查机关以刑事手段插手经济纠纷》。

3. 中央电视台 2017 年 1 月 10 日报道《最高检加强产权司法保护意见　依法妥善处理历史形成的产权案件》。

4. 法制日报 2017 年 1 月 10 日报道《最高检发布加强产权司法保护意见》。

5. 人民网 2017 年 1 月 9 日报道《最高检：对长期申诉的的产权案件要抓紧组织力量甄别》。

6. 新华网 2017 年 1 月 9 日报道《最高检：侵犯知识产权犯罪呈产业化、网络化、跨区域趋势》。

建设智慧检务　深化司法公开　促进司法公正

最高人民检察院通报检察机关加强“智慧检务”建设情况

发布时间： 2017年2月16日9:30

发布内容： 通报近年检察机关加强“智慧检务”建设工作情况；介绍贵州检察机关大数据建设应用情况；发布“智慧检务”建设典型事例

发布地点： 最高人民检察院电视电话会议室

主 持 人： 最高人民检察院新闻发言人　王松苗

出席嘉宾： 最高人民检察院案件管理办公室主任　许山松[①]

贵州省人民检察院常务副检察长　何冀

最高人民检察院检察技术信息研究中心主任　赵志刚

① 现任中华全国总工会书记处书记、党组成员。

主题发布

王松苗

各位记者朋友，大家上午好！欢迎参加最高人民检察院新闻发布会。今天发布会的主题是“建设‘智慧检务’深化司法公开 促进司法公正”。主要有五项议程：一是大家刚刚观看了“智慧检务”建设电视专题片；二是通报近年来检察机关加强“智慧检务”建设与应用特别是案件信息公开情况；三是介绍贵州检察机关大数据建设应用情况；四是发布“智慧检务”建设典型事例；五是回答记者提问。

随着以信息技术为核心的新一轮科技革命蓬勃兴起，数字化、网络化、智能化正在重塑人们的生产生活方式。信息技术发展水平和信息化应用程度日益成为影响检察工作发展水平的重要因素。近年来，全国检察机关紧紧把握网络信息时代发展机遇，牢固树立“互联网＋检察工作”理念，贯彻落实“科技强检”战略，全面建设“智慧检务”，着力深化司法公开，努力维护司法公正，推动各项检察工作健康开展。

一、建设“六大平台”，夯实四梁八柱，不断推进“智慧检务”

“智慧检务”是指检察机关以电子检务工程为抓手，大力构建“信息感知、网络传输、知识服务、检务应用、运行管理”五维一体的检察信息化应用体系。“智慧检务”秉持“智慧、融合、创新”理念，通过运用云计算、大数据、物联网、人工智能等新技术，促进检察工作与信息化深度融合，即“人在干，数在转，云在看”。

2016年9月，高检院印发实施《“十三五”时期科技强检规划纲要》，明确了“十三五”时期“智慧检务”建设的时间表和路线图，即到2017年底，建成覆盖全国四级检察机关涵盖司法办案、检察办公、队伍管理、检务保障、检察决策支持、检务公开和服务等在内的电子检务工程“六大平台”，积极探索推广大数据应用。到2020年底，建成国家检察大数据中心，建立检务大数据资源库，全国检察机关主要工作都在“六大平台”运行。

电子检务工程是实施“科技强检”战略、打造“智慧检务”的重大基础性工程。自2013年8月立项以来，各级检察机关将电子检务工程作为“一把手”工程，加强统筹规划，扎实推进“六大平台”建设：开发运行司法办案平台核心软件——全国检察机关统一业务应用系统并持续升级完善；建成高检院检察办公系统、档案管理系统，各地检察办公系统陆续投入使用；部署应用检务保障平台核心软件——全国检察机关检务保障信息系统；部署试用队伍管理平台核心软件——全国检察机关队伍管理信息系统；部分地方检察机关建成检察决策支持平台；检务公开和服务平台完成初步整合。电子检务工程“六大平台”在推进“智慧检务”过程中发挥着四梁八柱的作用，是检察工作信息化、智能化的先导力量。

二、紧紧抓住办案业务这个核心，完善统一业务应用系统，强化办案监督提升工作效能

检察机关统一业务应用系统是集办案、管理、统计于一体的网络信息化系统，是“智慧检务”在检察业务领域的具体体现，是建设“六大平台”的第一要务。自2014年1月该系统在全国检察机关部署应用以来，通过不断开发完善，已有各类案件1030余万件在系统内运行，为强化办案监督、推进司法改革、提升工作效能发挥了积极作用。

一是四级检察院通过“一张网”实现信息共享。全国四级检察机关3600多个检察院、20多万名检察人员按照一个标准、运用一个程序、在一个平台办理案件，实现跨部门、跨地域、跨层级信息互联互通，有效解决了以往信息化建设中出现的信息孤岛、重复建设等问题。二是标准化流程覆盖全部业务。系统覆盖全部业务范围，依据相关法律和司法解释，将检察机关各项职能梳理为节点环环相扣的业务流程，以标准化的流程实现规范化办案，使制度文件的“软约束”变成网络运行的“硬

要求”。三是智能化数据生成提升办案效率。采用模块化设计，将业务操作分类逐层细化进行开发，像“搭积木”一样组装成各个系统，系统内数据自动生成、汇聚、分析，通过数据的深度应用提高办案效率。四是点对点落实办案责任。系统为每位用户建立唯一 ID，确保案件办理过程全程节点留痕，无论检察人员调整到哪个部门、是否退休，都可以查询到其所办理的全部案件，为全面推行员额制和司法责任制改革奠定基础。五是通过全程监管杜绝“暗箱操作”空间。案件一旦进入系统，除法定原因外不可人为撤换更改，所有的司法办案活动都置于客观动态的“聚光灯”下，最大限度挤压“暗箱操作”的空间，有效消除管理死角与监督盲区。

三、紧紧抓住人权保障这个重心，部署应用电子卷宗系统，推动解决律师阅卷难顽疾

为了更好服务律师阅卷，保障犯罪嫌疑人、被告人合法权益，2015 年 12 月，高检院下发《人民检察院制作使用电子卷宗工作规定（试行）》，在全国检察机关部署电子卷宗系统。2016 年全国检察机关共制作电子卷宗 102 万件，向律师提供查阅电子卷宗 10.3 万件，提供光盘 5 万余张，有效解决了律师律师阅卷难顽疾。同时，系统还可以提升检察机关案件办理和流转效率，促进政法信息资源共享。

一是服务办案人员。系统具备卷宗制作、阅卷、摘录、检索等基本功能，可以辅助办案人员进行证据分析管理、自动生成审查报告、自动纠错，有效提高办案效率。二是服务司法决策。审查讨论案件时可以同步查阅电子卷宗，不再像以往一样仅仅依靠承办人汇报，从而提高了决策的精准度。三是服务律师办案。系统可以根据律师申请提供律师电子卷宗阅卷或刻录光盘，既缓解检察人员与辩护律师在阅卷时间安排上的冲突，又大大缩短了律师复制案卷材料的时间。四川等地检察机关还部署了电子卷宗异地阅卷系统，使律师“足不出城”就能够查阅到代理案件的电子卷宗，2016 年四川省共受理律师异地阅卷申请 501 件，受到律师欢迎。四是服务其他政法机关。检察机关可以根据需要，为法院、行政机关等提供电子卷宗，实现信息互通共享，提高工作效率。

四、紧紧抓住综合应用这个关键，加强研发与完善，倾力打造高效便捷智能工作模式

在“智慧检务”建设中，各地检察机关积极探索利用信息化、大数据手段打造高效便捷智能工作模式，不断提升工作质量和效率。

一是利用大数据解决案多人少矛盾。贵州省检察机关紧紧围绕以审判为中心的诉讼制度改革，针对多发的盗窃、抢劫等犯罪，组织绘制“犯罪构成知识图谱”，运用大数据“实体识别技术”“案件数学建模技术”等，创新研发司法办案辅助系统，解决“案多人少”“标准不统一”等问题。安徽、江苏、浙江等地检察机关积极探索运用智能语音识别系统，自动生成检委会记录、讯问询问笔录。

二是利用大数据提升办案能力。山东省检察机关研发部署了“检度”智能搜索平台和案件查体平台，为全省检察人员提供了高效、便捷的信息检索服务和案件质量评查辅助功能。河北省检察机关搭建完成“冀检云”平台，研发部署了案件质量评查系统，提高了工作效率。重庆、山西等省级检察院研发“惠农扶贫资金项目数据共享信息系统”“涉农预防信息平台”，加强对涉农扶贫资金“最后一公里”监督，提高了精准惩防犯罪的能力。

三是利用大数据服务改革攻坚。北京市检察院部署应用“检立方”辅助决策平台，将三级检察机关执法办案、业务管理、队伍建设和检务保障的各种数据与应用系统进行整合，为重要改革任务落地提供了有力的数据支持。

四是利用大数据强化廉政风险防控建设。山东省检察机关以“权责清晰化、风险明示化、监督即时化、防控自动化”为目标，依托网络信息化技术，建立廉政风险防控系统。系统与各项办公办案软件充分对接，将检察人员违法行使职权的17种主要情形和办公办案程序不规范容易导致的432个风险点全部录入，对控告申诉接访大厅、办案工作区、派驻检察室等场所进行视频监督，发现问题及时纠正。如通过远程视频监督，发现某基层检察院法警许某在对犯罪嫌疑人执行监视居住看护过程中，为嫌疑人提供通讯工具，并由此挖出许某受贿的犯罪事实。

五、紧紧抓住智能对接这个要害，运用技术手段多媒体多渠道公开案件信息，深入推进司法公开

为深化司法公开，强化“阳光检务”，高检院于 2014 年在全国检察机关上线运行人民检察院案件信息公开网。通过技术设置，案件信息公开网与统一业务应用系统实现全面智能对接，自动强制抓取相关案件信息，有效搭建起“案件程序性信息查询”“辩护与代理”“重要案件信息发布”“法律文书公开”四大平台。截至 2016 年 12 月 31 日，全国各级检察机关在人民检察院案件信息公开网共发布案件程序性信息 4494548 条、重要案件信息 204738 条、法律文书 1587940 份。

三年来，人民检察院案件信息公开网“四大平台”功能不断完善，有效提升了检察工作的亲和力与公信力。在重要案件信息发布方面，2016 年共发布重要案件信息 108100 件，同比增长 36.2%。其中立案阶段发布重要案件信息 14928 件；批捕阶段发布重要案件信息 30257 件；起诉阶段发布重要案件信息 48584 件；抗诉阶段发布重要案件信息 274 件。从案件性质上看，职务犯罪案件 34649 件，热点刑事案件 30965 件。在案件程序性信息查询方面，2016 年共接受 63192 人次申请查询，同比增长 33.9%。

在法律文书公开方面，2016 年共发布法律文书 832059 份，同比增长 20.2%。其中公开起诉书 779478 份、刑事抗诉书 1191 份、不起诉决定书 49492 份、刑事申诉复查决定书 1888 份。2 月 9 日，高检院通过人民检察院案件信息公开网向社会公布了聂树斌案再审检察建议书，通过媒体报道，客观展现检察机关在监督纠正案件过程中所发挥的重要作用，受到网友点赞。在受理辩护与代理预约方面，2016 年共受理辩护与代理网上预约申请 55317 件，同比增长 68.6%，处理 55126 件，处理率 99.7%。

高检院还在全国检察机关部署应用了案件信息公开微信平台。该平台除承载案件信息公开网四大功能外，还直接对接司法系统律师数据库。案件程序重大节点变动信息将向当事人及法定代理人、辩护人、诉讼代理人等及时主动推送，律师微信注册后可以申请查询案件、办理预约事

项等。

“新故相推，日生不滞。”下一步，检察机关将深入实施《“十三五”时期科技强检规划纲要》，以大数据、信息化应用为引领，加强“六大平台”建设，持续完善统一业务应用系统，着力推进国家检察大数据中心建设，探索建设“检务云”，进一步强化科学技术与检察工作的深度融合，以“智慧检务”建设的实际成效，不断深化司法公开，更好地维护司法公正。

情况我先介绍到这里，我们准备了七个典型案例已经发给大家。下面请贵州省人民检察院常务副检察长、新闻发言人何冀介绍贵州检察机关推进大数据建设和应用情况。

何　冀

各位记者朋友，大家好！我是贵州省人民检察院新闻发言人何冀，很荣幸能在此就贵州检察机关推进大数据建设和应用的情况向大家作简要通报。

贵州是全国首个国家大数据综合试验区。为深入贯彻最高检关于科技强检的总体部署和贵州省委大数据战略行动，贵州省检察院乘势而上、顺势而为，大力推进全省检察机关大数据发展与应用，充分发挥信息化、大数据在辅助司法办案、服务管理决策中的积极作用，推动了贵州检察各项工作迈上新台阶。

一、贵州检察大数据建设的基本情况

2015年7月，贵州省人民检察院创新“互联网+检察工作”新模式，在全国检察机关率先建成开通了“贵州检察12309网上网下一体化服务平台”，平台依托大数据、互联网信息技术，整合实体平台、网上平台和通信平台资源，向人民群众提供微博、微信、APP客户端、互联网站、电子邮件、短信、12309 电话等七种服务途径，统一服务窗口，实现为民办事一体化服务，拉近了检察机关与人民群众的距离，实现了“数据多跑路、群众少跑腿”。

2016 年 9 月，贵州检察大数据应用中心建成投入使用。应用中心集大数据分析服务系统、大数据司法办案辅助系统、职务犯罪侦查信息系统、政法信息资源共享交换系统和检务公开、为民办事服务系统于一体，运用大数据提升检察监督的公信力。

目前，贵州检察大数据主要包括检察业务、办公、队伍、保障和检务公开及办事服务等各个系统生成的数据，也包括与其他政法机关、行政执法机关和相关企事业与检察机关数据交换和共享的数据。通过数据的“聚通用”，我们可以更好地服务人民群众、服务司法办案、服务管理决策。最高人民检察院曹建明检察长，贵州省委陈敏尔书记等领导先后到省检察院调研，充分肯定了我院大数据建设和应用的成果。

二、贵州检察大数据应用情况

大数据的核心在于应用。我们坚持以应用为中心，努力推进大数据与检察工作深度融合、深度应用。

一是创建大数据司法办案辅助系统，为司法办案提供智能服务。该系统运用“实体识别”“数学建模”等大数据技术，通过绘制“犯罪构成知识”图谱，建立各罪名案件数学模型，为办案提供案件信息智能采集、“要素—证据”智能关联和风险预警、证据材料甄别，以及类案推送、量刑建议计算等智能化服务。目前，该系统已进行三次迭代升级，正在全省 4 个市（州）检察院和 31 个基层检察院试点运行。

二是创建案件智能研判系统，为案件监控提供数据分析。该系统全面、真实、客观地记录每个案件办案情况，进行数据量化分析，并按照“一人一档案”要求建立数字化司法业绩档案。我们运用系统对全省检察机关近两年来办理的 14100 件故意伤害案件进行分析，发现其中存在要素偏离 2332 件、量刑偏离 2395 件、证据风险 674 件，由办案单位认真整改。结合网上案件质量评查系统，按照“一案一评查”要求评查各类案件 100352 件，发现和纠正实体性瑕疵 30 余个。

三是创建大数据分析服务系统，为管理决策提供“智库意见”。该系统实时从核心数据、常规分析、专项分析、办案评价、人员管理等多个方面为管理决策提供“智库意见”，并重点围绕检察机关办理案件建立了5个维度、632项具体指标的办案“评价体系”。目前，该系统已在省检察院和9个市（州）检察院试点运行，数据涵盖10余个业务条线，产生并分析数据2594万余条。

三、下一步工作打算

虽然我们在大数据应用上做了一些积极的探索和实践，但离人民群众对司法公正的期待还有差距，离日新月异的技术发展还有距离。2017年，经贵州省委同意，我们将2017年明确为全省检察机关“大数据应用推进年”，大数据应用“三大系统”将在100个检察院全部上线，并拓展延伸建设公诉出庭数据库，组织完成贵州省统一业务系统上线以来的35万件历史案件的数据转换、数据清洗工作。

作为推进科技强检、打造“智慧检务”的积极探索和有益实践，我们将全面贯彻落实中央、最高检和贵州省委关于大数据建设和科技强检工作部署，紧紧抓住以司法改革为核心的体制创新和以大数据运用为核心的科技创新，建设好贵州检察“数据大脑”，积极推进“智慧检务”建设，着力提升司法质量、效率和公信力。

现场答问

法制日报记者　周　斌

司法办案、检察办公、队伍管理、检务保障、检察决策支持、检务公开和服务等“六大平台”分别在实践中如何发挥作用，请举例说明。

赵志刚

刚才王主任已经介绍过，“六大平台”涉及检察工作的各个方面。司法办案平台立足信息化与司法办案深度融合，实现网上办案、网上管理、网上监督、网上考评和业务数据统一管理，规范司法办案流程。检察办公平台通过公文办理的数字化、网络化，提高检察办公的效率和质量。队伍管理平台立足用信息化手段开展检察队伍管理和纪检监察工作，实现干部人事、绩效考核、内部监督等信息化管理。检务保障平台是实现检察机关计划财务装备、管理信息化和现代化的重要支撑，实现各级检察院预算执行信息、检务保障业务、管理过程全覆盖，有效提升检务保障综合能力。检察决策支持平台通过整合检察机关内外部数据资源，利用大数据分析，为检察工作提供决策支持。检务公开和服务平台通过建设“信、访、网、电、视频”全面融合的“一站式”检务办事服务系统，提升检务公开、检察宣传和服务群众水平。

在具体成效方面，司法办案平台核心软件统一业务应用系统在规范司法行为、提高办案质量、强化内部监督、提高管理决策水平等方面发挥了巨大作用，有力推动了检察机关司法理念转变和办案模式优化。北京、山东、贵州等地的检察决策支持平台，把大数据充分运用到服务决策、服务办案、服务群众各环节，成效明显。上海、江苏、贵州等地建设“一站式”检务办事服务系统，实现了网上信访、举报、申诉、律师预约、行贿犯罪档案查询、案件信息公开和查询、法律文书公开、法律咨询、新闻宣传、监督评议等多种业务，促进了检务公开。随着电子检务工程“六大平台”的建设推进，其提升检察工作效率的作用将日益显著，平台应用价值将更加凸显。

新华社记者　吴　凯

目前检察机关深化案件信息公开工作进展如何？是否所有可以公开的案件信息都做到了公开？

许山松

首先回答第一个问题：案件信息公开是检察机关深化检务公开、提升司法公信力所采取的重要举措。2014年10月，以“人民检察院案件信息公开网”的开通为标志，检察机关案件

信息公开工作全面展开。全国内地32个省、自治区、直辖市检察机关在“同一平台”上，按照“同一标准”“同一程序”为群众提供案件信息公开服务。

随着公开工作的不断深化，检务公开实现了三个转变：一是从公开的内容上看，从侧重一般事务性的公开向案件信息的公开转变；二是从公开的对象上看，从针对当事人等特定主体的小范围、局部公开向面向社会公众的大范围、全面公开转变；三是从公开的主体和方式看，从各地检察机关的分散公开向全国集中的公开转变。检察机关案件信息公开进入信息化、常态化、规模化的快速发展轨道。

目前，检察机关在不断推进人民检察院案件信息公开网升级完善和功能拓展的同时，也在不断丰富公开形式，加强新媒体公开平台建设，开通案件信息公开微信服务，推动案件信息公开更加高效、更加具有针对性，也更加方便、快捷。

关于第二个问题，在案件信息公开工作快速推进的同时，我们始终坚持以公开为常态、以不公开为例外的原则，将案件信息公开情况作为案件办理的必需步骤，由案件管理部门专门负责对案件信息公开工作进行督促检查、定期通报，确保“该公开的一律公开”，真正实现“看得见的正义”。

法制网记者 郑小琼

《“十三五”时期科技强检规划纲要》提出建立“感、传、知、用、管”五维一体的智慧检务体系，请介绍一下这五大体系目前的整体建设和运行情况？任务能否如期完成？

赵志刚

在信息感知方面，一是以统一业务应用系统为基础，依托电子检务工程，整合各类信息资源。当前，统一业务应用系统汇集了大量的案件数据，检务保障、队伍管理、检察办公等信息数据库也逐步形成。二是建成了四级互联互通的远程视频接访讯问系统，视频资源得到进一步整合。三是通过建设“两法衔接”信息共享平台、侦查信息平台等，推进了与其他部门的信息共享。

在网络传输方面，检察内网已覆盖全国四级检察院，分支网络已覆盖大部分驻监狱、看守所检察室。同时，依托电子检务工程，各级检察机关积极开展基础网络建设和改造，网络传输速率、质量正在持续提升。

在知识服务方面，积极推进检务云平台和国家检察大数据中心建设；积极探索语音识别、视频搜索、微表情分析等智能化应用。前期，在高检院的统筹下，安徽、浙江、新疆、兵团等地推广使用智能语音系统，收到了良好效果。

在检务应用方面，司法办案、检察办公、队伍管理、检务保障、检察决策支持、检务公开和服务等电子检务工程“六大平台”建设正在稳步推进，检察机关信息化应用的深度和广度得到进一步提升。

在管理体系方面，一是持续开展“科技强检示范院”创建活动，推动完善科技强检工作机制；二是大力推进检察机关智能运维管理平台建设，实现检察机关信息化运行管理的规范化、精细化和智能化。

我们将以电子检务工程为抓手，进一步加强组织领导、强化队伍建设、保障资金投入、强化监督检查，逐步推进“感、传、知、用、管”五维一体智慧检务体系的建设完善，确保实现“十三五”科技强检规划既定目标。

中国国际广播电台记者　兰　旻

司法大数据是如何运用到办案、决策等具体工作中的？除了检察系统自身的信息化建设外，在同其他相关机构部门的衔接上有哪些考量？

赵志刚

司法大数据在检察工作中的运用主要表现在两个方面。在司法办案方面，一是建立司法办案知识库，实现类案推送、风险评估等功能，把检察官从编制阅卷笔录等繁琐的书写工作中解放出来，解决“案多人少”的突出矛盾；二是研发司法办案智能辅助系统，辅助开展定罪、量刑等工作，通过类似案件综合分析，对偏离度过大的案件启动评查机制，分析具体原因，解决标准不一、司法任意性等问题。在管理决策方面，主要是依托全国检察机关统一业务应用系统，把海量的检察办案信息数据进行汇聚，利用大数据技术构建立体的司法办案评价体系，进而加强对执法办案的监督，促进司法公正。同时，也可以为检察官考核工作提供案件信息参考数据和评查的依据。

在同其他相关机构部门的衔接上，主要有以下考量：一是参与政法机关网络设施共建；二是加强职务犯罪侦查与预防信息平台建设，在与公安、工商、质监、民航、银行等部门数据对接的基础上，进一步扩大信息源单位数量和信息类别；三是加强政执法与刑事司法衔接（“两法衔接”）平台建设。目前，全国29个省已建成“两法衔接”信息共享平台，改变了检察机关通过大走访、大排查发现立案监督线索的传统方法，收到了显著效果；四是推进减刑假释暂予监外执行网上协同办案平台、社区矫正检察信息管理平台建设，加强派驻检察室与监管场所信息联网、监控联网的建设和信息化应用；五是加强与法院、有关行政执法机关、政府法制部门办案办案信息交换。在这方面，河北等 8 个省市检察机关建立与公安机关随案同步移送电子卷宗机制，收到了良好成效。

检察日报记者　史兆琨

近些年，检察机关中流行一句话“让数据多跑腿、群众少跑路”，请问贵州省检察院的何检，您能否举例介绍检察机关在推进“智慧检务”中，是如何服务群众、便民、惠民的？

何　冀

感谢您对贵州检察工作的关注。如何服务人民群众始终是检察机关不懈追求的目标。这几年，贵州积极创新“互联网＋检察工作”，积极推进智慧检务，最突出的成果是建成并开通了“12309”网上网下一体化服务平台。这个平台把全省 100 个检察院的对外宣传、服务群众和接受监督的功能整合成一个窗口，运用“两微一端”和网络、电子邮件、短信、电话等多种手段，通过统一管理、统一分流、统一回复的方式，更方便更快捷更有效地服务群众，拉近了检察机关与人民群众的距离。过去群众办事不是把精力花费在路途上，就是把时间浪费在等待上。现在群众只需要动动手指、简单几步操作，就可以了解相关信息，办理相关事宜。比如，过去办理行贿犯罪档案查询，需要经过现场提交资料、审核、查询等诸多环节，一般一天，最少也需要 30 分钟，现在申请人只需事前在网上提交相关资料，在预约时间到现场确认，3—5 分钟就可以拿到查询结果。

我高兴地告诉您，2016 年“贵州检察 12309 网上网下一体化服务平台”共提供案件程序性信息查询 12.7 万余件（次），接受辩护与代理预约 3008 件（次），向社会公开重要案件信息 7100 余条、法律文书近 6000 份，全省平均法律文书公开比例为 98.5%，主动向律师推送案件节点信息 8200 余条；省检察院“两微一端”发布信息 5500 多条，访问量达到 2600 万次。省检察院还荣获了全国检察机关新媒体年度贡献奖。

经济日报记者　李万祥

请贵州介绍一下检察大数据建设有哪些经验启示？

何　冀

贵州检察机关这几年在大数据建设和运用方面进行了有效的探索，有一些经验和体会。我想，可以用三句话来概括。

一是大数据应用是大势所趋。我们知道，司法体制改革是从制度层面落实司法责任制，解决谁办案谁负责的问题，而大数据的运用是从技术层面为司法办案提供支撑，解决办好案多办案的问题，这就是我们所说的“车之两轮、鸟之两翼”。两种创新和变革的目的是一致的，就是要坚持以人民为中心的发展思想，坚持公平公正公开，让人民群众在每一起案件中都感受到公平和正义。

二是大数据应用要做到“聚、通、用”。大数据可以把原来分散在侦查机关、检察机关、审判机关、执行机关的案件数据汇聚起来，实现对一个实体案件在不同办案机关数据的全部采集，全程闭环管理，把“条”数据变成“块”数据。通过数据的互联互通，共享共用。也就是说，可以解决好数据从哪里来，数据放在哪里、数据怎么管理和数据怎么使用的问题。

三是大数据应用可以提升办案质量、效率和司法公信力。通过建立案件要素和证据材料的关联关系，梳理归类出某个要素需要对应的证据要求，可以把公、检、法三家统一的证据要求镶嵌进办案程序中，对一般证据要求进行审查指引，对关键核心证据进行流程控制，对案件的质量进行管控，从而提高办案质量、提高工作效率和提升司法公信力。我想这应该就是我们必须始终坚持的大数据运用的方向。

中央广播电台记者 孙 莹

对于涉法涉诉信访案件，当事人如何及时获取信息？对超期办案、超期羁押等问题，检察机关如何处置？

许山松

刚才发言人已经介绍，检察机关高度重视检务公开工作。不仅是涉法涉诉的信访案件，所有进入检察机关诉讼阶段的案件，都会保证当事人及时获取相关信息。当事人除了通过法律文书的送达和相关权利告知及时了解相关案件信息之外，还可以通过人民检察院案件信息公开网、案件信息公开微信平台实时查询案件的进展情况。

对于超期办案、超期羁押问题，检察机关历来高度重视，在出台相关规定、开展专项整治工作的同时，还依托信息化手段，以统一业务应用系统的硬约束规制办案流程，对超期进行预警，案件管理部门通过流程监控，及时提醒办案人员，防止超期办案和超期羁押。同时以案件信息公开强化外部监督，通过人民检察院案件信息公开网、案件信息公开微信平台等公开形式规范司法办案、倒逼司法规范。对于已经发生超期办案、超期羁押情形的，检察机关会通过羁押必要性审查等程序，启动对违法办案的纠正，追究相关办案人员的责任。

澎湃新闻记者　赵　璐

目前律师在检察阶段查阅电子卷宗方面是否存在限制？检察机关提供了哪些便利条件？相关规定能否做到公开透明？

许山松

首先需要说明的是，律师在检察阶段查阅电子卷宗不存在“限制”一说，只要符合法律相关规定（《刑事诉讼法》第 38 条“辩护律师自人民检察院对案件审查起诉之日起，可以查阅、摘抄、复制本案的案卷材料”），律师就可以按照程序查阅电子卷宗。而且，我们还采取许多措施，确保律师能够及时阅卷和了解案件办理情况。比如，为了更好地保障律师的阅卷权，人民检察院案件信息公开网和微信服务平台专门设置了“辩护与代理网上预约”平台，律师通过电脑、手机等进行网上预约，预约成功后，可以直接在网上查询案件信息，或者到相关检察院办理阅卷预约及其他具体业务。再比如，为了方便律师阅卷，最高人民检察院于 2015 年底在全国检察机关部署应用了电子卷宗系统。通过电子卷宗系统，实现律师随时申请、随时阅卷，并且达到全面阅卷、高效阅卷的效果。过去律师查阅案卷材料须提前与案件承办人预约，阅卷过程中案件承办人需全程陪同，有时还会出现律师阅卷与检察机关案件承办人相互冲突的情况，所以阅卷这一看似简单的事情，有时就显得十分烦琐复杂。

电子卷宗系统上线应用后，为律师提供多种阅卷方式。律师既可以沿用传统的阅卷方式，现场摘抄复制纸质卷宗，也可以在专门的律师阅卷室通过阅卷系统查阅电子卷宗并进行打印，还可以申领电子卷宗数据光盘进行查阅，既简化了阅卷程序，又缓解检察人员与辩护律师在阅卷时间安排上的冲突，大大缩短了律师复制案卷材料的时间，一张光盘就刻录下所需卷宗材料，非常方便，有效解决了律师阅卷难问题，进一步保障了律师执业权利。

典型事例

检察机关加强“智慧检务”建设典型事例

典型事例1　北京市检察机关建设“检立方”大数据平台

为推进检察机关信息化转型发展，北京市检察院依托全国检察机关统一业务应用系统，利用大数据思维和技术，对历年来积累的办案数据进行了整合、挖掘和利用，建成了“检立方”大数据平台。目前，平台已采集案件信息60万件，业务数据1.1亿项，整合了四大资源数据库和160个系统功能，通过挖掘、分析765项指标和4300名人员信息，保障了检务数据的公开、公正、透明，将监督办案责任制落在了实处。通过整合三级检察院案件信息和文书，形成了一案一表和“文书链”，实现了一个案件所有诉讼环节的信息纵向贯通。通过梳理比对案件和流程的关系、信息项和文书之间的对应关系，形成了数据质量检查体系。平台聚焦大数据技术中的文本挖掘技术，利用自然语言处理和数据可视化技术，对海量起诉书和不起诉书内容进行语义分析和结构化抽取，纳入检察数据仓库整合运算，实现了文书多关键词检索以及启发式过滤辅助筛选，使承办人能够快速精准获取相关案件文书。对查询结果按数量趋势、案由分布和量刑情况等进行多维度、多类指标的统计分析，呈现案件分布、案发特征等，使承办人能够深入了解案件相关情形，为办案工作提供有力支持。

典型事例2　山东省检察机关建设“检度”智能检索平台

“检度”智能搜索平台，是山东省检察机关利用自然语言处理、数据挖掘、数据可视化等大数据技术，为检察人员更加迅速便捷找到所需信息数据而构建的智能数据检索服务平台。平台提供统一的智能检索、多维分类统计、图表化分析结果展示等功能，实现了跨领域的数据发现和数据应用。平台整合了人民检察院案件信息公开网、中国裁判文书网、正义网等相关外部信息，以及全省三级院门户网站、内网及各应用系统等相关内部信息，信息总量超过2亿条。系统能够按照网页、文书、通知、图片、视频、法律法规、典型案例等不同数据来源对信息进行自动分类检索，并通过热度、相似度和发布时间等关联信息对检索结果进行多维度展现，确保了运行效率和运用实效。平台投入运行以来，日均访问量已达2万余次，成为检察人员办公、办案的得力助手。目前，平台二期工程建设正在推进，借助角色权限、兴趣自动识别、内容语义理解、智能信息化过滤等技术，进一步扩大系统应用的广度和深度，为实现数据驱动办案、科技提升效能、智敏精准决策、多维创新管理，打造全面覆盖、移动互联、上下连通、安全可靠的“智慧检察”奠定坚实基础。

典型事例3　江苏省检察机关研发使用案件管理“机器人”

江苏省检察机关积极研发大数据案件监督管理平台，实现对案件的智能化管理，提升现代化管理水平。该平台借用机器人冷静、客观、全天候、智能化的设计理念，在案管前台摆放能够对话的“机器人”，可以辅助查询相关信息，因此又被称为“案管机器人”。

“案管机器人”依托全国检察机关统一业务应用系统，设有流程监控、质量评查、权利保障、绩效考核、分析决策、诉讼监督和涉案财物管理七个模块。其功能主要表现在四个方面：

一是“案管机器人”当秘书，办案程序出错自动预警。系统通过自动比对，适时对办案检察官发出期限预警、风险预警、权利保障提醒、办案活动出错提醒，提醒办案检察官及时履行相关义务，纠正不规范司法行为。二是“案管机器人”当监理，全程监控办案留痕。依托刑事案件的唯一案号和录入时的提案程序，将对公安机关侦查活动监督和对法院审判活动监督，以及对刑罚执行机关的刑罚执行监督有效“串联”起来，案件办理从侦查到审查批捕、审查起诉、法院审理，最后到监狱执行，都全程留痕可供查询。三是“案管机器人”当统计员。系统自动对全省三级检察院、各业务条线办案部门、各办案检察官的业务办理的数量、质量、效率、效果进行汇总比对，依据设置好的权重，自动生成各检察院、业务部门及检察官的办案绩效。四是“案管机器人”当分析师，智能运用大数据分析数据。依托统一业务应用系统，自动适时汇总全省各级院业务办案数据，生成核心业务数据汇总表、业务办理进展情况表、各项业务地区分布表，完善数据倒查功能，使各级院、各部门领导对本院本地区本部门案件办理情况、薄弱环节一目了然；依据事先确认的案件办理数量超限预警点，在案件出现数据异常情况时自动提醒相关人员予以关注和分析。

典型事例 4　重庆市检察机关建设惠农扶贫资金项目数据共享信息系统

为加强扶贫领域职务犯罪的源头治理，重庆市人民检察院以构建“动态、共享”的数据信息平台为着力点，研发惠农扶贫资金项目数据共享信息系统并在全市检察机关部署运行，推进惩防涉农领域职务犯罪专项工作，取得良好成效。系统包括四个功能模块：一是扶贫人员档案模块，收录扶贫工作人员档案，使资金项目“有人可找、有责可究”；二是扶贫资金档案模块，记录资金使用流程，明晰“钱从哪里来，又到了哪里去”；三是贫困户档案模块，识别扶贫对象，掌握资金发放情况；四是扶贫工程档案模块，建立农网改造、扩建道路等扶贫工程档案。提供五种分析研判方式：一是贫困户对比查询，用以查出违规领取扶贫资金的黑户；二是资金对比查询，用以查验资金发放与实际所得是否一致；三是工程对比查询，提示扶贫工程资金使用异常；四是报表分析，分析资金分布、走势，进行工作预防；五是数据分析研判，根据数据异常情况，分蓝色、橙色、红色进行工作预警。全市检察机关使用系统开展预防工作以来，已发现惠农扶贫领域职务犯罪线索 63 条，立案查办 25 人。

典型事例 5　江苏省苏州市检察机关建设政法信息综合管理平台

为促进政法各部门之间司法办案信息资源共享，实现政法系统各部门及时衔接、高效协同和有效监督，由苏州市委政法委牵头，苏州市检察院具体承办，建成了覆盖市、县两级的政法信息综合管理平台，推动了政法工作科学化、规范化。

平台通过打造案件协同、其他协同、流程监督、决策支持、知识管理、系统管理等六大功能模块，建立了覆盖提请逮捕、移送审查、检察起诉、法院审判等业务主线的案件协同系统，涵盖了全市两级政法单位的业务范围。自 2013 年平台全面运行以来，全市公安机关交换至平台的刑事立案、破案信息 102672 条，全市检察机关通过平台受理审查逮捕案件 31409 件、受理审查起诉案件 56951 件、向法院提起公诉 48853 件，法院通过平台流转判决书 44511 件，全市办理刑事案件在政法信息平台流转率达 95.34%。政法信息综合管理平台打破了政法部门之间的信息壁垒，为苏州政法部门开展自我监管、接受外部监督提供了更直观、更有效的途径，提升了司法规范化水平。依托平台，实现了苏州政法机关之间电子卷宗、法律文书等办案信息的及时、快速、全程网上流转，减少了重复录入和纸质文件传递，提升了工作效率。将公安机关的发案破案信息、刑事调查信息、司法行政机关社区矫正活动信息等纳入了检察机关的监督视野，减少了以往监督资源不足、监督范围不全、监督渠道不畅的弊端。实现了办案程序公开、办案期限警示，有效防止了违反规定互借办案时间、送达文书不及时、时间倒签、纸质法律文书随意撤回修改等不规范现象。

典型事例 6 浙江省杭州市检察机关开展智能语音识别系统应用

浙江省杭州市检察机关在高检院公诉厅和检察技术信息研究中心的统筹指导下，通过加强基础建设、做好人员培训、积极使用体验、创新工作方法等积极开展智能语音识别系统应用，取得了较好成效。目前，全市公诉部门已在 190 件案件中试用。远程提审案件公诉人语音识别准确率达到 88%，现场提审案件公诉人语音识别准确率达到 87.7%，现场提审案件犯罪嫌疑人语音识别率达到 75.8%。通过使用智能语音识别系统，公诉人员的工作效率得到明显提高，系统优势突出。一是笔录制作时间有一定程度的缩减。系统自动采集语音和文字转化的功能，提高了笔录制作速度，使办案人员从笔录制作等事务性工作中解放出来，提高了办案效率，节约了司法资源。特别是针对远程提审速裁案件，通过格式化讯问模板，有效节约了提审时间。二是有助于提高讯问质量。语音识别使公诉人从讯问记录中解放出来，从而有更多精力投入到讯问内容中去，提高了讯问的质量和效率。三是拓展性功能具有实用价值。系统自带的录音功能，给个别需要回听录音的案件提供了技术支持。

典型事例7　山东省检察机关探索建立廉政风险防控系统

近年来，山东省检察机关充分运用网络信息技术助推廉政风险防控建设，探索建立以“权责清晰化、风险明示化、监督即时化、防控自动化”为特点的廉政风险防控系统，从梳理检察职权事项入手，与检察机关统一业务应用系统有效对接，形成集“同步监督、自动预警、综合处置、分析评估、结果运用、公开公示和纪检监察统计”7项功能于一体的的防控体系，推进党风廉政建设与信息技术的深度融合。一是有效固化个人事项报告要求。报告人通过登录系统填报个人事项，层报领导审核，彻底改变了以往个人有关事项一年一报的模式，将填报范围从处级以上干部扩大到全体检察人员，并延伸至检察人员的配偶、父母、子女，而且网上全程留痕，方便随时调阅查询，既增加了监督的“量”，又增加了监督的“质”，进一步勒紧了内部监督的“紧箍咒”。二是有效加强了案件当事人的监督评议。办案人员在案件办理终结后，将当事人身份信息、联系电话等录入系统。系统随即自动向当事人发送评议短信，根据当事人回复内容，自动生成“满意”或“不满意”的评议意见，并分流到相关部门。三是进一步强化了纪律作风建设。系统对控申接访大厅、办案工作区、检察宣告庭、派驻检察室、看守所提讯室、法庭庭审室等场所进行远程视频监督，对公车运行情况实施跟踪监督，发现问题及时予以纠正整改。如监督发现某基层检察院法警许某在对犯罪嫌疑人执行监视居住看护过程中，为对方提供通讯工具的线索，并由此挖出许某受贿的犯罪事实。去年以来在公车使用检查中，共核查公车869台次，发现了 2 次公车私用问题。

从运行实践看，廉政风险防控系统有效实现了三个转变：一是从传统的“以人、以案为中心”的监督模式向“以权力运行为中心”的监督模式转变，促进检察权依法规范运行；二是从传统的人工事后监督模式向信息化同步监督模式转变，构建了即时、实时、动态、智能的监督平台；三是从单一防控点监督模式向整体防控面监督模式的转变，形成强大的监督合力。

部分新闻链接

1. 人民日报 2017 年 2 月 23 日报道《20 多万检察官 一个平台来办案》。

2. 新华社 2017 年 2 月 16 日报道《最高检通报检察机关加强“智慧检务”建设 7 起典型事例》。

3. 光明日报 2017 年 2 月 17 日报道《最高检大力推进“智慧检务”建设》。

4. 经济日报 2017 年 2 月 20 日报道《全面建设“智慧检务”“一张网”实现信息共享》。

5. 中国青年报 2017 年 2 月 17 日报道《最高检：2016 年制作电子卷宗 102 万件》。

6. 中新社 2017 年 2 月 16 日报道《中国最高检：司法大数据解“案多人少”难题辅助定罪、量刑》。

加强以案释法　弘扬法治精神

最高人民检察院发布关于实行检察官以案释法制度的规定

发布时间： 2017 年 6 月 28 日 10:00

发布内容： 发布修订后的最高人民检察院《关于实行检察官以案释法制度的规定》；介绍近年来检察机关开展检察官以案释法工作的情况；发布相关典型案（事）例

发布地点： 最高人民检察院电视电话会议室

主 持 人： 最高人民检察院新闻发言人　肖玮

出席嘉宾： 最高人民检察院法律政策研究室副主任　缐杰

主题发布

肖 玮

各位记者朋友，大家上午好！欢迎参加最高人民检察院新闻发布会。今天发布会主题是“加强以案释法，弘扬法治精神”，有三项议程：一是发布修订后的最高人民检察院《关于实行检察官以案释法制度的规定》（以下简称《规定》），介绍《规定》的修订背景、主要内容以及近年来检察机关开展检察官以案释法工作情况；二是发布检察官以案释法典型案（事）例；三是回答记者提问。出席今天新闻发布会的是最高人民检察院法律政策研究室缐杰副主任。

党的十八届四中全会《决定》明确要求，“坚持把全民普法和守法作为依法治国的长期基础性工作”，“实行国家机关‘谁执法谁普法’的普法责任制”。为贯彻落实党的十八届四中全会精神，最高人民检察院于 2015 年 7 月印发最高人民检察院《关于实行检察官以案释法制度的规定（试行）》（以下简称《规定（试行）》），正式建立并实行检察官以案释法制度。两年来，全国检察机关结合司法办案积极开展释法说理和法治宣传教育，促进了检察工作法律效果和社会效果的有机统一2017 年 2 月，中央全面深化改革领导小组审议通过《关于实行国家机关“谁执法谁普法”普法责任制的意见》（以下简称《意见》），对国家机关实行“谁执法谁普法”普法责任制的职责任务作出了进一步明确规定。为完善和落实检察官以案释法制度，推进法治社会建设，最高人民检察院对《规定（试行）》进行了修改完善。

下面就请最高人民检察院法律政策研究室缐杰副主任向大家介绍《规定》的修订背景、主要内容，以及近年来检察机关开展检察官以案释法工作情况。

缐杰

各位记者朋友，大家上午好！检察官以案释法，是指检察官对所办理案件的事实认定、法律适用和办案程序等问题进行答疑解惑、释法说理，开展法治宣传教育的活动。建立并实行检察官以案释法制度，是健全普法宣传教育机制的重要内容，也是规范检察机关司法办案，充分保障当事人和诉讼参与人合法权利，促进法治社会建设的重要方式。今天，修订后的《规定》向社会发布。下面，我向大家介绍一下修订《规定》的背景和主要过程、《规定》的主要内容，以及近年来检察机关开展检察官以案释法工作采取的措施和取得的成效。

一、修订《规定》的背景和主要过程

党的十八届四中全会通过的《中共中央关于全面推进依法治国若干重大问题的决定》提出“建立法官、检察官、行政执法人员、律师等以案释法制度”。2015 年 7 月，最高人民检察院在总结实践经验基础上，制定了《规定（试行）》，正式建立并实行检察官以案释法制度。试行近两年来，地方各级人民检察院以《规定（试行）》为指引开展检察官以案释法工作，取得了良好的成效。同时，也暴露出《规定（试行）》在操作性上仍存在不足。各级“两会”期间，人大代表、政协委员多次对检察机关开展以案释法工作给予了充分肯定，同时也提出了一些完善建议。2017 年 2 月 6 日，中央全面深化改革领导小组第三十二次会议审议通过了《关于实行国家机关“谁执法谁普法”普法责任制的意见》，5 月 3 日，中央办公厅、国务院办公厅印发《意见》，对国家机关实行“谁执法谁普法”普法责任制提出了新的、更高的要求。最高人民检察院党

组对此高度重视，认真研究贯彻落实《意见》相关精神，决定对《规定（试行）》进行修改完善。

在修订工作中，我们一是以有关中央文件和《意见》作为基本遵循，从注重实效、全面履职、增强协作等几个方面提出实行检察官以案释法制度的具体工作要求。二是紧密结合检察职能部署相关工作，将检察官以案释法要求贯穿检察机关司法办案的各个环节，注重强化制度可行性和可操作性。三是做好系统内外调研论证，充分听取各方意见。我们就《规定（修改稿）》向最高人民法院、司法部等中央政法单位和各地检察机关及专家学者等广泛征求意见，中国法学会也为此举行立法咨询会进行了专家论证，我们对各方面的合理意见建议予以采纳，形成《规定》，经最高人民检察院检察委员会审议通过，今天正式发布。

二、《规定》的主要内容

修订后的《规定》共五章27条，较之前《规定（试行）》，操作上更加细化，采用分章表述后层次更加清晰，为各级检察机关开展以案释法提供更加规范、明确的操作指引。主要内容包括：

第一章，总则（第1—4条）。进一步明确开展检察官以案释法以中央《意见》为基本依据，目的是加强人民群众对人民检察院办案工作的监督，充分保障当事人和诉讼参与人合法权利，让人民群众在每一个司法案件中都感受到公平正义，推进法治社会建设。总则同时将以案释法类型区分为“检察官办案释法和向社会公众以案释法”，明确以案释法应当遵循四项原则：一是合法规范原则。检察官以案释法应当严格依照法律规定和司法解释进行，做到事实准确，说理清晰，程序规范。二是及时有效原则。检察官以案释法应当把握时机，讲求方法。三是协同配合原则。检察官以案释法应当坚持办案部门与新闻宣传部门、检察环节与其他法治工作环节的协同配合，形成普法合力。四是保守秘密原则。检察官以案释法不得泄露国家秘密、商业秘密，不得违反规定披露个人隐私以及涉案未成年人的身份信息和依法应当封存的犯罪记录等不应公开的信息。

第二章，检察官办案释法（第5—12条）。就检察官在办理案件过程中或者办结案件后，如何向诉讼参与人、利益相关人等与案件有关的人员和单位释法说理进行了集中规定，增强检察官办案释法的针对性和可操作性。其中，第 6 条列举了“涉及群体性利益、可能引发上访或者群体性事件的案件”等七类办案释法案件。第 7 条明确检察官办案释法的八类对象，包括：审查逮捕、审查起诉案件的当事人及其近亲属；犯罪嫌疑人、被告人的辩护律师及其诉讼代理人；直接受理侦查案件的实名举报人、发案单位；控告申诉案件的控告人、申诉人等。明确了办案释法依职责主动启动、依申请启动、依指令启动三种启动方式，以及在办案释法中应当重点说明认定的案件事实，适用的法律条文、涉及的刑事政策、办案的程序和进度、释法对象提出的其他相关问题等五项重点内容。

第三章，向社会公众以案释法（第 13—18 条）。对向社会公众以案释法的案件范围、方式作出归纳和补充。第 14 条列举了“检察机关正在办理或者已经作出处理决定，通过以案释法有利于及时回应社会关切，培育法治观念，弘扬法治精神，取得良好法律效果和社会效果的案件”“具有较大社会影响或者较大争议，可能引发重大涉检舆情，通过以案释法有利于正确引导舆论的案件”等六种适合向社会公众以案释法的案件类型。第 15 条、第 16 条明确了检察官向社会公众以案释法的重点和方式。在释法方式方面，《规定》结合近年来检察宣传、检务信息公开方面的工作经验，新增了“利用检务大厅、检察案件信息公开平台发布以案释法相关信息”、“召开新闻发布会开展以案释法”和“通过案件公开复查、举行听证会、建立警示教育基地等开展以案释法”三类释法方式。

第四章，组织与实施（第 19—25 条）。对检察官以案释法工作的组织与实施作专章规定。第 19 条要求各级人民检察院进一步提高认识，充分认识普法作为法治建设基础性工作的重要性，将其纳入检察工作总体布局，做到与业务工作同部署、同检查、同落实。要求把检察官以案释法作为落实检察环节普法责任制的重要抓手，强化督促检查，形成检察长统一领导、办案部门各尽其责、新闻宣传部门协调配合、齐抓共管抓共管的普法工作格局。本章同时要求，建立健全以案释法工作的评价激励机制和教育培训制度，加大对西部地区检察官和少数民族聚居地区双语检察官以案释法的培训力度，提升以案释法工作专业化水平。在第25条责任追究机制中，增加了检察官“在案件当事人及其诉讼参与人多次提出释法说理请求时，未及时履行释法说理责任或者怠于履行释法说理责任，引起当事人或者诉讼参与人强烈不满，并造成严重后果的”追责情形，明确检察官以案释法中有不当行为的，“应当由所在人民检察院给予批评教育，违反《检察人员纪律处分条例》的，依照有关规定给予纪律处分”。

三、近年来开展检察官以案释法工作主要情况

近年来，各级检察机关立足各项检察职能行使，把以案释法作为司法办案的重要内容，着力构建全方位多层次多渠道释法普法体系，探索具有中国特色、符合检察职业特点的检察官以案释法制度。

（一）将以案释法深度融入检察办案各环节

在审查逮捕环节，自2016年10月起，上海、广东、四川、重庆、安徽等五省市检察机关开展审查逮捕诉讼化试点工作，以“诉讼式审查”的形式，全面听取侦查机关、辩护律师、被害人家属等诉讼各方当事人意见，最后作出综合审查判断，把审查逮捕的过程变为释法说理、宣讲法治的过程。2016年，上海市检察机关共办理逮捕诉讼化审查案件307件327人。在出庭公诉环节，检察官通过发表公诉意见、质证、辩论等释法说理，邀请人大代表、政协委员和社会公众旁听，实现“旁听一案，教育一片”的普法效果。最高人民检察院公诉厅与中央电视台联合制作《法律讲堂——检察官说案》系列节目，选拔优秀出庭公诉人详解典型案例，宣讲法律知识，传播法治理念。在制发法律文书环节，检察机关注重围绕案件争议焦点充分释法说理，深入解读法律，如湖南省检察机关在办理陆某某涉嫌销售假药案件中，专门制作释法说理书，并在官方网站上公布，对作出不起诉决定的理由进行详细阐释，消除公众法律疑问。

（二）积极推行疑难复杂案件公开审查和检察宣告制度

针对一些疑难复杂的不起诉、不抗诉和刑事申诉案件，检察机关积

极探索公开审查听证等方式，全面听取当事人、律师、其他部门案件承办人，以及人大代表、政协委员等各方意见，就案件矛盾焦点问题深入进行解析论证和释法说理，努力把公开审查听证会变为一场场精彩的法治公开课。据统计，2016年全国检察机关共办结不服检察机关处理决定的刑事申诉案件2714件，其中公开审查546件，占结案总数20%，公开审查案件息诉率达84%。山东省检察机关推行“公开宣告、社会监督、当事人评议、跟踪回访”四位一体的检察宣告制度，对作出的不起诉、不予抗诉决定，在诉讼当事人在场的情况下，公开阐明检察机关作出决定的事实和理由，阐释法律，化解矛盾。

（三）紧密结合社会热点案件和重点专项工作以案释法

近年来，检察机关结合办理的“徐玉玉被电信诈骗案”“河北衡水杀医案”“山东非法疫苗案”“福喜公司生产销售伪劣产品案”“上海闵行交警被拖拽致死案”等社会热点案件，加强释法普法，充分揭露相关违法犯罪行为危害性，体现检察机关依法严厉打击犯罪，保障民生民利的决心和成效。结合开展“破坏环境资源犯罪专项立案监督活动”“危害食品药品安全犯罪专项立案监督活动”“集中惩治和加强预防涉农扶贫领域职务犯罪专项行动”“参与防治中小学生欺凌和暴力工作”，以及检察机关提起公益诉讼试点工作等，通过召开新闻发布会、发布指导性案例、评选剖析最高检和省级检察院优秀挂牌督办案件等，及时通报工作进展情况，深入剖析案件性质，有针对性地提出防范建议，促进提高全社会尊法学法守法意识。

（四）结合办案大力加强法治宣传教育

案件是各种社会矛盾和问题在司法领域的集中反映。检察机关注重结合在办案中发现的问题加强释法说理，有针对性地发出检察建议，深入开展预防教育，促进社会治理法治化水平。如职务犯罪侦查预防部门深入开展进机关、进企业、进乡村、进学校、进社区“五进”活动，宣讲法律知识、堵塞廉政漏洞。深入剖析腐败犯罪案件成因和危害，大力加强检察机关警示教育基地建设，突出案例的警示教育作用，目前全国各级检察机关已建成警示教育基地2547个。

未成年人检察部门将以案释法和教育感化贯穿于办案始终，利用讯问、出庭和跟踪帮教等方式，全力挽救罪错未成年人。自 2016 年 6 月起，最高检联合教育部开展为期三年的“法治进校园”全国巡讲活动，结合校园欺凌、性侵害、网络安全等典型案例精心设计课程，各地共组织巡讲 1.7 万余场，覆盖 1.8 万余所学校和 1780 万名中小学生，收到良好的普法教育效果。在此基础上，目前最高检未成年人检察工作办公室正与中央电视台联合制作大型未成年人法治教育电视节目《守护明天》，节目以 10 个典型案例为主线，通过检察官说法、专家点评、观众互动等，进一步扩大以案释法成果。

下一步，最高人民检察院将在深入总结各地检察机关近年来普法宣传教育经验的基础上，认真抓好《规定》的贯彻实施工作，指导地方检察机关建立健全长效机制，不断提高开展检察官以案释法工作水平，为增强全民法治观念、推进法治社会建设作出应有贡献。

肖　玮

谢谢线主任。第二项议程是发布检察官以案释法典型案（事）例。我们精选了 7 个来自上海、黑龙江、广西等地以案释法典型案（事）例，希望通过基本案情、释法必要性、释法情况及效果的介绍，能让大家对检察官以案释法工作有更深入地了解。材料已发给大家，由于时间关系就不再赘述了，我们把更多的时间留给各位记者朋友。

现场答问

检察日报记者 徐日丹

请介绍一下此次《规定》较2015年的《规定（试行）》作了哪些重要修改？

线 杰

《规定》共五章27条，较之前《规定（试行）》稿（15条）增加了许多重要内容。主要修改有：

一是在总则进一步明确，开展检察官以案释法以中共中央办公厅、国务院办公厅《意见》为依据，目的是加强人民群众对人民检察院办案工作的监督，充分保障当事人和诉讼参与人合法权利，让人民群众在每一个司法案件中都感受到公平正义，推进法治社会建设。总则同时将以案释法类型区分为“检察官办案释法和向社会公众以案释法”，明确以案释法应当遵循合法规范、及时有效、协同配合、保守秘密的总体原则。

二是新增了办案释法的概念，明确七类办案释法重点案件和八类办案释法对象，以及依职责主动启动、依申请启动、依指令启动三种启动方式，列明在办案释法中应当重点说明认定的案件事实，适用的法律条文，涉及的刑事政策，办案的程序和进度，释法对象提出的其他相关问题等五项重点内容，对以案释法说明书制作列明了具体要求。

三是在原条文的基础上，对向社会公众以案释法的案件范围、方式作出归纳和补充。结合近年来检察宣传、检务信息公开方面的工作经验，新增了“利用检务大厅、检察案件信息公开平台发布以案释法相关信息”、“召开新闻发布会开展以案释法”和“通过案件公开复查、举行听证会、建立警示教育基地等开展以案释法”三类释法方式。同时，就舆论高度关注的重大敏感案件、重大职务犯罪案件、其他重大案件向社会公众以案释法，细化了批准程序和舆情应对的相关要求。

四是要求各级人民检察院要充分认识普法作为法治建设基础性工作的重要性，将其纳入检察工作总体布局，做到与业务工作同部署、同检查、同落实。要把检察官以案释法作为落实检察环节普法责任制的重要抓手，加强组织领导，健全工作机制，强化督促检查，形成检察长统一领导、办案部门各尽其责、新闻宣传部门协调配合、齐抓共管的普法工作格局。

五是新增了加强以案释法工作的对下指导等条款，要求建立健全以案释法工作的评价激励机制和教育培训制度，加大对西部地区检察官和少数民族聚居地区双语检察官以案释法的培训力度，提升以案释法工作专业化水平。

六是增设以案释法案例资源库，通过建立以案释法案例资源库，做好以案释法的基础性工作。

中央人民广播电台记者　孙　莹

针对领导干部、青少年这样的重点人群，检察机关将采取哪些不同的有针对性的普法教育措施？

缐 杰

《规定》就检察官向社会公众以案释法规定了多种手段方式，检察官可以根据普法的时机、对象、场所等自行选择，鼓励检察官创新普法方式方法，增强普法成效。

其中，针对领导干部，检察机关可以组织其参观廉政警示教育基地开展以案释法，旁听职务犯罪案件公开审理、公开听证等以树立廉洁意识，还可以结合国家宪法日、法治宣传月（宣传周、宣传日）等普法活动重要节点，向国家工作人员、相关涉案单位、主管部门以及社会公众就典型案例以案释法，警示教育有关人员廉洁从政、依法履职，督促相关单位健全制度、堵塞漏洞，促进在全社会形成遵纪守法、风清气正的良好风尚。

针对青少年普法教育，检察机关可以组织普法讲师团、普法志愿者进学校开展法治宣传教育，比如最高检与教育部联合开展的“法治进校园”全国巡讲活动等。未成年人检察部门可以开设专门的检察官方微博、微信、客户端等新媒体开展以案释法，制作青少年喜闻乐见的微视频、微电影等。

当然，检察官在以案释法活动中，必须严格遵守相关法律规定，强化未成年人保护意识，其中对于符合犯罪记录封存条件的案件，必须按要求进行犯罪记录封存，不得向社会公众公开。对于其他未成年人犯罪，也应当按照检察机关案件信息公开有关规定，对未成年人姓名以及其他可能推导出其真实身份的信息予以处理，避免其以罪犯身份出现在公众视野，对其身心健康和今后成长造成不利影响。

新华社记者 陈 菲

为什么要专门出台文件形成制度来推行检察官以案释法？《规定（试行）》在近两年的试行过程中是否遇到了一些问题，新的《规定》又是如何设计解决的？

綫杰

检察官以案释法是健全普法宣传教育机制的重要内容，也是规范检察机关司法办案，充分保障当事人和诉讼参与人合法权利，促进法治社会建设的重要方式。

最高检高度重视检察官以案释法工作，为贯彻落实党的十八届三中、四中、五中、六中全会及《意见》相关精神，推进法治社会建设，让人民群众在每一个司法案件中都感受到公平正义，对2015年7月印发的《规定（试行）》进行修订完善，形成《规定》。专门出台文件，将检察官以案释法制度化更加有利于贯彻落实中央精神，全面履行检察职能，落实检察环节普法责任制。

从2015年7月《规定（试行）》出台近两年来的情况看，地方各级检察机关按照最高人民检察院部署，结合司法办案积极开展释法说理，取得了一定的成效。但同时我们从调研中了解到，当前以案释法工作还存在一些问题，比如检察官以案释法意识不强、操作程序不够具体、工作机制不健全以及各地工作发展不均衡等。

为解决实践中反映出的问题，《规定》明确：一是进一步提高认识，要求地方各级检察机关将普法工作纳入检察工作总体布局，做到与业务工作同部署、同检查、同落实。把检察官以案释法作为落实检察环节普法责任制的重要抓手，形成检察长统一领导、办案部门各尽其责、新闻宣传部门协调配合、齐抓共管的普法工作格局。二是在内容上对检察官以案释法如何操作做出全面细化，就两种释法方式的概念、范围、对象、方式、内容，甚至备案归档都做出明确要求，增强文件的指导性和可操作性。三是对检察官以案释法制度的组织与实施作专章规定，建立健全检察官以案释法制度的业务指导机制、激励惩戒机制和责任追究机制，重点通过培训提升检察官以案释法的专业化水平。四是增加了“当事人或者其他诉讼参与人多次提出释法说理请求，不按照本规定履行释法说理责任，引起当事人或者其他诉讼参与人强烈不满，并造成严重后果的”释法不作为追责情形。总之，《规定》的出台为地方各级检察机关开展以案释法工作提供操作指引，有利于增强检察官以案释法工作成效。

工人日报记者 卢 越

《规定》中检察官办案释法规定了书面、口头或者其他适当方式。请问，检察官在办理案件中应当如何选择释法方式？

绿 杰

检察官进行办案释法，可以在法律规定范围内，根据实际情况自行确定采取何种方式。采取口头方式释法，是指在案件办理中或者案件办结后，检察官约谈释法对象进行释法说理并做好工作记录。口头方式的特点是比较灵活、便捷，而且通过检察官与诉讼参与人面对面直接对话，有利于增强沟通交流效果。在司法办案的一些关键环节、时段，对于某些重大复杂敏感而且当事人等诉讼参与人高度关注的问题，如果只采取口头释法说理难以取得好的效果，在这种情况下，检察官就应当根据需要，采取书面方式进行释法说理。采取书面方式进行释法，既可以在相关检察法律文书中直接进行叙述式说理，也可以增加附页或者另行制作以案释法说明书进行释法，制作以案释法说明书应当写明释法时间、地点、对象、内容等。书面方式的特点是比较规范、准确，在影响诉讼参与人切身利益或者相关执法单位较为关注的办案环节，应当将人民检察院作出的终局性或者否定性处理决定以及其他有必要阐释、说明的决定作为说理重点，《规定》特别增加了由检察官制作《以案释法说明书》这一书面释法形式，帮助诉讼参与人全面正确理解检察机关司法行为和所作决定的事实、法律和政策依据，进而从源头上化解社会矛盾、促进社会和谐。

考虑到实践中释法说理涉及的问题可能在性质、内容等方面差异较大，因此检察官在以案释法过程中具体采取书面方式还是口头方式，主要还应当综合考虑案件内容特点和释法工作需要，看采取哪种方式更有利于提高以案释法效果、有利于保证办案活动顺利进行。当然，无论采取书面方式还是口头方式，都应当就认定的案件事实、适用的法律条文、涉及的刑事政策、办案的程序和进度、释法对象提出的其他相关问题等进行释明，保证办案释法的质量和效果。

民主与法制时报记者　薛应军

面对案多人少的现状，如何使检察人员兼顾办案与普法两不误？

绿　杰

检察官以案释法是落实普法责任制的一项重要举措，检察官以案释法落脚点在“普法”，当事人等案件相关人对于检察环节处理决定的质疑、疑惑，恰恰正是需要发挥办案检察官释疑解惑作用的着力点，也是检察机关化解社会矛盾，防控涉法涉检舆情，增强案件法律效果和社会效果的最佳时机。

检察官结合办案进行释法普法，有利于保障当事人等诉讼参与人的合法权益，及时回应案件相关人对案件办理提出的疑问关切，提高司法办案的透明度和公信力。因此，办案与普法是相辅相成、相互促进的关系，做好普法工作也是提升办案效率、节约司法资源的重要方式。

就如何兼顾办案与释法两不误这个问题，一是在释法方式上，检察官可以综合案件情况、考虑案件内容特点和释法工作需要，自行选择释法方式，看采取哪种方式更有利于提高以案释法效果，更有利于保证办案活动顺利进行，更有利于节约司法资源、提高办案效率。二是要建立检察官以案释法评价激励机制，对在以案释法工作中表现突出、成绩显著的检察官以及其他检察人员给予表彰和奖励，提高检察官以案释法的积极性和主动性。

法制网记者 莫亚奇

《规定》为何将向社会公众以案释法进行专章规定？向社会公众以案释法较检察官办案释法在释法方式上有什么区别？随着网络、微博、微信等传播媒介的兴起，检察机关将如何利用好网络新媒体以案释法？

缐 杰

向社会公众以案释法是指人民检察院根据检察官办理案件情况及其社会关切、舆情动向等，可以适时指派办案检察官或者其他检察人员向社会公众以案释法，开展法治宣传教育。检察官办案释法的对象具有特定性，而向社会公众以案释法更多的带有普法性质，其对象具有不特定性，在释法案件的选择上也有所差异。

与办案释法相比，向社会公众以案释法更加突出其释法方式的多样性。向诉讼参与人以案释法，《规定》明确了书面、口头及其他适当种方式；向社会公众以案释法，根据其对象和工作特点，在方式上应当更加灵活、多样。比如，可以利用公开发行的报刊和广播电台、电视台等传统媒体开展以案释法；利用检务大厅、检察案件信息公开平台发布相关信息开展以案释法；召开新闻发布会开展以案释法；通过案件公开复查、举行听证会、建立警示教育基地等开展以案释法；组织普法讲师团、普法志愿者进机关、进乡村、进社区、进学校、进企业、进单位开展以案释法，以及其他方式进行。

这里需要特别提出的是，在当前新媒体蓬勃发展、社会传播媒介呈现多元化的背景下，检察机关将充分利用“互联网 +”资源优势，更加主动地拓宽服务渠道，创新检察官以案释法的方式方法。例如，可以依托检察机关“两微一端”新媒体矩阵，推送有关法律规定和案例参考。进一步加强未成年人检察工作新媒体宣传、完善未成年人观护体系，结合校园文化、社区文化，利用新媒体技术不断提升未成年人法治教育的实效性和新颖性。积极利用微信公众号、朋友圈等新媒体手段丰富形式载体，畅通常态化沟通渠道，了解公众对于法治宣传教育的相关需求。在向社会公众以案释法后，在检察官方网站、微博、微信等各渠道设置问卷链接，关注释法效果和舆论动向等。

总而言之，只要是有利于提高公众法治素养，促进法治社会建设的，都可以就释法方式进行探索和创新。

上海电视台法治天地频道记者　程文韬

《规定》首次规定设立以案释法案例资源库，请问以案释法案例资源库建立的设想如何？

线　杰

中共中央办公厅、国务院办公厅《意见》中指出，“审判机关、检察机关、行政执法机关、司法行政机关要加强典型案例的收集、整理、研究和发布工作，建立以案释法案例资源库，充分发挥典型案例的引导、规范、预防与教育功能”。《规定》根据这一要求规定建立以案释法案例资源库，为检察官以案释法提供资料和参考。

从案例资源库案例的来源上，主要是各级检察院办理的具有典型性的案例，包括能够阐明法律规定、司法解释内涵，能够反映一段时期多发犯罪的特点和危害，能够对企业或者社会公众产生警示作用，能够促使人们增强依法办事、依法维权、依法行政意识，有利于推进法治社会建设的各种鲜活案例。检察官可以结合办案实践和开展以案释法工作的需要，从案例资源库中选择最具有典型意义的案例，进行分析研究，归纳法理，提炼警示教育意义，有针对性地开展法治宣传，以丰富法治宣传教育内容，更好地发挥以案释法在促进法治社会建设中的作用。

肖　玮

各位记者朋友，增强全民法治观念、推进法治社会建设，既是司法机关的重要责任，也有赖于新闻媒体更好地发挥法治宣传引导作用。特别是在开展面向社会公众的以案释法工作中，广大新闻媒体更是检察机关的重要伙伴。真诚地希望广大媒体朋友更多关注检察工作、更多支持检察机关以案释法工作，让我们携手努力，传播法律知识，弘扬法治精神，强化法治信仰，为全面依法治国作出新的更大的贡献。

发布会文件

最高人民检察院关于实行检察官以案释法制度的规定

第一章　总　则

第一条　为加强人民群众对人民检察院办案工作的监督，充分保障当事人和其他诉讼参与人合法权利，让人民群众在每一个司法案件中都感受到公平正义，推进法治社会建设，根据中共中央办公厅、国务院办公厅《关于实行国家机关“谁执法谁普法”普法责任制的意见》要求，建立并实行检察官以案释法制度，落实检察环节普法责任制。

第二条　检察官以案释法，是指检察官对所办理案件的事实认定、法律适用和办案程序等问题进行答疑解惑、释法说理，开展法治宣传教育的活动。

第三条　检察官以案释法包括检察官办案释法和向社会公众以案释法。

第四条　以案释法应当遵循以下原则：

（一）合法规范原则。检察官以案释法应当严格依照法律规定和司法解释进行，做到事实准确，说理清晰，程序规范。

（二）及时有效原则。检察官以案释法应当把握时机，讲求方法，坚持情、理、法相统一，增强及时性、针对性和实效性。

（三）协同配合原则。检察官以案释法应当坚持办案部门与新闻宣传部门、检察环节与其他法治工作环节的协同配合，形成普法合力。

（四）保守秘密原则。检察官以案释法不得泄露国家秘密、商业秘密，不得违反规定披露个人隐私以及涉案未成年人的身份信息和依法应当封存的犯罪记录等不应公开的信息。

第二章　检察官办案释法

第五条　检察官办案释法，是指检察官在办理案件过程中或者办结案件后，通过检察法律文书或者书面、口头说明等方式向诉讼参与人、利益相关人等与案件有关的人员和单位进行释法说理。

第六条　检察官着重围绕以下案件的办理开展释法说理：

（一）当事人等诉讼参与人对检察环节司法办案的公正性存在质疑，可能引发涉检网络舆情的案件；

（二）涉及群体性利益、可能引发上访或者群体性事件的案件；

（三）当事人对法律适用存在误解，释法说理有利于明确法律含义、阐明适用法律理由的案件；

（四）涉及重大国家利益和社会公共利益的案件；

（五）涉及老年人、妇女、未成年人、残疾人等特殊群体的案件；

（六）作出不予立案、撤销案件、不批准逮捕、不起诉、附条件不起诉、不抗诉、不支持监督请求等终局性处理的案件，以及作出纠正违法、通知立案、通知撤销案件等监督决定的案件；

（七）其他经当事人申请或者检察官认为有必要释法的案件。

第七条　检察官办案释法的对象，包括：

（一）审查逮捕、审查起诉案件的当事人及其近亲属；

（二）犯罪嫌疑人、被告人的辩护律师及其诉讼代理人；

（三）直接受理侦查案件的实名举报人、发案单位；

（四）控告申诉案件的控告人、申诉人；

（五）国家赔偿案件的赔偿请求人；

（六）民事行政检察监督案件的当事人及其诉讼代理人；

（七）案件涉及的其他诉讼参与人、利益相关人等与案件有关的人员和单位；

（八）对检察机关作出的决定可能存有异议的相关办案机关。

第八条 检察官对所办理的案件，应当适时、主动进行释法说理。办案过程中，当事人等提出释法请求的，应当进行释法说理。检察长或者分管副检察长可以指令检察官进行释法说理。

第九条 重大复杂案件的释法说理，应当报检察长或者分管副检察长同意后进行。检察长或者分管副检察长应当对检察官以案释法予以指导。

第十条 检察官应当围绕检察法律文书内容及检察机关办案过程中涉及的重点问题，或者释法对象要求说明的重点问题进行释法说理，具体包括：

（一）认定的案件事实；

（二）适用的法律条文；

（三）涉及的司法政策；

（四）办案的程序和进度；

（五）释法对象提出的其他相关问题。

第十一条 检察官进行办案释法，可以根据需要采取口头、书面或者其他适当方式。

采取口头方式释法，是指在案件办理中或者案件办结后，检察官约谈释法对象进行释法说理。口头方式释法，应当做好工作记录。

采取书面方式进行释法，既可以在相关检察法律文书中直接进行叙述式说理，也可以增加附页或者另行制作以案释法说明书进行释法。

制作以案释法说明书应当写明释法时间、地点、对象、内容等。

第十二条　检察官在释法说理过程中形成的工作记录、附页或者释法说明书等材料应当归入检察工作卷宗。

第三章　向社会公众以案释法

第十三条　人民检察院根据检察官办理案件情况及其社会关切、舆情动向等，可以适时指派检察官或者其他检察人员向社会公众以案释法，开展法治宣传教育。

第十四条　下列案件可以向社会公众以案释法：

（一）检察机关正在办理或者已经作出处理决定，通过以案释法有利于及时回应社会关切，弘扬法治精神，取得良好法律效果和社会效果的案件；

（二）具有较大社会影响或者争议，可能引发重大涉检舆情，通过以案释法有利于正确引导舆论的案件；

（三）与群众利益密切相关，可能引发上访或者群体性事件，通过以案释法有利于化解社会矛盾的案件；

（四）具有较强警示教育意义，通过以案释法有利于提高公众法治意识，促进法治社会建设和廉政建设的案件；

（五）能够体现新出台的法律和司法解释精神，通过以案释法有利于阐释和普及法律知识的案件；

（六）其他适合向社会公众以案释法的案件。

第十五条　向社会公众以案释法，应当根据案件性质、特点，社会关注焦点，法治宣传的针对性和目的等，围绕以下内容进行：

（一）依法认定的案件事实；

（二）办案过程和诉讼阶段；

（三）法律规定的诉讼程序；

（四）案件处理所依据的法律条文、司法解释；

（五）案件具有的教育、警示意义。

第十六条 向社会公众以案释法可以通过下列方式进行：

（一）利用公开发行的报刊、广播电台和电视台等传统媒体开展以案释法；

（二）利用检察官方微博、微信、微视频、客户端等新媒体开展以案释法；

（三）利用检务大厅、检察案件信息公开平台发布相关信息开展以案释法；

（四）召开新闻发布会开展以案释法；

（五）通过案件公开复查、举行听证会、建立警示教育基地等开展以案释法；

（六）组织普法讲师团、普法志愿者进机关、进乡村、进社区、进学校、进企业、进单位开展以案释法；

（七）通过其他方式开展以案释法。

第十七条 人民检察院对舆论高度关注的重大敏感案件、重大职务犯罪案件、其他重大案件向社会公众以案释法，办案部门应当会同新闻宣传部门就释法的方式、内容、时机等进行评估，准备好释法资料及应对舆情的预案，报检察长批准后进行；必要时，应当报上级人民检察院批准。

第十八条 向社会公众以案释法，可以结合国家宪法日、法律颁布实施纪念日和法治宣传月、宣传周、宣传日等普法活动重要节点开展，或者根据检察重点工作、案件情况、社会关切、舆情动向等定期或者不定期开展。

第四章 组织与实施

第十九条 各级人民检察院要充分认识普法作为法治建设基础性工作的重要性，将其纳入检察工作总体布局，做到与业务工作同部署、同检查、同落实。要把检察官以案释法作为落实检察环节普法责任制的重要抓手，加强组织领导，健全工作机制，强化督促检查，形成检察长统一领导、办案部门各尽其责、新闻宣传部门协调配合、齐抓共管的普法工作格局。

第二十条　上级人民检察院应当加强对下级人民检察院以案释法工作的领导和指导。对于具有重大社会影响的案件开展以案释法的，要层报省级人民检察院或者最高人民检察院统筹安排和指导实施。

第二十一条　各级人民检察院开展以案释法后，要及时关注、收集、分析相关舆情，做好后续的应对、引导工作，发挥释法最大效应。

第二十二条　各级人民检察院要建立检察官以案释法评价激励机制，对在以案释法工作中表现突出、成绩显著的检察官以及其他检察人员给予表彰和奖励。要定期对检察官以案释法情况开展检查，及时总结经验，发现问题，有针对性地改进以案释法工作。

第二十三条　各级人民检察院应当建立检察官以案释法案例资源库，做好以案释法的基础性工作，加强典型案例的收集、分析、整理、研究和发布，充分发挥以典型案例释法的引导、规范、预防与教育功能。

第二十四条　各级人民检察院应当结合工作实际，加大对检察官以案释法能力的培训，提高检察官政治素质、媒介素养、公共沟通及网络运用等素能，提高运用群众语言释疑解惑的能力和水平。加强检察新闻发言人队伍建设，提升以案释法工作专业化水平。加大对西部地区检察官和少数民族聚居地区双语检察官以案释法的培训力度。

第二十五条　以案释法的检察官或者其他检察人员有下列情形之一的，应当给予批评教育，违反《检察人员纪律处分条例》的，依照有关规定给予纪律处分：

（一）未经批准，擅自对外披露自己或者他人正在办理的案件情况，妨害案件依法独立公正办理的；

（二）故意歪曲或者错误阐述案件事实，释法说理时有重大过失，引发舆情事件、造成负面社会影响的；

（三）公开发表不当言论，对检察机关司法公信力造成不良影响的；

（四）当事人或者其他诉讼参与人多次提出释法说理请求，不依照本规定履行释法说理责任，引起当事人或者其他诉讼参与人强烈不满，造成严重后果的；

（五）造成其他消极社会影响或者严重后果的。

第五章　附　则

第二十六条　各省、自治区、直辖市人民检察院可以依据本规定，结合本地实际情况，制定检察官以案释法工作实施细则。

第二十七条　本规定由最高人民检察院负责解释，自发布之日起施行。《最高人民检察院关于实行检察官以案释法制度的规定（试行）》同时废止。

典型案（事）例

检察机关以案释法典型案（事）例

典型案（事）例 1 刘某姐妹妨害公务案

一、基本案情

2015年5月8日，犯罪嫌疑人刘谷某因其孙女出生后第三天即在上海市第一妇婴保健院因病去世，与其妹刘金某、女儿石某等8名家属共同至医院讨要说法，部分家属情绪激动打砸医院办公室。民警将滋事人员带离过程中，犯罪嫌疑人刘谷某、刘金某、石某等人采取躺倒在地、拉扯、拖抱、推搡等方式阻扰民警执行公务，致6名警员不同程度受伤，其中1人构成轻微伤，并造成近百名群众围观。后公安机关以妨害公务罪对刘谷某、刘金某提请批捕（侦查阶段石某在逃）。

二、释法必要性

上海市静安区人民检察院受案后，侦查监督部门承办检察官发现本案事发有因，同时交织了医患矛盾等敏感要素，犯罪嫌疑人家属由于担心检察机关偏袒公安机关，对是否与医院和解心存顾虑，故不愿接受医院化解方案。而公安机关强调不予羁押将导致犯罪嫌疑人家属继续与医院闹访，可能与在逃的女儿串供，要求检察机关批准逮捕。据此，检察官决定在复核证据、查明案件事实的基础上，依职权启动逮捕诉讼化审查工作，通过公开听取多方意见，为更准确做出审查决定、开展必要的释法说理提供便利。

三、释法情况及效果

开展逮捕诉讼化审查当日，公安机关、辩护律师、医院代表及犯罪嫌疑人家属到场参与，检察官在充分听取侦查人员、辩护律师和医院代表意见后，进行了现场释法说理。

承办案件的检察官说："今天我们认真听取了各方意见，宣布结束前，我想说两句话，第一句是对家属和律师说的，犯罪嫌疑人到静安已经居住十多年了，之所以选择到这里生活、打工，把第二代带到这里成长，甚至把第三代也降生到此，是因为这里有良好的生活、治安环境，而这样的环境离不开公安机关的日夜守卫，所以人民警察的执法权威，任何时候都不容侵犯！第二句是对民警和医生说的，在座每个人都有孩子或希望早日有孩子，但很少有人会经历丧子之痛，这样的痛，即便是以迎接新生命为己任的医院，心痛程度也不能与家人相比，在这样的情感落差下与医院发生纠纷，进而与民警发生冲突，与那些无视社会管理秩序，暴力袭警的妨害公务案有明显区别，这些我们在作司法判断时必须考虑。"

审查结束后，犯罪嫌疑人家属当场主动请求向公安机关和医院道歉，当天又与医院达成书面和解协议，还积极规劝同案犯石某投案自首。经综合审查，静安区人民检察院对刘谷某、刘金某作出不捕决定。后法院以妨害公务罪判处刘谷某、刘金某拘役三个月，缓刑三个月；判处石某拘役二个月，缓刑二个月。

本案中，检察官通过逮捕诉讼化审查，在听取涉案各方意见基础上，充分运用释法说理，积极化解社会矛盾，从而在准确把握逮捕必要性同时，促使犯罪嫌疑人及其家属信服检察决定、在逃涉案人员主动投案，取得良好法律效果和社会效果。

典型案（事）例 2 王某某交通肇事案

一、基本案情

2014 年 7 月 26 日，黑龙江省友谊县王某某因酒后驾驶摩托车造成被害人王某重伤。王某某因涉嫌交通肇事罪被刑事拘留后，其妻姜某于 11 月 26 日到友谊县检察院求助，表示尽管家庭经济困难，但已经向被害人支付 27000 余元治疗费，愿意进一步赔偿，希望检察机关对王某某从轻处理。

二、释法必要性

友谊县人民检察院受理案件后，决定通过逮捕诉讼化审查方式对本案进行以案释法。一是犯罪嫌疑人王某某属于过失犯罪，社会危险性较小，没有逮捕必要。但如果没有得到被害人谅解，检察机关对嫌疑人作出不批准逮捕的决定，可能引起被害人的误解和不满。二是犯罪嫌疑人的妻子向检察机关提出对王某某从轻处理的请求，并表达了积极赔偿被害人的愿望，有必要通过释法说理，积极促成双方达成和解、化解矛盾。三是本案因犯罪嫌疑人酒后驾车引发，酒后驾车肇事案件在当地频发，有必要通过释法说理加强法治教育警示。

三、释法情况及效果

2014 年 12 月 3 日，友谊县检察院侦查监督部门组织了捕前公开审查，由侦查监督科科长主持，友谊县公安局两名侦查人员、嫌疑人王某某及其指定辩护律师、被害人诉讼代理人，以及一名人民监督员参加，部分群众到场旁听。

公开审查中，侦查人员、王某某的辩护律师、被害人诉讼代理人分别阐述了观点。主持人对犯罪嫌疑人王某某进行了批评教育，指出其行为已经涉嫌交通肇事犯罪，告诫其今后要增强守法意识，严格遵守交通法律法规。王某某当场表示认罪、悔罪。被害人诉讼代理人表示接受赔偿、愿意和解，双方签订了和解协议。被害方表示同意不逮捕犯罪嫌疑人。侦查人员表示通过当天的公开审查，进一步加深了对逮捕条件的认识，同意检察机关不批准逮捕的意见。在场群众纷纷表示，旁听了公开审查，很受教育，遵章出行、文明驾驶的意识进一步提高了，为了自己和他人的人身安全和家庭幸福，坚决杜绝酒后驾车。以案释法取得了良好效果。

公开审查后，友谊县人民检察院对犯罪嫌疑人王某某作出不批准逮捕的决定，并制作了《不批准逮捕理由说明书》送达公安机关。公安机关当天对犯罪嫌疑人王某某变更了强制措施，作出了取保候审的决定。

典型案（事）例 3　韦某送刑事申诉案

一、基本案情

2013 年 9 月 22 日，广西壮族自治区河池市大化县村民韦某送因干扰邻居打扑克，在争执中被韦某和推倒在地，经医院诊断，韦某送右侧股骨颈骨折，更换了人工关节。韦某和支付了医药费。大化县公安局刑事科学技术室鉴定，韦某送受伤评定为轻伤；河池市公安局物证鉴定所鉴定，韦某送的人体损伤程度达重伤；广西公众司法鉴定中心鉴定，韦某送的损伤程度为轻伤。大化县人民检察院审查起诉时，采信广西公众司法鉴定中心鉴定意见，认为韦某和不构成犯罪，作出了不起诉决定。韦某送不服，提出申诉，河池市人民检察院受理了他的申诉，对案件立案复查。

二、释法必要性

被害人韦某送的伤情有三次司法鉴定意见，如果依据重伤的鉴定意见，韦某和构成过失致人重伤罪；反之，采信轻伤的鉴定意见，就不构成犯罪。不起诉决定书为什么采信第三次鉴定意见，需要解释其合理性，更需要向当事人解释清楚。邻里之间一个不经意的推搡引发了刑事案件，有必要向公众公开办案，进行法治宣传教育。河池市人民检察院决定在案发地进行公开审查。

三、释法情况及效果

2017 年 5 月 26 日，最高人民检察院刑事申诉检察厅和广西壮族自治区人民检察院在大化县共同举办检察机关刑事申诉案件公开审查示范观摩活动。最高检刑事申诉检察厅、广西壮族自治区人民检察院和部分省级检察院申诉处（控申处）负责人，部分全国人大代表和最高检特约检察员，以及广西检察机关控申部门业务骨干等 80 余人观摩了公开审查活动。听证会由大化县人民检察院副检察长韦锦猛主持，邀请 5 名听证员参加听证，其中律师 2 名，法医师、自治区人大代表和政协委员各 1 名。复查案件承办人、申诉人及其代理人参加，原案承办人、原案司法鉴定人员、被不起诉人也参加了举证、质证。参与听证的各方围绕第三次司法鉴定意见的客观性合理性，以及韦某和是否具有伤害他人的主观故意进行解析和论证。听证员的最后评议意见认为，第三次司法鉴定意见客观公正，韦某和推搡韦某送致其轻伤，不具有伤害的主观故意，不构成故意伤害（致人轻伤）罪，也不构成过失致人重伤罪，检察机关对韦某和作出的不起诉决定正确。听证评议意见将作为检察机关作出复查结论的重要参考。

全国人大代表对刑事申诉公开审查活动给予高度评价。全国人大代表、重庆市盐业（集团）有限公司采销中心副总经理张洪川认为，“公开审查拉近了检察机关与群众的距离，也提高了检察机关司法办案的公开度和透明度，让公正看得见、感受得到。”全国人大代表、重庆市公安局渝中区分局大阳沟派出所所长郑尚伦说：“听证会用事实、证据、法律依据来说话，体现了专业化、法治化、程序化，展现了公平、公开、公正。”全国人大代表、贵州省文联副主席姚晓英说：“公开听证是非常精彩的公开课，让我们看见了案件细节上的公开，真切感受到了司法在变化，见证了法治的进步。”

典型案（事）例 4　曹某某强制医疗案

一、基本案情

2016 年 9 月 29 日夜，涉案精神病人曹某某在山东省菏泽市定陶区自己家中，持羊角锤猛砸熟睡的妻子、10 岁女儿和 3 岁儿子头面部，致 3 人全部死亡，后自杀未果。检察机关审查起诉期间发现，曹某某无犯罪动机，且在案发前曾有自残行为；其本人供述称自己作案时产生幻觉，怀疑有人要迫害其家人，其亲属亦反映曹某某平时精神不正常。根据案情及讯问时曹某某的表现，检察机关认为有必要对其精神状况作出鉴定，遂将案件退回侦查机关补充侦查，要求委托专业机构对曹某某精神问题进行鉴定。后经山东安康医院精神疾病司法鉴定所鉴定，曹某某作案时患有精神分裂症，案发时无刑事责任能力。检察机关建议公安机关撤销案件并对曹某某变更强制措施后，经审查并认真听取各方意见，认为在亲属不能有效监管的情况下，曹某某有继续危害社会的可能，符合强制医疗的条件，遂向法院提出强制医疗申请。现经定陶区人民法院决定，对涉案精神病人曹某某依法强制医疗。

二、释法必要性

本案是发生在家庭内部的亲情犯罪案件，三名被害人的死亡，无疑是所涉家庭的惨痛悲剧。家本应是父慈子孝、夫和妻柔的温暖港湾，然而一场意外，犹如晴天霹雳，让这个小家庭瞬间支离破碎，也让另外两个家庭陷入悲恸与对峙，涉案精神病人曹某某的岳父母因无法接受女儿去世的现实，产生较强对抗情绪。如按照传统办理方式机械办案，既不利于化解家庭矛盾，又会给双方埋下积怨，影响社会稳定。检察机关有必要加强释法说理，化解案件背后的矛盾纠纷，真正实现“案结事了”。

三、释法情况及效果

检察官从法、理、情的角度释法说理，解答式释法化“法结”、疏导式说理化“心结”。针对被害人近亲属对于“杀人为何不偿命”“强制医疗等于放人”的困惑与不解，运用解答式释法的模式，哪里不懂讲哪里，向其展示相关司法鉴定意见、法律规定，使用通俗易懂的语言，讲程序，释法条，耐心解释强制医疗相关内容，帮助消除疑惑，让被害人近亲属听得懂、听得进。为化解被害人近亲属的心头之结，根据被害人近亲属的文化程度、年龄阶段、接受能力等情况，充分发挥口头说理的灵活性与亲和性，与被害人近亲属促膝长谈，对被害人近亲属进行心理疏导与释法说理，纾解精神压力，消除对抗情绪，化解信访隐患，最终赢得被害人亲属的法治认同。

典型案（事）例5　王某某故意伤害案

一、基本案情

2017年5月的一天晚上，17周岁的王某某在山东某学校男生宿舍内，与舍友因琐事发生争执并撕扯，随后王某某到学校外面购买了一把水果刀，返回宿舍后用此刀具将舍友一刀捅伤，经鉴定构成重伤二级。目前，王某某已被检察机关提起公诉。

二、释法必要性

这是发生在校园内的一起故意伤害案件。校园暴力行为不仅给受害者带来身体的伤害，更严重的是危害心理健康，一旦处置不当，不仅破坏校园秩序，威胁校园安全，还会摧残学生身体和心灵，因此，通过释法说法，使包括犯罪嫌疑人、被害者在内的更多的人深刻认识到伤害行为造成的法律后果，并引以为戒显得尤为重要。

三、释法情况及效果

检察官在办理此案时实行“双向说理”。一方面对犯罪嫌疑人王某某开展教育谈话，从法律分析、事实认定等方面耐心细致释法说理，并就故意伤害罪的犯罪构成、成因以及危害后果进行了详细的说明，使王某某深刻认识到自己的犯罪事实，真诚悔悟；另一方面对被害人释法说理，以理服人、以情动人，耐心做好心理疏导工作，既保护被害人的心理健康，也促进被害人与犯罪嫌疑人的谅解，解决纠纷，化解矛盾。为扩大普法教育效果，检察官还围绕剖析本案，先后在多所中小学开展了普法巡讲活动，深入浅出地讲解校园犯罪的危害性及预防措施。通过一系列的释法说理工作，不但达到了对此案犯罪嫌疑人和被害人的双向保护，也让更多的同学提升了法治意识，自觉远离校园暴力。

典型案（事）例 6　杨某某校园暴力案

一、基本案情

杨某某（女，17 岁）与金某（女，17 岁）原系上海市某职业学校同学，二人在上学期间关系不好。杨某某退学后又因琐事与金某产生矛盾。2016 年 2 月 9 日，杨某某纠集黄某某等人在市中心某处先后对金某打耳光、拉头发、拳打脚踢，将其打倒在地致轻微伤。金某倒地后，黄某某、吴某某、许某某又将金某上身衣服拉起蒙住头脸，露出文胸，将其外裤拉下，露出内裤。其间，纪某、许某某用手机拍摄十余条小视频上传至“金某大女神”微信群（该微信群为杨某某建立，成员都是15–20岁的少女，或学校在读或辍学在家）。整个过程持续一个多小时，引起十余人围观。此后这些小视频被扩散至多人的微信朋友圈。

二、释法必要性

本案多名犯罪嫌疑人到案后对基本犯罪事实均供认不讳，但多数人尚没有认识到自己的行为已达到触犯刑法的严重程度，更没有认识到该行为系在公共场所强制侮辱他人，属于应当判处五年以上有期徒刑的严重犯罪。同时，案件中尚有多名因未达刑事责任年龄或情节显著轻微而未作刑事处罚的未成年人，她们在案发时亦有起哄、围观、殴打被害人及转发视频等触法行为，需纠正错误认知，改变不良行为，预防其走上犯罪道路。此外，案件给被害人生理和心理上都造成了伤害，导致其出现不愿上学、脱发等应激反应，需要通过宣传司法政策和解释法律条文，使其了解案件的司法处理过程、维护自身权益的途径及加强自我保护的方法。

三、释法情况及效果

受理该案的上海市黄浦区人民检察院未成年人检察部门在讯问及开展帮教工作过程中，分别就行为性质、触犯法条、量刑档次等问题向相关未成年人及其法定代理人释法说理，使其深刻认识到行为的严重性，促使其认罪悔罪。同时，检察官对不追究刑事责任的涉案未成年人开展司法训诫，阐释行为违法性和危害性，并督促法定代理人加强监管和法制教育，预防再次犯罪；向被害人积极宣传司法政策，告知其获得司法救济和相关救助的途径，并主动为被害人开展心理疏导，落实司法救助，给予进一步的帮扶保护。通过这起典型的校园暴力案件，黄浦区人民检察院联合相关部门召开“依法治理校园暴力理论实务研讨会”，邀请学者、专家、媒体代表等共同参与，以案说法，探讨校园暴力预防和治理的对策。借助“法治进校园”

巡讲活动，面向辖区内学校开展预防校园暴力专题教育活动，对广大学生进行普法教育，防止类似案件再次发生。

典型案（事）例 7　以案释法防范非法集资

近年来，非法集资类犯罪高发，严重威胁着人民群众的财产安全及正常的金融管理秩序。为切实提高广大居民对于非法集资类犯罪的防范意识和甄别能力，北京市东城区人民检察院配合北京市“打非办”、北京市人民检察院“防范非法集资宣传月”活动，以办理的非法集资典型案件为素材，依托东城区人民检察院“阳光检察进社区”活动平台，开展“警惕非法集资，远离‘高息’诱惑”的主题活动，采取多种形式以案释法，向社区百姓宣传防范非法集资。

一、基本案情

2011 年 5 月至 2015 年 6 月间，被告人李某某先后伙同他人，未经有关部门依法批准，以北京某公司的名义，通过媒体、推介会、传单等途径向社会公开宣传投资项目，与投资人签订《投资理财协议》《基金理财协议书》等协议，承诺在一定期限内以年利率 72%—12% 的还本付息，吸收资金共计人民币 26 亿余元。

二、释法必要性

2013 年以来，北京市东城区人民检察院办理集资诈骗、非法吸收公众存款等非法集资类犯罪案件共 60 件 129 人，且呈逐年上升趋势。尤其是 2016 年以来该类案件数比前三年受案数上升 228.5%，涉案金额亦不断增高。为了遏制非法集资高发态势，维护首都功能核心区金融安全与社会稳定，东城区人民检察院认为，在加大对此类犯罪打击力度的同时，应该积极开展以案释法和法治宣传工作，通过典型案例剖析与法律政策解读，揭示非法集资的欺骗性、风险性、社会危害性，引导群众自觉抵制非法集资，积极支持打击和处置非法集资。

三、释法情况及效果

2017 年 6 月 14 日，北京市东城区人民检察院在东花市枣苑社区，以“警惕非法集资，远离‘高息’诱惑”为主题开展以案释法活动，主要包括五个部分：一是介绍检察机关基本职能和办理非法集资类案件的整体情况；二是在保证办案安全的前提下，检察官通过自编自导自演的情景剧还原了李某某等人涉嫌非法吸收公众存款案件的犯罪经过；三是检察官以案释法，总结分析案件特征、作案手法，揭露犯罪分子的惯用伎俩，并对案件中的法律问题和风险防范进行提示；四是检察官普及相关金融知识，让群众了解正规金融机构的金融服务和金融产品，引导广大群众理性投资，合法理财；五是由办案经验丰富的检察官现场答疑，为居民解惑。应邀参加活动的部分区人大代表、社区居民和媒体对此次活动给予了充分肯定。不少居民表示通过此次活动对非法集资有了清醒的认识，这次活动为其敲响了警钟。北京广播电台、《北京晚报》《北京青年报》等多家媒体对本次活动进行了报道。目前，东城区人民检察院已陆续收到多个社区邀请检察官前往开展以案释法活动。该院有关负责人表示，检察机关将继续坚持以案释法，进一步推动法治宣传教育取得实效。

部分新闻链接

1. 人民日报 2017 年 6 月 29 日报道《最高检出新规 检察官释法说理不当将被追责》。

2. 新华社 2017 年 6 月 28 日报道《最高检：六类案件检察官可向社会公众以案释法》。

3. 光明日报 2017 年 6 月 29 日报道《最高检：检察官以案释法制度操作更细化》。

4. 中央人民广播电台 2017 年 6 月 28 日报道《最高检发布规定 实行检察官“以案释法”制度》。

5. 工人日报 2017 年 7 月 1 日报道《六类案件检察官可以案释法》。

6. 中国妇女报 2017 年 6 月 29 日报道《最高检公布规定明确涉及妇女等群体案件为办案释法重点》。

依法保护国家利益和社会公共利益不受侵犯

最高人民检察院举行“全面实施检察机关提起公益诉讼制度”发布会

发布时间：2017 年 6 月 30 日 10:00

发布内容：解读全国人大常委会《关于修改〈中华人民共和国民事诉讼法〉和〈中华人民共和国行政诉讼法〉的决定》精神，介绍检察机关落实《决定》要求的主要部署安排；通报检察机关两年来开展公益诉讼试点工作主要情况和经验成效；发布检察机关提起公益诉讼典型案例

发布地点：最高人民检察院电视电话会议室

主 持 人：最高人民检察院新闻发言人　肖　玮

出席嘉宾：最高人民检察院民事行政检察厅厅长　胡卫列
最高人民检察院民事行政检察厅副厅长　贾小刚
最高人民检察院民事行政检察厅副厅长　刘　艺[①]

① 时任西南政法大学教授、博士生导师，最高人民检察院民事行政检察厅副厅长（挂职）。现任中国政法大学教授、博士生导师。

主题发布

肖 玮

各位记者朋友，大家上午好！今天是为期两年的检察机关提起公益诉讼试点期满的日子，今天发布会的主题就是“全面实施检察机关提起公益诉讼制度，依法保护国家利益和社会公共利益不受侵犯”。今天发布会共有四项内容：一是解读全国人大常委会关于修改民事诉讼法和行政诉讼法《决定》的主要精神，介绍检察机关落实《决定》要求的主要部署安排；二是通报检察机关两年来开展公益诉讼试点工作主要情况和经验成效；三是发布检察机关提起公益诉讼典型案例；四是回答记者提问。出席今天发布会的是最高人民检察院民事行政检察厅胡卫列厅长和贾小刚副厅长、刘艺副厅长。

2015 年 7 月 1 日，十二届全国人大常委会第十五次会议作出全国人民代表大会常务委员会《关于授权最高人民检察院在部分地区开展公益诉讼试点工作的决定》（以下简称《授权决定》），授权北京等 13 个省、市、自治区检察机关开展为期两年的提起公益诉讼试点工作，今天正好是试点期满的日子。2017 年 5 月 23 日，习近平总书记主持召开中央全面深化改革领导小组第三十五次会议。会议指出，试点检察机关在生态环境和资源保护、食品药品安全、国有资产保护、国有土地使用权出让等领域，办理了一大批公益诉讼案件，积累了丰富的案件样本，制度设计得到充分检验，正式建立检察机关提起公益诉讼制度的时机已经成熟；要在总结试点工作的基础上，为检察机关提起公益诉讼提供法律保障。2017 年 6 月 27 日，十二届全国人大常委会第二十八次会议作出全国人民代表大会常务委员会《关于修改〈中华人民共和国民事诉讼法〉和〈中华人民共和国行政诉讼法〉的决定》，明确将检察机关提起公益诉讼写入这两部法律，标志着检察机关提起公益诉讼制度正式确立。

一、建立检察机关提起公益诉讼制度具有重要意义

检察机关提起公益诉讼是全面推进依法治国、建设法治政府的重要举措，是党的十八届四中全会确定的重要改革任务，习近平总书记在作关于四中全会《决定》的说明时强调："在现实生活中，对一些行政机关违法行使职权或者不作为造成对国家和社会公共利益侵害或者有侵害危险的案件，如国有资产保护、国有土地使用权转让、生态环境和资源保护等，由于与公民、法人和其他组织没有直接利害关系，使其没有也无法提起公益诉讼，导致违法行政行为缺乏有效司法监督，不利于促进依法行政、严格执法，加强对公共利益的保护。由检察机关提起公益诉讼，有利于优化司法职权配置、完善行政诉讼制度，也有利于推进法治政府建设。"总书记的这一重要论述，从法治政府建设全局出发，深刻阐明了探索建立检察机关提起公益诉讼制度的重要意义。

从两年来的试点情况看，这项改革充分实现了顶层设计的目标，有效促进了依法行政和法治政府建设：一方面，检察机关通过提出诉前检察建议督促行政机关依法履行职责，增强了行政机关依法行政的主动性和积极性，有效督促行政机关依法行政、严格执法；另一方面，在行政机关不纠正违法或怠于履行职责的情况下，检察机关通过提起公益诉讼的方式，督促行政机关依法履行保护公益职责，弥补了行政公益诉讼的主体缺位，增强了公益保护的刚性。

检察机关提起公益诉讼工作还是贯彻新发展理念、进一步加强公益保护的重要举措。在检察机关提起公益诉讼试点中，生态环境和资源保护是主要领域，两年的实践表明，试点有效保护了生态环境和自然资源，解决了一批长期困扰人民群众的环境问题，检察机关提起的环境公益诉讼已经成为保护环境重要途径。

检察机关提起环境公益诉讼，进一步健全完善了环境保护的制度体系，加大了对环境违法行为的威慑力度，提升了环保执法机构依法行政、

严格执法的意识和水平，有效改善了一些地方环境污染长期持续的局面，促进了绿色发展理念和发展方式的形成，为生态环境保护和生态文明建设提供了坚强的制度保障。

二、关于《决定》的主要内容

全国人大常委会的《决定》主要就检察机关提起公益诉讼的案件范围、诉前程序等问题作出了原则性规定，从立法上对检察机关提起公益诉讼制度予以明确。最高人民检察院正式向全国人大常委会提出关于修改民事诉讼法和行政诉讼法的议案之前，曾专题向中央全面深化改革领导小组报告，并与最高人民法院共同向全国人大常委会提交了修改完善民事诉讼法和行政诉讼法的报告。起草过程中，与全国人大常委会法工委、国务院法制办等部门反复沟通。可以说，《决定》充分反映了各有关方面的意见，凝聚了改革的共识。

（一）关于检察机关提起公益诉讼的案件范围

试点期间，检察机关提起公益诉讼的案件范围为生态环境和资源保护、食品药品安全、国有资产保护、国有土地使用权出让等领域。这些领域直接涉及国家利益和社会公共利益，也是人民群众高度关注的民生领域。《决定》认真总结试点经验，将检察机关提起民事公益诉讼的案件范围确定为生态环境和资源保护、食品药品安全等领域；将检察机关提起行政公益诉讼的案件范围确定为生态环境和资源保护、食品药品安全、国有财产保护、国有土地使用权出让等领域。

（二）关于检察机关提起公益诉讼的诉前程序

《授权决定》明确要求，提起公益诉讼前，人民检察院应当依法督促行政机关纠正违法行政行为、履行法定职责，或者督促、支持法律规定的机关和有关组织提起公益诉讼。试点中，超过 75% 的行政机关在收到检察建议后主动纠正了违法行为。经过试点实践证明，诉前程序确实发挥了重要的作用，充分调动了其他主体适格保护公益的积极性，促进了行政机关纠正违法行为的主动性，有效节约了司法资源。《决定》继续对此作出规定，检察机关在提起行政公益诉讼前，应当向行政机关提出检察建议，督促其依法履行职责。民事公益诉讼中，在没有法律规定的机关和有关组织或者法律规定的机关和有关组织不提起诉讼的情况下，检察机关可以向人民法院提起诉讼。

三、下一步部署安排

将于7月1日正式实施的全国人大常委会《决定》，给检察机关提起公益诉讼工作带来了新的任务与重大发展机遇。最高人民检察院将在深入总结试点经验的基础上，进一步加强对各级检察机关的督促指导，规范和完善相关制度规定，努力推动检察机关提起公益诉讼工作取得新成效。

（一）深入传达学习公益诉讼立法精神

最高人民检察院将于7月中旬举行大检察官研讨班，传达学习中央要求和全国人大常委会修法决定，并要求各级检察机关深入学习领会全面建立公益诉讼制度的重大意义，切实把思想和行动统一到中央决策部署上来，以高度的政治责任感和历史使命感履行好法律赋予的神圣职责，切实抓好这项工作贯彻落实的具体举措。

（二）及时制定完善公益诉讼司法解释及相关配套文件

最高人民检察院将积极与最高人民法院沟通协调，共同制定检察机关提起、人民法院审理公益诉讼案件的司法解释，并坚持问题导向，明确检察机关的诉讼地位，建立调查核实等配套保障机制，在充分吸纳试点成功经验的基础上，构建一套符合中国国情的公益诉讼程序。

（三）主动加强与行政机关的沟通协调

在公益诉讼工作开展中，各级检察机关将积极向当地党委、人大汇报公益诉讼立法及办案工作情况，主动接受领导和监督，争取获得全面理解与支持。积极争取行政机关对全面开展公益诉讼工作的理解与配合，与相关部门建立工作信息共享机制，完善工作交流平台。

（四）积极稳妥推进公益诉讼案件办理工作

最高人民检察院将进一步加强公益诉讼理论研究和经验总结，通过总结一批可复制、可推广的办案经验，指导全国各级检察机关办理提起公益诉讼案件，尤其是加大对非试点地区的办案指导和监督，确保办案质量。督促各级检察机关深入摸排公益诉讼案件线索，加大办案力度，办理一批有影响、人民群众关心的重点案件，并通过重点案件督办、参与办案、开展专项监督活动等方式扩大公益诉讼制度的社会影响力，增强公益保护效果。

（五）加强队伍建设

结合司法责任制和检察官员额制改革，建立健全行政检察机构或办案组织，保证人员配备与公益诉讼职能拓展和业务增长相适应。最高人民检察院和省级检察院培训机构将通过举办培训班、示范班，非试点地区公益诉讼办案巡讲等方式对全国民事行政检察干警进行公益诉讼全员培训，以加大公益诉讼办案培训力度，提升全国民事行政检察人员办案能力和业务水平。

检察机关提起公益诉讼制度的正式建立，是进一步加强国家利益和社会公共利益保护、促进依法行政的重要举措，是健全完善检察机关法律监督职能的重要内容，体现了党中央和人民群众对试点工作的充分认可。检察机关提起公益诉讼，人民群众高度关注，新闻媒体朋友也给予了大力的支持，在此向大家表示衷心的感谢！我们相信在大家的共同努力下，检察机关提起公益诉讼工作将取得更大的成效。

现在，请胡卫列厅长向大家通报检察机关提起公益诉讼试点工作情况。

胡卫列

各位记者朋友，大家上午好！现在我向大家通报两年来检察机关提起公益诉讼试点工作基本情况和取得的主要成效。

一、试点工作基本情况

在各级党委领导、人大监督、政府支持下，检察机关和人民法院共同努力，检察机关提起公益诉讼试点工作进展顺利，取得较好成效。截至 2017 年 6 月，各试点地区检察机关共办理公益诉讼案件 9053 件，其中诉前程序案件 7903 件、提起诉讼案件 1150 件。诉前程序案件中，行政机关主动纠正违法 5162 件，相关社会组织提起诉讼 35 件。起诉案件中，人民法院判决结案 437 件，全部支持了检察机关的诉讼请求。

2017 年 5 月 23 日，习近平总书记主持召开中央全面深化改革领导小组第三十五次会议，审议通过最高人民检察院《关于检察机关提起公益诉讼试点情况和下一步工作建议的报告》。会议指出，“试点检察机关在生态环境和资源保护、食品药品安全、国有资产保护、国有土地使用权出让等领域，办理了一大批公益诉讼案件，积累了丰富的案件样本，制度设计得到充分检验，正式建立检察机关提起公益诉讼制度的时机已经成熟。要在总结试点工作的基础上，为检察机关提起公益诉讼提供法律保障”。

（一）提高思想认识，认真谋划部署

按照中央决定和全国人大常委会授权要求，最高人民检察院从推进国家治理体系和治理能力现代化、完善和发展中国特色社会主义检察制度、维护国家利益和社会公共利益的高度，深刻认识公益诉讼试点的重大意义，把试点工作作为重要政治任务，切实增强责任意识和担当精神，科学谋划、扎实推进试点工作。

最高人民检察院党组和司法体制改革领导小组先后召开 12 次会议研究部署。曹建明检察长在多次会议上对抓好公益诉讼试点工作提出明确要求，作出 57 次批示。各试点省级检察院结合本地实际认真制定试点工作实施方案，明确下辖试点地区，成立领导小组，建立工作机制，出台具体制度，全力推进试点工作。

（二）争取各方支持，凝聚改革共识

一是积极向党委、人大汇报重大工作部署和重点案件办理情况。最高人民检察院及时向中央政法委、中央改革办报告试点进展情况，向全国人大常委会作中期报告，并将中央改革办督察意见和全国人大常委会审议意见及时贯彻落实到试点工作中。

二是加强与法院的协调配合。作为改革试点的共同牵头单位，最高

人民检察院与最高人民法院保持密切联系，就公益诉讼案件受理等问题达成共识。吉林、内蒙古、江苏、安徽、湖北等省检察院、高级法院就诉讼程序、法律适用等问题形成会议纪要或联合出台相关规范性文件。

三是争取行政机关的理解和支持。各试点地区检察机关始终坚持监督与支持并重，与有关行政机关建立常态化沟通平台，通报有关情况，督促解决问题，完善规章制度。安徽省人民政府办公厅印发《关于加强行政公益诉讼有关工作的意见》，要求全省政府系统坚决支持配合检察机关开展公益诉讼试点工作，从规范行政行为、减少行政不作为和乱作为等五个方面强调推进依法行政、建设法治政府。

（三）科学顶层设计，狠抓督促落实

一是制定试点工作规范体系。最高人民检察院在授权试点当日即发布了中央深改组审议通过的试点方案，并先后制定了《人民检察院提起公益诉讼试点工作实施办法》《关于加强公益诉讼案件线索移送工作的指导意见》《关于深入开展公益诉讼试点工作有关问题的意见》等规范性文件，确保在法律框架和授权范围内开展试点工作。

二是明确阶段性重点任务，准确把握试点进展动向，及时调整试点工作着力点。2016 年 5 月 17 日，最高人民检察院召开检察机关提起公益诉讼试点工作推进会，总结推广办案经验。9 月 26 日，召开深入开展公益诉讼试点工作电视电话会议，落实中央改革办的督导意见，明确要求各试点地区年底前 60% 的基层院要解决诉讼空白。12 月 9 日，又召开深入推进公益诉讼试点工作座谈会，要求各试点地区进一步加大办案力度，为建立检察机关提起公益诉讼制度提供足够的优质样本。

三是加强督察，持续推动落实。坚持每月向全国检察机关通报试点进展情况，定期发布诉前程序和提起诉讼典型案例，成立督导组赴试点地区实地督察、加强指导。

（四）落实诉前程序，提高保护质效

各试点地区检察机关按照全国人大常委会授权决定，严格履行诉前程序，充分发挥相关主体保护公益积极性和行政机关履职纠错主动性，节约司法资源，提高保护质效。截至 2017 年 6 月，各试点地区检察机关共办理诉前程序案件7903件，其中，行政公益诉讼诉前程序案件7676件，除未到一个月回复期的984件外，行政机关纠正违法或履行职责5162件，占77.14%；民事公益诉讼诉前程序案件227件，相关社会组织依法提起诉讼35件，检察机关支持起诉28件。

云南省宣威市检察院就珠江源省级自然保护区内5家采石场长期开山采石严重影响生态环境问题，向市森林公安局、环保局、林业局、国土局、安监局等机关发出检察建议。宣威市人民政府认真研究检察机关意见，作出关停保护区内所有非法采石场的决定，5家非法采石场受到行政处罚并移送公安机关立案侦查，同时加大对保护区内非煤矿山等重点行业监管力度。

（五）依法提起诉讼，增强保护刚性

试点地区检察机关切实履行监督职责，对经过诉前程序，相关机关或社会组织没有提起民事公益诉讼，或者行政机关拒不纠正违法行为或不履行法定职责，国家利益和社会公共利益继续处于受侵害状态的，依法坚决提起公益诉讼。截至2017年6月，对诉前程序没有取得效果的案件向法院提起公益诉讼1150件。其中，民事公益诉讼94件、行政公益诉讼1029件、行政公益附带民事公益诉讼2件、刑事附带民事公益诉讼25件。法院审结458件，其中除15件因有关当事人积极整改或履行义务而撤诉、6件调解以外，判决的437件均支持了检察机关的诉讼请求。

湖北省十堰市郧阳区林业局在收到检察建议后仍不依法全面履职，检察机关提起行政公益诉讼后，当地党政负责同志高度重视，要求全部区直机关主要负责人均旁听庭审，区林业局局长当庭向社会道歉。案件宣判后，湖北省林业厅专门向全省林业行政部门下文，要求高度重视检察机关监督，引以为戒，认真整改，切实规范林业执法，并在全省开展规范执法自查活动。

（六）突出工作重点，开展专项监督

最高人民检察院和试点地区检察机关结合公益诉讼试点，围绕国家重大决策部署，针对人民群众反映强烈、社会高度关注的领域和问题，开展专项监督活动，提升公益诉讼效果。

一是开展土壤污染防治专项监督活动。2016 年 8 月，最高人民检察院配合国务院《土壤污染防治行动计划》，在公益诉讼试点地区范围内，开展检察机关参与土壤污染防治专项监督活动，督促负有土壤污染防治监管职责的行政机关依法正确履行职责，严厉打击污染土壤违法行为，共办理诉前程序案件 442 件，提起诉讼 107 件。

二是加强对水资源的保护。江苏、内蒙古、甘肃、云南、湖北等地开展了“保护长江生态”“保护母亲河——黄河”“保护珠江源生态”“保护南水北调水源生态”等专项监督活动。

三是加强森林、草原等生态环境保护。内蒙古、陕西检察机关分别开展“保护北疆生态屏障专项监督活动”“保护秦岭生态环境专项监督活动”。吉林省检察机关开展长白山生态保护专项监督行动，监督纠正长白山区域生态资源保护与开发利用中的行政违法行为 145 件，督促林业主管部门整改清收林地 4 万公顷，恢复湿地 3.9 万公顷。

（七）加强研究总结，营造良好氛围

一是加强理论研究，为试点提供坚强理论支撑。2016 年 5 月，与最高人民法院、中国宪法学研究会、中国行政法学研究会、中国民事诉讼法学研究会联合举办研讨会，就检察机关提起公益诉讼的理论基础、地位作用、职权配置和运行规律等进行研究论证。2016 年 10 月，针对实践中的突出问题，最高人民检察院又专门召开研讨会，邀请中央有关部门和部分知名专家学者进行研究论证。举办“中欧检察机关参与环境公益诉讼法律与实践研讨会”“中俄检察业务研讨会”等国际交流活动，研究借鉴其他国家的有益做法。地方检察机关和学术界也举办了不少关于公益诉讼的研讨会，深化了对公益诉讼相关理论和实务问题研究。

二是加强经验总结，为试点提供宝贵经验范例。坚持边实践、边探索、边总结，加强对公益诉讼办案工作经验和规律的梳理，深化对诉前程序、起诉程序制度价值和法律功能的认识，总结检察机关提起公益诉讼的特点和规律，发布公益诉讼指导性案例，编辑出版《检察机关提起公益诉讼探索与实践》，为各试点地区提供可复制的经验。

二、试点工作取得的主要成效

两年来的试点工作表明，检察机关提起公益诉讼，在保护国家利益和社会公共利益方面发挥了积极作用，探索出了司法保护公益的中国道路，完善了保护国家利益和社会公共利益的法律制度体系，同时也强化了检察机关的法律监督职能。

（一）有效保护国家利益和社会公共利益

保护“公益”始终是检察机关提起公益诉讼的衡量标准和最终目标。两年来，检察机关朝着这个标准和目标进行了不懈努力。

一是有效保护生态环境。检察机关在公益诉讼试点工作中，突出加强对生态环境和资源领域的保护。截至 2017 年 6 月，试点地区检察机关办理生态环境和资源保护领域公益诉讼案件6527件,督促恢复被污染、破坏的耕地、林地、湿地、草原 12.9 万公顷；督促治理恢复被污染水源面积 180 余平方公里，督促 1700 余家违法企业进行整改。检察机关提起公益诉讼成为促进生态文明建设的有效手段，丰富了生态司法保护的途径和内容。广东省肇庆市检察院诉麦瑞标、麦瑞钟民事公益诉讼一案，在违法行为人已受到行政处罚和刑事处罚后，通过提起民事公益诉讼要求两被告连带赔偿环境修复费用 40.19 万元，对违法行为人形成全方位的责任追究。内蒙古检察机关在“保护北疆生态屏障专项监督活动”中，督促行政机关恢复草原植被 2014.59 公顷，补种各类被毁林木 1374 株，一些长期非法开垦草原、非法采矿、采砂等行为得到了有效遏制。

二是有效保障和改善民生。试点地区检察机关从生活垃圾处理、饮用水安全、食品药品卫生等关系到人民群众切身利益方面入手，从源头上推动解决了一批舆论高度关注、人民群众反映强烈、对生产生活影响严重的“老大难”问题。安徽省阜南县住建局在未办理任何审批手续及建设污染防治措施的情况下，违法使用农地 56.8 亩堆放和处置城市生活垃圾，长达 16 年，累计倾倒生活垃圾 70 余万吨，导致垃圾场附近的谷河、土地、空气受到严重污染，严重影响当地防洪安全和周边群众正常生活，阜南县检察院提起行政公益诉讼，法院当庭判决责令该局对涉案垃圾填埋场进行无害化处理，修复区域生态环境，彻底解决了长期困扰当地群众的严重污染问题。对于符合条件的危害人民群众切身利益的食品药品违法行为，检察机关坚决依法提起民事公益诉讼。湖北省十堰市检察院对湖北省郧西县个体工商户周克召销售假冒的“云鹤”牌精致碘盐一案提起民事公益诉讼，法院当庭判决被告消除危险，收回由其销售的尚在流通中的假冒碘盐并依法处置，并在当地主流媒体上公开道歉。

三是有效挽回经济损失。截至 2017 年 6 月，试点地区检察机关通过公益诉讼挽回直接经济损失 89 亿余元，其中，收回国有土地出让金 76 亿余元，收回人防易地建设费 2.4 亿余元，督促违法企业或个人赔偿损失 3 亿余元。广东省汕头市检察院诉郭松全等 4 人污染土壤民事公益诉讼案件中，当地非法酸洗作业利润高、违法成本极低，即使追究刑事责任，也是刑期短、罚金少，远远不足以弥补酸洗作业给生态环境造成的损害。法院一审判处开展酸洗作业造成土壤污染的违法行为人连带赔偿环境损害损失 532 万余元，用于土壤修复治理，让污染者在承担刑事责任的同时，对污染造成的损失承担侵权责任、提高其违法成本，既有效弥补经济损失，也对潜在的环境破坏者予以有力警示。

（二）促进公益保护体系不断完善

检察机关提起公益诉讼试点，充分发挥了检察机关的法律监督职能作用，健全了对国家利益和社会公共利益保护的法律制度。

一是弥补行政公益诉讼的主体缺位。全国人大常委会授权决定填补了行政诉讼法中缺少行政公益诉讼制度的空白，为检察机关充分发挥法律监督职能作用，加强对国家利益和社会公共利益的保护提供了直接的法律依据。通过公益诉讼试点，行政机关、审判机关、检察机关这三类重要的国家治理主体有机联系在一起，通过监督、协调、配合，形成了保护公益的强大合力。在全国首例行政公益诉讼中，山东省庆云县检察院针对环保部门监管不力，致使某污水处理厂在未通过环保设施竣工验收情况下，长期违法生产造成环境污染的行为，提起行政公益诉讼，法院判决确认庆云县环保局行政行为违法，并责令其依法履职，宣判后污染企业被责令停产，对其他不依法履职的行政机关和污染生产企业也起到震慑作用。

二是督促行政机关依法行政、严格执法。截至2017年6月，试点地区检察机关办理的案件中，涉及不少行政管理部门，比较集中的有国土部门1851件，环保部门1596件，林业部门1422件，水利水务部门588件，人民防空部门339件，住房和城乡建设部门266件，农业部门229件，财政部门190件，涉及这八个部门的案件占全部案件量的74%。检察机关在行政公益诉讼诉前程序中，通过检察建议督促行政机关依法履行保护公益职责，增强了行政机关依法行政的主动性积极性，而对不予整改的行政机关提起行政公益诉讼，进一步强化了诉前程序的督促效果。吉林省白山市检察院诉白山市江源区卫计局和区中医院行政附带民事公益诉讼案宣判后，吉林省检察院就全省范围内存在的医疗垃圾和污水处理不规范等普遍性问题，向省卫计委、环保厅发出检察建议，并召开座谈会，联合发文开展专项执法检查，推动在全省范围内对医疗垃圾和污水处理问题的全面调研、全面检查、全面治理。福建省清流县检察院诉县环保局行政公益诉讼案宣判后，福建省人民政府专门发文称，“该案充分体现了人民检察院作为国家的法律监督机关，在促进依法行政、推进法治政府建设中发挥的积极作用”，要求省环保厅对环境违法行为开展专项督察。

三是提升行政执法效力和司法公信力。有些行政相对人不履行法定义务，甚至抗拒行政机关处罚，严重侵害社会正常管理秩序。检察机关通过公益诉讼介入后，很多行政相对人主动履行义务。如武汉市洪山区青菱湖从2007年开始一直存在违法围网围栏养殖，造成湖泊污染，严重破坏了青菱湖水体环境。当地行政主管部门虽多次监管，但由于该问题属历史遗留问题，实施阻力较大。检察机关对行政主管部门起诉后，相关违法行为人主动配合行政执法，积极整改，目前整个青菱湖长达345600米的围栏围网全部被拆除，投肥投饵养殖现象完全杜绝，影响当地生态环境和社会稳定的不利因素得到有效化解。

四是调动适格主体参与公益保护的积极性。在民事公益诉讼案件的办理过程中，检察机关积极与相关社会组织进行沟通，注重引导、支持、建议符合条件的社会组织及时以原告身份提起公益诉讼，并在法律咨询、证据收集等方面提供专业支持和帮助，动员社会公益组织深度参与，形成行政机关、社会公益组织、司法机关同心合力保护公益的格局。截至2017年6月，试点地区检察机关督促其他适格主体提起诉讼35件，支持起诉28件。广东省检察院与省消费者委员会建立消费民事公益诉讼办案协作机制，江苏省检察机关与社会公益组织建立公益诉讼工作协调、信息通报、证据收集、鉴定评估、公益基金使用管理等方面的协作制度，使社会公益组织更加积极地参与到公益保护中。

江苏长青农化股份有限公司非法处置危险废弃物一案中，昆山市检察院深入周边省市补充调查，到企业调取鉴定样本。在与中华环保联合会达成《合作框架协议》的基础上，支持其提起民事公益诉讼。最终当事双方在法院主持下达成《监管意见书》，由江苏长青农化股份有限公司承担全部修复责任，一次性预付环境修复费用等合计5255万余元。当地政府组织实施环境修复工程，中华环保联合会委派专家全程参与环境修复和验收工作，检察机关持续跟进污染场地环境修复监督，确保达到生态环境修复标准。

（三）初步形成检察机关提起公益诉讼的规范体系

试点工作对检察机关提起公益诉讼制度的可行性、合理性进行了充分检验，初步形成了检察机关提起公益诉讼的规范体系。

一是顶层设计得到充分检验。试点地区检察机关以全国人大常委会授权决定、试点方案和“两高”实施办法为基本制度框架，针对案件的不同特点，运用支持起诉、督促起诉、诉前建议、提起诉讼、行政附带民事公益诉讼等多种手段，共办理生态环境和资源保护领域案件6527件，国有土地使用权出让领域案件860件，国有资产保护领域案件1583件，食品药品安全领域案件83件，案件覆盖所有授权领域。各类案件在试点地区分布均匀广泛，87个分市州检察院、759个基层检察院均办理了诉前程序案件，96%的基层检察院办理了诉讼案件。诉讼案件还经过一审、二审程序审理，对案件程序实现全覆盖，并且涵盖了判决、调解、撤诉等多种结案方式。全覆盖、多样化的试点探索使顶层设计得到全方位检验。中央改革办对试点工作督察后认为，顶层设计周密科学，组织指导督促有力。全国人大常委会在试点中期审议时指出，最高人民检察院全面贯彻实施全国人大常委会作出的授权决定，注重顶层设计，确保公益诉讼试点工作稳妥有序推进。

二是规范体系不断健全完善。试点过程中，发现实施办法不符合实际的内容，及时进行调整。如最高人民检察院实施办法规定检察机关在辖区内以检察建议的方式履行民事公益诉讼的诉前程序，并不能起到督促所有适格主体积极行使公益诉权的效果。因此，对于社会组织履行诉前程序调整为在全国范围的媒体上公告。

试点过程中，对于顶层设计未规定的内容，探索了既符合诉讼基本原则，又符合检察职能特点的解决方案。如“两高”实施办法均规定检察机关以公益诉讼人的身份提起公益诉讼，但对诉讼程序中检察机关的责任义务没有具体规定，导致试点初期部分试点法院按照普通原告的权利义务要求检察机关，如提交法定代表人身份证明、组织机构代码证、授权委托书，用传票通知开庭，等等。对此，“两高”积极沟通协调，明确检察机关提起公益诉讼是履行法律监督职能的职权行为。最高人民法院下发《关于进一步做好检察机关提起公益诉讼案件登记立案工作的通知》，规定了不同于普通原告的登记立案工作程序。

内蒙古、山东、贵州、甘肃法院系统审理的部分行政公益诉讼案件判决书中，均明确表示检察机关作为公益诉讼人不服一审未生效判决的，可以向法院提出抗诉。最高人民检察院制定下发了《关于深入开展公益诉讼试点工作有关问题的意见》，对试点工作存在的突出问题提出了指导性意见。各试点地区“两院”也在试点工作中以个案为载体，积极探索，就诉讼程序、法律适用等问题形成会议纪要或联合出台文件。

（四）获得各方面肯定和认可

党中央、国务院《法治政府建设实施纲要（2015–2020年）》明确要求，行政机关应当配合检察机关对在履行职责中发现的行政违法行为进行监督；党中央、国务院《关于推进安全生产领域改革发展的意见》提出，研究建立安全生产民事和行政公益诉讼制度；国务院《土壤污染防治行动计划》及江西、贵州、福建贯彻落实中办、国办《关于设立统一规范的国家生态文明试验区的意见》实施方案，均明确要求积极推动检察机关提起公益诉讼。

人民群众和社会各界对检察机关提起公益诉讼的做法和成效给予高度赞扬。2017 年全国“两会”上，240 余位代表、委员提出议案、建议，积极评价检察机关提起公益诉讼在保护国家利益和社会公共利益方面取得的显著成效，认为试点完善了公益保护体系，使相关制度规范更加健全，公益诉讼的理论与实践更加丰富深入，试点工作达到了预期目标，显示了检察机关提起公益诉讼制度的可行性和优越性，建议在全国范围内推开。检察机关提起公益诉讼，责任重大，使命光荣。下一步，我们将在认真总结试点工作成效的基础上，进一步加大办案力度，积极完善相关机制，继续强化队伍建设，充分发挥职能作用，努力提高监督水平，为切实维护国家利益和社会公共利益作出更大贡献！

肖　玮

谢谢胡厅长。为了便于大家更好地了解检察机关提起公益诉讼试点工作情况，我们选取了两年来检察机关办理公益诉讼典型案例，包括 5 个公益诉讼系列案例、12 个诉讼程序案例和 9 个诉前程序案例，都具有较强的代表性。

现场答问

人民日报记者　魏哲哲

与其他诉讼主体相比，检察机关提起公益诉讼有什么特殊性？

贾小刚

这个问题是我们在试点工作中着重去研究探索实践的问题。在试点工作过程中，“两高”在《授权决定》《试点方案》的基础上加强沟通协调，就检察机关提起、人民法院审理公益诉讼案件的具体程序分别制定了《人民检察院提起公益诉讼试点工作实施办法》和《人民法院审理人民检察院提起公益诉讼案件试点工作实施办法》。这两个实施办法既遵循了诉讼的基本原则，又充分考虑了检察职能特点和运行规律，符合《授权决定》的精神，符合全国人大常委会在审议检察机关提起公益诉讼中期报告时强调的“依法探索建立具有中国特色、符合检察职能特点的公益诉讼制度”的要求。

两年的试点实践对此进行了充分的检验，“两高”也分别根据实践情况作了进一步完善。最高人民检察院制定了《关于深入开展公益诉讼试点工作有关问题的意见》，最高人民法院下发了《关于进一步做好检察机关提起公益诉讼案件登记立案工作的通知》。两年的试点实践证明，检察机关确实不同于一般的起诉主体：第一，作为宪法规定的国家法律监督机关，检察机关提起公益诉讼是履行法律监督职责的职权行为，行使的是公权力，不能随意放弃和处分；而法律规定的机关和有关组织提起民事公益诉讼，属于行使诉权的民事行为，属于自身的权利，可以选择行使，也可以放弃。第二，检察机关提起民事公益诉讼之前必须履行诉前程序，督促法律规定的机关和有关组织积极行使公益诉权，法律规定的机关和有关组织起诉的，检察机关可以支持起诉。只有在没有适格主体或者适格主体不提起诉讼的情况下，检察机关才向人民法院提起民事公益诉讼。第三，检察机关拥有专业法律监督队伍和法定的调查核实权，能够较好地解决调查取证和举证难等问题，可以更好地履行保护社会公共利益的职责。两年的试点实践充分证明，检察机关发挥了法律监督机关的独特优势，充分调动了其他主体保护公益的积极性，促进公益保护体系不断完善，有效保护了国家利益和社会公共利益，探索了具有中国特色的公益司法保护实践之路。

凤凰卫视记者 陈 琳

从试点期间案件办理工作情况来看，公益诉讼案件总体呈现出什么特点？

贾小刚

第一，检察机关提起公益诉讼案件数呈递增态势。在试点地区检察机关的努力下，公益诉讼案件办案数增长明显，起诉案件数从中央改革办督察时的31件，到中期报告的42件，增长到2016年底的495件，和现如今的1150件。这样的发展趋势表明，“检察机关提起公益诉讼工作已经进入了快车道”。

第二，诉前程序成效显著。在办理的公益诉讼案件中，检察机关仅通过诉前程序就达到监督效果的占76.5%，大部分案件消化在诉前程序领域。检察机关通过诉前程序的检察建议，既使得行政机关主动履职或者纠正违法行为，保护了公益，又节约了司法资源。

第三，行政公益诉讼占比大。在检察机关提起的诉讼类型中，行政公益诉讼占比89.47%，在督促行政机关依法行政、充分尊重行政权运行的基础上，发挥行政机关维护国家利益和社会公共利益的重要职能，这也与检察机关的监督属性相符合。

第四，污染环境类、生态环境与资源保护案件较多。这三类民事行政公益诉讼案件占到提起诉讼案件总数的68.1%。一方面是由于近年来环境污染和资源保护问题尤为突出，另一方面是我们在试点方案中，将这些类型案件作为监督的重点。

第五，二审案件数量少。绝大多数案件，检察机关通过提起公益诉讼的方式使得国家利益和社会公共利益得以维护，被告对于裁判的结果是认可的。从目前的情况看，仅江苏一起民事环境污染类案件经过二审，但也是驳回被告的上诉。

检察日报记者　史兆琨

有观点认为，在试点阶段，被检察机关起诉的行政机关，大多都是基层的政府行政部门，厅局级以上的“大部门”当被告的情况还比较少。请问这是什么原因造成的？如果涉及公益诉讼对象层级较高，是否会面临困难？

刘艺

试点期间，行政公益诉讼被告涉及各级行政机关，其中大多数为县级以下政府职能部门，而厅局级单位作为被告的案件数量比较少，这与我国行政机关履行职责的现状是相匹配的，是正常现象。有两个方面的原因：一是厅局级的行政机关相对于县处级、乡科级的行政机关，在数量上少很多；二是在我国的行政管理体制下，县级以下政府职能部门承担最直接的行政管理职能，大量的具体行政执法和监督管理工作由基层行政机关，主要是由广大的县处级、乡科级行政机关承担。因此，怠于履行职责或者不依法履行职责的现象在基层行政机关出现数量较多，成为行政公益诉讼被告的次数自然也较多。

在试点中，我们对涉及县级以上人民政府案件的管辖进行了特别的规定，在行政公益诉讼案件由行政机关所在地基层人民检察院管辖的基础上，规定此类案件由市（分、州）人民检察院管辖，避免此类案件可能受到的客观影响。需要强调的是，无论被监督对象的级别高低，检察机关都将严格依法进行监督。我们会加大工作力度，依法对致使国家利益或者社会公共利益受到侵害的县级以上行政机关违法行使职权或者不作为开展监督。

民主与法制时报记者　薛应军

想请问一个具体问题：检察机关如果就某起公益诉讼案件起诉企业，那么涉及到的赔偿费用将会如何使用？如何用于例如生态环境恢复之类的具体问题上？是否会专门有相应的基金会成立？

刘 艺

公益损害具有主体不特定、涉及面广、恢复周期长等特点，对公益损害的赔偿费用往往数额较大，且使用方式多元、周期长。试点阶段，一些地区检察机关联合财政、法院、环保等相关部门，建立了公益诉讼资金的专用账户，统一收取通过公益诉讼所获得的赔偿金，在各方的统一监督下将资金用于生态环境修复等相关方面并形成长效机制，有效解决民事公益诉讼的执行问题，同时也可以将资金用于公益诉讼案件相关鉴定费用的支出，解决鉴定费用来源的问题。

现阶段，鉴于公益诉讼制度刚刚推广、各地情况不一，我们鼓励各地结合本地实际，从最有利于公益诉讼裁判执行和公益保护的角度出发，探索建立适合本地实际的专项资金的管理使用和监督机制，规范赔偿金的收取使用，确保公益损害得到有效弥补。最高人民检察院也将推广各地好的经验做法，适时出台检察机关参与公益诉讼专项资金监督管理的指导意见，充分发挥法律监督职能作用，确保公益诉讼资金更好更高效的用于受损公益的弥补和公益的保护。

光明日报记者 龚 亮

如您刚才所介绍的那样，两年公益诉讼试点确实取得了很大成果，那么请问公益诉讼试点给检察工作特别是民事行政检察工作带来了什么样的变化？

贾小刚

第一，办案思想上从被动变为主动。传统的民事行政案件审查主要以书面审查为主，遵循不告不理的一般原则。公益诉讼这个新的职能要求检察机关在办案上主动作为。首先是线索发现上的主动作为，通过履职主动发现案件线索；其次是调查核实上的主动作为，通过询问、委托鉴定、评估、审计等方式确定公益诉讼案件的办案方向；最后是提起诉讼的主动作为，检察机关以公益诉讼人身份提起诉讼本身是履行监督职能的重要体现，通过起诉、举证、质证、辩论，使得检察机关在办案思想上由被动审查转为主动出击。

第二，队伍素质进一步提升。办理公益诉讼案件，特别是行政公益诉讼案件，需要办案人员对行政法律法规规章等特别熟悉，才能找到行政机关违法的情形。试点工作以来，检察机关通过办理案件的方式进一步熟悉了行政法律法规，熟悉了诉讼的流程、熟悉了举证责任的不同规定，检察人员专业素质得到进一步的提升。

新京报记者　王梦遥

随着检察机关提起公益诉讼由试点走向全面实施，检察机关可能会遇到新的任务和问题，请问在此过程中如何更好地发挥检察机关提起公益诉讼制度的积极作用？

刘　艺

试点中，检察机关提起公益诉讼有效保护了国家利益和社会公共利益，促进了依法行政，提升了全社会对公益保护的认知和参与程度。这些成效的取得，既取决于制度本身的科学设计和有效实施，也离不开党委、人大的领导和支持，离不开社会各界的关注和支持。

在全面开展公益诉讼的过程中，为了更好地发挥制度的积极作用，检察机关将继续坚持试点中好的经验做法，不断提升公益保护质效，具体从以下几个方面着力：一是继续坚持工作的正确方向，各级检察机关将严格依法开展工作，积极向党委、人大汇报公益诉讼工作开展情况，主动接受领导和监督，积极回应人民群众反映强烈的公益受损问题；二是继续强化对公益诉讼工作的组织领导，各级检察机关都要高度重视公益诉讼工作，建立健全办案机构、配齐配强人员力量、抓紧抓实学习培训，为公益诉讼工作提供坚强的组织保证；三是继续做好对公益案件办理的指导和规范，与最高人民法院研究制定相关司法解释，不断完善公益案件的办理流程、细化审查标准、统一操作规范，进一步提升公益案件办理的规范化程度，促进工作一体开展；四是继续加强检察系统内外各相关部门的沟通协作，公益保护是一个系统工程，通过各部门间在线索移送、信息共享等方面的协作机制形成公益保护的强大合力；五是继续加大公益诉讼的研究和宣传力度，不断为公益诉讼实践提供理论指引，不断提升公益诉讼的社会知晓度和保护公益的共识，为公益诉讼工作持续深入开展创造良好的理论舆论氛围。

中国网记者　胡永平

我们注意到，随着检察机关提起公益诉讼的试点和立法确定制度，检察机关民行部门逐步为公众所熟悉。但也有民事行政检察官反映：面临这一新任务，民事行政检察官的队伍配备、专业素养还不太够，对此高检院有怎样的计划和打算？最高检在与之相关的机构设置、人员配置方面将会有哪些具体举措，从而有力推动这项工作的全面开展？

贾小刚

检察机关提起公益诉讼是检察机关的一项新增职能，与传统的民事行政诉讼监督案件主要以书面审查为主不同，公益诉讼案件中，办案人员要进行大量的调查核实、参与庭审等工作，对民事行政检察队伍的素质提出了新的要求。通过两年的试点，民行检察部门积累了丰富的办案经验，锻炼了队伍，业务能力得到了大幅提升。

公益诉讼工作的全面开展，对民行检察机构设置和人员配备提出了更高要求。为适应办理公益诉讼案件需要，一些地方检察机关在民行检察队伍建设加快了步伐，例如，湖南省院确定民行检察官员额31名，约占全院员额总量的1/5；辽宁省院民行三处员额检察官由4人增至7人，检察辅助人员由1人增至6人。

最高人民检察院将进一步指导地方检察机关加强民行检察部门的机构建设和人员配备，选配有调查核实、出庭应诉工作经验的检察官充实民行检察队伍，通过专题培训、挂职锻炼、庭审观摩等方式不断提升公益诉讼案件的办理能力，为不断推进公益诉讼工作提供坚强的组织保障和能力支撑。

肖 玮

根据全国人大常委会《决定》，从2017年7月1日开始，检察机关提起公益诉讼制度就要全面施行了。从先期探索、到两年试点、再到正式立法授权，检察机关提起公益诉讼工作的每一点进步，都离不开广大新闻媒体的大力宣传报道支持，希望大家今后继续关心关注这项工作，为检察机关充分履行民事行政检察职能、深入实施提起公益诉讼制度、依法保护国家利益和社会公共利益营造良好的舆论环境。

典型案例

检察机关提起公益诉讼试点工作典型案例

系列案典型案例

一、内蒙古草原保护公益诉讼系列案

背景情况：内蒙古自治区拥有全国四大天然草原中的两个，即锡林郭勒草原和呼伦贝尔草原，是建设祖国北疆生态屏障的重要保障。内蒙古的草原生态保护在全国具有极其重要的政治和现实意义。随着经济社会的快速发展，草原遭到人为因素破坏的现象日趋严重。这其中草原监管等行政主管部门不依法履行监管职责或者违法行使职权是一个重要因素，导致草原生态资源遭受破坏，严重损害了国家利益和社会公共利益。

监督情况：内蒙古自治区检察院立足区情实际，开展了“保护北疆生态安全屏障”专项监督活动，突出以草原生态资源保护为重点开展行政公益诉讼试点工作，确定草原生态资源集中的锡林郭勒盟、呼伦贝尔市、鄂尔多斯市及其他四个盟市作为试点地区。通过针对履行职责中发现的各类破坏草原案件进行系统梳理和分析，强化对草原监管部门不作为、乱作为等违法行为进行监督，加强对草原生态环境的保护。

试点工作中，共发现未经批准非法开垦草原、违法采矿破坏草原、非法占用草原建设建筑物、构筑物以及污染草原等草原生态资源公益诉讼案件线索 58 件，破坏草原面积 61514.3443 亩，占公益诉讼案件线索总数的 19.21%。检察机关经审查，向草原生态监督管理部门提出督促履行职责检察建议 53 件，向国土资源主管部门发出督促履行职责检察建议 5 件。行政机关

在法定期限内回复55件，采纳建议积极履行职责采取措施恢复草原植被，通过诉前程序恢复草原面积27982.19亩，占破坏草原总面积的47.22%。对于经检察机关诉前程序督促后，草原生态行政主管部门、国土资源部门在法定期限内未依法履行职责或纠正违法行为，草原生态资源仍然遭受破坏的，检察机关提起行政公益诉讼案件17件。截至2017年6月26日，人民法院已开庭审理破坏草原生态资源的行政公益诉讼案件14件，作出判决11件，全部支持检察机关诉讼请求，被诉行政机关均接受法院裁判，积极履行法定监管职责。

办案效果：通过开展破坏草原生态资源行政公益诉讼工作，全区目前已经恢复草原面积52663.144亩，依法办理草原征占用审核审批手续73.97亩，取得了积极成效，检察机关提起公益诉讼的法治价值、政治效果和现实意义得到凸显。一是促进了草原生态行政主管部门及其工作人员依法行政意识的提升。多地党委、政府、人大及相关执法单位主要领导及部分人大代表全程旁听行政公益诉讼案庭审，依法行政的意识和执法水平得到有效提升。二是草原行政公益诉讼试点工作受到了人民群众和社会各界的赞扬和认同。在2017年自治区“两会”上，人大代表、政协委员审议检察院工作报告时，对公益诉讼试点工作高度肯定，499名人大代表按键表决获94.8%的赞成率，创历史新高。苏尼特左旗人民检察院诉苏尼特左旗草原监督管理局不依法履行职责行政公益诉讼案件入选2016年度内蒙古十大法治事件之首。2017年5月，部分全国人大代表视察内蒙古公益诉讼试点工作时对内蒙古公益诉讼工作保护草原等生态资源的成效给予高度评价。三是促进了依法行政和法治政府建设。自治区党委、自治区人民政府关于印发《贯彻落实〈法治政府建设实施纲要〉（2015-2020年）实施方案》中明确，检察机关对在履行职责中发现的行政违法行为进行监督，行政机关应当积极配合。自治区人民政府修订的《内蒙古自治区行政应诉规定》明确，检察机关提起的公益诉讼案件被诉行政机关负责人应当出庭应诉。

二、吉林长白山生态环境和资源保护公益诉讼系列案

背景情况：吉林省作为我国重要的工业基地和商品粮基地，自然资源丰富，生态环境良好，是中国首批生态建设试点省份。长白山自然保护区是吉林省重要的生态保护区域，1980 年就被联合国教科文组织纳入“人与生物圈”计划，是世界著名的生态博物馆和物种基因库，世界 A 级自然保护区，全球 28 个环境监测点之一。因此，保护长白山生态环境对维护东北地区乃至全国的生态环境有重要意义。但是，由于长白山区域的生态、资源保护工作分别涉及延边州、白山市、通化市、吉林市，以及长春林区、延边林区、长白山保护和开发区共 7 个行政区域，行政执法工作在一定程度上存在多头执法、条块分割、责权不清等问题，导致长白山周边损害生态环境和资源保护的行为得不到有效遏制，长白山区域生态资源保护形势比较严峻。

监督情况：经吉林省委同意，吉林省检察院组织延边州、白山市、通化市、吉林市及长春林区、延边林区等六个检察机关，与长白山管委会及有关行政部门协作，共同开展长白山区域生态环境和资源保护检察监督专项行动。吉林省联合成立专项行动领导小组，由副省长隋忠诚和省检察院检察长杨克勤同志担任“双组长”，省政府有关部门、省检察院和长白山管委会、市州政府各确定 1 名负责同志担任领导小组成员。截至 2017 年 5 月 25 日， 全省检察机关通过长白山区域生态环境和资源保护检察监督专项行动，共发现案件线索 284 件，发出诉前程序检察建议 266 件，行政机关接受检察机关建议进行整改 199 件，提起公益诉讼 42 件，全部为行政公益诉讼案件，判决结案 32 件，人民法院全部支持检察机关诉讼请求。

办案效果：通过专项行动，恢复长白山区域林地42.63万亩，恢复湿地40.1万亩，恢复耕地14.7万亩，清理被污染水域3.5万亩，挽回被非法开采的矿产资源总案值700万元，督促关停非法开采矿产资源企业47家，督促关停和整治造成环境污染的企业31家，督促清除处理违法地方的各类生活垃圾9000吨，占地377亩。督促回收和清理生产类固体废物21000吨。同时，促进多家企业转变了生产方式。检察机关通过追究污染者责任，倒逼企业走上持续发展之路。比如，图们市检察院对延边石岘白麓纸业股份有限公司超标排放烟尘、废水污染环境的行为，向市环保局发出检察建议，促使该厂一次性投入1000余万元，对污水处理和烟尘处理设备进行了大规模改造。企业负责人感慨地说："在当前形势下，企业要想长远发展，环保必须放在第一位，检察机关的介入促使我们痛下决心，弥补了污染物处理方面的漏洞，彻底避免了企业发展中的环保风险，对我们来说是个好事。"

三、陕西秦岭生态环境保护专项监督活动公益诉讼系列案

背景情况：陕西秦岭作为我国地理上最重要的南北分界线，既是黄河与长江两大水系的分界线，也是亚热带与暖温带两大气候带的分界线，是我国的国家中央公园，拥有丰富的资源。但是随着山区经济的发展和旅游业的兴起，秦岭的承受能力受到极大的考验，建设违法建筑、非法采矿、非法挖砂、占据河道、污染河水、侵占农田、毁林开荒等现象日益严重，也导致了水土流失面积不断扩大，生物资源遭受破坏，一些重要的生物资源和珍稀动物数量急剧下降。习近平总书记非常关心秦岭生态环境保护问题，多次对秦岭生态保护工作作出重要批示和要求。2017年1月5日，陕西省人大常委会修订了《陕西省秦岭生态环境保护条例》，对秦岭生态环境保护范围内进行的自然资源保护、利用及开发和其他各类建设活动进行明确规定。为贯彻落实习总书记的批示精神和《陕西省秦岭生态环境保护条例》，陕西省检察院部署开展了保护秦岭生态环境专项监督活动。

监督情况：2017 年 4 月 10 日，陕西省检察院下发《陕西省检察机关开展保护秦岭生态环境专项监督活动实施方案》，西安、宝鸡、汉中等涉秦岭地区按照省检察院方案要求，在本地区部署开展了保护秦岭生态环境专项监督活动。目前，专项活动共发现破坏林地非法建设建筑物、构筑物，非法排污、非法采矿和非法堆放垃圾等案件线索件 75 件，破坏林地面积 525 亩，乱堆垃圾 22415 吨。经检察机关审查，向相关行政机关发出督促履行职责检察建议 53 件，其中，向林业部门发出检察建议 39 件，向国土部门发出检察建议 8 件，向乡镇政府发出检察建议 6 件；行政机关及时回复并整改 32 件，还有 10 件未到回复期限。对于经过诉前程序相关行政执法部门仍未依法履职或者纠正违法行为，秦岭生态环境依然处于受侵害状态的，检察机关提起行政公益诉讼 11 件。

办案效果：通过专项监督活动，督促行政机关主动纠正违法行政行为、履行法定职责，促进了依法行政和法治政府建设，有效解决了部分群众关注的秦岭生态保护问题。截至目前，共督促行政执法部门恢复被损国有林地 290 亩，拆除违建 96 处，拆除面积 10760 平方米，修复被损湿地面积 60 亩，督促行政执法部门清除处理违法堆放的各类生活垃圾 15825 吨，使秦岭生态环境和自然资源得到更好的保护。同时，专项监督活动还有效促进了生态保护建章立制。汉中市城固县检察院与县人大法工委、政府法制办、农业局、林业局、水利局、环保局、国土局联合下发了《关于加强生态环境保护领域行政执法监督工作协作配合的若干意见》，汉中市略阳县检察院与县水利局联合下发了《关于加强县域秦岭珍稀水生动物国家级自然保护区生态环境保护的意见》，西安市长安区检察院与区国土局、林业局等行政机关会签了《建立行政公益诉讼联动工作机制》。

四、湖北水资源保护公益诉讼系列案

背景情况：湖北素有“千湖之省”的美誉，是三峡工程库坝区和南水北调中线工程核心水源区，境内水网纵横、湖泊密布，有长江、汉江、清江等大江大河纵贯，水资源十分丰富。2014年，湖北省人大制定了被称为“最严水法”的《湖北省水污染防治条例》，为湖北水资源保护设立了“底线”。2017年1月，湖北省十二届人大第五次会议通过了《湖北省人民代表大会关于大力推进长江经济带生态保护和绿色发展的决定》，为全省推进长江经济带生态保护与绿色发展提供有力法治保障。作为水资源大省，水资源保护在湖北生态环境保护的格局中具有举足轻重的地位。

监督情况：在公益诉讼试点工作中，湖北检察机关充分结合湖北省情，突出湖北特点，严格落实省委、省人大的要求，因地制宜，开展了水资源保护专项保护活动。湖北所确定的9个试点地区全部为长江和汉江流域辖区。针对人民群众反映强烈的突出问题，重点办理无排污许可、超标排污、无环保配套设施、向水体排放毒、油、酸物质等水污染案件，加强对长江、汉江、清江、饮用水源地、各类湖泊的保护。试点以来，共办理水资源领域案件185件，占全部公益诉讼案件的27.1%，其中涉及长江31件，涉及汉江43件，涉及饮用水源水库22件，涉及其他湖泊、河流以及地下水资源的83件，涉及湖泊和河流边的林地6件。针对水资源领域的行政违法或者不作为，共向行政机关发出督促履职检察建议158件，占检察机关发出全部诉前检察建议数的27.2%。接到检察建议书后，70%以上的行政机关积极整改或者履职。对直接侵害水资源的民事主体，向法院提起民事公益诉讼7件。

办案效果：通过开展水资源专项保护活动，有效促进了水资源行政监管部门依法行政，并保护了水资源，促进了水体污染修复。通过检察机关的努力，全省共督促治理恢复被污染的水源地面积8964.1亩，清理污染和非法占用的河道46.3公里，清理被污染水域面积23607.4亩。一些人民群众反响强烈的历史问题，通过检察机关的监督得到了有效解决。在办案过程中，深入企业开展法律服务，帮助企业转型升级，解决污染源头，实现了保护环境、保障经济、服务企业“三赢”效果。通过专项工作，与行政机关形成了维护社会稳定发展的合力。针对有些行政相对人不履行法定义务，甚至抗拒行政机关处罚，严重侵害了社会正常管理秩序的问题。检察机关通过公益诉讼介入后，很多行政相对人因为检察机关震慑力，主动配合行政机关执法。

五、福建督促收取防空地下室易地建设费公益诉讼系列案

背景情况：根据《中华人民共和国人民防空法》规定，人防易地建设费是由社会负担的人民防空经费，专项用于人民防空建设，任何单位和个人不得减收、免收和缓收。福建省检察机关在履行职责中发现，这一领域相关行政部门越权审批、违规审批易地建设人防工程以及怠于追缴易地建设费等问题比较突出。福建省检察遂组织开展督促收取防空地下室易地建设费专项监督活动，加强对国有财产的保护。

监督情况：福建省检察院于2016年5月下发通知，决定在全省范围内组织开展督促收取防空地下室易地建设费专项监督活动。省检察院通过向省人防办通报开展专项监督情况，引起该办高度重视并立即组织专项自查自纠。在督促行政机关自查自纠基础上，认真审核行政机关提交的自查报告，针对存在疑问之处，进一步调查核实情况；针对违法违规现象，要求行政机关先行整改；针对重点环节和难点问题，发出检察建议督促依法履职；针对检察建议发出后，行政机关后续追缴是否完成、补救措施是否到位、执法行为是否合法进行跟踪；对于经督促仍怠于履行法定职责的，及时提起行政公益诉讼。

办案效果：截至 2017 年 6 月，全省各试点地区通过开展督促收取防空地下室易地建设费专项监督活动，共发现公益诉讼线索 198 条，办理诉前程序案件 93 件，相关行政机关主动纠正违法或履行职责的65件。对于行政机关不依法履行职责的，提起行政公益诉讼 9 件，如建宁县院发现该县人防办在对某房地产开发项目、某汽车城项目等工程项目的监管中，存在越权审批、违规审批易地建设人防工程以及怠于追缴易地建设费等问题，经履行诉前程序后，依法提起 3 件行政公益诉讼；松溪县院、政和县院、武平县院也陆续向人民法院提起了相关公益诉讼案件。人民法院已判决结案 6 件，全部支持了检察机关的诉讼请求。移送查办职务犯罪 2 件 3 人。督促收取防空地下室易地建设费 1.1 亿元，已挽回 6388 万元。

诉讼程序典型案例

六、内蒙古自治区林西县人民检察院诉林西县国土资源局行政公益诉讼案

基本案情：内蒙古自治区林西县人民检察院在履行职责中发现，李殿有自 1999 年起与林西县隆平农场、林西县大井镇多次签订沸石开采合同，在未办理采矿许可证及其他相关手续的情况下，在大井镇红星村牧场后山非法开采沸石，每年生产沸石大约 2000 吨，总面积为 28 亩，矿坑最深处达到 7.8 米。林西县国土资源局多次向李殿有下达了责令停产、没收非法开采矿产品并处罚金的行政处罚决定，而违法行为人李殿有上交罚款后，并未停止采矿，林西县国土资源局存在怠于履行职责

行为。

诉前程序：2016年5月31日，林西县人民检察院向林西县国土资源局发出检察建议，督促其全面履行职责。2016年6月16日，林西县国土资源局回函，称已对李殿有的采矿场采取了停电措施，但该局并未对李殿有是否彻底停止采矿监督核实。2016年10月检察机关对林西县国土资源局的履职情况进行实地检查时发现，李殿有仍在开采沸石矿，林西县国土资源局未全面履行职责，未对此矿山地质环境进行有效监管，使国家和社会公共利益仍然处于受侵害状态。

诉讼过程：为保护国家矿产资源，营造良好的矿山地质和生态环境，促进行政机关依法行政，全面履职，维护国家利益。林西县人民检察院于2016年12月9日依法向林西县人民法院提起行政公益诉讼，请求确认林西县国土资源局对李殿有的非法采矿行为未积极履行职责违法，并判令林西县国土资源局继续履行对李殿有非法采矿行为进行监督管理的法定职责。2016年12月23日，林西县人民法院对本案进行了公开开庭审理，查清案件事实后当庭宣判，支持林西县人民检察院的全部诉讼请求，判决确认林西县国土资源局未积极履行职责违法，并判令其对李殿有的非法采矿行为继续履行监督管理法定职责。

案件意义：本案中由于行政机关的怠于履行职责，导致国家资源受到破坏，国家和社会公共利益受到严重的侵害。检察机关通过提起公益诉讼，请求判令行政机关依法全面履职，使国家资源被侵害状态得到彻底停止和治理，有效维护了国家利益和社会公共利益。本案审理中突出了检察机关公益诉讼人的地位，一审判决中明确了检察机关通过抗诉启动二审。

七、安徽省阜南县人民检察院诉阜南县住房和城乡建设局行政公益诉讼案

基本案情：安徽省阜南县人民检察院在履行职责中发现，

自 2000 年以来，在未办理规划立项、用地审批、环境评价等法定手续的情况下，阜南县住房和城乡建设局（期间因机构改革曾先后负责阜南县城市生活垃圾管理工作的还有原阜南县建设委员会、原阜南县市容管理局）将没有任何污染防治措施的阜南县鹿城镇 56.8 亩农用地违法指定为生活垃圾填埋场，十六年间累计堆放生活垃圾 70 余万吨，造成周边环境严重污染。2014 年 3 月 18 日，因该生活垃圾填埋场垃圾渗滤液流入谷河，造成谷河水质污染，阜南县环境保护局向原阜南县市容管理局下达环境监察通知书，责令行政机关依法整改。原阜南县市容管理局未按照通知要求采取措施，继续违法使用生活垃圾填埋场。

诉前程序：2016 年 4 月 20 日，阜南县人民检察院向阜南县住房和城乡建设局发出检察建议书，督促该局纠正违法行为并采取环境补救措施。阜南县住房和城乡建设局于 2016 年 5 月 9 日函复检察机关称已采取相关整改措施。但检察机关核查发现该局仍继续使用该填埋场堆放生活垃圾，也未对填埋场造成的环境污染采取技术性防护治理措施，渗滤液仍通过排涝渠直接流入谷河。经检察机关督促，阜南县环境保护局对填埋场渗滤液及周边水质进行取样检测，检测结果均为劣 V 类。2016 年 5 月 30 日，检察机关邀请环保专家现场勘查，专家意见认为该垃圾填埋场对周边水、大气、土壤等生态环境造成严重污染。

诉讼过程：2016 年 7 月 21 日，阜南县人民检察院向阜南县人民法院提起行政公益诉讼。2016 年 10 月 20 日，阜南县人民法院开庭审理并当庭判决，确认阜南县住房和城乡建设局将阜南县鹿城镇农用地作为生活垃圾填埋场使用的行政行为违法；责令阜南县住房和城乡建设局在 2018 年 12 月 31 日前对涉案垃圾填埋场进行无害化处理，修复区域生态环境。

案件意义：检察机关决定提起行政公益诉讼后，阜南县住房和城乡建设局停止向涉案垃圾填埋场倾倒垃圾，将每日新增垃圾转运至阜阳市垃圾处理厂统一处置。并对原垃圾填埋场实行关闭封场，对场地全部进行修整和新土覆盖、四周加装防护栏、设置拦网；对附近河沟内垃圾进行清理，构筑拦水坝，减少渗滤液流出污染河道，利用槽罐车将收集的垃圾渗滤液送往污水处理厂统一处理等，在一定程度上控制和降低了污染及危害。在落实过渡性应急措施的同时，阜南县住房和城乡建设局还会同阜南县人民政府，向阜阳市环保局作出《关于阜南县垃圾填埋场整改方案的报告》，制定中长期治理目标和整改时限，承诺在 2018 年 12 月 31 日前将剩余存量垃圾全部转移完毕，作卫生填埋处置，对垃圾填埋场进行污染治理和生态修复。本案的成功办理，既促进了行政机关依法行政，更充分发挥了检察机关在推进美丽中国建设、加强生态环境司法保护方面的积极作用，取得了明显的法律效果和社会效果。

八、安徽省芜湖县人民检察院诉南陵县城市管理局行政公益诉讼案

基本案情：安徽省南陵县人民检察院在履行职责中发现，2012 年起，南陵县城管局在未经规划立项、土地审批、环境影响评价等法定程序的情况下，将未建设任何污染防治设施的南陵县籍山镇新河与漳河交汇处堤坝西南侧国有土地设置为建筑垃圾临时堆放点，受纳辖区内建筑垃圾，对周边环境造成严重污染。经南陵县土地开发利用咨询服务站现场勘测，该建筑垃圾堆放点占地面积为 34184 ㎡（约 51.27 亩），南陵县环境监测站《监测报告》检测：涉案建筑垃圾堆放点东南侧水沟废水 PH 值 7.56、化学需氧量（CODcr）320mg/L、氨氮 44.3 mg/L。2017 年 3 月 20 日，南陵县环境保护局出具说明认为，对照地表水环境质量标准（GB3838–2002）V 类水限值，上述监测结果化学需氧量超标7倍，氨氮超标21.15倍。

诉前程序：2016年12月30日，南陵县人民检察院向县城市管理局发出检察建议，但县城市管理局一直未书面回复，也未按照相关要求采取整改措施，社会公共利益持续处于受侵害状态。经安徽省人民检察院批准，芜湖市人民检察院将该案指定由芜湖县人民检察院管辖。

诉讼过程：2017年3月31日，芜湖县人民检察院针对南陵县城市管理局违法履行职责，向芜湖县人民法院提起行政公益诉讼。要求：1. 确认南陵县城市管理局将南陵县籍山镇新河与漳河交汇处堤坝西南侧国有土地设置为建筑垃圾堆放点的行政行为违法；2. 判令被告南陵县城市管理局立即停止组织建筑垃圾向该建筑垃圾堆放点倾倒堆放，对堆放点场内存量垃圾进行无害化处理。芜湖县法院审理后认为，南陵县城市管理局作为南陵县人民政府市容环境卫生主管部门，应依法履行本行政区域内建筑垃圾的管理工作。城市管局在未经规划立项、土地审批、环境影响评价等审批程序的情况下，将没有任何污染防治措施的涉案场地设置为建筑垃圾堆放点，受纳管辖区内建筑垃圾，给周边环境造成污染，其行为违反《中华人民共和国固体废物污染环境防治法》、《中华人民共和国环境保护法》等法律规定。遂判决确认南陵县城市管理局将南陵县籍山镇新河与漳河交汇处堤坝西南侧国有土地设置为建筑垃圾堆放点的行政行为违法，责令南陵县城市管理局在六个月内采取无害化处理，修复区域生态环境等补救措施。南陵县城市管理局当庭表示已加快整改步伐，力争在今年十月份之前启用新的垃圾填埋场，同时对旧的垃圾填埋场进行封场，对堆放的垃圾进行清运。

案件意义：该案庭审期间，最高人民检察院组织部分全国人大代表到芜湖市调研提起公益诉讼改革试点工作情况，芜湖市检察院将该案作为观摩案例，组织全国人大代表进行现场观摩。庭审结束后，全国人大代表对庭审效果做了高度评价，认为此案具有一定的代表性，较好地展示了行政公益诉讼的效果和检察机关的形象，庭审模式可以在一定范围内推广。

九、福建省福清市人民检察院诉福清市国土资源局行政公益诉讼案

基本案情：福建省福清市人民检察院在履职中发现，2014年7月23日，经福清市人民政府批准，福清市国土资源局决定以挂牌交易方式出让2014工业挂–11号地块的国有建设用地使用权。2014年8月21日，源华能源科技（福建）有限公司（以下简称源华公司）竞得该地块的国有建设用地使用权，成交总价为人民币2731.887万元。同日，福清市国土资源局出具融地工业挂牌〔2014〕05号《成交确认书》，要求竞得人源华公司应当在挂牌成交之日起5个工作日内按应交纳的土地出让金总额的60%支付预付款，剩余出让金应在30日内交清；未按时支付的，每迟延一日按迟延支付款项的千分之一向出让人支付违约金，迟延支付时间超过60日的，视为竞得人放弃竞得资格，已缴纳的竞买保证金不予退还，竞得人应按竞得土地价款总额的百分之二十向出让人支付违约金；在挂牌成交之日起5个工作日内与福清市国土资源局签订《国有建设用地使用权出让合同》，不按期签订《国有建设用地使用权出让合同》的，视为放弃竞得资格，已缴纳的竞买保证金不予退还，并承担相应法律责任。截至起诉前，该公司仅缴纳出让金人民币456万元，尚欠2275.887万元未缴纳，且至今未与福清市国土资源局签订《国有建设用地使用权出让合同》。该宗拍卖土地已被源华公司实际使用，并未经审批即已在该地块上搭建了厂房。

诉前程序：2016年4月13日，福清市人民检察院向福清市国土资源局发出检察建议，建议该局依法尽快收回土地出让金及违约金，以避免国有资产的流失，维护国家利益。2016年5月23日，福清市国土资源局函复称：该局已向源华公司发出《催收土地出让金通知书》，因该公司贷款未获批资金困难，至今尚未缴纳。此后，福清市国土资源局未再采取具体措施催缴土地出让金及违约金，涉案土地也未收回，导致国家和社会公共利益处于受侵害状态。

诉讼过程：2016年11月10日，福清市人民检察院以福清市国土资源局为被告向福清市人民法院提起行政公益诉讼。2016年12月29日，福清市人民法院依法公开开庭审理此案并当庭作出判决：确认被告福清市国土资源局不履行对2014工业挂-11号地块国有土地使用权出让管理的行政行为违法。

案件意义：福清市国土资源局作为具体负责国有土地使用权出让管理和征收土地出让金的行政机关，没有认真贯彻落实中央土地政策，不依法履行职责，不仅造成土地出让收入流失，也不利于政府对土地市场的调控，造成国家和社会公共利益受到严重侵害。检察机关提起行政公益诉讼，对监督行政机关依法行政，督促行政机关严格依法履职会起到积极的促进作用。福清市国土资源局在案件判决后，举一反三，对类似案例进行梳理，依法积极履职，挽回国家损失。

十、山东省莱西市人民检察院诉莱西市水利局行政公益诉讼案

基本案情：山东省莱西市人民检察院在履行职责中发现，2014年6月27日，青岛广豪建设工程有限公司取得莱西市日庄镇堤上村小沽河河道采砂权后，长期违法大面积超采。经鉴定，该公司堤上砂场共采砂34万余立方米，超采32万余立方米，价值高达1200余万元。对此，莱西市水利局仅于2014年12月10日认定砂场管理人员张某某超范围采砂75立方米，对其作出罚款5000元的行政处罚，对该公司的其他违法行为却一直未依法履行职责。

诉前程序：2015 年 10 月 28 日，莱西市人民检察院向莱西市水利局发出检察建议，建议其撤销涉案行政处罚决定并对非法采砂行为重新作出行政处罚。莱西市水利局收到检察建议后未在规定时间内纠正违法行为，致使国家利益和社会公共利益仍处于受侵害状态。

诉讼过程：2016 年 8 月 17 日，莱西市人民检察院依法向莱西市人民法院提起行政公益诉讼，请求撤销莱西市水利局涉案行政处罚决定书，并判令该局对涉案非法采砂行为依法履行法定职责。诉讼过程中，莱西市水利局主动撤销了涉案行政处罚决定书，检察机关遂将第一项诉讼请求变更为确认涉案行政处罚决定书违法。2017 年 4 月 11 日，莱西市人民法院对该案进行了公开开庭审理，并于 4 月 21 日作出一审判决，确认莱西市水利局作出的涉案行政处罚决定书违法，并责令其对涉案非法采砂行为依法履行法定职责。

案件意义：该案是全国人大常委会授权检察机关提起公益诉讼后，山东省检察机关首例资源保护领域行政公益诉讼案。案件起诉后，莱西市水利局高度重视，在案件开庭前就已撤销涉案行政处罚决定，在法院判决后更是积极作为，向全局通报了法院的判决情况，并针对判决内容研究部署了具体整改意见和措施，确保案件执行到位。此案一方面保护了国家的矿产资源，维护了国家利益，另一方面也推动了行政机关依法行政，较好体现了检察机关提起行政公益诉讼的价值和意义。

十一、广东省清远市清新区人民检察院诉清新区浸潭镇人民政府公益诉讼案

基本案情：广东省清远市清新区人民检察院在履行职责中发现，2004 年 6 月起，清新区浸潭镇人民政府在没有规划审批，没有环评及工程竣工验收审批等手续的情况下，在浸潭镇白花塱旺洞口村山谷间建设使用垃圾填埋场，底部未做防渗处理和相关防污染设施，也未按标准流程长时间进行填埋垃圾，已经对周边环境造成了较为严重的污染。

诉前程序：清新区人民检察院于2016年3月23日向浸潭镇政府提出检察建议。浸潭镇政府在收到检察建议后，停止使用白花塱垃圾填埋场并作封场，但并未对之前违法填埋的垃圾进行处理。经清新区人民检察院委托环保专家进行环境评估，认为浸潭镇政府虽然采取了一定的补救措施，但仍然存在对周边环境的污染风险。

诉讼过程：清新区人民检察院于2016年10月9日对浸潭镇政府提起行政公益诉讼，请求确认浸潭镇政府建设、使用白花塱垃圾填埋场的行政行为违法，判令浸潭镇政府依法履行职责，防止白花塱垃圾填埋场对周边环境继续造成污染。2017年1月10日，清新区人民法院公开开庭审理本案。2017年3月20日，清新区人民法院作出判决，支持了检察机关的全部诉讼请求。

案件意义：该案的成功办理对清远市行政公益诉讼乃至整个行政检察监督工作产生了积极的意义：一是以公益诉讼为推力，破除外部阻力，最终促进整改措施落实。清新区院对该案立案审查后，即受到来自被监督机关及一些政府部门的“软抵制”。将责任推卸给上任领导，因经济负担大不愿意彻底整改。检察机关引导镇政府从抵触到全力配合整改。镇政府最终彻底关停白花塱垃圾填埋场，投入了将近二千万元进行整改。二是持续监督与精准监督相结合，提升检察机关行政法律监督效果。检察机关通过发出诉前检察建议书，随后又根据行政机关未对检察建议书完全履职提起诉讼，案件判决生效后继续赴现场督促镇政府认真执行判决。检察机关通过持续监督与精准监督相结合，修复了受损的公益，推动了政府依法履职，取得了良好的法律效果和社会效果。

十二、贵州省德江县人民检察院诉德江县国土资源局行政公益诉讼案

基本案情：贵州省德江县人民检察院在履行职责中发现，2011年1月20日，德江县国土资源局将位于德江县青龙镇城南社区面积分别为78134.00平方米（117.2亩）和33333.80平方米（51亩）的两块国有建设用地挂牌出让过程中，经现场竞价后与钦正公司以28050万元的最高成交价签署《成交确认书》，当中约定："竞得人若不在约定时间签订《国有建设用地使用权出让合同》并按合同约定付清全部成交价款的，视为违约，出让人可取消竞得人的竞得资格，履约保证金不予退还。"但钦正公司之后并未依约签订《国有建设用地使用权出让合同》。同年5月18日，德江县国土资源局未经重新组织招拍挂程序，直接按照之前钦正公司的竞买价又与云海公司就以上地块签订《国有建设用地使用权出让合同》。在签订合同时，德江县国土资源局直接将钦正公司之前缴纳的2000万元竞买保证金转为云海公司定金计入所缴出让价款。合同签订后，县国土资源局即将部分土地交受让人开发使用，并将土地拆分违法为受让人办理土地使用权证，而受让人在分三次缴纳了5700万元土地出让金后就再未缴纳，拖欠金额高达2亿余元。

诉前程序：2014年4月10日，德江县人民检察院向德江县国土资源局发出《检察建议书》，要求其依照法律规定和《出让合同》的约定及时收回土地出让金及利息。但该局收到检察建议后，并未采取有效措施追收，云海公司仍然拖欠巨额土地出让金。2016年3月，德江县人民检察院再次向德江县国土资源局发出《检察建议书》，令其自行纠正将钦正公司2000万元定金转作云海公司出让价款的行为，重新确定云海公司所欠出让价款数额、利息及违约金并依法追缴，并纠正为云海公司违法办理国有土地使用权登记和发证手续的行为。但县国土局收到检察机关的检察建议后，一直未依法纠正违法行为，国家利益仍处于受侵害状态。

诉讼过程：2016 年 12 月 9 日，德江县检察院于就德江县国土资源局怠于履行职责的行为，依法向思南县人民法院提起行政公益诉讼，请求人民法院确认被告德江县国土资源局怠于收取云海公司土地出让金的行为违法，并判令被告德江县国土资源局依法履行职责。德江县人民检察院就该案依法提起行政公益诉讼后，德江县国土资源局高度重视，并在开庭之前采取各种措施向受让人追缴土地出让价款 19509.2 万元，在该案开庭后又收回 1190.82 万元。至该案判决时共计收缴 2.07 亿，受让人所欠合同价款全部追缴入库。2017 年 6 月 1 日，思南县人民法院开庭审理对本案作出判决，支持德江县人民检察院的诉讼请求。

案件意义：本案起诉后，行政机关及时采取各种措施将受让人所拖欠的土地出让金足额追缴，持续受到损害长达六年之久的巨额国有资产收缴入库，有效地挽回了国家利益的损失，保护了国有财产的安全。该案办理过程中，德江县人民检察院还针对德江县国土资源局在与云海公司签订《国有建设用地使用权出让合同》时，将钦正公司所交出让宗地定金 2000 万元计入云海公司所缴地价款的案件事实，以德江县国土局工作人员签订合同时玩忽职守导致 2000 万元国有资产流失，向该院职务犯罪侦查部门移送了犯罪线索。

十三、云南省昆明市西山区人民检察院诉西山区城管局行政公益诉讼案

基本案情：云南省昆明市西山区人民检察院在履行职责中发现，西山区城管局于 2015 年 9 月 15 日对古莲弃土消纳场项目作出行政许可，批准西山区城市投资开发有限公司于碧鸡街道办事处西华古莲小组老青山脚设立弃土消纳场，期限为一年。该消纳场经云南省林业调查规划院昆明分院出具植被恢复方案及设计图，批准占地37.53亩用于消纳、处置西山区建设项目产生的工程弃土，消纳场的日常监管及消纳处置工程弃土后植被恢复的过程监督均由西山区城管局负责。由于西山区城管局怠于履行日常巡查检查职责，致使该消纳场从2015年11月至今在审批范围外倾倒渣土达5000余车，同时大肆剥取面山林地表土混同渣土倾倒在审批范围以外，破坏了地表生态环境，造成新的地质灾害安全隐患。虽然西山区城管局曾向古莲弃土消纳场发出要求整改函，但到目前为止该弃土消纳场仍未对超审批范围倾倒的渣土作出任何的整改措施，损害事实与损害后果依旧存在。

诉前程序：2016年11月10日，西山区人民检察院向区城管局发出检察建议书，督促西山区城管局履行法定职责。西山区城管局于2016年12月6日回复称，将对古莲弃土消纳场加强日常监管，督促其进行整改，并在下一步工作中严格执法，但该局至今仍未对涉案弃土消纳场在审批范围外倾倒渣土的行为履行法定职责，致使社会公共利益仍处于受侵害状态。

诉讼过程：2017年4月14日，西山区人民检察院以西山区城管局怠于履行监管职责，向西山区人民法院提起行政公益诉讼。2017年4月14日，西山区人民法院对该案开庭进行了审理，并当庭宣判持西山区人民检察院全部诉讼请求。

案件意义：该案庭审后，云南省省高院组织了法院系统法官，省检察院组织了检察系统干警，西山区检察院邀请人大代表、政协委员、特约检察员，针对该案分组进行了座谈评议会。由于本案违法倾倒与盗采磷矿的事件侵害了滇池周边自然生态环境，使国有矿产资源、自然景观、人文景观遭到破坏，危害到了滇池流域生态自然环境。案件的办理，对于教育和宣传广大群众，根植环保理念，关注和保护生态自然环境有着重要意义。充分体现了检察机关监督行政机关正确履职，推动依法行政，提升执法质量和执法水平的积极作用。

十四、陕西省凤翔县人民检察院诉宝鸡市环保局凤翔分局行政公益诉讼案

基本案情：凤翔县人民检察院在履行职责中发现，自2015年1月1日起，陕西长青能源化工有限公司颗粒物排放每天均超过20mg/m^{3}的地方标准。该企业未规范化处置固体废弃物气化渣，对周围大气造成污染。作为当地环境行政主管部门的宝鸡市环境保护局凤翔分局存在怠于履行职责和滥用职权的情况。

诉前程序：2015年12月3日，凤翔县人民检察院向宝鸡市环境保护局凤翔分局发出检察建议，要求其纠正其怠于履行职责和滥用职权的行为，依法监督陕西长青能源化工有限公司污染物达标排放；依法监督该公司解决气化渣扬尘污染问题；并催缴该公司拖欠的罚款。但宝鸡市环保局凤翔分局并未依法履行职责。

诉讼过程：2016年5月3日凤翔县人民检察院向凤翔县人民法院起诉了宝鸡市环境保护局凤翔分局，宝鸡市人民法院按照指定管辖的规定，指定陈仓区人民法院审理本案。2016年5月11日，陈仓区人民法院作出一审判决，支持了检察机关的诉讼请求，判决确认宝鸡市环境保护局凤翔分局未全面履行对相对人陕西长青能源化工有限公司环境监管职责的行为违法。

案件意义：本案是试点以来陕西省检察机关提起的首例行政公益案件。检察机关向被告凤翔环保分局发出检察建议乃至提起公益诉讼之后，市县两级环保部门领导对此高度重视，立即研究整改，积极采取措施追缴罚款，督促企业建设除尘设施设备，法院判决时，陕西长青能源化工有限公司除尘设施设备已经达标运行，检察机关起诉宝鸡市环境保护局凤翔分局要求其认真履行监管职责目的已经达到，取得了较好的社会效果。

十五、甘肃省永登县人民检察院诉永登县农林局行政公益诉讼案

基本案情：甘肃省永登县人民检察院在履行职责中发现，2011 至 2015 年之间，永登蓝天石英砂有限公司、刘占仁、把玉丰等 24 人在奖俊埠林区内，擅自改变土地用途，故意损毁林地、非法采矿，毁坏国家天然林保护工程范围内林地 434.46 亩，造成了严重的生态环境破坏。经甘肃省价格认证中心鉴定，造成经济损失共计 46972306.36 元。虽然有关人员被追究刑事责任，但永登县奖俊埠林场及其行政主管单位原永登县林业局并未对被损毁林地进行修复，也未对造成的损失予以追回。

诉前程序：永登县人民检察院于 2013 年 4 月 25 日向原永登县林业局发出过检察建议，建议该局采取行政和法律手段，依法挽回损失，但该局未予整改。开展公益诉讼试点工作后，永登县院通过实地调查和走访，发现被损毁的林地仍未修复，国家利益和社会公共利益仍处于受侵害状态，遂于 2016 年 3 月 25 日决定立案审查，于 3 月 29 日再次向永登县农林局发出检察建议。但永登县农林局仍未对不履行职责行为进行纠正。

诉讼过程：2016 年 8 月 11 日，永登县人民检察院根据甘肃省集中管辖的有关规定，向兰州铁路运输法院就永登县农林局不履行法定监管职责提起行政公益诉讼。2017 年 1 月 17 日，兰州铁路运输法院对该案作出判决，责令被告永登县农林局依法履行法定监管职责，于判决生效后追回损失，恢复奖俊埠林地的受损植被。

案件意义：判决后，永登县农林局积极开展补救性异地恢复。本案是试点以来甘肃省检察机关首例环境资源保护领域行政公益诉讼案件。案件的成功办理，法律意义和社会意义都十分明显。在检察机关内部，此案为同类案件的办理提供了有益经验。行政机关负责人出庭，明确表示在今后的工作中将更加重视和主动接受检察机关的监督。旁听庭审的群众认为，此案激发了社会公众的环保共识，增强了社会公众对检察机关依法监督的信心。

十六、江苏省徐州市人民检察院诉徐州市鸿顺造纸有限公司民事公益诉讼案

基本案情：2013 年 4 月 27 日，徐州市鸿顺造纸有限公司（以下简称为鸿顺公司）因偷排废水、污水处理设施不正常运转等违法行为被环保部门查处。2014 年 4 月 5 日至 6 日，鸿顺公司将未经处理的生产废水 600 吨排入苏北堤河。2015 年 2 月 24 日至 25 日，该公司将未经处理的生产废水 2000 吨直接排入苏北堤河。

诉前程序：2015 年 8 月 26 日，徐州市铜山区人民检察院在履行职责过程中发现鸿顺公司违法排放废水线索，遂立案进行调查，后于 2015 年 9 月 25 日经徐州市人民检察院先行批准并层报至最高人民检察院审查批准。根据最高人民检察院《检察机关提起公益诉讼试点方案》要求，检察机关在向法院提起公益诉讼之前，应当督促、支持符合法律规定的社会组织提起公益诉讼。徐州市人民检察院依法向我市符合提起民事公益诉讼条件的三家社会组织发出了督促起诉意见书，但三家社会组织均以不具备开展公益诉讼的能力为由未能提起诉讼。

诉讼过程：2015 年 12 月 22 日，徐州市人民检察院向徐州市中级人民法院提起民事公益诉讼。2016 年 4 月 11 日，徐州市中级人民法院经公开开庭审理此案，徐州市人民检察院依法派员出庭履行职务，鸿顺公司的代理人当庭发表了代理意见。徐州市中级人民法院当庭宣判，支持了公益诉讼人的全部诉讼请求。2016 年 4 月 21 日，徐州市中级人民法院作出一审判决：鸿顺公司于该判决生效后三十日内赔偿生态环境修复费用及生态环境受到损害至恢复原状期间服务功能损失共计人民币105.82万元，支付至徐州市环境保护公益金专项资金账户；鸿顺公司于该判决生效后十日内支付公益诉讼人为本案支付的合理费用人民币3000元。案件受理费14320元，由鸿顺公司负担。2016年12月23日，江苏省高级人民法院作出终审判决：驳回鸿顺公司上诉，维持原判。

案件意义：公益诉讼人的全部诉讼请求得到了法院判决的支持，取得了良好的法律效果和社会效果。鸿顺公司委托代理人表示，检察机关提起民事公益诉讼，对公司管理人员和广大员工的触动很大，在今后的工作中将高度重视环保设施的投入，切实保障环保设施的有效运行，自觉接受行政机关和检察机关的监督。旁听群众认为，此次庭审激发了社会公众的环保热情，增强了社会公众自觉维护生态环境的现代公民意识。中央电视台、新华社、检察日报、新华日报等20余家媒体现场进行了采访报道。

十七、湖北省十堰市人民检察院诉周克召民事公益诉讼案

基本案情：2012年4月，周克召经郧西县工商行政管理机关登记注册为个体工商户后，在郧西县城关镇红庙村经营日用百货和散装食品。2014年初至2015年5月，周克召在未履行食品进货查验、索证索票制度的情况下多次以低于郧西县盐业专营价格从周协桥处购进大量规格为350克/袋（批号B20141222A4B）、500克/袋（批号CZ201401020）和100斤/袋（无批号）包装的假冒“云鹤”牌精致碘盐，批发给个体工商户王佑斌、周绍立、兰银德等人销售及用于自己商店零售。2015年5月，郧西县盐务管理局在开展全省盐业市场统一检查行动中，在郧西县城关镇红庙村、王家坪社区部分商店经营户、居民家中发现疑似假冒“云鹤”牌精致碘盐。经湖北省云鹤盐业包装有限公司鉴定，扣押的“云鹤”牌食用盐为假冒“云鹤”注册商标产品。2015年9月10日，郧西县公安局委托十堰市产品质量监督检验所对郧西县工商行政管理局从王佑斌、周绍立、兰银德处扣押的假冒“云鹤”牌精致碘盐产品质量进行检验，经检验所检项目中碘含量为零，氯化钠低于标准要求，均为不合格产品。2016年2月5日，周克召因犯销售不符合安全标准的食品罪被郧西县人民法院判处有期徒刑一年缓刑二年，并处罚金50000元。周克召共计购进并销售假冒“云鹤”牌食盐34.07吨，案发后被郧西县工商行政管理局和盐务管理局扣押收回12.447吨，经销售后流入市场未收回的假冒食盐有21.623吨。郧西县是湖北省碘缺乏病分布地区，根据郧西县疾控中心和湖北医药学院专家意见，长期食用缺碘食盐，足以造成人体严重食源性疾病。

诉前程序：2016年10月11日，十堰市人民检察院向湖北省消费者委员会发出检察建议，建议其根据《中华人民共和国民事诉讼法》第五十五条、《中华人民共和国消费者权益保护法》第四十七条的规定，对周克召销售假冒碘盐侵犯众多消费者合法权益、损害社会公共利益的行为提起民事公益诉讼。湖北省消费者委员会在收到检察建议书后一个月内既未书面回复也未提起诉讼，社会公共利益持续处于受侵害状态。

诉讼过程：2016年12月5日，十堰市人民检察院向十堰市中级人民法院提起民事公益诉讼。请求：1. 判令被告周克召消除危险，收回由其销售的尚未被食用的假冒碘盐并依法处置，消除食品安全隐患；2. 判令被告周克召通过公开媒体向社会公众赔礼道歉。2017年3月28日，法院判决支持了检察机关的全部诉讼请求。被告当庭对自己的行为表示道歉，服从判决不上诉。

案件意义：食品安全关系千家万户。本案中，流入市场的假冒碘盐未及时收回，数量大，涉及范围广、人口多，存在危害公众身体健康的重大食品安全隐患。检察机关提起民事公益诉讼，要求被告回收其已销售的尚未被食用的假冒碘盐并交由盐业部门处置，既能有效消除食品安全隐患，同时要求被告通过媒介向社会大众公开赔礼道歉，能够对其他社会主体产生警示意义。

诉前程序典型案例

十八、北京市住房和城乡建设委员会不依法履行职责案

基本案情：北京市延庆区人民检察院在履行职责中发现，北京新航建材集团有限公司延庆康庄分公司、北京生辉腾跃园林绿化工程有限公司无资质开设混凝土搅拌站并进行生产。早在 2014 年 4 月 21 日，北京市住房和城乡建设委员会就已经将北京新航建材集团有限公司延庆康庄分公司、北京生辉腾跃园林绿化工程有限公司列入无预拌商品混凝土专业企业资质的搅拌站名单，并曾在 2015 年对其采取过关停措施。但由于关停措施执行不到位，从 2016 年 3 月起，两企业又在未办理任何资质审批与环保验收的情况下暗自恢复生产，严重污染环境。根据《北京市大气污染防治条例》等相关规定，市住建委作为关闭不符合要求混凝土搅拌站的主责机关，对已被关停的无资质搅拌站重新非法生产销售预拌商品混凝土，存在未依法履行职责的情形。

诉前程序：经北京市人民检察院指定，延庆区人民检察院于 2016 年 11 月 14 日向市住建委发出诉前检察建议，要求市住建委依照相关法律、法规及规范性文件，积极履行法定职责，对北京新航建材集团有限公司延庆康庄分公司、北京生辉腾跃园林绿化工程有限公司依法进行查处，并在日常执法工作中加

大对混凝土搅拌站的查处力度，对违法行为及时发现、及时处理，通过依法履行监管职责，切实落实北京市清洁空气行动计划，为首都大气污染治理尽到应有的责任。

行政机关整改情况：2016 年 12 月 14 日，市住建委回函表示，收到检察建议后，市住建委领导高度重视，并按照《北京市人民政府关于印发北京 2013–2017 年清洁空气行动计划重点任务分解 2016 年工作措施》和《北京市大气污染综合治理领导小组办公室关于进一步做好混凝土搅拌站治理整合与绿色生产管理工作的通知》要求，于 2016 年 11 月 23 日向延庆区政府发送《关于关停无行政许可搅拌站的函》，要求对两个站点非法生产销售预拌商品混凝土的行为进行调查处理，限期关闭，确认为违法建设的，应予以拆除。两家搅拌站已于 12 月 1 日停止生产并拆除主要生产设备。

检察机关在提起行政公益诉讼之前发出检察建议，就是督促负有监督管理职责的行政机关积极履行职责，保护国家利益和社会公共利益。本案中，从检察建议送达到行政机关积极采取有效措施督促两家无资质搅拌站主要生产设备全部拆除仅仅一个月的时间，充分体现了诉前检察建议的监督效果。

此案通过各级电视台和相关网络媒体的跟踪报道，对延庆区环境的治理和保护起到了积极作用，而且对北京大气污染防治工作的推进起到了助力效果，体现了检察机关在促进首都环境治理和保护中的作用。

十九、北京市通州区城市管理综合行政执法监察局等单位不依法履行职责案

基本案情：2016 年 10 月 16 日，环境保护部公开通报了对北京市重污染天气应急响应的专项督查情况，其中明确指出通州区存在部分工地未按要求实施停工，扬尘污染没有得到有效控制的问题。北京市人民检察院指令通州区人民检察院对该通报中涉及通州区的相关情况进行调查，并将该案作为北京市检察机关行政检察部门开展大气污染防治专项监督活动扬尘专项监督的线索进行挂牌督办。通州区人民检察院经调查核实发现，在2016年10月14日至10月16日本市空气重污染黄色预警期间，通州区七处施工工地未按规定采取抑尘措施，《通州区空气重污染应急预案》的执行未落到实处，相关行政机关未依法履行职责。

诉前程序：2016年10月28日，通州区人民检察院依法向通州区城市管理综合行政执法监察局、通州区环境保护局发出检察建议，要求区城管执法局积极履行监管职责，尽快对扬尘违法行为依法进行查处，要求区环保局切实履行组织协调职责，确保《通州区空气重污染应急预案》执行到位、落到实处。

行政机关整改情况：收到检察建议后，两行政机关高度重视，立即行动。通州区城市管理综合行政执法监察局迅速启动针对违法行为的查处程序，责令涉案工地限时整改，对施工裸露地面、易产生扬尘的沙土、水泥等物料全部加以苫布覆盖，并依法对相关责任单位和个人作出行政处罚，共处以罚款17万元。同时，该局各执法队实行24小时值班制，不断加强巡查和盯守力度，确保扬尘污染问题的发现和查处不留死角。通州区环境保护局通过增设微信、官网、电视、报纸等渠道拓宽下达预警指令的途径，根据黄、橙、红不同预警级别设立逐级严格的检查措施，确保各项应急措施落实到位。同时，该局加快完成对《通州区空气重污染应急预案》的修订和《通州区环境保护工作职责分工》的编制工作，并提交区政府常务会议进行了审议通过。根据完善后的应急体系，区重污染应急领导小组成员范围从现有的30个部门增加至53个，应急指挥部成员级别提升至区长亲自担任总指挥。各相关单位的环境保护工作职责得到进一步明确，针对预警指令传达不到位、应急职责履行不到位、应急措施落实不到位等情形，将根据责任追究机制对相关单位和人员进行问责。通过上述措施，通州区在空气重污染预警期间发生的施工扬尘等环境违法行为被有效遏制，相关应急预案的执行机制也得到了进一步强化，有力地配合了北京的大气污染防治工作，维护了首都的蓝天白云。

二十、吉林省白城市莫莫格自然保护区管理局等单位不依法履行职责案

基本案情：吉林省人民检察院在履行职责中发现，根据省林业厅移送的航拍资料显示，莫莫格湿地保护区表层土及植被受到严重破坏，大量地区出现沙化现象，存在未及时将非法取土破坏生态环境案交白城市人民检察院办理的情况。吉林省莫莫格国家级自然保护区面积共 14.4 万公顷，分布于镇赉县东部的嫩江泛洪区及洮儿河、二龙涛河流域，是吉林省最大的湿地保留地。

白城市院迅速与镇赉县院成立了专案组，开展全面调查发现，嫩江泛洪区属于莫莫格保护区的缓冲区，表层土土壤呈中性，没有污染，不易产生病虫害，非常适合水田育苗用。非法取土人员在冻土期组织专业车辆铲除地表植物后取土，用大型运输车运至保护区外囤积，直接销售或贩运倒卖到周边地区牟利。根据航拍资料和实地踏查比对，保护区内被破坏的湿地面积达 39670 公顷，对生态环境造成了严重破坏。

诉前程序：2015 年 11 月 16 日，镇赉县人民检察院向镇赉县国土资源局、畜牧业管理局、芦苇湿地管理总站、农机管理总站发出 4 份检察建议，随后白城市院向镇赉县政府、莫莫格自然保护区管理局发出检察建议，要求依法履行监管职责，立即采取有效措施，制止非法取土破坏湿地的行为。

行政机关整改情况：接到检察建议后，镇赉县委、县政府高度重视，成立了专项整治工作领导小组，制定了《镇赉县开展嫩江湿地非法取土行为专项整治工作实施方案》。县政府组织召开20多家相关行政执法单位参加的现场会，落实集中整治工作任务。通过开展“雪地风暴行动”，集中打击机械推土、铲土行为。县政府针对保护区内通行路口较多及可能存在暴力冲突的情况，组织公安、交通、农机、国土、畜牧、农业、芦苇等部门近百名工作人员，成立8个组，在嫩江流域各个主要路口昼夜设卡拦截；莫莫格保护区管理局成立4个执法小组，在湿地内各交通要道设立7个禁土卡点，严禁运土车辆通行，切断了对外销售的途径。同时设立3个机动巡护小组，分白班和夜班轮流巡护蹲守，对重点村屯逐一排查，实现了点、线、面立体结合的保护态势。在镇赉县东部四乡镇一场及周边村屯发放宣传单3万份，设立非法取土专项整治通告牌三座。各监督管理部门各司其职，共办理案件18起，扣押涉案车辆13台，查处违法行为51人，劝阻取土行为129起，截获湿地土方近8000立方米。截止2016年3月，通过检察机关督促集中整治，莫莫格湿地保护区倒卖湿地表层土的非法行为得到了有效遏止。

二十一、山东省高密市国土资源局与土地经营开发管理办公室不依法履行职责案

基本案情：高密市检察院在履行职责中发现，2005年8月17日，高密市城市建设投资开发有限公司（以下简称城投公司）以2249万元人民币报价竞得编号为2005–2–4的国有建设用地使用权。同日，城投公司与高密市国土资源局、土地经营开发管理办公室签订《国有土地使用权出让合同》，约定：城投公司应在2005年10月17日之前付清全部款项，如不能按时支付，每日按迟延支付款项的0.5‰缴纳滞纳金。经查，相关行政机关未依法履行职责。截至2015年7月23日，城投公司仍拖欠国有土地出让金1699万元。

诉前程序：2015 年 8 月 10 日，高密市检察院分别向高密市国土资源局和土地经营开发管理办公室发出检察建议，建议其采取有效措施向城投公司追缴剩余 1699 万元国有建设用地使用权出让金及相应滞纳金，若城投公司在 30 日内仍未按规定交纳，建议其按照民事诉讼法相关规定向高密市法院提起诉讼。

行政机关整改情况：高密市国土资源局和土地经营开发管理办公室收到检察建议后，立即组成联合工作组，积极采取送达催缴通知书等有效措施，向城投公司追缴剩余国有建设用地使用权出让金及滞纳金。两部门分别于 2015 年 10 月 15 日、10 月 19 日将出让金催缴情况回复高密市检察院。通过检察监督，相关行政机关积极催缴，城投公司已将拖欠的 1699 万元国有土地出让金及滞纳金全部缴清，有效防止了国有资产流失，维护了国家利益。

二十二、广东省广州市南沙区国土资源和规划局、广州市国土资源和规划委员会不依法履行职责案

基本案情：广东省广州市南沙区人民检察院在履行职责中发现，1999 年 11 月 26 日，原广州南沙经济技术开发区国土办公室与苏州市康苏助剂有限公司（以下简称康苏公司）签订《国有土地使用权出让合同》，将位于南沙开发区深湾水库北侧面积为 65993 平方米的土地出让给该公司用于建设南沙永久墓园，土地出让金总额为人民币 4170.7576 万元。后由于该公司被依法注销，其股东决议成立清算组，清算组与广州玉德堂陵园有限公司（以下简称玉德堂公司）签订了转让协议，将本宗用地转让给玉德堂公司，由其履行土地出让合同的权力和义务。经核查档案资料，康苏公司缴交给原南沙管委会国土办和国土处土地出让金 915 万元，至今该项目仍欠缴土地出让金 3255.7576 万元、滞纳金 3255.7576 万元，故玉德堂公司拖欠土地出让金及滞纳金共计6511.5152万元。此外，玉德堂公司还存在超出土地出让合同约定四至范围修建墓地经营销售的问题。

诉前程序：2016年9月5日，南沙区人民检察院向南沙区国土资源和规划局发出检察建议，建议其对玉德堂公司拖欠土地出让金事宜进行清查，采取有效措施挽回国有土地资产的损失，维护国家对国有土地使用权的合法权益。

行政机关整改情况：南沙区国土资源和规划局、广州市国土资源和规划委员会采纳了检察建议，并分别进行了回复。在广州市国土资源和规划委员会的督导下，南沙区国土资源和规划局采取了一系列履职措施。2016年11月4日，南沙区国土资源和规划局就玉德堂公司违规用地问题发出了《行政处罚决定书》和《行政罚款缴款通知书》，责令玉德堂公司退还非法占用的22229.21平方米土地，没收其在符合土地利用总体规划的21641.52平方米土地上的新建的建筑物和其他设施，对非法占地行为处以229002.30元罚款。2016年11月17日，玉德堂公司开始对不符合土规的建筑物进行拆除，229002.30元罚款也已经缴清。对符合土地利用总体规划的土地上的新建的建筑物和其他设施移交属地南沙街道办事处进行管理。对玉德堂欠缴的土地出让金和滞纳金问题，也拟定解决方案并报南沙管委会和区政府审议。

该案是南沙区人民检察院严格按照最高人民检察院试点方案要求办理的行政公益诉讼案件，涉案标的额大，是广州地区第一个涉及国有土地使用权出让的诉前程序案件。该案发出诉前检察建议后，引起了行政主管部门的重视，督促负有管理职责的行政单位及时进行了纠正和履职，较为全面的实现了检察建议的内容，国家和社会公共利益得到有效保护，取得了良好的法律效果和社会效果。

二十三、贵州省册亨县国土资源局不依法履行职责案

基本案情：贵州省册亨县人民检察院在履行职责中发现，2014年10月，贵州省环保厅在对贵州华金矿业有限公司进行现场检查时发现，该矿未按要求建设干排渣相关设施，浮选尾渣使用的原尾矿库未严格按照二类场进行整改，遂对该矿下达了责令改正违法行为的决定书，省环保厅、公安厅将该案列为挂牌督办的环境违法案件。2016年11月10日、2017年1月11日，册亨县检察院办案人员先后两次到贵州华金矿业有限公司华金金矿的矿区内进行查看时发现，该矿区开采面以上山岩岩石裸露，被开采的矿点已经被挖的坑坑洼洼，冶炼废渣在开采的地面上随处可见。经调查了解，该公司被省环保厅责令整改后一直停产至今，但矿区内大面积被毁损的土地并未得到及时恢复。2014年编制的《册亨县丫他华金金矿土地复垦方案报告书》中华金矿业被对所破坏的土地进行复垦，对矿区地质环境进行治理的要求亦未得到落实，造成土地毁损、水土流失严重，生态环境遭到破坏。

诉前程序：2017年1月16日册亨县人民检察院向册亨县国土资源局发出督促履行职责的检察建议，要求县国土局督促华金金矿对所涉矿山进行恢复治理。在发出检察建议后，检察机关将该案作为破坏生态环境资源的重点督查案件，加强对行政机关履职情况的监督，定期到矿区对整改情况进行核实。

行政机关整改情况：收到检察建议后，册亨县国土资源局高度重视，积极落实对华金金矿的复垦工作，成立专门的矿山恢复治理工作小组负责华金金矿矿山恢复治理工作的日常监督，督促华金金矿聘请有资质的公司编制治理方案，并严格按照方案具体要求对被毁损的矿山进行了全面修复。2017年3月23日，册亨县国土资源局邀请贵州省地质环境监测院、贵州省地质矿产开发局114地质大队及贵州省地矿局109地质大队

的工程师组成专家组对册亨县华金金矿矿山地质环境保护与恢复治理项目进行了合格验收。此次矿山恢复治理工程册亨县华金金矿共投入资金900余万元，完成坡面清理6000立方、采坑回填15000立方、台阶开挖5000立方、排水沟410立方，种植桉树、松等树种30000余株，攀援植物20000余株，草种3000公斤、客土运输50000立方，达到了矿山恢复治理的目的。同时为夯实、巩固矿山恢复治理效果，册亨县检察院再次与县国土资源局的主要领导进行沟通，建议县国土局继续抓好对华金金矿业主此次矿山恢复治理的后续监督，防止栽种的植物在正常的生长周期内因管护不力而死亡。

二十四、云南省昆明市空港经济区管理委员会不依法履行职责案

基本案情：2008年7月开始，昆明三农农牧有限公司（以下简称三农公司）550亩标准化生猪养殖生产基地建设项目未经环保部门验收即擅自投入使用，从事生猪养殖。该项目部分废水防治设施停运、部分养殖户将生产、生活污水管偷排进雨水管或初期雨水塘、违法将中水（沼液）用于绿化和农灌、“三防”设施不完善。经媒体报道后，2016年5月昆明市环保局对三农公司下达《责令改正违法行为决定书》，6月进行行政罚款处罚，同月底云南省环境保护厅对上述环境问题向昆明空港经济区管理委员会下达督办通知。但三农公司生产基地建设项目一直未完成项目竣工环保验收，上述违法行为仍然持续，对周边的七里湾大龙潭水源地等地下水和地表水系造成严重污染，环境污染隐患未彻底消除。

诉前程序：2016年10月，昆明市官渡区检察院向昆明空港经济区管理委员会提出检察建议，要求其依法履行职责，督促三农落实三项环评对策措施，切实保证大树营村第三村民小组饮用水安全，尽快完成项目竣工环保验收。昆明空港经济区管理委员会（以下简称空港管委会）收到检察建议后高度重视，及时安排布置相关部门逐一整改，通过综合整治以及对三农公司养殖生产进一步规范，小哨片区的环境安全隐患初步得到控制，环境质量得到较大改善。另外，空港管委会采取车辆送水和新建饮用水管的方式，确保了当地村民饮用水安全，为从根本上彻底消除突出环境问题及安全隐患，同时保持昆明猪肉消费市场的稳定，空港管委会一方面采取有力措施有计划地减少三农公司的生猪存栏数，另一方面启动该片区整体拆迁改造工作。截至 2017 年 5 月 2 日，三农公司生猪存栏数由原来 80000 余头逐步削减至 4000 余头，为彻底关闭养殖项目奠定基础。当前，已经成立滇中临空产业园（小哨哨峰山片区）征地拆迁安置工作指挥部，筹措资金 2.5 亿元，与 182 户加盟养殖户签订了《拆迁补偿协议》，占 98.94%，农户已交验房屋 161 户，拆除 142 户。

行政机关整改情况：诉前程序既是提起行政公益诉讼的必经程序，也是检察机关对行政违法行为进行监督的重要方式。本案是自 2015 年 7 月公益诉讼试点工作以来昆明市办理的影响较大的环境类诉前监督案件，对办理诉前程序监督案件起到了很好的典型示范作用。官渡区人民检察院在办理案件过程中高度重视行政公益诉讼诉前程序工作，力争提出检察建议“准”和“快”，且在发出检察建议后，办案力度持续不减，继续跟进掌握行政职责履行情况，确保国家利益、公共利益保护取得实际效果。通过诉前程序，行政机关依法积极履行职责，消除了污染隐患，取得了良好办案效果。

二十五、甘肃省阿克塞县环保局不依法履行职责案

基本案情：阿克塞县人民检察院在办理阿克塞宏大石棉销售有限公司“3·7”爆炸案件过程中，发现该县红柳沟石棉矿区污染事件涉及环保部门怠于履行监管职责，导致矿区内环境污染和生态破坏严重。该县环保部门对未取得环境影响评价文件的 17 家石棉开采企业，虽多次要求限期补办环评手续并通知整改，但对逾期未补办环评手续并予整改的企业，未进一步采取有效行政监管措施，导致污染问题未予解决，国家和社会公共利益仍处于受侵害状态。

诉前程序：2015 年 12 月 5 日，阿克塞县人民检察院经多次到矿山调查取证后，针对该问题向县环境保护局发出检察建议，建议该局依法对阿克塞县红柳沟矿区未依法取得环境影响评价文件的石棉开采企业予以关停，并进一步履行监管职责。

行政机关整改情况：阿克塞县环境保护局于 2015 年 12 月 17 日通知各石棉矿采选企业停产整改。2016 年 1 月 30 日，阿克塞县政府经研究决定，对石棉矿区存在的环境污染问题的企业依法予以关停，并要求：被关停的企业从即日起停止一切生产活动；工商部门从即日起吊销被关停企业的营业执照；供电部门停止对被关停企业供电；被关停企业要恢复生产，必须按照国家相关产业政策和《中华人民共和国环境影响评价法》等要求，办理相关审批手续以后方可生产；环保、生产、发改、工信和监察部门负责监督被关停企业的落实情况；对阻扰、抗阻关停工作的单位和个人，将依法严肃处理。对产生严重后果、构成犯罪的依法追究刑事责任。至此，该起案件已通过诉前检察建议取得了实质效果。

二十六、江苏省昆山市人民检察院支持中华环保联合会对江苏长青农化股份有限公司等提起民事公益诉讼案

基本案情：2011 年 11 月至 2013 年 5 月，江苏长青农化股份有限公司故意逃避环保监管，多次将在生产农药过程中产生的化工危险废物交由并无危险废物处理资质的张秀娣等人非法处置，从扬州辗转运到昆山，倾倒至昆山市淀山湖镇垃圾填埋场西北角。其中 2013 年 3 月至 5 月，共倾倒铁桶装的化工残渣100余吨，造成当地环境严重污染。

支持起诉情况：检察机关先后深入上海市、扬州市、南通市、山东省、建湖县等地补充调查，深入企业调取鉴定样本。通过鉴定比对，以农药产品残渣的特征性因子为依据，锁定污染源头企业即江苏长青农化股份有限公司。在与中华环保联合会达成《合作框架协议》的基础上，2016年4月27日，昆山市人民检察院向中华环保联合会发出支持起诉意见书，支持其作为原告，对江苏长青农化股份有限公司、张秀娣等污染环境行为提起民事公益诉讼。

法院审判情况：2016年5月6日，苏州市中级人民法院对该案受理立案。该案历经三次庭前协调会、十余次谈判、专家论证等环节，综合评定损害范围与责任，确保修复方案的科学性。由于江苏长青农化股份有限公司系上市公司，对扬州市经济发展具有重要作用，检察机关以恢复性司法和预防性司法理念为指导，兼顾环境修复目的和促进非公有制经济健康发展。11月17日，在苏州市中级人民法院的主持下，案件双方达成《监管意见书》，江苏长青农化股份有限公司承担淀山湖镇垃圾填埋场污染事件的全部修复责任，一次性预付环境修复费用、应急处置费、生态环境补偿金等（合计52558733.7元），直至由案件引发的环境污染问题得到彻底解决。11月21日，五千余万元相关修复费用全部到账。昆山市淀山湖镇人民政府组织实施环境修复工程，昆山市环境保护局选聘专业检测机构同步实施验收，中华环保联合会委派专家全程参与环境修复和验收工作，检察机关持续跟进污染场地环境修复监督，严格确保达到生态环境修复的标准。

部分新闻链接

1. 人民日报 2017 年 7 月 3 日报道《检察机关提起公益诉讼制度全面实施》。

2. 新华社 2017 年 6 月 30 日报道《7 月 1 日起所有检察机关均可提起公益诉讼》。

3. 中央人民广播电台 2017 年 6 月 30 日报道《我国将全面实施检察机关提起公益诉讼制度》。

4. 中央电视台 2017 年 6 月 30 日报道《检察机关提起公益诉讼制度：试点两年挽回直接经济损失 89 亿》。

5. 中国青年报 2017 年 7 月 1 日报道《7 月 1 日起所有检察机关均可提起公益诉讼》。

6. 法制日报 2017 年 7 月 1 日报道《最高检发布 26 个公益诉讼典型案例巨额国有资产诉后被收缴入库》。

最高检机关全面运行司法办案新机制

最高人民检察院通报深化司法责任制改革情况

发布时间： 2017 年 9 月 29 日 10:00

发布内容： 通报最高检机关深化司法责任制改革、开始运行新的司法办案机制的有关情况

发布地点： 最高人民检察院电视电话会议室

主 持 人： 最高人民检察院新闻发言人　肖玮

出席嘉宾： 最高人民检察院案件管理办公室副主任　刘志远[①]

最高人民检察院司法体制改革领导小组办公室副主任　高景峰

① 现任中国检察出版社总编辑。

主题发布

肖 玮

各位记者朋友，大家上午好！欢迎参加最高人民检察院新闻发布会。今天新闻发布会的主题是“最高人民检察院机关全面运行新司法办案机制”，主要有两项议题：一是向大家介绍高检院机关即将运行的司法办案新机制；二是回答各位记者朋友关心的问题。出席今天发布会的是最高人民检察院案件管理办公室刘志远副主任和司法体制改革领导小组办公室高景峰副主任。下面，我先向大家通报有关情况。

为全面落实司法责任制改革，构建权责明晰、监管有效、保障有力的检察权运行新机制，经中央批准，10 月 1 日起，最高人民检察院机关将正式运行新的司法办案机制。上周五，高检院召开机关全面推进检察官办案责任制动员部署会，曹建明检察长在会上对落实高检院机关办案责任制改革、运行新的司法办案机制进行全面动员部署，并明确要求从下个月起，高检院机关按照新的检察权运行机制来办理案件，真正做到“谁办案谁负责、谁决定谁负责”，为全国检察机关树立标杆。

一、运行新司法办案机制的背景

司法责任制改革是司法体制改革的核心，其根本要求是遵循司法亲历性和权责一致性规律，进一步明确检察官办案主体地位，使检察官既成为司法办案的主体，也成为司法责任的主体。习近平总书记把司法责任制改革称为司法体制改革的“牛鼻子”，并反复强调要抓好抓实。党的十八届四中全会也明确提出，“完善主审法官、合议庭、主任检察官、主办侦查员办案责任制，落实谁办案谁负责”。

自本轮改革实施以来，中央一直把落实司法责任制改革作为司法体制改革的重中之重来谋划和推进。为贯彻落实中央部署，经中央全面深化改革领导小组第15次会议审议通过，最高人民检察院于2015年9月正式发布《关于完善人民检察院司法责任制的若干意见》。目前，全国检察机关司法责任制改革已经进入全面实施阶段。

在充分调研论证和总结地方经验的基础上，2017年6月高检院机关正式启动司法责任制改革。院党组高度重视、周密部署，共召开7次会议研究部署高检院机关司法责任制改革。各部门认真调研，反复论证，积极做好准备工作。在党中央有力领导和高检院党组有力推动下，高检院顺利完成了机关首批检察官入额遴选工作，同时制定了一系列改革文件，基本形成了司法责任制改革较为完整的制度框架，为全面推进检察官办案责任制奠定了良好基础。

在前期准备工作完成后，改革就要步入司法责任制这一系统工程的最核心环节——检察官办案责任制。检察官办案责任制是司法责任制改革的主要价值体现，在整个司法责任制改革甚至司法体制改革中处于重要核心地位。检察官办案责任制实施得好不好，直接关系改革成败。

高检院作为国家最高检察机关，肩负着领导、指导地方各级检察机关司法办案工作的重要职责。高检院机关实施检察官办案责任制，建立运行新的司法办案机制，对于全面推进司法责任制改革乃至整个司法体制改革具有重要的标志性、示范性意义。

二、新司法办案机制的制度体系

为保证新办案机制顺利运行，我们结合中央要求和高检院自身实际，在深入研究、反复论证的基础上，逐步形成了“1+5+5”的制度体系。

“1”是指导各级检察机关落实司法责任制改革的总纲领，即《关于完善人民检察院司法责任制的若干意见》。《关于完善人民检察院司法责任制的若干意见》从检察机关实施司法责任制的目标和基本原则、健全司法办案组织及运行机制、健全检察委员会运行机制、明确检察人员职责权限、健全检察管理与监督机制、严格司法责任认定和追究检察机关司法责任制等六个方面作出了原则性规定，是高检院机关实施司法责任制改革、运行司法办案新机制的基础性文件。

第一个“5”是指高检院机关司法责任制的运行制度。包括：（1）《最高人民检察院机关司法责任制改革实施意见（试行）》，对高检院机关贯彻上述《关于完善人民检察院司法责任制的若干意见》提出了总的要求；（2）《最高人民检察院机关检察官司法办案权力清单（2017年版）》，明确了检察长（副检察长）、检察委员会、检察官之间的权力边界；（3）《最高人民检察院司法办案组织设置及运行办法（试行）》，明确了司法办案主体，也就是司法办案组织的组建形式和运行规则；（4）《最高人民检察院机关检察官联席会议规则（试行）》，明确检察官联席会议定位和职能作用；（5）《最高人民检察院机关案件承办确定工作管理办法（试行）》，对最高人民检察院受理或者立案办理的案件，通过合理规则确定承办主体，确保案件从“进口”上公平公正、动态平衡。这5项制度主要着眼于对“事”进行规范，是办案新机制得以运行的基本保证。

第二个“5”是指高检院机关司法责任制的配套管理制度。包括：（1）《最高人民检察院机关人员分类管理实施办法（试行）》，将检察人员分为检察官、检察辅助人员、司法行政人员三大类，规定各自人数比例、岗位职责和归类方法，以强化检察队伍专业化、职业化建设；（2）《最高人民检察院机关检察官单独职务序列改革方案》，这是对人员分类管理的进一步深化，根据中央要求规定了检察官等级设置、确定、晋升以及日常管理等问题，构建了符合检察职业特点和司法规律的检察官等级管理制度；（3）《最高人民检察院机关员额制检察官管理办法（试行）》，主要是对检察官员额配置、遴选程序、入额后的交流以及退出员额等作出规定，确保检察官队伍的素质、能力和公信力；（4）《最高人民检察院机关司法业绩档案管理规定（试行）》，通过对检察人员的司法办案业绩、办案责任和职业操守等情况进行全面记载，全面、准确反映检察人员在司法办案和其他检察业务工作中的履行职责情况、所做的具体工作、办案能力和水平以及应当承担的司法责任；（5）《最高人民检察院机关检察官业绩考核办法（试行）》，目的是科学评价检察官工作实绩，形成正确业绩导向，进一步促进检察官正规化、专业化、职业化建设。这5项制度主要着眼于对“人”的科学管理，是司法责任制得以落实的重要保障。

三、新司法办案机制的主要内容

新司法办案机制的主要目的是落实“谁办案谁负责、谁决定谁负责”，核心是推行检察官办案责任制。主要内容有以下几项：

（一）建立新型司法办案组织

办案组织是司法办案的主体，既是权力主体也是责任主体。检察机关原来并没有严格意义上的办案组织，而是以承办人提出初步意见的方式办理案件。检察官办案责任制改革的过程中，首先就要组建办案组织，也就是将来的责任主体。我们根据履行职能需要、案件类型及复杂难易程度，设置了独任检察官和检察官办案组两种基本的办案组织形式。

高检院办理的多数案件都是重大疑难复杂案件，并且承担着对下业务指导职能。从高检院机关实际出发，多数检察业务和司法办案工作以检察官办案组的形式办理，少数简单案件由独任检察官办理。同时，检察官办案组的设置还要考虑扁平化管理和专业化建设的需要。

（二）制定司法办案权力清单

在设置了新的办案组织后，需要重新界定检察委员会、检察长、检察官的权力和职责。我们通过制定司法办案权力清单，把检察权划分为10类具体检察业务，明确了每一类检察业务中，哪些可以由独任检察官、检察官办案组作出决定或提出意见，哪些由检察长（副检察长）作出决定，哪些需要提交检察委员会讨论决定。权力清单使各类办案主体的办案权限更加明确，相应地，责任也就更加清晰了。

（三）运行新的办案机制

实行检察官办案责任制改革，关键是要对原有的检察权运行机制进行司法化改造，强化司法属性。高检院原来实行的是“检察官—处长—业务部门负责人—检察长（副检察长）”四级审批制，基本上按照行政化的方式办案。运行新的办案机制以后，首先是处长这一级不再对司法办案发挥作用，检察官、检察官办案组直接对接业务部门负责人。而且业务部门负责人在审核检察官或检察官办案组的案件时，也不能改变检察官、检察官办案组的处理意见或者要求检察官、检察官办案组改变意见，只能提请检察官联席会议讨论或将不同意见连同检察官、检察官办案组意见一并报检察长审核或决定。这样做主要是强化检察官的主体地位，增强检察官办案责任心。这个新的机制，在突出检察官办案主体地位的同时，也强调检察长对办案工作的领导。这是检察工作不同于审判工作的特点。因为我国宪法和法律规定，上级检察院领导下级检察院的工作，检察长统一领导检察院的工作。因此，检察院检察长、副检察长、检察委员会有权审核、讨论和决定检察官、检察官办案组办理的案件。当然，他们在审核、决定案件时要承担相应的司法责任。

（四）建立新的案件分配机制

完善案件分配机制是检察官办案责任制改革的重要内容。检察机关原来普遍实行的是指定分案，这种分案方式可以发挥部门负责人熟悉每个人办案情况的优势，但带来的弊端是容易形成机会不均、忙闲不一的局面，一些检察官得不到应有的锻炼、展示机会，也影响本部门整体工作质量、效率。因此，改革过程中我们制定案件承办确定工作管理办法，建立随机分案为主、指定分案为辅的案件承办确定机制。办法规定，所有进入员额的检察官都要纳入案件分配名单，参与轮案。实行随机分案，可以最大限度减少分案中的认知偏差和照顾、迁就因素，让每个检察官都有均等的发展机会，也为公平合理地开展绩效考核提供保障。对重大疑难复杂的案件以及极个别专业性强、不适宜随机分案的案件类型，可以指定分案。通过实体和程序控制，确保指定分案的例外性、公正性。

（五）建立完善与新办案机制相适应的监督管理体系

在突出检察官办案主体地位的同时，我们从对“事”对“人”两个方面强化监督制约。在对办案的监督管理方面，充分发挥大数据、人工智能等现代科技作用，要求所有司法办案工作都要在统一业务应用系统上运行，实现案件全程可追溯、进度可视化；强化流程监控，在系统上对办案环节设置明确的指引、控制和预警功能，形成全流程、全方位的实时动态监管；对办结后的案件开展质量评查；深入推进阳光司法，通过互联网公开办案流程信息、结果信息、法律文书等，构建起“事前防范、事中控制、事后评查、公开透明”的办案监督管理机制。

在对“人”的监督管理方面，全面推行司法业绩档案，建立健全检察官业绩考核评价体系，强化司法业绩档案和考核结果的运用。检察官对办案质量终身负责；对有违纪违法行为或司法过错行为的，严肃追究责任。通过对人对事的全面监督管理，实现“放权不放任、有权不任性”，保障司法责任制顺利运行。

现场答问

光明日报记者 常 莹

我们注意到，最高检机关运行新的司法办案机制是一项重大改革举措，请问围绕这项重大改革，最高检做了哪些方面的准备？

高景峰

高检院作为最高检察机关，肩负着领导、指导地方各级检察院司法办案工作的重要职责。高检院机关全面推进检察官办案责任制，对全面推进司法责任制改革具有标志性、示范性意义。2017 年 6 月以来，高检院机关正式启动司法责任制改革。党组高度重视，政治部、司改办牵头抓总，各部门精心组织实施，全面做好各项准备工作。

一是组建办案组织。办案组织是检察权运行机制的载体，不仅是改革的重点也是改革的起点。高检院机关司法责任制改革实施意见明确了两种基础办案组织形式，即独任检察官和检察官办案组。入额的领导干部都编入固定办案组。办案组既有临时办案组，也有固定办案组，以适应办案专业化建设需要。

二是制定全面的制度规范。包括司法责任制改革实施意见、检察官司法办案权力清单、检察官联席会议制度实施意见、案件承办确定机制、人员分类管理实施方案、检察官业绩考核办法、司法业绩档案管理办法等一系列改革文件，主要涉及检察权运行机制和相关的监督管理机制两大方面，基本形成了司法责任制改革较为完整的制度框架，为全面推进检察官办案责任制提供了有力的制度支持。

三是升级完善统一业务应用系统。目前，检察机关办案、管理、统计都在统一业务应用系统上运行，它不仅是检察机关司法办案的重要载体，也是落实检察官办案责任制的助推器。我们把司法责任制改革的各项要求，全部嵌入到系统之中进行流程固化，使改革落实情况在系统中可看、可控，以机器的刚性约束确保改革要求不走样、不打折。

法制网记者　莫亚奇

新办案机制是如何实现对检察办案工作进行流程重构的？怎样在办案流程中体现“谁办案谁负责、谁决定谁负责”要求？

刘志远

新办案机制对办案工作进行流程重构，主要体现在内部管理机制上的变化：

一是检察官的意见在流程行进中起到更加重要的作用。检察官、部门负责人在权力清单确定的职权范围内对办案事项负责。检察长不同意检察官意见的，可以要求检察官补充相关材料，或者对案件进行复核，也可以在职权范围内直接对案件作出决定。业务部门负责人在审核案件时，也可以要求补充相关材料，与检察官进行沟通，但不得直接改变检察官意见或者要求检察官改变意见。

二是整个流程更加规范清晰，而且要求全程留痕。检察长、部门负责人的指令和决定、审核意见，都要采取书面形式，并归入案件卷宗，以便区分责任。

三是办案流程受到更加严格的监控。案件的办理以及领导的审核决定等活动都要在统一业务应用系统上进行，以便通过信息化手段对办案重点环节和关键节点进行智能化监控。案件管理部门对司法办案工作实行统一集中管理，全程、同步、动态监督办案活动，对办结后的案件组织开展质量评查。

检察日报记者　徐日丹

分案工作是办案流程规范化的一个十分重要的环节，新办案机制是如何实现科学分配案件的？相关规定有哪些考虑？

刘志远

新办案机制要求实行随机分案为主、指定分案为辅的案件承办确定机制，这是对传统分案机制的重大调整。我们在统一业务应用系统中专门新设立了分案平台。对随机分案的，由电脑根据事先设定的规则，将案件随机分配给承办检察官。对重大、疑难、复杂案件，由检察长根据实际情况，指定检察官办案组或独任检察官办理，而且有严格的程序控制，并且要在分案平台上记载并公开。实行随机分案为主、指定分案为辅的案件承办确定新机制，有利于防止人为干预，更好地从源头上规范办案行为，也有利于科学合理地开展绩效考核。

新华社记者 熊 丰

运行办案新机制后，检察官对一些案件可以独立作出决定，那么如何保证这些得到授权的检察官依法公正办案呢？新机制在强化办案监督制约方面有哪些制度设计亮点？

高景峰

司法责任制改革的一个主要目标之一，就是突出检察官的办案主体地位，强化检察官的司法责任。因此，在突出检察官办案主体地位，对检察官进行适度放权的同时，还必须加强对检察官司法办案的监督制约。为此，高检院在制度设计中，重点是加强对“事”对“人”两个方面强化监督制约。对“事”的监督，即是对“办理案件”的监督；对“人”的监督，即对“办理案件的检察官”的监督。

在对检察官办理案件的监督方面：一是充分发挥案件承办确定工作管理办法的作用，坚持随机分案为主，指定分案为辅的原则。最大限度地减少分案环节出现认识偏差和照顾、迁就等问题，确保每一个检察官得到均等的办案机会和发展机会，同时也防止因分案产生的司法不公。

只有极少数特别重大，疑难复杂案件，或者专业性特别强的案件，由检察长、分管副检察长指定分案。二是制定了检察官权力清单。明确了检察官、检察长、副检察长、检察委员会的职责权限、审批决定权限等，以此为防止检察官在办案中滥权提供制度保障。三是在办案中，发挥部门负责人的审核监督作用和检察官联席会议的参考、制约作用，发挥检察委员会、检察长、副检察长审批监督作用。部门负责人在检察官办案中，虽然不能改变检察官的意见，但是通过审核，可以起到监督和把关作用。部门负责人在审核中有不同意见的，可以要求检察官补充有关材料，可以召开检察官联席会议，都可以起到监督制约作用。检察委员会、检察长、副检察长在审查批准案件、讨论决定案件过程中的监督制约作用更加明显。四是充分发挥信息化作用。通过大数据、人工智能等现代科技作用，要求所有司法办案工作都要在统一业务应用系统上运行，强化流程监控，形成全流程、全方位的实时动态监管。变人工监管为智能监管，事后监控为实时监控，粗放监督为精准监督。此外，还包括对办结后的案件开展质量评查，深化检务公开、推进阳光司法等。总之，通过这些制度措施构建起了较为完善的“事前防范、事中控制、事后评查、公开透明”的办案监督管理机制。

在对“人”的监督，即对“办案的检察官”的监督管理方面：一是全面推行司法业绩档案。制定了《最高人民检察院机关司法业绩档案管理办法（试行）》，通过对检察人员的司法办案业绩、办案责任和职业操守等情况进行全面记载，全面、准确反映检察人员在司法办案和其他检察业务工作中的履行职责情况、所做的具体工作、办案能力和水平以及应当承担的司法责任。二是建立健全检察官业绩考核评价体系。通过《最高人民检察院机关检察官业绩考核办法（试行）》，科学评价检察官工作实绩，形成正确业绩导向。三是严格司法责任认定和追究制度。检察官在其职责范围内对其办理的案件的质量终身负责。对于故意违法办案，或者由于重大过失，导致司法办案出现严重错误的，依照相关规定，严肃追究责任。

通过上述对“办理案件的监督”和“对于办理案件检察官”的监督，

形成相对完善的监督制约体系，保证检察官依法公正行使检察权。

中央人民广播电台记者 孙 莹

作为新办案机制的重要内容之一，检察官业绩考核与一般公务员考核有什么不同？司法业绩档案主要记录哪些内容，与传统的人事档案又有何区别？

刘志远

检察官业绩考核属于公务员考核的一种特定情形，同样坚持德、能、勤、绩、廉全面考核，同时，更加突出对办案业绩本身的考核，包括工作量、质量、效率、效果等方面的情况，可以说，这种考核对业绩本身的考查、评价更加全面、深入、细致，而且考核的程序更加严密，考核的结果对于检察官个人影响也更加重要，关系到绩效收入、等级晋升、进退留转、纪律惩戒等重大事项。

司法业绩档案主要记录检察人员业务办理情况，以及对其办案活动开展流程监控、诉讼监督、控告举报、质量评查、业绩考核、责任追究等方面的情况。司法业绩档案实行一人一档，并且与统一业务应用系统中的办案、管理信息对接，从而可以全面、详尽地记录、反映每个检察人员的业务工作情况。对于司法业绩档案，可以依照权限配置进行查阅、公开。因此，相对于传统的人事档案，司法业绩档案专业性更强，内容更细致，透明度更高。

新京报记者　王梦遥

从新办案机制看，最高检检察长、副检察长等院领导和业务厅局的负责人都必须参与办案吗？有何具体要求？

高景峰

根据新的机制，最高检检察长、副检察长等院领导和业务厅局的负责人都必须参与办案。《关于完善人民检察院司法责任制的若干意见》第 3 条规定，“检察官必须在司法一线办案，并对办案质量终身负责。担任院领导职务的检察官办案要达到一定数量。业务部门负责人须由检察官担任”，这既适用于地方检察机关，也适用于最高检机关。

《最高检机关司法责任制改革实施意见（试行）》第 3 条第 3 款规定，“检察长、副检察长、检察委员会专职委员、业务部门负责人参加检察官办案组的，为主任检察官；参加同一办案组的，依序或者根据检察长指定担任主任检察官”，进一步明确了最高检检察长、副检察长等院领导和业务厅局负责人承办案件的具体组织形式。在新的办案组织形式中，高检院还要求，业务部门的负责人要编入办案组，直接办案。

澎湃新闻记者 林 平

新办案机制对于深化案件信息公开和加强案件评查有无重点考虑和设计？

刘志远

深化案件信息公开是加强外部监督的重要举措，下一步将适应新的司法办案机制，修改完善案件信息公开工作规定，升级案件信息公开网，进一步扩大公开的案件信息范围，进一步畅通公开的渠道，更好地接受外部对检察工作的监督。

开展案件质量评查对于准确认定检察官的办案责任，科学评价检察官的办案能力和水平，都具有重要意义，同时也是保障新司法办案机制健康运行的重要举措。高检院目前正在研究起草全国检察机关统一的案件质量评查规定，并研发统一的案件质量评查软件，促进案件评查工作更加科学、全面、有效地开展。

中新社记者 张子扬

随着新办案机制在最高检察机关正式运行，将会给检察工作乃至司法工作带来什么样的影响？检察机关将如何通过进一步完善司法办案新机制来不断增强人民群众的法治获得感？

高景峰

司法是社会公平正义的最后一道防线。从过去发生的冤错案件来看，尽管是由多种原因造成的，但办案机制上的不足是一个重要因素。一直以来，司法机关都是沿用层层审批的办案模式，这样造成的直接后果就是权责不分、责任不明。在这种模式下，少数办案人员责任心不强，产生“领导依赖、审批依赖”，矛盾上交，带病起诉等问题。因此，必须改变这种办案模式，实行新的办案机制。这些办案机制更加凸显司法特征，强调司法的亲历性，更加符合司法规律，符合检察工作的实际。

一是按照新办案机制，需要对检察机关原来的办案审批程序进行扁平化改造。即减少一些不必要的，不符合司法规律和检察规律的审批层次。按照新的办案机制，部门负责人特别是基层检察院的部门负责人将不再审批案件，检察官办理的案件，可以直接报检察长审批。即使在最高人民检察院，部门负责人虽然要审核案件，但是不得改变或者要求检察官改变办案意见，且减少了处长审核的层次。

二是突出检察官办案主体地位，明确了各层级检察官权力清单。各地检察机关包括高检院机关，均明确了各层级检察官的权限范围，各层级检察官在其权限范围内直接履行职责或者作出决定。这样做的好处就是真正做到了“谁办案谁决定，谁决定谁负责”。通过赋予检察官主体地位，明确了权力和责任，检察官的办案积极性和责任心也就更强了。

三是办案效率和质量会得到进一步提高。地方各级检察机关的试点表明，检察机关在办理案件中，无论是审查逮捕还是审查起诉案件，包括诉讼监督案件，办案期限明显缩短，办案效率明显提升。同时办案质量也得到很大提高。检察机关不批准逮捕的案件公安机关提请复议复核率明显下降，不起诉案件质量也得到很大提高，起诉到法院的案件判决无罪率下降明显，很多地方甚至没有出现判决无罪案件。

通过一系列改革举措的落实和新的办案机制的实施，特别是随着办案期限和办案质量的提高，检察机关在办案中，最大限度地保障了当事人的合法权益，检察机关司法公信力得到有效提升。人民群众真正从每一个具体案件中，感受到了公平正义。我们相信，改革后，在高检院机关，办案质量和办案效率将会更好，人民群众对案件公平正义感受更加直观，更加深刻。

肖 玮

各位记者朋友，建立运行最高检机关司法办案新机制，是落实中央司法体制改革任务的重要举措，也是最高检机关乃至检察事业加快发展的一次重大契机。我们将以强烈的责任感、使命感和改革创新精神，全面扎实推进这项工作，同时也希望广大新闻媒体更多关心关注这项工作，广泛宣传新司法办案机制运行取得的新经验新成效，为我们深入推进各项司法改革任务、进一步提升检察机关办案质量和司法公信力提供更加有力的舆论支持。

部分新闻链接

1. 光明日报 2017 年 9 月 30 日报道《十月一日起正式运行新司法办案机制》。

2. 正义网 2017 年 9 月 29 日报道《最高检：司法业绩档案内容更细透明度更高》。

3. 正义网 2017 年 9 月 29 日报道《最高检：新司法办案机制提升检察官办案责任心》。

4. 正义网 2017 年 9 月 29 日报道《最高检：新司法办案机制旨在落实“谁办案谁负责”》。

5. 正义网 2017 年 9 月 29 日报道《最高检机关运行新司法办案机制 院领导须参与办案》。

惩治网络犯罪　维护信息安全

最高人民检察院通报检察机关打击计算机网络犯罪工作情况

发布时间： 2017 年 10 月 16 日 10:00

发布内容： 通报检察机关依法惩治计算机网络犯罪、维护网络信息安全工作情况；发布第九批指导性案例

发布地点： 最高人民检察院电视电话会议室

主 持 人： 最高人民检察院新闻发言人　王松苗

出席嘉宾： 最高人民检察院法律政策研究室主任　万春
最高人民检察院侦查监督厅副厅长　韩晓峰
最高人民检察院公诉厅副厅长　张相军

主题发布

王松苗

各位记者朋友，大家上午好！今天新闻发布会的主题是“惩治网络犯罪，维护信息安全”。这个主题可以说与大家息息相关。一方面，我们每个人都是大数据信息化的追随者，因而也可能是潜在的受害者；另一方面，通过我们的媒体传播，提醒社会公众强化防范意识，自觉有效保护人们财产安全，这也是媒体铁肩担道义的职业责任。

今天的发布会主要有三项议程：一是通报检察机关依法惩治计算机网络犯罪、维护网络信息安全情况；二是发布最高人民检察院第九批指导性案例；三是回答记者朋友的提问。出席今天发布会的是：最高人民检察院法律政策研究室万春主任、侦查监督厅韩晓峰副厅长、公诉厅张相军副厅长。我是最高人民检察院新闻发言人、办公厅主任兼新闻办公室主任王松苗。下面，我先向大家通报一下检察机关依法惩治计算机网络犯罪、维护网络信息安全工作有关情况。

当今社会已经进入互联网时代，以移动互联网、大数据、云计算和人工智能为代表的现代科技在给生产生活带来便利的同时，也给社会治理带来许多新问题。其中，计算机网络犯罪高发，危害信息安全，侵犯公众权益，引起社会高度关注。每年全国两会期间，都有不少全国人大代表、全国政协委员建议检察机关进一步加大对计算机网络犯罪的打击力度，切实维护网络信息安全，保障人民群众合法权益。全国检察机关积极顺应法治建设新要求和人民群众新期待，立足法律监督职责，充分履行检察职能，依法惩治各类计算机网络犯罪。

一、检察机关打击计算机网络犯罪的主要措施和成效

（一）突出惩治重点，依法办理案件

一是突出惩治重点，加大打击力度。面对日趋严峻的计算机网络犯罪形势，全国检察机关侦查监督、公诉等部门通过介入侦查引导取证，指派业务骨干加强批捕、起诉、出庭公诉等，重点打击电信网络诈骗，出售、非法提供、非法获取公民个人信息，非法生产、销售、使用“伪基站”、“黑广播”、手机恶意程序等违法犯罪活动。最高人民检察院与公安部联合挂牌督办两批典型计算机网络犯罪重点案件。特别是对社会广泛关注的“徐玉玉被电信诈骗案”、北京“4·13”特大电信网络诈骗等涉案人员多、作案地域广、证据收集固定难度大的案件，最高人民检察院多次派员赴当地就事实认定、证据收集完善固定、法律适用等问题提出指导意见，保证了案件顺利办理。

二是针对新型犯罪，开展专项行动。2017 年 3 月，最高人民检察院联合公安部共同开展打击整治黑客攻击破坏和利用网络侵犯公民个人信息犯罪专项行动。最高人民检察院专门下发通知提出明确工作要求，重点打击利用黑客技术入侵政府、军事、科研院所等重要领域网络，窃取国家秘密或商业秘密，损害国家安全和商业利益的犯罪。对利用境外网络资源对境内网络设施开展攻击破坏、入侵活动，买卖木马病毒网络程序等黑客犯罪工具，实施网络控制、盗窃、诈骗的犯罪严惩不贷。

三是针对涉互联网金融犯罪，加大打击力度。各地检察机关依法批捕、起诉了一批利用互联网实施的非法吸收公众存款、集资诈骗等犯罪案件。实践中，各级检察机关积极主动作为，发挥诉前主导作用，及时介入侦查，依法引导取证，完善证据体系，认真把好案件事实关、证据关、程序关和法律适用关，依法从快批捕、起诉，会同法院从快审判，确保办案质量。

最高人民检察院高度重视“e 租宝”“昆明泛亚”等具有全国性影响的重大案件的办理，及时收集梳理各地检察机关在办案中遇到的疑难复杂问题，加强对下业务指导。

（二）建立健全专业化办案部门和办案组织，提高惩防计算机网络犯罪专业化水平

为加强对计算机网络犯罪案件办理工作的组织领导，2017年9月，最高人民检察院公诉厅专门成立计算机网络犯罪案件主任检察官办案组，承办和指导办理涉及网络安全犯罪案件以及利用网络实施的相关犯罪等案件。地方各级检察机关优化办案资源配置，有的设立专门的计算机网络犯罪办案机构，有的单独设置计算机网络犯罪案件主任检察官办案组，提升办案人员专业化水平，不断提高计算机网络犯罪案件的办理质量。如北京市检察机关成立5个计算机网络犯罪办案部门，北京市东城区人民检察院设立网络和电信犯罪检察部，海淀区人民检察院设立科技犯罪检察部，专司计算机网络犯罪案件的办理。

（三）制定司法解释和指导意见，明确法律适用标准

近年来，最高人民检察院密切关注新型计算机网络犯罪在案件定性、证据采信适用等方面存在的新情况新问题，不断总结经验，加强对下指导，解决计算机网络犯罪法律适用难题。

2016年12月20日，最高人民检察院联合最高人民法院、公安部颁布《关于办理电信网络诈骗等刑事案件适用法律若干问题的意见》，对电信网络诈骗犯罪的定罪量刑、关联犯罪的定罪量刑、电信网络诈骗共同犯罪和主观故意的认定、电信网络诈骗案件的管辖、涉案财物的处理、调查取证和证据认定等作了详细规定，进一步明确了法律标准，统一了司法尺度。

2017年5月8日，最高人民检察院联合最高人民法院颁布《关于办理侵犯公民个人信息刑事案件适用法律若干问题的解释》，针对通过信息网络发布公民个人信息的行为，设立用于实施非法获取、出售或者提供公民个人信息违法犯罪活动的网站、通讯群组的行为，网络服务提供者拒不履行信息网络安全管理义务的行为进一步明确了认定标准。2017年6月，最高人民检察院下发《关于办理涉互联网金融犯罪案件有关问题座谈会纪要》，为各地检察机关公诉部门办理涉互联网金融犯罪案件提供指导。

（四）健全工作机制，形成惩防合力

在内部，检察机关公诉部门与侦查监督部门加强联系，强化捕诉衔接，形成打击计算机网络犯罪合力。在外部，检察机关加强与公安机关、人民法院的工作衔接，落实案情通报、案件会商、联席会议等工作机制，准确掌握本地区计算机网络犯罪的现状和态势，开展类案分析研判，及时研究解决办案中的重点、难点问题，避免因沟通不畅、意见分歧影响打击力度和成效。

各地检察机关在打击计算机网络犯罪中，还针对办理相关案件的证据和定性等普遍性问题，与公安机关、人民法院召开联席会议进行沟通，统一认识。探索完善检察机关介入侦查引导取证机制。试行专家辅助办案机制，组建由网络技术人员、司法会计、互联网企业技术专家等组成的专家辅助人团队，辅助检察机关办案。

同时，检察机关始终高度重视加强与相关职能部门的联系，加强计算机网络犯罪的源头治理、系统治理、综合治理。例如，加强与电信网络金融服务商联系，通过办案督促监管部门严格监督落实电信网络金融服务实名制。加强与网络服务商的协作，督促电信网络金融等数据掌握者积极履行责任配合司法机关调查取证，加强法治宣传，增强公民防范计算机网络犯罪意识。

从几类典型计算机网络犯罪情况来看，2016 年以来，全国检察机关适用涉嫌非法侵入计算机信息系统罪等《刑法》第 285 至 287 条 7 个涉及计算机犯罪罪名，向人民法院提起公诉 727 件 1568 人，其中，2017 年 1 至 9 月提起公诉 334 件 710 人，同比分别上升 82.5% 和 80.7%；对网络电信侵财犯罪案件提起公诉 15671 件 41169 人，其中 2017 年 1 至 9 月提起公诉 8257 件 22268 人，同比分别上升 88.6% 和 118.6 %。

二、计算机网络犯罪的发案形势和典型特征

从检察机关查处打击计算机网络犯罪情况来看，当前，计算机网络犯罪呈现以下发案特点和趋势：

（一）犯罪主体日趋年轻化、专业化

相比传统犯罪，作为智能型犯罪的计算机网络犯罪主体一般文化

程度较高，具有一定的计算机技术和网络知识，钻社会监管空子的能力较强。

（二）犯罪形式日趋隐蔽

网络空间具有高度的虚拟性，这为犯罪分子利用网络进行犯罪提供了便捷；此外，计算机网络犯罪作案时间的瞬时性、空间的不确定性、行为与后果的可分离性也决定了该类犯罪具有极强的隐蔽性。

（三）犯罪手段日趋多样多变

与传统犯罪相比，计算机网络犯罪手段多样复杂，既有攻击计算机信息系统的犯罪，也有利用计算机网络进行的传统犯罪。前者包括利用网络侵入计算机系统非法获取信息、修改密码、黑客攻击银行账户等；后者如利用网络实施盗窃、诈骗、开设赌场、非法经营等。计算机网络犯罪类型不断变化，犯罪手段迅速翻新。网络攻击、网络诈骗、网络色情、网络赌博、网络制假贩假等高发多发；网络侵犯公民个人信息、网络制造传播谣言、网络敲诈勒索、网络恐怖主义、网络制毒贩毒持续上升。

（四）犯罪活动日趋组织化、集团化

互联网技术的发展，使信息传播更加快捷，也使犯罪的组织策划更为便利。计算机网络犯罪的形式出现组织化、集团化现象，特别是网络诈骗、网络赌博犯罪中，犯罪分子通过网络信息互相交流犯罪方法和手段，分工协作，密切配合，形成了严密的犯罪群体。

（五）犯罪后果日趋严重

由于网络已经广泛应用于社会的各个领域，社会各行各业对计算机网络的依赖程度日益增加，网络传播信息覆盖面广、速度快，导致计算机网络犯罪性质日益恶劣，损失日益严重，影响范围日益广泛，影响后果日益显著。

办案检察官分析认为，今后相当一段时期，计算机网络犯罪总量将会呈现持续上升态势，跨国性计算机网络犯罪也将不断增多。同时，利用移动智能终端实施的犯罪、互联网金融发展引发的犯罪、侵犯公民个人隐私和信息的犯罪将持续高发，一些传统犯罪也会利用计算机网络技术不断升级。可以说，我们当前面临的现实安全威胁很大程度上来自网络空间，网络安全的复杂性、影响力已远远超过传统安全，值得社会各界高度重视。

三、下一步工作打算

下一步，全国检察机关将加强对网络治理领域重点难点问题的研究，依法加大惩治计算机犯罪力度，努力维护国家和个人信息安全，推动互联网治理法治化常态化。

（一）深入研究计算机网络犯罪的新特点，提高惩治计算机网络犯罪针对性

进一步统一执法思想，坚决惩治各类非法侵入和破坏计算机网络的犯罪，以及利用网络实施的暴力恐怖、制毒贩毒、敲诈勒索、诈骗、赌博、制造传播谣言、传播淫秽信息、窃取公民个人信息、侵犯个人隐私、侵犯知识产权等犯罪，依法严厉打击涉互联网金融犯罪，严防互联网金融风险，切实维护国家网络空间主权、安全和发展利益，切实保护公民、法人和其他组织的合法权益，促进经济社会信息化健康发展。

（二）研究制定证据指引，提高办案指导和法律适用的实效性

最高人民检察院将积极开展专题调研，对计算机网络犯罪的定性、定罪标准、共同犯罪、法律适用、证据收集，特别是电子证据的认定等重点难点问题和实践中不断出现的新情况、新问题开展深层次研究。加强对下指导，及时对典型案件进行剖析，研究制定计算机网络犯罪案件证据指引，并积极会同最高人民法院、公安部等共同制定司法解释或规范性文件。加大培训力度，培养一批办案能手，全面提升计算机网络犯罪案件办理工作的能力和水平。

（三）积极参与网络社会治理，提高防控计算机网络犯罪的治理能力和治理水平

各级检察机关将继续强化源头治理和综合治理意识，推动执法司法机关与金融、电信以及互联网企业合作，加大对计算机网络犯罪产业链打击力度。结合执法司法机关办理的各类网络案件，分析网络管理的薄

弱环节和突出问题，及时向有关部门提出加强管理、建章立制的建议，促进提高互联网治理法治化水平。

（四）加强国际司法协助，建立健全情报共享和交流培训机制，提高惩治计算机网络犯罪的国际化水平

最高人民检察院将积极努力与各国检察机关一起协商解决计算机网络犯罪刑事管辖权冲突等问题，在抓捕、引渡、遣返计算机网络犯罪嫌疑人和调取、移交证据方面加强合作。建立健全情报共享机制，定期通报各国打击计算机网络犯罪遇到的新情况新问题，并通过交流访问、联合举办国际研讨会、培训班等形式，共同研究解决司法实践中的困难和问题，在国际社会形成打击计算机网络犯罪的合力。同时，尽可能地通过各种方式，及时追回赃款赃物并做好返还工作，最大限度弥补被害人损失。

我通报的情况就这些。下面进行第二项议程，发布最高人民检察院第九批指导性案例。6 个指导性案例具体材料，我们已经印发给大家了。为了便于大家更好地理解把握，现在请万春主任为我们作一下简要介绍。

万　春

为加大对计算机网络犯罪的打击力度，2017 年 7 月初，最高人民检察院着手围绕计算机网络犯罪制发第九批指导性案例，开展相关工作。10 月 12 日，经最高人民检察院第十二届第七十次检察委员会审议通过，今天向社会正式发布。

最高人民检察院发布这批指导性案例，一是规范和指导检察机关准确适用法律。计算机网络犯罪属于新类型犯罪，犯罪手法比较新颖。以指导性案例的方式提炼司法实践中可行的法律适用规则，有利于指导检

察人员提高法律适用能力，准确打击此类新型犯罪。

二是推进检察机关更好地服务和保障“互联网+”经济健康发展。随着“互联网+”战略上升为国家战略，以电子商务为基础的新兴产业和新兴业态得到迅速发展。现实生活中，网约车、网约餐饮服务等已经进入千家万户，在给人们生活带来极大便利的同时，也导致不法分子利用规则漏洞进行犯罪的现象明显增多，对新兴产业和新兴业态带来较大危害。以指导性案例的方式明确加大对侵害互联网企业利益犯罪的打击力度，能够促使检察机关更好地为“互联网+”经济保驾护航。

三是对广大网民进行法治宣传教育。截至2016年12月底，我国已有7.31亿网民，其中青少年网民接近3亿人。以指导性案例的方式凸显对计算机网络犯罪的打击力度，是落实“谁执法谁普法”普法责任制要求，结合办案开展以案释法，引导网民树立网络法治意识，规范网络行为，实现预防计算机网络犯罪的重要方式。

第九批指导性案例包括李丙龙破坏计算机信息系统案等六件案件。它们具体是：

李丙龙破坏计算机信息系统案。被告人李丙龙为牟取非法利益，以修改大型互联网网站域名解析指向的方法，劫持互联网流量访问相关赌博网站，获取境外赌博网站广告推广流量提成，导致某知名网站不能正常运行，访问量锐减。上海市徐汇区人民检察院提起公诉后，人民法院认定李丙龙的行为构成破坏计算机信息系统罪，结合量刑情节，判处李丙龙有期徒刑5年。该案的起诉和判决，明确了修改域名解析服务器指向，强制用户偏离目标网站或网页进入指定网站或网页，造成计算机信息系统不能正常运行的域名劫持行为，属于破坏计算机信息系统。

李骏杰等破坏计算机信息系统案。被告人李骏杰购买发表中差评的某购物网站买家信息，冒用买家身份，骗取客服审核通过后重置账号密码，登录该购物网站内部评价系统，删改买家中差评，获利9万余元。浙江省杭州市滨江区人民检察院提起公诉后，人民法院认定被告人李骏杰的行为构成破坏计算机信息系统罪，判处有期徒刑5年。该案的起诉和判决，明确了冒用购物网站买家身份进入网站内部评价系统删改购物评价，属于对计算机信息系统内存储数据进行修改操作，应当认定为破坏计算机信息系统的行为。

曾兴亮、王玉生破坏计算机信息系统案。被告人曾兴亮、王玉生通过修改密码，远程锁定被害人的苹果手机，并以解锁为条件索要钱财。江苏省海安县人民检察院提起公诉后，人民法院认定被告人曾兴亮、王玉生的行为构成破坏计算机信息系统罪，分别判处有期徒刑 1 年 3 个月、有期徒刑 6 个月。该案明确了智能手机终端应当认定为刑法保护的计算机信息系统，锁定智能手机导致不能使用的行为，可认定为破坏计算机信息系统的行为；同时，也明确了行为人采用非法手段锁定手机后以解锁为条件索要钱财，在数额较大或多次敲诈的情况下，其目的行为又构成敲诈勒索罪，应当作为牵连犯从一重罪处断，以重罪即破坏计算机信息系统罪论处。

卫梦龙、龚旭、薛东东非法获取计算机信息系统数据案。被告人卫梦龙伙同被告人龚旭、薛东东，合谋利用龚旭掌握的登录某大型网络公司内部管理开发平台的账号、密码、Token 令牌（计算机身份认证令牌）等，违反规定多次在异地登录该大型网络公司内部管理开发系统，查询、下载该计算机信息系统中储存的电子数据并出售牟利。此案被北京市海淀区人民检察院提起公诉后，人民法院认定卫梦龙、龚旭、薛东东构成非法获取计算机信息系统数据罪，且情节特别严重，判处卫梦龙有期徒刑 4 年，并处罚金人民币 4 万元；判处龚旭有期徒刑 3 年 9 个月，并处罚金人民币 4 万元；判处薛东东有期徒刑 4 年，并处罚金人民币 4 万元。该案明确了超出授权范围使用账号、密码登录计算机信息系统属于侵入计算机信息系统的行为；侵入计算机信息系统后下载其储存的数据可以认定为非法获取计算机信息系统数据。

张四毛盗窃案。被告人张四毛盗窃被害人陈某拥有的域名后，出售牟利 12.5 万元，此案被大连市西岗区人民检察院提起公诉后，人民法院认定被告人张四毛的行为构成盗窃罪，判处有期徒刑 4 年 7 个月，并处罚金人民币 5 万元。该案指导意义在于明确了网络域名具备法律意义上的财产属性，盗窃网络域名可以认定为盗窃行为。

董亮等四人诈骗案。某网约车平台注册登记司机董亮、谈申贤、高炯、宋瑞华，分别用购买、租赁未实名登记的手机号注册网约车乘客端，预存较少打车费，发起较短距离用车需求后，又故意变更目的地延长乘车距离，致使应付车费大幅提高，以此骗取网约车公司垫付车费和订单补贴。上海市普陀区人民检察院提起公诉后，人民法院认定被告人董亮、谈申贤、高炯、宋瑞华的行为构成诈骗罪，分别判处董亮有期徒刑1年，并处罚金人民币1000元；谈申贤有期徒刑10个月，并处罚金人民币1000元；高炯有期徒刑1年，并处罚金人民币1000元；宋瑞华有期徒刑8个月，并处罚金人民币1000元。当前，网络约车、网络订餐等互联网经济新形态蓬勃发展，该案明确了以牟利为目的，采用自我交易方式，虚构提供服务事实，骗取互联网公司垫付费用及订单补贴数额较大的行为应认定为诈骗罪。

依据最高人民检察院《关于案例指导工作的规定》第3条的规定："人民检察院参照指导性案例办理案件，可以引述相关指导性案例作为释法说理根据。"对于最高人民检察院发布的指导性案例，各级人民检察院在办理类似案件时要参照适用。

现场答问

法制日报记者　李　豪

请结合第九批指导性案例谈谈当前计算机网络犯罪包括哪些类型？

万　春

计算机网络犯罪按照侵犯客体不同可以分为两大类。

一类为侵犯计算机信息安全的犯罪，即破坏信息安全保密性、完整性和可用性的新型犯罪。主要包括非法侵入计算机信息系统罪，即违反国家规定，侵入国家事务、国防建设、尖端科学技术领域的计算机信息系统的犯罪。非法获取计算机信息系统数据罪和非法控制计算机信息系统罪。前者指未经用户授权或超越合法使用权限，利用计算机终端，突破或者绕过计算机信息系统的安全防卫屏障，获取计算机信息系统中存储、处理或者传输的数据的行为。例如，第九批指导性案例中的卫梦龙等实施的超出被害人授权范围进入计算机信息系统并获取某大型网络公司数据信息，就是这种犯罪的表现形式。后者指对计算机信息系统实施非法控制，情节严重的行为。这两种犯罪行为规定在刑法同一条款，属于选择性罪名。破坏计算机信息系统罪，即利用信息技术手段对计算机信息系统的功能、数据、程序和服务进行增加、删除、修改、干扰，造成系统不能正常运行或数据损失的行为。例如，第九批指导性案例中的李丙龙破坏计算机信息系统案，被告人李丙龙为牟取非法利益，以修改大型互联网网站域名解析指向的方法，劫持互联网流量访问相关赌博网站，获取境外赌博网站广告推广流量提成，就是典型的对计算机信息系统的破坏。

此外，刑法规定的计算机犯罪还有提供侵入、非法控制计算机信息系统的程序、工具罪，拒不履行信息网络安全管理义务罪，非法利用信息网络罪，帮助信息网络犯罪活动罪一共七个罪名。

另一类是以传统的人身、财产等权利为侵害客体的计算机犯罪，即利用网络或信息技术实施的传统犯罪。这些犯罪在计算机和网络技术出现以前就已存在，刑法中也有相应的罪名，但当计算机和网络技术出现后，犯罪分子利用信息技术和网络便利，实施了更加隐蔽、快速，危险性和危害后果更大的犯罪活动。例如，利用计算机或网络实施盗窃犯罪。第九批指导性案例中的张四毛盗窃案，盗窃网络域名本质上也是一种盗窃犯罪，只是犯罪对象具有特殊性。

网络诈骗也是实践中高发的犯罪，网络诈骗是指以非法占有为目的，利用互联网采用虚构事实或者隐瞒真相的方法，骗取数额较大的公私财物的行为。网络诈骗本质上还是一种诈骗行为，第九批指导性案例中的董亮等四人诈骗案，就是利用网络手段实施骗取网络公司垫付车费和补贴的行为，是一种新型诈骗犯罪的表现形式。对这类犯罪，《刑法》第287条规定，“利用计算机实施金融诈骗、盗窃、贪污、挪用公款、窃取国家秘密或者其他犯罪的，依照本法有关规定定罪处罚”。应当以相应的传统罪名进行定罪处罚。

中央人民广播电台记者 马 欢

最高人民检察院发布的第九批指导性案例具有哪些特点？

万 春

最高人民检察院围绕计算机网络犯罪主题发布第九批指导性案例，旨在明确几类计算机网络犯罪罪与非罪的界限，向社会进行以案释法，彰显遏制计算机网络犯罪高发态势的鲜明态度，推动打击和预防计算机网络犯罪力度不断增强。该批指导性案例具有以下几个方面鲜明特征。

一是聚焦计算机网络犯罪中常见多发亟须解决的问题。近年来，计算机网络犯罪逐渐成为常见多发犯罪形态。一些犯罪如何定性亟须统一认识。第九批指导性案例制发过程中，我们听取各方面意见建议后，选取了计算机网络犯罪中常见的，具有典型性和代表性的几类犯罪，以指导性案例的形式予以发布。如随着电商经济的发展，有关删改网络购物评价的行为有多发态势。这种行为直接破坏网上公平交易，妨害购物网站数据管理，极易造成人民群众财产损失。对这种犯罪，我们选取李骏杰破坏计算机信息系统案为指导性案例，明确此类行为在后果严重的情况下，应以破坏计算机信息系统罪论处。

二是着眼服务保障“互联网 + 经济发展”。近年来，针对“互联网 + 经济发展”新业态的犯罪不断滋生，成为制约影响新兴企业发展的重大隐患。为体现检察机关对经济发展新业态的保障，我们选取了董亮等四人诈骗案等案例，明确表明检察机关斩断伸向新兴互联网企业黑手的坚决态度。

三是注重明确相关法律和司法解释精神。计算机犯罪手法、形态变化极快。为明确法律及司法解释的精神，我们选取了曾兴亮、王玉生破坏计算机信息系统案，明确法律中的“计算机信息系统”，包括智能手机操作系统。选取了卫梦龙等非法获取计算机信息系统数据案，明确了《刑法》第285条非法获取计算机信息系统数据罪中的“侵入”，包括超出授权范围进入计算机信息系统的行为。

四是坚持凝聚共识审慎稳妥的原则。计算机网络犯罪中，新问题很多，其中一些问题，实务界和理论界还存在较大争论。第九批指导性案例制发过程中，我们坚持充分调研，多方论证，广泛听取意见建议。在研究备选案例时，注意收集其他类似案例，对起诉判决情况反复研究，寻求共识。对一些能够获得广泛认可的问题，以指导性案例的形式予以明确。对争议较大尚未取得共识的问题，暂不涉及。例如，第九批指导性案例通过张四毛盗窃一案，明确了域名具有财产属性，盗窃域名可构成盗窃罪。但对于游戏币，游戏中的武器装备等虚拟财产，目前争议还较大，指导性案例暂时未涉及这一问题。

新京报记者　王梦遥

当前检察机关打击查办计算机网络犯罪案件的难点是什么？如何解决？

张相军

与传统的刑事犯罪相比，网络犯罪具有主体的智能性、行为的隐蔽性、手段的多样性、传播的广域性等突出特点。与这些特点紧密相连，检察机关惩治计算机网络犯罪方面遇到的难点主要有：一是取证和证明难。网络空间看不见，摸不着，网络犯罪证据多以电子数据为主要形态，侦查取证主要依赖技术手段完成；网络犯罪往往带有跨地域、跨领域整合信息和资源以用于犯罪的特点，非法网站多将物理地址设在国外，完全查清网络犯罪的全部链条存在困难，相应地这也给指控证实犯罪带来很多难题。二是法律适用难。网络犯罪是新型犯罪，伴随着信息网络技术的进步，犯罪分子也不断变换犯罪手段和方法，这给案件处理带来很多困难，其中既有案件管辖等方面的难题，也有罪与非罪、此罪与彼罪、一罪与数罪等定性方面的难题，因此也容易产生认识分歧。三是专业人才匮乏。网络犯罪的取证、鉴定、定性等都需要很强的专业知识，检察机关办理此类案件需要大量专业人才。但从目前的实际情况看，检察机关网络技术人才十分缺乏，既精通法律业务又熟悉网络技术的复合型检察人才更是匮乏，队伍状况还不能适应打击此类犯罪的形势需要。

为解决这些难题，我们已经采取和正在采取一些行之有效的措施。比如，针对网络犯罪取证难的问题，近年来高检院根据计算机网络犯罪特点，总结办理典型案件的成功经验，出台了审查逮捕和审查起诉证据指引，为一线办案人员收集和审查证据提供参考；又比如，针对专业人才匮乏的问题，加大教育培训力度，培养专门人才，建立专业化办案组织；同时注重利用外脑，办理专业性较强的计算机网络犯罪案件时，聘请计算机网络专家对专门性技术问题进行鉴定、提供技术咨询，邀请他们作为有专门知识的人为公诉人出庭提供技术辅助，均取得了比较好的效果。

检察日报记者　徐日丹

从办案情况看，近年来电信诈骗呈现怎样的犯罪特点？电信诈骗有哪些危害？

韩晓峰

从审查逮捕情况看，近年来的电信诈骗犯罪呈现以下特点：

一是利用高科技手段作案，隐蔽性强。在互联网金融快速发展和互联网、手机、电话、电视“四网融合”背景下，犯罪分子利用电信网络技术，通过改号软件伪装电话号码，或通过计算机程序批量发送诈骗短信、语音包和木马程序，借助电子银行系统快速转移赃款，实施远程、点对面、撒网式诈骗，犯罪手段隐蔽，过程不留痕，侦破难度大。

二是非接触式犯罪特点明显，跨国跨境作案突出。犯罪分子借助现代通讯工具、网上银行、手机银行等科技手段，人在境外，专门针对中国人实施诈骗，跨区域犯罪，甚至境内外勾结作案。如“9·28”专案，拨打诈骗电话的窝点建到了印度尼西亚、菲律宾、越南、泰国及祖国大陆、我国台湾地区六地；提供任意改号、群呼群拨服务的诈骗平台（服务器）设在美国；地下钱庄头目在我国台湾地区指挥，犯罪同伙则在祖国大陆福建、广东、江西、湖南、安徽等地取款。

三是通过非法获取公民个人信息实施精准诈骗。随着云计算和大数据技术的发展运用，犯罪分子通过网络大肆非法获取公民个人信息，逐渐从撒网式、地毯式向量体式、订单式诈骗发展。除姓名、身份证号码、手机号码、家庭地址等传统静态信息外，手机定位记录、通话记录、开房记录、车辆运行轨迹等动态信息越来越多被用于犯罪。犯罪分子通过针对不同群体量体裁衣、步步设套，形成衔接紧密、针对性强的一条龙犯罪模式。如广东佛山戴某某等 36 人团伙网络诈骗案，犯罪嫌疑人假冒研究院专家教授的身份，向多地患有肝病、糖尿病等疾病患者推销非具治疗性的器械和药物，采取货到付款的方式诈骗钱财。

四是社会危害严重，影响恶劣。犯罪分子结成团伙，精心设计骗局，利用话术针对不特定群众，跨区域乃至跨境大肆实施诈骗活动，涉案金额动辄在数十万乃至上千万元。如“12・29”特大电信诈骗案，台湾诈骗犯罪集团冒充公检法诈骗数额达 1.17 亿元。有的虽然数额不是很大，但是被害人的学费、养老金、治病救命的钱，一旦被骗往往造成致命后果。如山东徐玉玉被骗致死案。从更深层次看，电信网络诈骗损害了社会公众的安全感。随着电信网络诈骗及其关联犯罪的蔓延，每个人都是潜在的被害人，银行账户、个人信息、生活隐私处于不安全的状态，影响人民群众的安全感。长远来看，这类犯罪削弱社会信任基础，抬高市场交易成本，挑战国家治理能力。

人民日报记者　彭　波

检察机关在打击电信诈骗方面采取了哪些措施？当前还存在哪些困难？将采取哪些应对措施？

韩晓峰

近年来，检察机关坚持重拳出击，对电信网络诈骗犯罪坚持做到“三个一律”：一律依法快捕快诉；一律组成专班集中办理；对重点整治地区，一律加大源头治理和综合治理的力度。

具体讲主要采取以下措施：

一是坚持依法从快批捕，确保不在检察环节贻误战机。对打击电信网络诈骗犯罪工作，高检院领导高度重视，先后20多次作出批示指示。2016年5月，高检院专门下发《关于切实做好打击整治电信网络诈骗犯罪有关工作的通知》，要求各级检察机关加大对电信网络诈骗犯罪打击力度，依法快捕快诉，确保打击实效。全国检察机关通过及时启动重大敏感案件快速反应机制，做到及时报告、准确研判、迅速反应、专人办理、提前介入、引导取证、及时批捕，确保了检察环节对电信网络诈骗犯罪的打击力度。

二是加强与公安等部门的协作配合，形成打击合力。高检院与公安部联合召开典型电信网络诈骗案件剖析调研会，通过剖析典型案件，研究明确了电信网络新型违法犯罪的证据认定、法律适用等问题；与公安部联合召开电信网络新型违法犯罪突出地区重点整治督导会，推动了对突出地区电信网络诈骗犯罪重点整治、重点打击工作的深入开展；与公安部联合挂牌督办两批共62起重大电信网络诈骗案件。此外，检察机关还积极配合公安机关从境外缉捕遣返数百名犯罪嫌疑人，有力震慑了犯罪。

三是针对办案中出现的证据与法律适用问题，加强调研，通过出台司法解释和指导性文件形式确保案件质量。针对电信网络诈骗犯罪电子证据审查难、认定难、适用法律难等普遍存在的问题，高检院与最高法院、公安部等部门加强调研，先后会签下发了《关于办理电信网络诈骗等刑事案件适用法律若干问题的意见》《关于办理侵犯公民个人信息刑事案件适用法律若干问题的解释》等一系列司法解释和指导性意见，有效解决了实践中存在的证据审查、实体认定、关联犯罪打击、共同犯罪认定等方面的难题，为专项打击工作提供了强有力的法律武器。

四是在依法打击的同时，注重综合治理。积极推动电信网络诈骗犯罪重点（突出）地区整治工作，联合公安机关等部门对专项行动确定的12个电信网络诈骗犯罪重点（突出）地区工作进行督导、部署、检查，整治工作取得了明显成效。

当前打击电信诈骗存在以下困难：一是电子证据审查认定难。犯罪分子运用科技手段的水平在提高，反侦查能力在增强，给公安机关、检察机关证据的收集固定、审查认定工作带来困难。二是案件定性处理困难。新情况、新问题不断出现，公检法办案人员在有些问题上还存在认识分歧。三是办理此类案件的专业人才储备不足。

下一步，检察机关将采取以下措施：一是进一步增强对电信网络诈骗犯罪危害性的认识，坚持依法严厉打击不动摇。特别是通过努力，电信网络诈骗犯罪高发态势得到了有效遏制的形势下更不能掉以轻心，要保持高压态势，防止反弹。二是坚持以证据为核心。加强介入侦查引导取证工作，确保侦查取证及时到位，确保办案质量和效率。三是加强协作配合，促进源头治理。加强与公安、法院的协作配合，坚持依法从重从快，实现“快侦查、快提捕、快起诉、快审理”，形成打击防范电信诈骗的司法合力。同时，加强与银行、电信、互联网企业及行业监管部门的沟通联系，从治理上游犯罪入手，阻断公民信息泄露渠道，切断电信网络诈骗犯罪的源头。四是注重大数据收集研判，促进专门人才培养。注重运用大数据收集研判犯罪态势，通过数据采集、整理、分析、发掘、应用，着力解决司法办案中证据收集、审查认定等难题。五是完善跨国跨境司法协作。特别是在跨国跨境协助调查取证、缉捕遣返犯罪嫌疑人、涉案赃款赃物移交、证据转换、司法文书送达、通信与网络证据的转换及证据采信问题等方面细化协作内容，力争形成完善的司法协作模式。

经济日报记者　李万祥

网络犯罪是新型犯罪，涉及很多疑难复杂的法律适用问题，请问最高检针对网络犯罪法律适用问题，重点开展哪些工作指导司法办案，应对网络犯罪高发多发的严峻形势？

万　春

近年来，最高检高度重视惩治网络犯罪、维护网络安全工作。除了此次制发指导性案例外，还针对司法实践中的新情况、新问题，会同最高人民法院、公安部研究制定司法解释和司法解释性质文件，明确相关网络犯罪的定罪量刑标准，对指导各级司法机关加大办案力度，震慑网络犯罪分子发挥了积极作用。

关于办理侵犯计算机信息安全的犯罪案件，2011 年，最高检会同最高人民法院制定了《关于办理危害计算机信息系统安全刑事案件具体应用法律若干问题的解释》，针对危害计算机信息系统安全刑事犯罪及其单位犯罪、共同犯罪等问题，进一步明确了适用法律依据和具体的定罪量刑标准。

关于办理利用计算机网络实施的其他犯罪案件，2004 年、2010 年，最高检先后会同最高人民法院制定了《关于办理利用互联网、移动通讯终端、声讯台制作、复制、出版、贩卖、传播淫秽电子信息刑事案件具体应用法律若干问题的解释（一）、（二）》，2010 年，会同最高人民法院、公安部制定了《关于办理网络赌博犯罪案件适用法律若干问题的意见》；2013 年会同最高人民法院制定了《关于办理利用信息网络实施诽谤等刑事案件适用法律若干问题的解释》；2016 年底，会同最高人民法院、公安部制定了《关于办理电信网络诈骗等刑事案件适用法律若干问题的意见》。这些司法解释和司法解释性文件，对利用互联网实施的传播淫秽信息、开设赌场、诽谤、寻衅滋事、敲诈勒索、非法经营、诈骗等刑事案件适用法律问题作了规定。

此外，最高检会同最高法于2011年制定的《关于办理诈骗刑事案件具体应用法律若干问题的解释》；会同最高法、公安部于2011年制定的《关于办理侵犯知识产权刑事案件适用法律若干问题的意见》、2014年制定的《关于办理暴力恐怖和宗教极端刑事案件适用法律若干问题的意见》、2017年5月会同最高法制定的《关于办理侵犯公民个人信息刑事案件适用法律若干问题的解释》中，对利用互联网实施诈骗、侵犯知识产权、煽动分裂国家、侵犯公民个人信息等犯罪也作了相应规定。

同时，在办理网络犯罪案件的刑事程序方面，“两高”、公安部于2014年还研究制定了《关于办理网络犯罪案件适用刑事诉讼程序若干问题的意见》，对网络犯罪案件的范围、管辖、初查、跨地域取证等问题作了具体规定。为了解决电子数据取证难、认定难问题，“两高”、公安部于2016年联合发布《关于办理刑事案件收集提取和审查判断电子数据若干问题的规定》，对刑事诉讼中电子数据取证和认证规则作出系统规定。

通过近年来的司法解释工作，已经基本形成了符合中国国情、基本满足司法实践需要的网络犯罪司法解释体系，为惩治网络犯罪、维护网络安全提供了有力的法律武器。下一步，最高检还将继续加大工作力度，创新工作机制，加强对下指导，进一步做好惩治网络犯罪、维护网络安全的相关工作。

目前，最高人民检察院会同最高人民法院正在共同研究起草《关于办理网络犯罪案件适用法律若干问题的解释》，将针对《刑法修正案（九）》增设的拒不履行信息网络安全管理义务罪、非法利用信息网络罪、帮助信息网络犯罪活动罪明确定罪量刑标准和有关法律适用问题，目前正在抓紧开展相关工作，力争尽快出台。

上海电视台法治天地频道记者　程文韬

针对网络犯罪的技术性和隐蔽性问题，检察机关如何通过加强智慧检务建设，深化技术手段的办案中的运用，来提升办案效果？

张相军

网络犯罪属于高科技犯罪。针对网络犯罪的技术性和隐蔽性的问题，近年来，检察机关紧盯前沿科技，加强智慧检务建设，不断推进新兴技术在司法办案特别是在依法惩治计算机网络犯罪方面的应用，以“高科技对抗高科技”，努力实现“道高一尺，魔高一丈”的良好效果。

前不久，高检院在江苏苏州召开了全国检察机关智慧检务工作会议，曹建明检察长对智慧检务的重大意义进行了深刻阐述，对深化智慧检务作出了重大部署。智慧检务，是依托大数据、人工智能等现代科技手段，进一步发展检察信息化建设的更高形态；是遵循司法工作规律和检察权运行规律，实现检察工作从科技保障到科技支撑再到科技引领的战略转型。

我们在深化技术手段在办案中的运用方面，主要采取了以下措施：

一是建设电子证据实验室、电子数据云平台，以电子证据为突破口破解打击犯罪难题。电子证据是惩治计算机网络犯罪的关键证据。最高检司法鉴定中心和各地检察机关，相继建立电子证据检验实验室，配置电子数据采集分析、分布式取证、数据恢复、鉴定分析、密码破解以及网络取证等设备；最高检还构建检察专线网电子数据云平台，实现全国检察机关 31 家电子数据实验室互联互通，实现远程协同办案，数据资源积累，平台资源共享，有效破解电子证据取证难、审查鉴定难等问题。

二是应用大数据、人工智能等技术，提升办案质量和效率。依托大数据等技术，通过分析海量检察数据，对常见多发和新型疑难计算机网络犯罪案件进行分析，为事实认定、法律适用、辅助量刑、办案决策等提供数据支撑。建立符合计算机网络犯罪特征的数据化证据指引，服务审查判断证据和举证质证，统一证据标准适用和证据审查规范。推动智能辅助办案应用，将法律文书、量刑建议等转化为数据模型或智能平台，实现智能抓取、智能研判、智能生成等，提升办案效率。

三是运用出庭一体化平台，增强出庭指控犯罪效果。计算机网络犯罪流程复杂、证据量庞大。为更加直观形象地在法庭上展示证据，研发和应用新型多媒体示证系统，探索电子卷宗、证据数据化资源整合共享运用，应用视频图像技术、证据智能梳理、证据归集、网络犯罪链路演示等技术，还原网络犯罪流程，增强指控犯罪效果。

四是加强数据资源共享、分析和挖掘，为预防犯罪提供对策建议。积极推动与公安机关、审判机关、行政执法机关等的信息数据对接，深入挖掘司法办案数据，分析计算机网络犯罪发案态势和犯罪规律，有针对性地向党委政府和有关主管机关提出对策建议，服务法治建设和社会治理决策。

国际广播电台记者　吴　倩

对于公众来说，检察机关有哪些防范此类犯罪的建议？

张相军

治理计算机网络犯罪，必须坚持“两手抓”，一手抓惩治，一手抓防范。针对当前网络犯罪的高发态势，公众有必要做好防范措施。我分两个方面来谈谈这个问题：一是谈谈如何养成良好的上网和计算机使用习惯，防范网络犯罪；二是谈谈几种常见的网络犯罪防范对策。

一是养成良好的计算机网络使用习惯。每一个计算机网络使用人要保护好自己的个人信息。当今世界因互联网而更多彩，人们生活因互联网而更丰富。我们在享受互联网科技带来的极大便利的同时，也要增强自我保护和安全意识，不但个人的姓名、身份证号、家庭住址、电话号码、银行卡号等重要信息必须妥善保管，在网络上使用的各类账户、密码也不能随意泄露，以免不法分子有可乘之机。在办理各类卡片、扫描二维码、加入陌生 WIFI 网络、处理快递信息、纸质机票车票以及其他含有个人信息的资料时，也要多留心，尽量通过加密、涂抹等方式对信息进行“变装”来保护个人信息。

养成良好的计算机网络使用习惯。如定期扫描和检测系统，及时发现系统漏洞，进行升级和修正。严格设置密码，定期更换各类上网账户和密码，提高犯罪分子破解难度；不浏览包含有害信息的网页，不点击来历不明的链接，不下载未经检验的程序和软件，对重要信息和数据要进行加密保护，等等。正确安装防病毒软件，并及时进行升级，更新病毒库，实时监视系统状况，减少和避免木马程序、逻辑炸弹、蠕虫病毒及网络病毒的侵害。

要增强网络风险意识。接到陌生电话、短信、微信、电子邮件，要仔细甄别，遇到可疑情况及时报警。

二是对几种常见的网络犯罪的防范。对网络诈骗的防范：预防网络诈骗，要注重发挥社会多元主体的力量。老人、孩子等往往是易受骗群体，广大网民要注意关注媒体和司法机关宣传的网络诈骗案例，了解常见的诈骗手法和诈骗趋势，帮助家人增强防骗意识，“升级”防骗技能。网络诈骗多是因被骗者轻信或贪图便宜造成的，天上掉下的“馅饼”很可能就是“陷阱”，不要轻信“中大奖”“低价购物”等诱惑性信息，需要先汇款的中奖均为陷阱，不要贪便宜盲目汇款。进行网络交易前，对交易网站和交易对方的资质尽可能全面了解，网上流行的低价竞拍中暗藏着更多的欺诈可能性，要保持警惕，如果确定自己在网络交易中被骗，要及时到当地公安机关报案，并出具保存的证据。

对计算病毒感染的防范。网民要随时关注、留意新近出现的病毒的主要特征，提高病毒防范意识，降低病毒感染概率。不要随便浏览陌生网站，高度警惕网页上五花八门的弹出窗口。安装最新的杀毒软件，并及时升级，及时更新漏洞补丁。不要轻易打开陌生的电子邮件附件。从网上下载任何文件后，一定要先扫描杀毒再运行。记得对重要的文件及时备份，以免遭到病毒侵害时不能立即恢复，造成不必要的损失。

对虚拟财产被盗的防范。广大网络游戏爱好者在网络游戏中要慎重对待各种各样的游戏论坛或个人游戏网站上的外挂；建立良好的安全习惯，不打开可疑邮件和可疑网站；一定要及时给系统打补丁，安装专业的防毒软件进行实时监控，平时上网的时候一定要打开防病毒软件的实时监控功能；购买游戏 ID 与装备一定要慎重，避免造成不必要的损失。

部分新闻链接

1. 人民日报 2017 年 10 月 17 日报道《最高检：删改网购评价、远程锁定他人手机可构成犯罪》。

2. 新华社 2017 年 10 月 16 日报道《惩治网络犯罪，维护信息安全——最高检发布第九批指导性案例打击计算机网络犯罪》。

3. 光明日报 2017 年 10 月 16 日报道《最高检：依法加大惩治计算机犯罪力度》。

4. 经济日报 2017 年 10 月 16 日报道《最高检：加大对计算机网络犯罪产业链打击力度》。

5. 中央电视台 2017 年 10 月 16 日报道《最高检：严厉打击计算机网络犯罪》。

6. 中国新闻网 2017 年 10 月 16 日报道《2016 年以来已有 1568 人因网络犯罪被提起公诉》。

依法全面保护未成年人健康成长

最高人民检察院通报检察机关加强对未成年人全面综合司法保护工作情况

发布时间： 2017 年 12 月 28 日 10:00

发布内容： 通报检察机关 2017 年加强对未成年人全面综合司法保护情况；发布 2017 年未成年人检察工作十大典型案（事）例

发布地点： 最高人民检察院电视电话会议室

主 持 人： 最高人民检察院新闻发言人　肖玮

出席嘉宾： 最高人民检察院未成年人检察工作办公室主任　郑新俭
最高人民检察院未成年人检察工作办公室副主任　史卫忠

主题发布

肖 玮

各位记者朋友，大家上午好！欢迎参加最高人民检察院新闻发布会。今天新闻发布会的主题是“加强全面综合司法保护，全心关爱未成年人健康成长”。今天的新闻发布会主要有三项议程，一是通报检察机关2017年加强对未成年人全面综合司法保护情况，二是发布2017年未成年人检察工作十大典型案（事）例，三是回答记者朋友的提问。出席今天新闻发布会的是最高人民检察院未成年人检察工作办公室郑新俭主任和史卫忠副主任。

首先，请郑新俭主任向大家通报一下今年来检察机关加强对未成年人全面综合司法保护情况。

郑新俭

各位记者朋友，大家上午好！2017年，全国检察机关坚持全面保护、综合保护原则，将司法保护精神落实到未成年人检察工作的每一个环节。一方面，综合运用惩治、预防、监督、教育等方式，将保护的触角延伸到刑事、民事、行政等各个方面，最大限度维护未成年人合法权益；另一方面，主动协调家庭、学校、社会、政府和其他司法机关力量，共同构建社会化综合保护体系，凝聚全社会力量保护未成年人。

一、对未成年犯罪嫌疑人的教育挽救更加深化、有效

（一）坚持宽容不纵容，从有利于教育挽救角度出发办理未成年人涉嫌犯罪案件

我们对轻微犯罪依法从轻处理，尽量减少关押、定罪带来的不良影响，同时对涉嫌严重犯罪的未成年犯罪嫌疑人依法惩治，保持必要的警示。2017 年前 11 个月，全国共对未成年犯罪嫌疑人批捕 2.61 万人、不批捕 1.31 万人，起诉 3.9 万人、不起诉 0.88 万人，不捕、不诉率分别为 33.4% 和 18.4%，同比上升 1.8 个百分点和 3.4 个百分点。

（二）狠抓未成年人刑事案件特别程序的落实，切实保障未成年犯罪嫌疑人合法权利，提升帮教效果

2017 年共开展社会调查 1.44 万人、适用附条件不起诉 4798 人，达成刑事和解后不起诉 1508 人，同比分别上升 18%、24.8% 和 47.7%。此外，还为 2.61 万没有聘请辩护人的未成年人提供法律援助。

（三）将教育感化贯穿办案始终

各地在办案中普遍引入人格甄别和心理矫正措施，根据未成年犯罪嫌疑人的犯罪情节、成长经历、心理状况和犯罪原因等，制定个性化帮教方案，提高帮教矫治的针对性有效性。在检察机关的帮助下，一大批未成年犯罪嫌疑人得以回归社会。2017 年全国有 429 名未成年犯罪嫌疑人经检察机关帮教后考上大学。

二、对侵害未成年人权益犯罪的打击更加准确、有力

（一）对侵害未成年人犯罪零容忍，从严从快批准逮捕

2017 年前 11 个月，共批准逮捕强奸、猥亵、拐卖、故意伤害等侵害未成年人犯罪案件 3.14 万人，起诉 4.24 万人。对于提请公诉的案件，检察机关依法从严提出量刑建议，对于利用职业便利侵害未成年人的，还建议判处禁止被告人从事密切接触未成年人的职业，加大指控犯罪力度。

（二）突出打击多发犯罪

最高检挂牌督办10起重大拐卖儿童案件，要求对此类犯罪保持严打高压态势；下发《关于依法惩治侵害幼儿园儿童犯罪全面维护儿童权益的通知》，要求各地检察机关严厉惩治侵害儿童犯罪，最大限度维护儿童权益，积极促进校园安全建设。湖北、山东等地还开展打击性侵害未成年人犯罪，打击侵害农村留守儿童犯罪等专项打击活动。

（三）依法妥善办理侵害未成年人重大犯罪案件

河南尉氏组织未成年人卖淫案、上海携程亲子园虐童案等重大敏感案件发生后，检察机关第一时间介入侦查活动引导侦查取证，依法及时对犯罪嫌疑人逮捕、起诉。

（四）强化诉讼监督，维护司法公正

最高检以适用法律错误、量刑畸轻对秦某涉嫌强奸、猥亵儿童案提出抗诉。浙江、湖北、吉林、青海、贵州等地检察机关也监督纠正、抗诉了一批有案不立、有罪不究和判决确有错误的侵害未成年人犯罪案件，确保犯罪分子受到应有制裁。

三、对未成年被害人的保护救助更加专业、到位

未成年人被侵害后，身心会受到极大伤害，更需要专业的保护和关爱。因此我们下大力气保护救助未成年被害人，尽力帮助他们恢复身心健康。

（一）维护其合法权益

依法充分保障未成年被害人及其监护人的隐私权、知情权等诉讼权利。对于双方都是未成年人的案件坚持双向保护，处理时充分听取被害人及其监护人的意见，对符合条件的依法促成刑事和解，保障未成年被害人权益。

（二）适用特殊办案程序

针对办案实践中存在的因询问方式不当或者反复询问给未成年被害人造成二次伤害的问题，推行未成年被害人一站式询问制度，要求采用适合未成年人身心特点的询问方式，做好询问预案，使用同步录音

录像，原则上只在侦查环节询问被害人一次，被害人原则上不出庭作证。不少地方检察院设置了环境温馨的家居式办案区，以缓解被害人的紧张情绪。北京等地检察机关对必须出庭作证的未成年被害人探索实行了保护性出庭方式，力求在有力指控犯罪的同时把对被害人的影响降到最低。

（三）同步进行救助

2017 年前 11 个月，各地检察机关联合民政、共青团组织、妇联、医疗等部门，引入专业司法社工和心理咨询师等专业力量，为未成年被害人提供法律援助 1.18 万人次，司法救助 2173 人次，心理疏导 7304 人次，身体康复 3334 人次，同比分别上升 16.2%、24.6%、21.6%、17.1%，帮助未成年被害人及其家庭渡过难关。最高检未检办还与联合国儿童基金会共同举办了未成年被害人保护救助高级研修班，对全国未检人员进行培训，进一步提高未成年被害人保护专业化水平。

四、进一步整合检察机关未成年人司法保护职能

为了给未成年人提供更加全面综合的司法保护，一些地方未成年人检察部门在集中行使未成年人侦查监督、公诉和犯罪预防职能的基础上，尝试集中统一办理未成年人刑事执行检察、民事行政检察业务，在相关领域深入贯彻未成年人司法特有理念和要求，加强了刑事执行阶段涉案未成年人的维权和帮教工作，强化了对未成年人民事行政权益的保护，取得很好效果。

一是在刑事执行检察方面，全国未检部门开展了未成年人羁押必要性审查 7768 人次，纠正社区矫正违法 397 人次、混关混押 897 人次、其他监管违法 630 人次，参与执行阶段帮教 3740 人次，真正做到将帮教维权贯穿于刑事诉讼全过程。二是在民事行政检察方面，对监护侵害、监护缺失案件，建议有关单位和个人申请变更监护 32 件，支持申请 40 件；对涉及未成年人抚养费、赔偿费、教育权等民事行政判决依法抗诉 37 件；对有关行政部门不履行或者不当履行未成年人保护职能提出检察建议进行纠正 503 件；支持未成年人起诉维权 29 件，积极维护未成年人民事、行政权益，消除未成年人违法犯罪成因。三是在保护

困境儿童方面，江苏、浙江、宁夏、山东等一些地方检察机关，还发挥法律监督职能，主动链接各种社会资源，对服刑人员未成年子女、被解救拐卖儿童等困境儿童进行安置救助。

为进一步推动未成年人全面综合司法保护，最高检于2017年12月下发《关于开展未成年人刑事执行检察、民事行政检察业务统一集中办理试点工作的通知》，决定从2018年1月至12月，在北京等13个省（区、市）开展为期一年的未成年人刑事执行检察、民事行政检察业务统一集中办理的试点工作，加强研究，稳步推进，逐步在全国实现未成年人的刑事检察、民事行政检察职能由未检部门集中统一行使。

五、进一步加强未成年人犯罪、侵害未成年人犯罪预防工作

加强未成年人犯罪和侵害未成年人犯罪预防工作，从源头上减少案件发生，是对未成年人最好的司法保护。在这方面，我们的做法如下：

（一）切实履行“谁执法、谁普法”普法责任，联合教育部深入开展“法治进校园”全国巡讲活动，切实提高广大未成年人法治意识和自护意识

从2016年6月到2017年11月，全国检察机关共组织法治巡讲4.2万场，覆盖4.53万所中小学校和2239所幼儿园，覆盖师生、家长4163.48万人。由于巡讲活动适合未成年人身心特点和法治需求，受到普遍欢迎。在此基础上，最高检未检办与央视共同制作了涵盖校园暴力、预防性侵害、网络安全等主题的9集未成年人法治教育特别节目——《守护明天》，播出后社会反响强烈，收视率位居央视社会与法频道同类节目第一。

（二）建立健全检校合作开展未成年人法治教育长效机制

目前，全国检察机关共有8736名检察人员担任法治副校长，参与建设未成年人法治教育基地2255个。河南许昌等地检察机关还把法治进校园纳入本地社会治理系统工作，实现了法治巡讲常态化。最高检和一些地方检察机关开通了未成年人检察微信公众号、微博，宣传法治精神，弘扬儿童保护理念。

（三）推动建立未成人权益保护和犯罪预防机制制度

山东省武城县院争取党委政府支持，联合各职能部门建立了未成年人权益保护检察监督信息平台，延伸监督触角，及时接收侵害未成年人权益案件线索的举报及时分流处理，目前已收到反映问题1370条，交行政执法部门处理有效信息1356条；办理立案监督案件2件，办理行政执法监督案件17件，支持起诉3件，办理涉及未成年人的虚假诉讼案件1件，移送查处职务犯罪7件15人，救助320余人。

六、进一步深化未成年人检察社会化工作

未成年人保护是一项系统社会工程，必须加强各方力量的配合。因此，检察机关发挥法律监督职能作用，一是与其他政法机关积极沟通，强化在未成年人司法方面的统一标准、衔接配合。广西、福建、山西一些地方检察机关推动公安机关成立办理未成年人案件专门机构，促进少年警务建设。贵州、浙江、江苏等地探索建立驻公安局未检办公室，从源头上加强监督配合。上海等地检察机关与法院、公安机关共同制定办理性侵未成年人案件的流程和标准。二是建立健全涉案未成年人专业需求转介机制。上海、福建、北京等地检察机关与综治委、团组织合作建立未检社会服务中心，引入专业司法社工，将社会调查、心理干预、技能培训等需求转介给专业力量承担，有力助推未成年犯罪嫌疑人、被害人回归社会。三是积极推进涉案未成年人观护基地建设。全国检察机关共利用学校、爱心企业、公益组织等建立观护基地1405个，对涉案未成年人，尤其是外来未成年犯罪嫌疑人、被害人进行观护，提供生存、文化学习、技能培训等方面的支持，加强关爱、矫治工作。四是最高检也与教育部、民政部、团中央等部门密切合作，共同建立防治校园欺凌、关爱保护农村留守儿童和构建未成年人检察社会支持体系等方面的机制制度。

七、进一步创新未成年人司法保护方法举措

为贯彻落实创新发展理念，推动未成年人司法保护工作不断创新发展，最高检确定了一批全国未成年人检察工作创新实践基地，赋予特定创新任务，力求形成可复制可推广的经验，取得了丰富成果。

一是针对社会高度关注的低龄未成年人实施严重违法犯罪问题，四川资阳检察机关推动建立高危未成年人数据信息库，实施三级预警，纳入社会治安综合治理的网格化服务管理信息平台，加强精准临界预防。上海浦东检察机关根据触法少年人身危险性等因素分类实施三级干预，并通过分级分流、特殊检察、心理重建以及针对性帮教措施等，实施四重保护处分措施，加强干预和矫治。二是在未成年犯罪嫌疑人帮教方面，四川省成都市等地检察机关探索强制教育制度，聘请专业力量，帮助未成年犯罪嫌疑人的监护人提高监护能力，改善家庭关系，充分发挥家庭在管教未成年犯罪嫌疑人方面的应有作用。河南郑州管城区检察院等单位则利用互联网技术，建立未成年人帮教在线平台，开启远程帮教新模式，构建线上普法教育新平台。三是在保护关爱未成年被害人方面，浙江宁波鄞州等地检察机关创建检医合作的“一站式”办案救助模式，在医院设立办案区，与办案同步为未成年被害人提供心理干预、身体检查等支持。四是在预防侵害未成年人犯罪方面，上海闵行、江苏淮安、浙江慈溪等地还推动建立了性侵害未成年人犯罪案件信息库和入职查询制度、性侵未成年人犯罪信息公开制度，对防范侵害未成年人犯罪发挥了积极作用。

2017 年，我们进一步加强了未成年人保护方面的国际交流与合作。最高检未检办参加了世界互联网大会并在未成年人保护分论坛上发言，与联合国秘书长儿童保护代表进行交流，与联合国儿童基金会共同开展课题研究和业务培训，一方面学习借鉴了国外的先进做法，另一方面介绍了中国检察机关未成年人司法保护工作，彰显了我国司法文明，在国际上受到高度肯定。

各位记者朋友，党的十九大提出，要坚持以人民为中心，把人民对美好生活的向往作为奋斗目标，并对全面推进依法治国，保障加强和创新社会治理作出了部署。加强未成年人保护是满足人民群众美好生活需求的重要内容，关系到国家和民族的未来，关系到社会和谐稳定，是检察机关义不容辞的责任。

在新的一年，我们将切实贯彻落实党的十九大精神，进一步提高未成年人检察队伍专业化建设，继续完善未成年人检察各项特殊机制制度，依法全面充分履行刑事、民事和行政检察职能，与社会各界密切配合，为我们的孩子提供更有力更专业更全面的司法保护。

肖 玮

谢谢郑主任。下面进行第二项议程，发布2017年未成年人检察工作十大典型案（事）例。这些案（事）例已经作为“新闻发布会材料二”印发给大家，这里就不再一一宣读了。

需要向大家提示的是，这些案（事）例是我们未检办近期向全国检察机关未检部门全面征集、仔细遴选的，具有很强的典型性。其中既有检察机关依法严厉打击侵害未成年人犯罪情况，如吉林四平的打击幼儿园虐童犯罪、青海西宁的惩处性侵未成年人犯罪等；也有加强对未成年被害人的司法保护情况，如浙江宁波的“一站式”办案，保护救助被害儿童；有加强未成年人民事行政检察的案例，如山东武城监督撤销损害留守儿童权益的虚假诉讼、江苏泰兴破解“事实孤儿”困局、北京丰台支持申请撤销儿童监护人资格、四川泸州监督职能部门履行未成年人保护职责等；还有对涉案未成年人开展帮教的情况，如2017年全国共有429名涉案未成年人经过检察机关帮教考上了大学，又如上海黄浦宽严相济办理校园欺凌案件。

这些典型案（事）例既反映了检察机关的具体办案工作，也呈现了未成年人司法保护创新做法，如上海闵行推行的“从业禁止”“入职审查”制度等，有力说明了检察机关充分发挥刑事检察、民事检察、行政检察等各项法律监督职能，加强对未成年人的全面、综合司法保护情况，以及所取得的显著成效。这些案（事）例均来自我们未成年人检察工作的一线，内容丰富实在、生动鲜活，建议大家在宣传报道时予以充分关注。

现场答问

人民日报记者　彭　波

近期发生了一系列虐童案，有学者建议对此立法。检察机关在办案过程中有没有相关统计数据？现行法律制度应如何完善以保护儿童合法权益？立法是否有必要？

郑新俭

检察机关对虐童案件一直高度重视，坚持零容忍依法严厉打击。根据我们统计的情况，自2016年1月到2017年11月份，全国检察机关共批准逮捕幼儿园工作人员侵害儿童案件69人，提起公诉77人。从犯罪类型看，主要涉及强奸、猥亵儿童、虐待被监护、看护人等犯罪；从犯罪主体看，既有幼儿园老师，也有保安等临时工作人员。这类案件虽然绝对数量不多，但社会危害性非常大。检察机关在办案的过程中，坚持不论是谁，不论是犯什么罪，只要触犯了法律，侵害了幼儿园儿童的合法权益，我们就严厉打击，绝不手软。

党和国家一直高度重视保护儿童合法权益的法律制度建设。在刑事立法方面，最有代表性的是《刑法修正案（九）》，规定了虐待被监护、看护人罪，把校车超载问题纳入危险驾驶罪，规定了从业禁止制度，对于其他侵害幼儿园儿童的犯罪，也可以按照猥亵儿童、故意伤害等罪名处理，处理也是非常严厉的。

《中华人民共和国民法总则》中规定了监护人应尽的职责，以及不履行监护职责或者侵害被监护人合法权益的，应当承担法律责任。同时还规定如果监护人实施严重损害被监护人身心健康或者有怠于履行监护职责等情形的，撤销其监护人资格，并在相关的规定中明确了侵权行为及其应承担的法律责任。《中华人民共和国婚姻法》中也规定父母对子女有教养教育的义务，并规定禁止溺婴、弃婴和其他残害婴儿的行为等。

但是，这些规定均散见在一些立法之中，缺乏全面系统的立法规定，执行起来也存在一定的困难。同时，相关立法也不完备，例如，规定事后惩处打击的多，规定健全防控机制的少。再比如，从我们办理的案件来看，案发幼儿园普遍存在从业人员素质不高、进人不严、管理不规范等问题，而这方面的立法还欠缺。因此，我们认为，应当进一步健全完善保护儿童合法权益方面的法律法规，完善机构、从业人员的准入制度，安全管理和责任制度、行政执法机制等方面的规定，制定全面系统保护儿童合法权益的法律制度。我们将对全国检察机关办理的侵害儿童合法权益案件进行分析，总结其背后深层次原因，有针对性地提出防治意见和建议。

新京报记者　王梦遥

此前，最高检专门下发通知要求依法严惩侵害幼儿园儿童犯罪，维护儿童权益。目前通知的落实情况如何？

史卫忠

12月1日，最高检下发《关于依法惩治侵害幼儿园儿童犯罪全面维护儿童权益的通知》，要求各地检察机关依法履职，积极参与侵害幼儿园儿童案件的惩治维权预防工作。

各地迅速落实，一是依法惩治侵害幼儿园儿童犯罪。对于社会影响较大的上海携程亲子园等案件，检察机关及时介入侦查活动，就案件侦查取证、法律适用和保护救助未成年被害人等提出建议。目前，已经对相关犯罪嫌疑人作出批准逮捕决定。我们将继续关注有关案件的进展，加强指导，确保依法公正处理。此外，贵州庆隆、河北任丘等地起诉的幼儿园校车超载案、性侵幼儿园儿童案等，人民法院均依法作出了有罪判决，有力打击了侵犯儿童权益的犯罪行为。

二是配合有关部门积极开展幼儿园安全检查、整顿工作。河北沧县、任丘，江苏泰州、淮安，黑龙江哈尔滨等地检察机关与教育部门一起开展幼儿园安全专项督查，排查幼儿园安全管理中存在的问题，及时堵塞漏洞。

三是开展幼儿园法治巡讲。福建、河北、海南、湖南、河南、广西、湖北等地检察机关深入幼儿园，向幼儿园工作人员、家长开展法治教育，向幼儿园儿童进行必要的自护教育。各地检察官精心编制了适合儿童接受能力的课程，采用了画漫画、做游戏、互动问答、教唱儿歌等形式，提高授课效果。刚才新闻通报稿里也讲到，从2016年6月到2017年11月，全国检察机关已到2239所幼儿园进行巡讲。

四是建立长效工作机制。重庆市人民检察院第二分院下发了《“护蕾”专项工作指导办法》，要求辖区基层院与教育部门一起，从实现教职人员入职法治教育常态化、建立校园安全电子档案、校园安全信息强制披露制度、建立“护蕾”热线电话等方面加强侵害儿童犯罪的防范工作。

接下来，我们将进一步按照《通知》要求，强化各种保护措施，把《通知》的精神进一步贯彻落实好，最大限度地维护好儿童的合法权益。

中国日报记者 李 磊

对侵害未成年人犯罪案件，公安机关第一时间介入调查，但公布的调查结果有时也会引起舆论的质疑，特别是近期幼儿园监控录像硬盘无法恢复，公安机关取证的问题，请问检察机关会采取哪些措施加大对公安机关的侦查活动监督力度？下一步在打击未成年被侵权案件中，有哪些安排和打算？

史卫忠

客观上讲，侵害未成年人合法权益案件，由于场所、环境、条件和未成年人自身等的特殊性，常常存在取证和认证上的困难。这也是长期以来一直困扰侦查机关和检察机关的难题。一直以来，我们与侦查机关均注重研究总结此类案件在取证、认证上的特点和规律，力争做到既不冤枉一个好人，也不放过一个坏人。

检察机关在介入侦查引导取证，加强侦查活动监督，维护司法公正的同时，也会充分考虑这类案件证据的特殊性，只要案件事实有证据印证，相关证据都经查证属实，综合全案证据能够排除合理怀疑的，我们坚决依法惩处。比如我们这次新闻发布会发布的吉林四平的幼儿园虐童案、青海西宁辅导老师猥亵学生案就是比较典型的准确把握案件证据，成功指控犯罪的案例。这个月中旬，我们与联合国儿童基金会共同举办的未成年被害人保护与救助高级研修班中，也就兼顾有力打击侵害未成年人犯罪和保护关爱未成年被害人问题进行了研讨。

此外，我们建议，一方面，家长要及时关注孩子的异常问题，要有证据意识，在发现问题后及时报案，并注意保存证据，尽量为查办案件创造有利条件。但不要反应过度，更不要“私了”，这都不利于打击侵害未成年人犯罪，维护未成年人合法权益，要相信我们的办案机关。

另一方面，要不断提高包括侦查、检察、审判人员在内的专业化程度，要实行专人办理，询问、讯问时要同步录音录像，尽可能地提高取证质量，并且正确把握这类案件的证据标准，既保证案件质量，又有力指控犯罪。

未成年人健康成长是人民美好生活需求中非常重要的方面，在今后的工作中，我们将深入贯彻落实党的十九大精神，充分发挥检察职能，继续抓好《关于依法惩治侵害幼儿园儿童犯罪全面维护儿童权益的通知》等文件的落实，坚持打击、保护、教育、预防等措施并重，坚持全面综合司法保护，保障未成年人健康成长。

一是依法惩治相关犯罪，尤其是对侵害未成年人合法权益的犯罪、严重危害校园安全的犯罪要坚决依法惩处。要建立健全相关案件信息报告、备案审查和指导督办机制，研究制定重点犯罪证据审查指引，整理下发典型指导案例，确保办案质量与效果。

二是在依法惩治的同时，要始终坚持对未成年犯罪嫌疑人的教育、感化、挽救和对未成年被害人的关爱、救助。在以往工作的基础上，我们将推动建立对有严重不良行为或者不够刑事责任年龄的未成年犯罪嫌疑人的临界预防机制，建立办案、救助同步进行的未成年被害人“一站式”办案救助机制等工作制度。

三是立足预防，建立健全未成年人权益保护长效机制。目前，不少地方检察机关在这方面已经形成了很好的经验，比如上海检察机关正在推动建立侵害未成年人权益犯罪案件信息库，一些服务未成年人的行业要实行入职查询。山东武城县检察院建立的未成年人权益保护检察监督平台，及时发现侵害未成年人权益案件线索，及时分流处理，都取得了非常好的效果。我们已经确定相关地方检察院作为全国未成年人检察创新实践基地，对他们的做法进一步总结完善，形成可复制可推广的经验，在全国推广。

四是继续深入开展“法治进校园”全国巡讲活动。最高检未检办与教育部有关部门正在积极沟通，进一步推动检校合作开展法治教育长效机制建设。同时我们和央视也已经着手进行未成年人法治教育特别节目

《守护明天》第二季的制作，希望能够给全国广大师生、家长再次提供一堂精彩、震撼的法治大课。

检察日报记者　郑赫南

最近，对侵害未成年人的犯罪人员，有的地方探索信息公开，有的尝试“从业禁止”，都有哪些具体的做法？效果如何？最高检对这些做法态度如何？能否具体介绍一下？

史卫忠

我们这次发布的典型案例中，就有上海闵行区检察院建立性侵害未成年人违法犯罪信息库和入职查询制度方面的案例。司法实践表明，侵害未成年人犯罪，尤其是性侵害未成年人犯罪，存在重犯率高、熟人作案比例常见的特点。西方一些国家也建立了类似的制度，如大家所熟悉的美国“梅根法案”就是。

2015 年我国《刑法修正案（九）》也规定：“因利用职业便利实施犯罪，或者实施违背职业要求的特定义务的犯罪被判处刑罚的，人民法院可以根据犯罪情况和预防再犯罪的需要，禁止其自刑罚执行完毕之日或者假释之日起从事相关职业，期限为三年至五年”。修正案生效以来，各地检察机关已经在很多侵害未成年人犯罪案件中适用了这一规定，向法院提出禁止被告人从事与未成年人密切相关职业的量刑建议，这对于有效预防一些侵害未成年人的犯罪人员重新实施犯罪行为发挥了积极作用。但是，与未成年人密切接触的职业、机构很多，如何有效实施这一制度仍需要不断实践和完善，不少地方检察机关在这方面正在进行积极实践。

上海市闵行区检察院与区综治办、公安、法院、教育、民政等部门共同制定了《关于限制涉性侵害违法犯罪人员从业办法（试行）》，将那些对未成年人实施强奸，猥亵，组织、强迫卖淫，引诱、容留、介绍卖淫等行为的违法犯罪人员纳入黑名单，将该区从事未成年人服务的教育单位、培训机构、医疗机构、救助机构、游乐场所、体育场馆、图书馆等均纳入到应当加强入职人员审查的领域。再如浙江慈溪市检察院联合相关部门出台了《性侵害未成年人犯罪人员信息公开办法（试行）》，建立了信息登记数据库；江苏淮安淮阴区检察院、法院、公安局等共同制定了《关于性侵害未成年人犯罪人员从业禁止及信息公开制度》，目前两个地方都有适用信息公开制度的案例。

适用信息公开制度，有利于弥补从业禁止制度和入职查询制度的一些不足。从这个角度讲，对性侵未成年人的犯罪人员的信息予以公开这一做法是一项有积极意义的探索。但由于这一做法涉及一些保护儿童和维护犯罪人员基本权利的敏感性问题，在实务和理论界还有一些不同认识，推动起来也还需要有一套成熟的制度加以保障，所以，还有待于进一步探索和总结。对上述探索，最高检非常关注，将加强研究指导，对一些成熟的做法将适时予以推广。

中央电视台记者 程 琴

刚才新闻发布时讲到，为了进一步推动未成年人全面综合司法保护，最高检下发了《关于开展未成年人刑事执行检察、民事行政检察业务统一集中办理试点工作的通知》，请介绍一下有关情况。

史卫忠

为实现综合保护，最大限度维护未成年人合法权益的目标，最高检于日前制定并下发了《关于开展未成年人刑事执行检察、民事行政检察业务统一集中办理试点工作的通知》。试点通知要求，从2018年1月至12月起，在北京、辽宁、上海、江苏、浙江、福建、山东、河南、湖北、广东、重庆、四川、宁夏等13个省（区、市）开展为期一年的未成年人刑事执行检察、民事行政检察业务统一集中办理的试点工作。试点期间，上述业务要统一集中到未成年人检察工作部门办理。试点省份要至少确定3个市、州、分院及各自所辖的2个基层院作为试点单位。其他省份具备条件的，也可主动开展试点。

最高检下发这一通知，是在检察机关确定未成年人检察实行“捕、诉、监、防”一体化工作模式，整合未成年人刑事检察工作之后，在科学配置未检职能，进一步整合未成年人执检和民行检察而采取的又一重要部署，意义重大，有利于最大限度维护未成年人的合法权益。

近年来，检察机关顺应未成年人检察内在规律，逐步整合了涉及未成年人的侦查监督、公诉和犯罪预防职能，在加强未成年人司法保护方面取得了显著成效。但是随着未检工作的深入，我们逐渐认识到，涉及未成年人的刑事执行检察工作和民事行政检察工作同样具有自身的运行规律，不把握好这些运行规律就不能很好地实现未成年人权益的综合有效保护，难以最大限度地维护未成年人的合法权益。

根据通知要求，各试点单位一是要准确把握试点工作的原则和目标。开展未成年人刑事执行检察和民事行政检察业务统一集中办理，目的就是更好地适应未成年人司法保护规律，以办案为切入点，综合运用刑事、民事、行政检察职能对未成年人进行综合保护，最大限度维护未成年人合法权益。试点中，要积极贯彻“儿童利益最大化”“教育、感化、挽救”等方针和原则，除采取纠正违法、提出抗诉等传统监督纠正方式外，更要注重过程保护、全面保护和综合保护，探索建立适合未成年人身心特点的方式方法。

二是要突出工作重点。在刑事执行检察方面，主要开展羁押必要性审查、在押未成年人监管活动监督、未成年人社区矫正活动监督。在民事行政检察工作方面，主要开展对未成年人监护侵害和缺失的监督、家事审判监督，对发现食品药品安全、产品质量等领域侵害众多未成年人合法权益的，可以依法提出检察建议，探索开展支持起诉等工作。

三是要加强总结和研究。我们将对试点单位的做法进行总结，形成可复制可推广的经验，条件成熟时在全国推行。

北京青年报记者　孟亚旭

检察机关如何回应少年司法保护政策是放纵未成年人犯罪的质疑？外界有人质疑，对犯罪未成年人“教育、感化、挽救”方针和“教育为主、惩罚为辅”原则在某种程度上是在放纵未成年人犯罪，不知道您怎么看？

史卫忠

对涉罪未成年人，党和国家确立了“教育、感化、挽救”的方针，提出了“教育为主、惩罚为辅”原则。《刑事诉讼法》第266条、《未成年人保护法》第54条、《预防未成年人犯罪法》第44条均予以明确规定。2016年党中央《关于进一步深化预防青少年违法犯罪工作的意见》（中办发〔2016〕26号文件）进行了再次重申。党和国家关于未成年人司法保护的方针和原则是一脉相承、一以贯之的，在这一方针和原则指导下，《刑事诉讼法》特殊程序专章规定了未成年人刑事诉讼程序，确立了社会调查、法定代理人到场、附条件不起诉、犯罪记录封存等特殊制度。2017年，最高检又出台了《未成年人刑事检察工作指引（试行）》，进一步规范未检司法办案活动，保障未成年人各项权益落到实处。多年来的司法实践也证明，这一方针和原则是适合国情、成效卓著的。仅在

2017年，经检察机关帮教后，就有四百多名未成年犯罪嫌疑人考上了大学，这还只是我们帮教挽救的一小部分。

当然，教育与惩治是相辅相成的，惩治也是教育的重要组成部分。未成年人不同于成年人，其心智还不成熟。一味单纯地惩罚和打击，对未成年人的消极作用明显并容易造成交叉感染和重新犯罪。但这并不意味着只要是未成年人实施犯罪就一律从宽甚至不予追究。

坚持教育、感化、挽救，不是司法纵容，也不是否定和排斥对未成年人严重犯罪行为的刑事处罚，必要时依法予以惩治也是一种教育手段。在具体的案件中，检察机关会根据犯罪原因、犯罪情节和后果等具体情况依法处理、区别对待。在对情节轻微，属于初犯偶犯，认罪悔罪的未成年犯罪嫌疑人依法从轻处理的同时，对性质和情节恶劣、手段残忍、后果严重的，必须坚决依法惩处；对成年人教唆、胁迫、诱骗、利用未成年人违法犯罪行为，依法从重惩处。最后必须强调的是，对未成年犯罪嫌疑人，无论怎样处理，我们都会积极地对其进行帮助教育，既不会不教而轻，也不会不教而罚。今天我们发布的就有这方面的案例。

肖　玮

各位记者朋友，2017年即将过去，再过几天是新年了。2017年最高人民检察院举行的每一场新闻发布会都得到了大家的热情参与和大力支持，我们发布的一些重要检察信息经过各位媒体朋友的精彩报道，受到舆论广泛关注，营造了良好的涉检涉法主流舆论氛围，在这里，我要向大家的辛勤付出和出色工作表达衷心的谢意和敬意！

2018年是贯彻党的十九大精神的开局之年。新的一年里，检察机关将深入学习贯彻党的十九大精神，坚持以习近平新时代中国特色社会主义思想为指导，紧紧围绕党和国家工作大局，紧密回应社会关注和民生关切，创新推动各项检察工作开展。希望各位媒体朋友一如既往地关心关注检察工作，继续给予检察新闻宣传工作大力支持和帮助，我们共同努力，书写新时代全面依法治国的新篇章。

典型案（事）例

检察机关未成年人全面综合司法保护典型案（事）例

典型案（事）例一　全面客观收集证据

依法严厉打击幼儿园虐童犯罪

一、基本案情

2015年11月至12月，吉林省四平市铁西区某幼儿园红三班教师王某、孙某在该幼儿园内多次恐吓幼儿，将多名幼儿头面部、四肢等处扎伤。案发后，铁西区检察院及时派员提前介入侦查，针对王某、孙某拒不供述犯罪事实，直接作案又在监控盲区的情况，引导侦查机关全面客观收集、固定证据，注重收集间接证据，重点收集伤情鉴定等客观证据，保证取证的合法性。本案被害儿童身心受到较大伤害，有的在接受心理辅导，有的拒绝进任何幼儿园，针对这种情况，办案人员没有对被害儿童进行询问。案件移送检察机关后，办案人员对证据进行认真地审查、甄别、判断，准确认定犯罪事实。案件起诉到人民法院后，针对被告人无罪辩解，公诉人全面充分阐述了认定犯罪事实的依据和理由，有力指控犯罪。法院最终采纳公诉意见，于2016年10月以犯虐待被监护、看护人罪分别判处王某、孙某有期徒刑二年六个月。二被告人以事实不清、证据不足上诉后，二审法院经审理于2017年1月裁定维持原判。

二、典型意义

本案是一起典型的幼儿园虐童案件，系《中华人民共和国刑法修正案（九）》实施后，全国首例见诸媒体的虐待被监护、看护人案件。面对办案中遇到的困难，检察机关能够充分发挥检察职能，准确有力惩治犯罪，同时又注重保护关爱被害儿童，取得了较好办案效果。

典型案（事）例二　依法坚决准确抗诉严厉惩治性侵未成年人犯罪

一、基本案情

2016年8月，在青海省西宁市某小区开办补习班的田某某，利用给被害人小花（女，时年12岁）单独补习之机，将小花叫到卧室，两次将小花推至床上抠摸其私处进行猥亵。小花回家后将此事告知父母，其父母立即报案，但田某某一直不承认犯罪事实。案件提起公诉后，一审法院认为本案除被害人陈述外，无其他证据直接证明被告人构成犯罪，以事实不清、证据不足作出无罪判决。2017年7月，西宁市城中区检察院提起抗诉，西宁市检察院支持抗诉，认为被害人报案及时，案发后陈述一直很稳定，且对猥亵过程的描述符合12岁儿童的认知，其所陈述的案发地点等细节得到其他间接证据的印证，能够形成证据链条并排除合理怀疑，足以认定田某某猥亵儿童的犯罪事实。二审法院采纳检察机关意见，于2017年11月改判被告人田某某犯猥亵儿童罪，判处有期徒刑三年。

二、典型意义

实践中，由于性侵害未成年人案件多发生在隐蔽场所，侵害方和被害方在体力、智力上存在较大差异，证据上常表现为犯罪嫌疑人不认罪，除被害人陈述外，没有其他直接证据，现场也缺乏客观证据，给查明事实、指控犯罪带来困难，各地和各部门在证据把握上也经常标准不一。本案中，西宁市检察机关正确把握性侵未成年人案件证据标准，准确认定案件事实，依法提出抗诉并获得改判，确保犯罪分子得到应有惩罚，体现了对侵害未成年人的零容忍态度，展示了专业的办案水准。

典型案（事）例三　“一站式”办案 同步保护救助被害儿童

一、基本案情

2017年6月，赵某某对被害人小朵（女，2011年10月出生）实施猥亵。浙江省宁波市鄞州区检察院通过与区公安分局的信息共享机制收到该案信息后，迅速指派检察人员提前介入侦查，与侦查人员一起将被害女童带至该院设于鄞州第二医院的“一站式”询问场所——未成年人保护工作站，开展询问。该询问场所模拟家庭儿童房，布置符合未成年人身心特点，环境温馨舒适，配备有同步录音录像系统和身体检查室。被害人到场后，检察人员按照合作协议通知医院女性医师对被害人进行身体检查，并提取了相关证据。针对被害人年龄幼小，紧张、焦虑、恐惧，不愿意开口等问题，检察人员还同时邀请合作单位的心理医生介入，通过沙盘治疗、音乐治疗椅放松等方式进行初步心理干预。办案人员用讲故事、做游戏等方式与被害人建立亲密关系，借助卡通玩偶，使被害人详细还原了案件真实情况。整个询问过程进行了同步录音录像，案件此后诉讼中没有再询问被害人。在询问结束后，经被害人父母同意，将被害人转介至宁波市心理咨询中心进行专业诊断、治疗。现被害人恢复良好，正常就读于某幼儿园。

案发后，赵某某一直拒不认罪。检察机关以赵某某涉嫌猥亵儿童罪向法院提起公诉，并在庭审中提交了有关“一站式”取证材料，播放了询问被害人同步录音录像。在事实和证据面前，赵某某当庭认罪。法院最后以犯猥亵儿童罪判处赵某某有期徒刑十个月。

二、典型意义

鄞州区检察院注重贯彻儿童最大利益原则和落实未成年人特殊司法保护要求，探索“检医合作”的“一站式”办案特殊机制，逐步推进同步救助体系，在同一场所一次性完成案件询问、身体检查、证据提取、心理辅导、司法救助、预防教育等工作，避免反复、不当询问给未成年被害人及其家属带来的次生伤害，既对侵害未成年人犯罪精准有力指控，又有效保护、救助了未成年被害人。

典型案（事）例四　宽容不纵容　帮教又救助
依法办理校园欺凌案件

一、基本案情

2016年2月，上海市黄浦区检察院在例行走访社工组织时，获悉某学院学生金某（女，17周岁）被多名同学殴打、脱衣，欺凌时间长达两小时，十余人围观，并被拍摄视频上传至微信群，但行为人仅被治安处理。检察机关经初查认为，本案已涉嫌犯罪，遂启动立案监督程序，督促公安机关以强制侮辱罪立案侦查。本案审查逮捕阶段，黄浦区检察院对2名成年犯罪嫌疑人作出逮捕决定，对2名未成年犯罪嫌疑人作出无社会危险性不捕决定，并建议追诉1名遗漏未成年犯罪嫌疑人。审查起诉阶段，检察机关对3名未成年犯罪嫌疑人开展观护帮教，对多名尚未构成犯罪的涉案未成年人落实训诫、帮教等保护处分措施，对相关家长责令管教并开展亲职教育。同时，通过责令赔偿和赔礼道歉，使未成年被害人获得经济和精神补偿，并为其落实司法救助金和开展心理疏导，帮助其恢复正常生活和学习。出庭公诉阶段，公诉人建议对3名未成年人适用缓刑、对2名成年人不适用缓刑。法院采纳公诉意见，以强制侮辱罪判处5名被告人二年至三年有期徒刑，其中3名未成年人适用缓刑。检察机关在办理案件的同时，还向相关职能部门发出检察建议，要求加强案发周边地区的安保力量、增设110联网监控设施、设置法治宣传栏等，避免类似案件的再次发生。

二、典型意义

本案是一起典型的校园欺凌案件，检察机关依法行使诉讼监督权，监督公安机关立案侦查，依法打击校园欺凌犯罪；同时贯彻落实特殊保护、双向保护原则，对涉案未成年人进行分级处遇，实现宽容不纵容；并对被害人进行身心抚慰，帮助其获得经济补偿，最大限度降低犯罪带来的伤害，有效化解社会矛盾。

典型案（事）例五　监督撤销虚假诉讼维护受害留守女童民事权益

一、基本案情

2013年11月23日，曹某酒后驾车将4岁留守女童李某撞成重伤。法院于2014年12月30日以交通肇事罪判处曹某有期徒刑一年二个月，判决其赔偿李某28万余元。由于曹某恶意转移财产，致使该案判决两年半后，被害女童仍未能得到一分钱赔偿，合法权益受到严重侵害。

2015年10月，山东省武城县检察院争取党委、政府支持，联合相关职能部门建立未成年人权益保护检察监督信息平台，由检察机关负责运行管理，对接收的侵害未成年人权益案件信息及时分流处理。2016年6月，有群众将曹某一案难以执行的信息反映在平台上，引起武城县检察院高度重视。检察机关启动民事调查程序发现：曹某交通肇事后、被关押前，曹某女儿虚构12万元欠款事实起诉曹某，后双方达成协议，由法院出具调解书，用曹某一套期房偿还借款。曹某还与其妻子李某虚假协议离婚，将五间住房归女方所有。此后，曹某以无执行能力为由，拒不执行法院关于赔偿的判决。武城县检察院依法向法院发出再审检察建议，法院采纳检察建议启动再审程序，撤销了上述虚假调解协议及离婚协议，对曹某依法强制执行原赔偿判决。2017年“6.1”前夕，李某终于拿到了28万元赔偿款。

二、典型意义

此案是一起涉及未成年人权益保护的民事检察监督案件，是通过山东省武城县检察院未成年人权益保护检察监督平台发现的。该平台系武城县检察院为提高未成年人权益保护工作质效，整合全社会未成年人保护资源，争取党委、政府支持创建的。信息平台集信息收集、分流、处理、监督等功能于一体，自2015年运行以来，已收到反映问题1370条，交由行政执法部门处理1356条，办理立案监督案件2件，办理行政执法监督案件17件，支持起诉3件，诉讼违法调查3件，办理虚假诉讼案件1件，移送查处职务犯罪7件15人，救助未成年人320余人。本案即是通过该平台强大的信息收集功能发现案件线索，检察机关监督撤销虚假诉讼的典型案例。

典型案（事）例六　刑民手段并用　全面保护未成年人合法权益

一、基本案情

2016年，北京市丰台区检察院在审查被告人于某奸淫幼女案时，发现被害人小芳（时年8岁）系于某母亲刘某的养女。经进一步审查发现，刘某与其同居男友张某长期殴打、辱骂小芳，也正是由于刘某怠于履行监护职责，才致使小芳遭到于某的长期多次性侵害。丰台区检察院在以涉嫌强奸罪对于某提起公诉（后被判处有期徒刑10年）的同时，向民政部门发出检察建议书，建议民政部门向法院申请撤销刘某监护人资格。法院受理民政部门的申请后，丰台区检察院还依法出庭支持申请。2017年10月25日，法院依法判决撤销刘某监护人资格，指定民政部门担任小芳的监护人。目前，小芳已在民政部门监护下开始新的生活。

二、典型意义

本案中，北京市丰台区检察院综合运用未成年人刑事检察、民事检察职能，在依法严厉打击侵害未成年人犯罪的同时，保护涉案未成年人的民事权益，做到了全面综合司法保护。

典型案（事）例七　开展未成年人行政检察监督职能部门履行未成年人保护职责

一、基本案情

2017年5月，四川省泸州市纳溪区检察院在办理未成年人熊某某寻衅滋事案时，发现熊某某吸毒后在网吧玩网络游戏致幻，连续打砸2间网吧的电脑。针对个案反映出的未成年人进入网吧问题，纳溪区检察院全面梳理2016年至今办理的涉及网吧的未成年人案件，针对行政主管部门对未成年人进入网吧上网管理疏漏、不到位等问题，依法于2017年7月11日向该区文旅局发出《检察建议书》，要求加强专项督查、构建常态监管机制，积极履行行政执法监督职责，全面加强网络营业场所管理，切实保障未成年人合法权益。收到检察建议后，纳溪区文旅局连续召开三次工作会议，部署为期2个月的“禁止接纳未成年人进入网吧”和“文明上网”等专项监督活动；公布“12318”举报电话、聘请文化执法社会监督员等，推动建立互联网上网服务常态化监管机制；对多个网吧依法给予警告和罚款，情节严重的依法予以吊销《网络文化经营许可证》，扭转了未成年人进入网吧上网的突出问题。

二、典型意义

纳溪区检察院积极开展未成年人行政检察业务，从个案入手全面总结分析涉及未成年人领域的社会治理问题，及时收集整理行政机关不作为问题，有针对性地提出检察建议，督促行政执法部门履职，为未成年人提供全面综合的司法保护。

典型案（事）例八　从“从业禁止”到“入职审查”全面构建防范性侵害未成年人犯罪堤坝

一、基本情况

上海市闵行区检察院提起公诉了林某某利用教师身份强制猥亵15岁女学生一案，在指控犯罪的同时，向法院提出从业禁止的量刑建议。法院经审理，以强制猥亵罪判处林某某有期徒刑二年六个月，并自刑罚执行完毕之日起三年内禁止从事教育相关工作。后该院立足此案，结合实践中发生的其他性侵害未成年人案件，经深入研究认为，性侵害未成年人犯罪重犯率高、熟人作案占比大，《中华人民共和国刑法修正案（九）》关于从业禁止的规定对于预防侵害未成年人犯罪发挥了积极作用，但是与未成年人有密切接触的行业点长、面多，保障从业禁止制度得到有效落实，发挥应有作用，还需要实现对相关行业实施强制入职审查的制度化、常态化。该院通过认真调研，充分沟通，于2017年7月会同区综治办、教育局等八部门会签《关于限制涉性侵害违法犯罪人员从业办法（试行）》，共同建立涉性侵害违法犯罪人员信息库，要求对与未成年人有密切接触的行业实施严格入职审查。目前，信息库已录入该区近五年来涉性侵未成年人被行政处罚、刑事判决人员的信息，已对相关行业的7000余名在职人员进行人员筛查、对30余名新招录人员开展入职审查工作，有效避免了有性侵未成年人前科人员从事与未成年人有密切接触的行业。

二、典型意义

坚持有效预防侵害未成年人犯罪是全面综合保护未成年人健康成长的重要方面。上海市闵行区检察院依托个案办理，延伸预防触角，联合相关职能部门共同建立信息库、入职查询制度，发挥从业禁止制度的最大效应，为未成年人筑起一道阻却性侵害犯罪的堤坝，对防控性侵害未成年人违法犯罪发挥了重要作用。

典型案（事）例九　支持申请宣告失踪破解“事实孤儿”救助困局

一、基本案情

小丽今年13岁，不满1周岁时，父亲自杀身亡，母亲离家出走，至今下落不明，一直由爷爷奶奶抚养。爷爷奶奶年近70岁，除低保及社会救济外，无其他生活来源，而小丽又不符合申请国家孤儿救助的条件，生活非常困顿。江苏省泰兴市检察院开展困境儿童帮扶救助活动时，通过妇联了解到该情况后，对小丽的困境非常关注，于2017年5月与民政局、司法局等单位沟通，研究解决办法。最后经研究确定由司法局指派法律援助律师，以小丽的名义向法院申请宣告小丽母亲为失踪人。宣告失踪公告期间届满后，泰兴市检察院又向法院提交《支持申请书》，并出庭支持申请。泰兴市法院当庭判决宣告小丽母亲失踪。之后，民政部门按规定给小丽办理了“儿童福利证”，并落实了每月孤儿养育金。

二、典型意义

当前，一些未成年人的生存权、教育权等民事行政权利没有得到及时有效保障，生活困难，一些未成年人甚至因此走上违法犯罪的道路。泰兴市检察机关进一步整合未成年人司法保护职能，积极开展未成年人民事行政检察工作，秉持“儿童利益最大化”原则和“国家亲权”理念，推动有关职能部门依法解决“事实孤儿”的社会救济问题，是实现未成年人全面综合司法保护的重要体现。

典型案（事）例十　坚持教育感化挽救帮助429名未成年犯罪嫌疑人考上大学

一、基本情况

2017年，全国共有429名涉案未成年人经检察机关帮教考上大学，回归正确人生轨道。

2016年9月份，17岁的小红到商店买东西时，临时起意盗窃财物3000余元。河南省南乐县检察院经过社会调查发现，小红正在备战高考，各方都反映其平时表现良好，学习成绩优异。该院认为，小红系初犯、偶犯，且其父母已积极向被害人赔偿损失，于2017年6月26日依法作出附条件不起诉决定，并对小红开展考察帮教，邀请专业的心理咨询师为其做心理辅导，帮助其专心备战高考。在考察期间内，小红以高分考上大学。

17岁的高二学生小刘在打球过程中，与同学发生口角，殴打同学致轻伤。案发后，小刘家属赔偿被害人，达成了刑事和解。天津市东丽区检察院综合考虑案件情况，依法对小刘作出了附条件不起诉决定。在考察期间，检察官三次走访小刘所在学校，与学校共同成立帮教小组对其进行帮教。考察期满后，检察院对小刘作出了不起诉决定，又进行了为期三个月的跟踪帮教。在2017年的高考中，小刘终于收到了大学录取通知书。

16岁的香港少女阿芳兼职帮人带货过境至香港，被海关查获物品中夹带少量毒品。广东省深圳市检察院经过社会调查，了解到阿芳是一名在校中学生，平时表现良好，经常参加义工活动，由于法律意识淡薄才误入歧途。检察机关综合全案情况，结合其日常表现，于2017年4月决定对阿芳附条件不起诉，同时委托合作公益组织香港善导会承担阿芳在港的矫治、教育工作。在考察期内，阿芳参加了香港的会考，并考取了理想的大学。2017年11月份，深圳市检察院对阿芳作出不起诉决定。

二、典型意义

教育、感化、挽救涉罪未成年人是检察机关的重要职责，上述429人只是检察机关成功挽救的未成年人中的一小部分。检察机关在办理未成年人犯罪案件中，对涉嫌犯罪的未成年人，根据其犯罪原因、犯罪情节、悔罪表现等，坚持“少捕、慎诉、少监禁”原则，落实未成年人刑事案件特别程序，开展有针对性的矫治、教育，帮助他们回归社会，成为有用之才，无论是对其本人、家庭，还是对社会、国家来讲，都有重大意义。

部分新闻链接

1. 人民日报 2017 年 12 月 29 日报道《今年前 11 个月，全国检察机关批捕侵害未成年人犯罪嫌疑人 3.14 万人 打击虐童行为，绝不手软！》。

2. 新华社 2017 年 12 月 28 日报道《幼儿园虐童案频现，最高检发话了：绝不手软！》。

3. 经济日报 2017 年 12 月 28 日报道《前 11 月检察机关对未成年被害人法律援助 1.18 万人次》。

4. 中央电视台 2017 年 12 月 28 日报道《最高检通报 2017 年未成年人司法保护情况　对侵害儿童犯罪人员实施“从业禁止”》。

5. 人民公安报 2017 年 12 月 29 日报道《最高检发布十起未成年人全面综合司法保护典型案例》。

6. 中国经济网 2017 年 12 月 28 日报道《最高检：对侵害未成年人犯罪零容忍　从严从快批捕》。